唐文治集

選堂

唐文治　著　鄧國光　輯釋

歐陽艷華　何潔瑩　輯校

上海古籍出版社

唐文治經學論著集

第二册

第二册目録

尚書編

洪範大義

詩經編

詩經大義

卷一

卷二

卷三

卷四

卷五

卷六

卷七

卷八

尚書編

整理説明

本編集唐先生所撰《尚書》學專著《洪範大義》《尚書大義(外内編)》,殿以《尚書應讀書目》。先生《尚書》學要目具在,而總綱兼存其中。唐先生致慨清儒繁瑣之弊,治學授徒,秉持由博返約之原則,推揚朱熹分類治經之門法,以義理脈絡歸類内容,明晰其條理,執簡馭繁。故其《尚書》研究體現分類之自覺。《洪範大義》《尚書大義》,皆體現《尚書》之爲「政治學」類型,而足以誘導人道政治。

一

《洪範大義》三卷,收録在一九二三年刊出之《十三經讀本》,書中先生堅持朱子解釋《洪範》之「皇極」爲人君以身作則之君德「標凖」義,闡述道德政治自覺之必要性,從而提出嚴肅反省「黨治」之時代問題。是唐先生「政治學」之代表作,其就《尚書·洪範》發揮指導「共和政體」之經世大義,與先生之《政治學大義》關係至大,皆是發揮經學經世大義，並試圖建立一套完整學理之述作，其集大成以開新面之雄偉氣象，展示蓬勃學術生氣、高瞻遠矚之文化視野，與切實之時代關懷，充分體現淑世精神。

《洪範大義》成書於壬戌年（一九二二）六月，時先生五十八歲，比《尚書大義》早六年成書。先生在《自訂年譜》中自述：「（壬戌）六月，編《洪範大義》成。分傳注、政鑑、析疑爲三卷，上契堯、舜之心傳，下開周、孔之統緒。本治己以治人，政治之學，莫精於此矣。」後一年五十九歲成《政治學大義》，可見「政治學」乃先生撰作《洪範大義》之主旨，即「政鑑」一卷是全書骨幹，是以後來《尚書大義》內篇録入的序文和兩篇論述文章，皆冠以「政治學」之名，突顯用心。先生於《尚書大義》附録的《尚書應讀書目表》中，亦自謂《洪範大義》「政鑑最可採」，一再表達本乎政治關懷而著述《洪範大義》之初衷。

《洪範大義》中卷《五行篇》和《五事篇》皆收録於《尚書大義》內篇，至於題爲「《洪範篇》政治學」一組四篇文章中之三篇，分別題爲《〈洪範篇〉政治學一：論禹用九數盡州立極以治民》《〈洪範篇〉政治學二：論〈五行篇〉天人相與之理》以及《〈洪範篇〉政治學三：論〈五事篇〉天人相與之理》，其中文字亦有所更改，凡先生更易處，皆出校注明。《洪範大義》中《八政篇》則與《尚書大義》所論八政之內容不相襲，後者强調論

「八政之原理，農工商兵宜相通而不相害」，此可反映先生之思想進境。

《尚書》歷來版本不盡一致，文字、斷句亦有差别，先生於《洪範大義》後序指明：「是篇所采，以先太夫子黄薇香先生《尚書啓幪》、吴摯甫先生《尚書故》二書居多。」原因在於二書精簡而不瑣碎。唐先生對二書之優長，在後來的《尚書大義・尚書應讀書目表》中亦有透露，稱《尚書啓幪》「實事求是，簡當無倫，最便初學門徑」，而《尚書故》則謂「深得司馬子長之學，每有新穎之義，爲前人所未發」。足見治《書》基礎和學術新見，乃先生選録文獻之兩大原則。

《洪範大義》解注《洪範》，除有先生傳注外，尚收録南宋蔡沈、夏僎、黄幹、林之奇，元朝胡一中，明朝王夫之、黄道周、陳雅言、申時行、顧炎武，清朝李光地、吴汝綸諸家以及《欽定書經傳説彙纂》相關解説，其中引録黄道周和李光地注釋尤富。唐先生在《洪範大義後序》闡明原委云：「蓋二先生之説，實能探性命之本原，提政學之綱要。自來爲《洪範》學者，未有能過之也。」政治學爲唐先生《洪範》學之關懷所在，是其着意采録黄、李學説的目的。先生《性理救世書》對李光地推崇備至，曰：「若李厚庵（光地）先生，其伊、傅、周、召之亞乎？其魏、陸之儔乎？其韓、范、富、歐之等倫乎？蓋其學之正且大，不獨爲一朝之碩輔，實爲一代之儒宗也。」蓋李氏之儒學，能貫徹運用於政治事功之中，實現儒家通經致用之精神。至於後序論及皇極與現代共和政體之關係，更屬通達之洞見，先生識見存乎其中。

此次整理《洪範大義》，據一九八〇年臺北新文豐出版社影印《十三經讀本》初刻本爲底本，書中徵引文獻，凡可徵知者皆詳爲比勘，差異處出校注明。

二

唐先生一九二八年完成《尚書大義》外内篇，於無錫國學專修學校刊出，故原《十三經讀本》只收《洪範大義》，未有《尚書大義》。《尚書大義》外篇通説《尚書》學史之公案，而内篇乃類釋《尚書》諸篇要義，乃全書精華所在。其中概括《尚書·虞書》「三微五著」之聖王「心法」要義，闡明堯舜之道爲當時「共和」政體應所取法之要道。本《尚書》義理以引導新生之共和政體，至今無匹。

《尚書大義》刊行時，先生六十四歲。據先生《自訂年譜》載：「是年，余爲諸生講《尚書大義》内、外篇成。外篇考今、古文源流，内篇發揮每篇精義，多有先儒未經道者。」其謂内篇所發揮「先儒未經道」之「精義」者，當是指政治學的内容。門生馮振按《尚書大義》内篇諸文題目歸納爲「政治學」與「政鑑」兩類，是爲一證。唐先生發揚《尚書》之治道義理，實始於更早時期。在《尚書大義》成書前六年，唐先生已撰成《洪範大義》，其中將最爲措意的「政鑑」内容，保留在《尚書大義》内篇之中，作爲三篇「《洪範篇》政治學」的底本。

唐先生《尚書大義》意在導世，既引介《尚書》學基礎知識，亦兼重闡發政道義理，分別撰作《尚書大義》之内篇與外篇，門生馮振於年譜下按語謂：「《尚書大義》分内、外二篇。外篇叙今、古文源流，采擇精博，斷制謹嚴，擷江、段、王、孫諸家之菁華；内篇分《堯典》《皋陶謨》《洪範》《康誥》《召誥》《立政》六篇，爲政治學。《湯誓》《盤庚》《西伯戡黎》《微子》《金縢》《大誥》《洛誥》《無逸》《君奭》《多方》《吕刑》《費誓》《文侯之命》《秦誓》十四篇，爲政鑑。於禪繼大義、著作本源，闡發無遺，尤精者如論《洪範》八政、《吕刑》刑法、《費誓》軍紀與周秦二代盛衰之故，均足以昭示來兹，振興世運。附《尚書應讀書目表》，則分專門書、專篇書、參考書三類焉。」由此可見，《尚書大義》乃一部學術與義理兼賅之《尚書》學論著，而政道關懷一直是唐先生撰作本衷。

《尚書大義》所用的底本是孫星衍《古文尚書馬鄭注》，先生在書中與孫氏部分觀點意見不同，唯肯定其校讎之功，不爲輕率之抹殺。於《十三經讀本》中録入三部參考著述，一爲自著之《洪範大義》，主要申明古來未闡發的「《尚書》政治學」，此外兩部則是任啓運(鈞臺)《尚書約注》以及孫氏是書。先生於《尚書大義·尚書應讀書目表》中未列入此二書,蓋全書已完整收録於《十三經讀本》之内,而在孫氏《尚書今古文注疏》下則表達出對其校讎功夫之肯定,謂孫氏之書:「集段、江、王三家之長,古誼搜採無遺。」可見對孫氏之推崇。《尚書今古文注疏》是孫氏爲人熟悉的名著,而《古文尚書馬鄭注》則多爲世忽視,《皇清經解》及先生參與編校的《皇清經解續編》中皆没有收録,而先生特意以此書作爲無錫國專學子學習《尚書》之讀本,一方面是考慮到孫氏校讎精良的長處,《古文尚書馬鄭注》與《尚書今古文注疏》,以前者篇幅較爲簡短,符合其於《洪範大義後序》提出之避免瑣碎之原則,足見先生選擇讀本的精細心思。其摯友曹元弼後來撰《古文尚書鄭氏注箋釋》,即用孫星衍《古文尚書馬鄭注》爲底本。

外篇關於《尚書》今、古文真僞之辨等經學論題,採漢唐以來文獻論述,實事求是;並援引清儒段玉裁、王鳴盛、簡朝亮之考訂作補充,俾供入門者掌握概要。内篇關於政道的討論,唐先生則較多採擷顧炎武、王夫之、方苞、魏源諸儒成果。唐先生治經重視家法,全書亦不乏採納師門之説,業師黄元同及其父黄式三,同門友人曹元弼,乃至門人陳柱之心得,皆屢見徵引,以見學統有在。又徵引桐城吴汝綸見解,可見唐先生搜羅所及,凡所能觸及之學術成果,皆不遺餘力,務集菁華於一書,非閉門造車,自説自話。

治學之精、傳道之誠，俱見於《尚書大義》之中。

《尚書大義》之整理，以臺北廣文書局一九七〇年影印初刻本爲底本，謝鴻軒先生於一九八〇年影印《十三經讀本》所收列者，亦同此本，則此本實爲唐先生《尚書大義》之唯一版本，孤本綿綿，天之未喪斯文，豈虚言耶？又一九三六年無錫國專《學術世界》刊出之《〈尚書·盤庚篇〉研究法》《〈尚書·金縢篇〉研究法》二篇，及國難時期唐先生在上海交通大學講《〈尚書·洪範〉爲治國鴻寶》等凡三篇講義，具有提綱挈領之意義，皆附録在《尚書大義·内篇》相關專論之後，完整反映唐先生因時設教之良苦用心。本書刊行於動蕩時期，完善有待。書中引文，凡傳世而可得者，皆比勘取校，差異處皆出校注明。原書雙行夾注，今一律小字單行。

整理本編，耗逾十年。歐陽艷華博士遍搜文獻精校，方克成篇。任何不妥之處，大雅指正爲盼。

歲次丁酉立秋　鄧國光謹誌

洪範大義

洪範大義序

《易傳》曰：「河出圖，洛出書，聖人則之。」又曰：「乾元用九，天下治也。」河出圖而羲《易》作，洛出書而禹《範》興。羲、文、周公作《易》而孔子爲之傳，禹作《範》而箕子敷其言，豈不尊且可寶、精且入神哉？

乾元用九，疇元用九，蓋太極元氣，函三爲一，參三爲九，以陽兼陰，理數運行乎其中，而天下大治。禹之用九也，非必法《易》也，出於理數之自然也。其施諸水土者，曰「九州攸同」也、「九山刊旅」也、「九川滌源」也、「九澤既陂」也；其措諸政治者，曰「九功惟叙」也、「九叙惟歌」也，而其大要，則在天錫之「九疇」。疇者，類也。九疇者，分類之學也。分類精而措施當，措施當而天下平矣。先儒相傳洛書縱横各三列，數各十五，合五九四十五，故皇極以五數居中。夏后氏井田之法，五十而貢，縱横各三列，五九四百五十畝，實即四十五之數。是則禹非特用九以體國，且用九以經野矣。天之道、地之理、人之紀，皆出於自然，禹蓋行所無事焉爾〔一〕。

王氏夫之之言：「象數相倚，象生數，數亦生象。」「《易》先象而後數，疇先數而後象。《易》，變也，變無心而成化，天也。」「疇，事也，事有爲而作，則人也。」「故疇者先數而後象。」「先人事而後天道，故《易》可筮而疇不可占也。」〔二〕其立義可謂精矣。然吾謂：以人法天之學，無論其先象先數，要皆出於理之自然。

夫彝倫攸叙，豈小智穿鑿之所能爲哉？武王、周公惟知此理而用之，遂成郅治〔三〕之隆。蓋九疇以五行、五事、八政、五紀爲「體」，以三德、稽疑、庶徵、五福、六極爲「用」；而體之中，又以五事爲本；用之中，又以三德爲本。王中心無爲，以守至正，由是皇建有極，庶民錫汝保極，無淫朋之比，無偏黨之私〔四〕。觀於皇極民極之敷言，

〔一〕《孟子·離婁下》載孟子云：「天下之言性也，則故而已矣。故者，以利爲本。所惡於智者，爲其鑿也。如智者若禹之行水也，則無惡於智矣。禹之行水也，行其所無事也。如智者亦行其所無事，則智亦大矣。」言非刻意求利，而順其自然也，唐先生推拓爲政之精神如此。

〔二〕王夫之《尚書引義·洪範一》，末句「故《易》可筮而疇不可占也」，王氏原文無「故」「也」兩字。

〔三〕郅治同致治。

〔四〕「無偏黨之私」，《尚書大義·内篇·洪範篇政治學一》作「無反側之私」。

君民合爲一體，會其有極，歸其有極，而「天下一家」之氣象，穆然淵然，恆於人人之心。是以天人感應，休徵集而風雨時，嘉祥備至，萬國來同，豈不盛哉？然則後世闡大同之政者，學《洪範》而已矣！

壬戌（一九二二）仲冬月唐文治謹序

卷上

傳注

【釋】「傳」説義理與史事，「注」明字義訓故，乃經學詮釋之體式。

洪範

《爾雅·釋詁》：「洪，大也。範，法也。」蓋是書爲大法所垂，即《周書》所謂「大訓」，與天球、河圖並存者也。蔡氏沈曰：「《史記》：『武王克殷，訪問箕子以天道，箕子以《洪範》陳之。』按：篇内曰『汝』者，箕子告武王之辭。意《洪範》發之於禹，箕子推衍增益以成篇歟？」[一]

[一] 蔡沈《書集傳》文，概以《欽定書經傳説彙纂》本爲據，蓋唐先生所用之本也。

惟十有三祀，王訪于箕子。

商曰祀，周曰年。本經稱祀者，或曰從箕子之志，或曰是篇即箕子所作也。

王乃言曰：「嗚呼，箕子！惟天陰隲下民，相協厥居，我不知其彝倫攸叙。」

「乃言曰」，猶《皋陶謨》「乃言曰：載采采」之例，鄭重之辭也。陰隲，《史記》作「陰定」，言默定下民也。

李氏光地曰：「隲，陟也。下民之生之性皆降於天，不曰降而曰陟者，言其聰明好惡，上與天通，若天陰有以陟之也。然天陰陟下民，而不能盡得其所〔一〕，必有相助上天，以協和民之居止者，則君之責也。」〔二〕

顧氏炎武曰：「彝倫者，天地人之常道，如下所云〔三〕五行、五事、八政、五紀、皇極、三德、稽疑、庶徵、五福、六極，皆在其中，不止《孟子》言人倫而已。能盡其性，以至能盡人之性，盡物之性，則可以贊天地之化育，而彝倫叙矣。」〔四〕

〔一〕「而不能盡得其所」，李氏原文「不能」下有「使之」二字。

〔二〕李氏解説見《洪範説》前篇。

〔三〕「云」，原作「謂」。

〔四〕顧氏解説見《日知録・彝倫》條。

箕子乃言曰：「我聞在昔鯀陻洪水，汨陳其五行，帝乃震怒，不畀《洪範》九疇，彝倫攸斁。鯀則殛死，禹乃嗣興。天乃錫禹《洪範》九疇，彝倫攸敘。」

《漢書·五行志》曰：「此武王問雒書於箕子，對禹得雒書之意也。『初一曰五行』等六十五字，皆雒書本文所謂『天乃錫禹大法九章，常事所次』者也。」

李氏光地曰：「或謂鯀治水，罔績而已，上有堯爲之君，彝倫安得斁哉？曰斁、敘皆指鯀、禹而言。鯀上干天怒[一]而天奪之鑑，不畀九疇，故益迷於常理而敗壞也。禹合天意而天牖其衷，錫之九疇，故益明於常理而順序也。五行者，九疇之首，故汨陳則九疇亂。水又五行之首，故陻之而五行汨陳矣。」[二]

[一]「上干天怒」，李氏原文無「上」字。
[二]李氏解說見《洪範說》前篇。

洛書

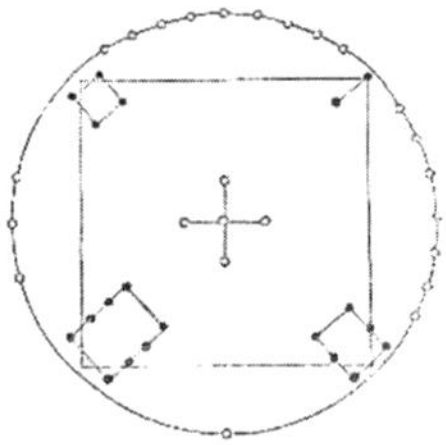

李氏光地曰：「此所謂洛書，蓋天之所錫，而《洪範》九疇所以叙也……先儒有言：『洛書者，數之原也。』《易·説卦傳》曰：『參天兩地而倚數。』天一而已；分而爲地，則成二；地在天中，天包乎地，則成三。有天地然後萬物生，故數皆起於三、二也。起於三，故以三參之，而一三九七之數生焉；起於二，故以二兩之，而二四八六之數生焉。洛書之象天地也，以其數，則天之參而地之兩也；以其位，則天居四正，地居四維也；以其左右之勢，則天之道左行，而地之道右行也。至於三、二之合則爲五，五居九之中，在洛書又居中，此則人爲陰陽之會，天地之交，以藐然之躬混焉中處，配上下而爲三才者也。天之以是而錫禹

者，蓋天之理[一]皆出於三才，三才之象必寓於奇偶。以奇偶之數涵三才之象，以三才之道示參贊之理，王道之原[二]於是章矣！」[三]

初一曰五行，次二曰敬用五事，次三曰農用八政，次四曰協用五紀，次五曰建用皇極，次六曰乂用三德，次七曰明用稽疑，次八曰念用庶徵，次九曰嚮用五福，威用六極。

行者，順天行氣。敬者，千聖百王之心法也。農者，國政之本，民以食爲天，故特舉農以言之。鄭君讀爲「醲厚」之醲，恐非。協即相協之協，言協乎天也。乂，《五行志》作艾，治也。念者，驗之省文，言省驗也。嚮，嚮往。威，畏忌也。

朱子曰：「洛書本無文字，但有奇偶之數。自一至九，洛書之本數。初、次者，禹次第之文。『五行』以下，即禹法則之事，蓋因洛書自然之數而垂訓於天下後世也。若其效法次第之義，大抵因洛書之位與數而爲之。洛書一位在子，其數則水之生數，氣之始也，故爲五行；五行則陽變陰合，交運而化生萬物，則爲人事之始矣。二位在

[一]「天之理」，李氏原文作「天下之理」。

[二]「原」，李氏原文作「源」。

[三]李氏解説見《洪範説》後篇。

坤，其數則火之生數，氣之著也，故爲五事；五事則五氣運行，人之禀形賦色，妙合而凝，修身踐形之道立矣。三位在卯，其數則木之生數，氣至此而益著也，故爲八政；八政則修身不止於貌、言、視、聽、思之事，而立綱陳紀，創立法度，舉而措之天下矣。四位在巽，其數則金之生數，氣至此而著益久也，故爲五紀；五紀則治不止於食貨、政教之事，而察數觀象，治曆明時，仰以觀於天文矣。五居中央，爲八數之中，縱横以成十五之變，蓋土之沖氣，所以管攝四時，故爲皇極耳；則人君居至尊之位，立至理之準，使四方之面内環觀者，皆於是而取則，所以總攝萬類也。六位在乾，其數則水之成數，氣合而成形也，故爲三德；三德則不徒立至極之準，而臨機制變，隨事制宜，且盡其變於人矣。七位在酉，火之成數，氣合而形已著矣，故爲稽疑；疑則不徒順時措之宜，而嫌疑猶豫，且決之人謀鬼謀，而盡其變於幽明矣。八位在艮，木之成數，氣合而形益著矣，故爲庶徵；徵則往來相盪，屈伸相感，而得失休咎之應定矣。九位在午，其數則金之成數，合而著已久矣，故爲福極；福極則休咎得失，不徒見於一身，而通行於天下矣。其事廣大悉備，故居中焉。大抵九疇之序，順而言之，則五行爲始，故五行不言用；不言用者，乃衆用之所自出。錯而言之，則皇極爲統，故皇極不言數；不言數者，乃衆數之由該。以五行爲始，則自一至九，愈推愈廣，大衍相乘之法也；以皇極爲統，則生數主常，成數主變，太極動靜之分也。九疇本於洛書者如此。後學不悟此章具洛書之文例，以空談而説之，則陋矣。」〔一〕

李氏光地曰：「此所謂《洪範》九疇也。洛書所示者，三才之象耳。禹受而法之，則有以知人爲天地之心，而必爲天地立心；參天地以成位，而必贊天地以成化，因其數以極其義。此《洪範》九疇所以作也。所謂因其數以極其義者，三才者，有上、中、下之位焉，有始、中、終之序焉。是故王者之道，上則求端於天，而其始正矣；中則表正於身，而其要得矣；下則撫世佑民，而其事終矣。就三者又各衍而三之以爲九，則初一者，始之始也；次二者，中之始也；次三者，終之始也；次四者，始之中也；次五者，中之中也；次六者，終之中也；次七者，始之終也；次八者，中之終也；次九者，終之終也。此禹所以錯綜三才之道，示萬世不易之軌也。然約九而三之，則初一，次五，次九，據其始、中、終以爲樞；故五行則九疇之所自出，皇極則九疇之所以行，福極則九疇之所以效。約三而一之，則五又居中以爲本，故皇極立而九疇之要舉。則上自五行，下至福極，蓋一以貫之而已。夫《範》之有皇極也，猶《易》之有太極

〔一〕《欽定書經傳説彙纂》卷一一《洪範》徵引《朱子語類·問洪範諸事》文。

也。太極則萬物之本根，皇極則兆人之標準；太極則理之在天者也，皇極此理之在人者也。在天者終古無所加損，在人者則非聖人得天子之位，立人類之宗，其道固有所不行。是故太極不在八卦之内，而皇極列於九疇之中。所謂『皇建其有極』，而太極本無極也。此《易》《範》之精也。」

又曰：「五行在天者，因天地前民用之事也；五事在人者，窮理盡性踐形之功也；八政在世者，禮樂刑政富而教之之具也：此三者謂其至切而近，故爲大法之始。五紀，五行之氣播於四時〔一〕者也；皇極，五事之理極其至者也；三德，八政之施協於中者也：此三者必至於微密精當而後善，故爲大法之中。稽疑者，五行之運，三光之行，氣數相推，兆則先見，不可不明也；庶徵者，敬五事，體皇極，天人之感，各以類至，不可不念也；福極者，八政所敷，三德所被，民生其間，或夭或壽，或仁或鄙，治亂之極，不可不知所畏慕也：此三者，王者所以得天之符，故爲大法之終，有天下者之舉而叙之也。」〔二〕

〔一〕「四時」，李氏原文無「四」字。
〔二〕李氏解説見《洪範説》後篇。

一，五行：一曰水，二曰火，三曰木，四曰金，五曰土。水曰潤下，火曰炎上，木曰曲直，金曰從革，土爰稼穡。潤下作鹹，炎上作苦，曲直作酸，從革作辛，稼穡作甘。

此數本諸陰陽所生之次也。潤下言水性潤而兼下；炎上言火性炎而兼上；木性可以揉曲直。從，因也。革，改也。言金性可因而可革。《爾雅·釋詁》：「爰，曰也。」種曰稼，斂曰穡。作鹹五者，因五氣而生五味也。

夏氏僎曰：「五味必言『作』者，水之發源未嘗鹹也，流而至海，凝結至久，而鹹之味成，則鹹者潤下之所作。火之始炎，未嘗苦也，炎炎不已，焦灼既久，而苦之味成，則苦者炎上之所作。木之初生、金之初鑛、土之始稼穡亦然。」〔一〕

王氏夫之曰：「『潤下作鹹，炎上作苦，曲直作酸，從革作辛，稼穡作甘。』作者，用也。五味成于五行之發用，非五行之固有此味也。執水、火、木、金、土而求味，金何嘗辛，土何嘗甘，木兼五味，豈僅酸乎？稼之穡之，土所作也，若夫稼穡則木也。以木

〔一〕夏僎《尚書詳解》語見引《欽定書經傳説彙纂》卷一一《洪範》。夏僎字元肅，宋淳熙五年（一一七八）進士；所著《尚書詳解》二十六卷與蔡沈《書集傳》明初以來同被懸爲功令標準。

之甘言土，言其致用者可知已。區區以海水成鹹〔一〕，煮焦成苦徵之，亦致遠恐泥之説耳！」〔二〕

李氏光地曰：「自此以下皆箕子釋《洪範》九疇之文，而衍其義曰水、曰火、曰木、曰金、曰土，釋文也。『水曰潤下』以下，衍義也，後皆放〔三〕此。箕子言禹叙疇所以始於五行者，正以其有潤下、炎上、曲直、從革、稼穡之功及五味之性。生民資之以日用飲食，而不可須臾離也。」

又曰：「昔之言五行者，於經未有也，始見於《洪範》而已。後世因之，其術益詳，託言出於炎黃之書，然皆方伎雜流，不可盡信。其在《虞書》：『六府三事允治〔四〕。』又曰：『六府孔修〔五〕。』蓋析五行之土穀而二之，以爲六府皆禹之事也。然則五行之學，其傳於禹歟？」

〔一〕「鹹」字，原誤作「鹽」。
〔二〕引文在《思問録》外篇。按：「亦致遠恐泥之説耳」，原文無「耳」字。
〔三〕「放」，李氏原文作「倣」。
〔四〕在《大禹謨》。
〔五〕句出自《夏書・禹貢》。

二，五事：一曰貌，二曰言，三曰視，四曰聽，五曰思。貌曰恭，言曰從，視曰明，聽曰聰，思曰睿。恭作肅，從作乂，明作哲，聰作謀，睿作聖。

此數本諸陰陽，昭明人相之次也。《周易》震爲足，動也；貌，震之木也。兑口、離目、坎耳、坤爲思。言，兑之金也〔一〕。視，離之火也。聽，坎之水也。思，坤之土也。主於内爲恭，發於外爲敬。從，順也，順於道也。睿，通也，或作容訓寬，别是一義。乂，《史記》作治，《五行志》作艾，亦訓治也。哲，或作晢，昭明也。謀與敏同，《中庸》敏政、敏樹，敏或爲謀。《五行傳》：「聽之不聰，是謂不謀。」不謀即不敏也。周子曰：「無思本也，思通用也」「通微生於思」，思者聖功之本也。

黄氏榦曰：「以造化生人之初驗之，便自脗合。天一生水，水便有形；人生精血，凑合成形，亦若造化之有水也。地二生火，火便有氣；人有體，便有聲者，氣之所爲，亦若造化之有火也。水陰而火陽，貌亦屬陰，而言亦屬陽也。水火雖有形質，乃造化之初，故水但能潤下，火但能炎上，其質是輕清。至若天三生木，地四生金，則形質已全具矣，亦如人生耳目既具，則人之形成矣。木陽而金陰，亦猶視陽而聽陰也。

〔一〕言所取象。

以此配之，則人之身即是一箇造化，理自分明。」〔一〕

黄氏道周曰：「敬者思之權量也。五事皆敬，則無所不休；五事皆肆，則無所不咎。以敬爲事，因之以爲德性，因之以爲學問，而後天人之行事，可得而言矣。先儒曰：『貌，澤水也；言，揚火也；視，散木也；聽，收金也；思，通土也。夫是之謂質。』又曰：『人之生而形質具，既生而聲音發，久之而後能視，久之而後能聽，又久之而後能思。五事之先後，猶五行之有微著。』夫是之爲氣，氣與質皆可辨，體；未可與明，用也。體用之原出於動静，動静之本出於陰陽，陰陽之用合於剛柔。水以陽用陰，體動而用静，貌得其事，故以貌爲水，天下之有姿態〔二〕者皆水也；火以陰用陽，體静而用動，言得其事，故以言爲火，天下之用筆舌者〔三〕皆火也；木以柔用陽，以動而爲静；金以剛用陰，以静而爲動。視以動爲静，陽而近柔；聽以静爲動，陰而近剛。故以視爲木，以聽爲金，天下之接而易合者皆木，納而易斷者皆金也。」

李氏光地曰：「《易大傳》曰：精氣爲物，蓋人物之生精氣而已。魄也者，精之微

〔一〕黄幹語見引於《欽定書經傳説彙纂》卷一一《洪範》。
〔二〕黄道周《洪範明義》卷上之上《五行章》文有「多」字。
〔三〕「用筆舌者」，黄氏原文作「着筆着舌」。

也。魂也者，氣之微也。神者，魂魄之會，精氣之主也。陰陽之氣盛者爲水火，故精水而氣火，其次者爲木金，故魂木而魄金。土者陰陽合德，故神爲土。貌者精之成形者也，言者氣之成聲者也，視者魂之營也，聽者魄之宫也，思者神之用也，此五事之序也。夫五事者，人道備焉，聖功全焉。蓋自一身接於萬事，貌言視聽思，五者盡之，五者各舉其職，則萬事得其理〔一〕。然非以敬爲之主宰，則五者之職，皆將不舉，而萬事之理亂矣。此固敬勝義勝、直内方外之學所權輿〔二〕，而夫子所謂『修己以敬』者，則尤合於此經之義，一語傳心之要典也。」〔三〕

三，八政：一曰食，二曰貨，三曰祀，四曰司空，五曰司徒，六曰司寇，七曰賓，八曰師。

此數本諸其職先後之宜也。食，謂掌民食之官，若后稷者也；貨，掌金帛之官，若《周禮》「司貨賄」是也；祀，掌祭祀之官，若宗伯者也；司空，掌居民之官；司徒，

〔一〕「得其理」，李氏原文「得」前有「俱」字。
〔二〕「所權輿」，李氏原文「所」前有「之」字。
〔三〕李氏解説見《洪範説》後篇。

掌教民之官也；司寇，掌詰盜賊之官；賓，掌諸侯朝覲之官，《周禮》「大行人」是也；師，掌軍旅之官，若司馬也。殷時官未備，故箕子以事與官兼言之。

黄氏道周曰：「八政立而後五事備，五事備而後五行之用得其所。民生而有食，食而後有貨。食貨具而後有以明報祀死，養生而後有以安其居，安居重遷而後可教，可教而後可禁，可禁而後可與禮樂、可與征伐。故八政以緩急爲次，八政之始於食，猶五行之終於味也。五行之用，鹹苦辛酸皆可以食，要之於甘，可以養性……周公生於夏殷之後，彝倫廢斁，故其典制詳於官師；大禹生於唐虞之間，慎徽尚存，故其闡揚精於性命。孟子與庸主誦説，故以田畝樹畜留八政之餘；箕子與聖人敷陳，故以政事福威寓五行之内。是以九疇皆有演説，而八政獨否，將其大者存於典謨，精者存於皇極也。」〔一〕

李氏光地曰：「愚觀於《禮記·王制》〔二〕，自『冢宰制國用』以下至司寇，其序政與此合，蓋冢宰所司食、貨、祀，三者備矣，然後司空定民之居，然後司徒興民之德，樂

〔一〕黄道周《洪範明義》卷上之上《五行章》文。
〔二〕「愚觀於《禮記·王制》」，李氏原文「愚」下有「又」字。

正、司馬因司徒所教而升之〔一〕，故附於司徒，而以司寇明刑終焉。惟賓、師二者，《洪範》次於後，《王制》叙於前，蓋八政者，民生之先後緩急，故柔遠安邦之事，在於教養〔二〕之後；《王制》所言建國之規模綱紀，則禮樂、征伐之柄，必居庶政之先，義各有所當也。《王制》之書，上視《虞典》，既微有不同，下視周制，又甚相懸絶；獨於《洪範》，則其冥合若此。蓋《洪範》作於夏，而殷人守之，則知注家以《王制》爲夏殷之書，不謬也。」〔三〕

四，五紀：一曰歲，二曰月，三曰日，四曰星辰，五曰曆數。

歲所以紀四時，月所以紀一月，日紀一日，星，五星也。日月星辰所行布守之，所以紀度數也。

李氏光地曰：「唐虞曆象日月星辰，與此篇之歲日月星辰，曆數有以異乎？曰：其道一也。日周天下〔四〕而成歲，故日主歲也；月會日而成月，故月主月也；星紀於

〔一〕謂深造於樂正或司馬
〔二〕「教養」，李氏原文作「養教」。
〔三〕李氏解説見《洪範説》後篇。
〔四〕「天下」，李氏原文無「下」字。

日而成日，故星主日也；辰紀於月而成辰，故辰主辰也。步而驗諸器，故曰曆象；致而綜諸術，故曰曆數。其施於用也，如何？曰：日星，陽也；月辰，陰也。歲日，陽也；月辰，陰也。陽之用顯，而陰之用微，啓閉之節，晨昏之限，皆成乎歲〔一〕而驗於日星。是以堯命羲和殷四時，辨朝暮，必以日晷中星求之，歲功明焉，人事準焉，故曰其用顯。朔晦望弦，若非民之所關，然於天道實相經緯，故風雨潮汐之期，及凡萬物胎育之候，其感皆繫於月。古之治曆者，莫不平其三五，歸邪於終，立爲次舍，以考交會。堯更命羲和，以閏月定四〔二〕時成歲，允釐百工，即其事也。理數幽賾，故其用微。觀《堯典》之所命禹，疇之所協，察而齊之以璿璣，省而念之以庶徵〔三〕，言寡道大，非夫後世星術家〔四〕所得傅會而增益也。」〔五〕

五，皇極：皇建其有極，斂時五福，用敷錫厥庶民。惟時厥庶民于汝極，錫汝保極。

〔一〕「歲」，李氏原文作「歲日」。
〔二〕「四」字脱，據《尚書·堯典》補入。
〔三〕「庶徵」，李氏原文作「庶證」。
〔四〕「星術家」，李氏原文作「星術之家」。
〔五〕李氏解説見《洪範説》後篇。

凡厥庶民無有淫朋，人無有比德，惟皇作極。

皇，君也。建，立也。極，標準。斂，聚也。時，是也。敷，布也。錫，與也。言聚是五福，以布與庶民也。于，爲也，言惟是庶民爲汝之極，與汝其守極也。淫朋，淫暱之朋黨。民以百姓言，人以庶官言。比德，比暱其黨類。「作極」與「建極」義異，建者建立之，作者鼓舞之也。福、極、德、極，韻。

林氏之奇曰：「箕子之陳九疇，其八疇皆詳言其所以爲是疇者，獨於『皇極』一疇，不言其所以爲皇極，而遽言『皇建其有極，斂時五福，用敷錫厥庶民』者，蓋自五行至五紀，即聖人所以建皇極以教民者，非是於數者之外别有皇極也。自『皇建其有極』至於『爲天下王』，皆是聖人建極以教民之事，其文比於諸疇較爲詳備。蓋聖人以先知覺後知，以先覺覺後覺，其致知格物，正心誠意，以修其身，舉而措之，以至於家齊、國治、天下平者，盡在於此矣。」〔一〕

黄氏道周曰：「極，天之北極……『皇建其有極』，言若天之所命人君者然，陰隲

〔一〕林之奇《尚書全解》文見引於《欽定書經傳説彙纂》卷一一《洪範》。林之奇（一一一二～一一七六），字少穎，紹興二十一年（一一五一）進士，著《尚書全解》四十卷。

之至也。極，至也，止也。《大學》曰『止至善』，《中庸》曰『無聲無臭，至矣』，聖賢學問皆從此出，而人君又爲人極〔一〕之本，所以立性造命，錫福於天下，當涵養德性，又加以學問，無一毫搖惑偏倚之私，久而造於至精、至微、至純、至一之域，故謂之至善。善即德也，德即福也。」

李氏光地曰：「五福，九疇之終也，而預言之者，建極以爲天下儀表，所以納民於善〔二〕也。納民於善者，所謂錫民以福也。斂而錫之，則民於汝極而與汝保極焉，其效至無淫朋、無比德，皆惟皇有以作之極而已。」〔三〕

文治按：此節凡「厥庶民」四句，係兼庶民與百官而言。黄氏訓極爲北極，別爲一義，非正訓也。

凡厥庶民有猷、有爲、有守，汝則念之。不協于極，不罹于咎，皇則受之。而康而色，曰：「予攸好德。」汝則錫之福。時人斯其惟皇之極。

〔一〕「人極」，黄氏《洪範明義》作「辰極」。
〔二〕「納民於善」，李氏原文此句與下句「納」皆作「内」。
〔三〕李氏解説見《洪範説》後篇。

念，與上「念用庶徵」念字同，謂試驗也，或訓作録叙，亦通。罹，遭也。受，若「歸斯受之」之受。「而康而色」，言和康其色以教之，《詩》所謂「載色載笑，匪怒伊教」是也。「錫之福」，錫以爵禄也。時人，是人也。兩之字，韻。咎、受，韻。色、德、福、極，韻。

李氏光地曰：「承『無有淫朋』之意，統言天下之民也。有謀猷作爲而又有所執守，民之上者也。汝則當念之而不忘，若雖未進於善，而亦未陷於惡，汝亦當容受之，而和汝之顔色以誘進之。苟其善端之發，自謂所好者德，汝則遂以善教之，而無棄絶焉。如此則賢者勸，而不賢者慕，一時之人，無有不惟君之爲則傚者矣。蓋王者之立極，雖高且大，而其教人，則近且寬，所謂『議道自已，而置法以民』者，此也。」〔一〕

文治按：此節專指庶民言。有猷有爲，才也；有守，德也。才德俱備，則試驗而録用之。李氏解念爲忘，未合。其有不合於極而猶不入於辠者，雖稍有血氣之偏，而亦歸於有用，則受而教之。「受之」與「念之」對文。時人斯其惟皇之極者，蓋已試之於官，則是人亦惟以皇極爲法，不若前之不協于極矣。

〔一〕李氏解説見《洪範説》前篇。

無虐煢獨而畏高明。人之有能有爲，使羞其行，而邦其昌。凡厥正人，既富方穀。汝弗能使有好于而家，時人斯其辜。于其無好德，汝雖錫之福，其作汝用咎。

煢獨，鰥寡無告之民也。高明，顯貴者，謂高明之家也。羞、脩通，或訓進，亦是。正人，如《康誥》「惟厥正人」，言從正之人也。方穀，常禄也。「弗能使有好于而家」，言不能使修德於其家。而，語助辭，或解「而家」作「汝家」，則私之甚矣。辜，獲罪也。「于其無好德」，《史記》無德字，與「有好」相對。「作汝用咎」，不能法皇極而爲汝作咎也。明、行、昌，韻。家、辜，韻。好、咎，韻。

黄氏道周曰：「凡淫朋比德，在下位者極少，而處高明者爲甚。位處高明，則權勢足恃，羽翼既成，依附者衆，雖明主猶有畏憚之心，或見一二特立之士意見不侔，反以朋比傾之。聖人以天爲心，所好惟德。德之所在，煢獨可尊；德所不在，高明可黜，何私之有？水之於火，火之於金，不避其高明；金之於水，水之於木，不悔其煢獨，而況於皇極乎！聖人在上，與煢獨者造命，而天下皆至命；與高明者治性，則天下皆至性。無他，誘之好德，以歸於善，如是而已！」〔一〕

〔一〕黄道周《洪範明義》卷上之下《皇極章》文。

李氏光地曰：「凡此疇言『錫福』者，皆謂爲善則福應，教善即錫福也。故一則曰『予攸好德』，再則曰『于其無好德』，皆以好德爲福之基。然則福有五，而其可錫於民者，其四之『攸好德』而已。此嚮五福者，所以必修三德，以復民性也。然於庶民也，則曰『無虐煢獨』；於在位也，則曰『既富方穀』。富者五福之二[一]，亦王政所可錫於民者，尤爲『攸好德』之基。此修三德者，所以必先八政以厚民生也。」[二]

文治按：「無虐煢獨」二句，由庶民而轉言百官，謂無虐煢獨之庶民而畏高明之官府也。古聖人爲政，皆始於不侮鰥寡，豈可徇勢利而蔑天理乎？凡治天下者，先在自平其心，以平天下之不平。惟天下之人心皆平，而後乃躋於太平。虐煢獨而畏高明者，人心不平之所由起，而亂之階也。《禮·緇衣》子曰：「輕絶貧賤而重絶富貴，則好賢不堅，而惡惡不著也。人[三]雖曰不利，吾不信也。」「人之有能有爲」以下，專指百官而言。有能有爲，是才士也，未必有守也，故使之進修。其行廉潔者，行誼之本

[一]「之」字脱，據李氏原文補入。
[二]李氏解説見《洪範説前篇》。
[三]「人」字原缺，據《禮記·緇衣》補。

也。天下多廉潔之士，而邦其昌矣。既富方穀而弗能攸好德，則徒食禄而已，竭百姓之脂膏，以養不肖之官吏，天下所以亂，罪莫大焉，此君臣交受其咎者也。自「皇建其有極」以下至此爲皇極之敷言，君之所常誦也。

無偏無頗，遵王之義；無有作好，遵王之道；無有作惡，遵王之路。無偏無黨，王道蕩蕩；無黨無偏，王道平平；無反無側，王道正直。會其有極，歸其有極。

頗，本作陂，僻也，或讀作詖。辭之詖，言險詖也。作，擅爲之也。黨，朋黨相助，匿非也。蕩蕩，寬廣也。平平，辨治也。下陵上謂之反，左右傾謂之側，《詩·彼何人斯》「以極反側」，謂背違法度也。會，合集也。歸，依也。皇極蕩蕩正直，天下會集而依賴之也。頗、義，韻。好、道，韻。惡、路，韻。黨、蕩，韻。偏、平，韻。側、直、極，韻。

蔡氏沈曰：「此節〔一〕蓋詩之體，所以使人吟詠而得其情性也。夫歌詠以協其音，反復以致其意。戒之以私，而懲創其邪思；訓之以極，而感發其善性。諷詠之間，恍然而悟，悠然而得。忘其傾邪狹小之念，達乎公平廣大之理，人欲消熄，天理流行，會

〔一〕「節」字，《欽定書經傳説彙纂》卷一一《洪範》所引蔡氏《書集傳》作「章」。

極歸極，有不知其所以然而然者。其功用深切，與《周禮》大師教以六詩者，《周禮・春官・大師》教六詩，曰風，曰賦，曰比，曰興，曰雅，曰頌是也。同一機而尤要者也。」

黃氏道周曰：「『惟皇作極』，皇，無私者也。人則有私，有私好而後作好，有私惡而後作惡。作好作惡，而偏陂橫生……皆生於利，不生於義也。利之所在，衆曹好之，雖共、鯀而謂之好。利所不在，衆共惡之，雖夷、繇而謂之醜。聖人處心，極虛極平，其取義極精，去利極嚴〔一〕，因好惡之自然，而一無所作焉，故自皇建之爲極，自王〔二〕制之爲義，自庶民由之，謂之道路，其致一也。」

文治按：王義、王道、王路，皆曰遵，此由於强致者也。至於蕩、平、正直，則出於自然矣。《詩》曰：「周道如砥，其直如矢。君子所履，小人所視。」其是之謂乎！此節爲民極之敷言，百官、庶民常誦之者也。

曰：皇極之敷言，是彝是訓，于帝其訓。

皇，本作王。敷、賦通，《漢書・藝文志》：「不歌而頌謂之賦。」以其爲有韻之文

〔一〕「嚴」字，黃氏《洪範明義》作「微」，下有「上揆天心，下揆人性」句。
〔二〕「自王」兩字原脱，據黃氏《洪範明義》原文補。

也。彝，常言。訓，訓言也。「于帝其訓」，訓本作順，謂順天心也。訓、順，韻。

陳氏雅言曰：「天下惟理爲至常，惟理爲至大。皇極之敷言，純乎一理，故謂之常理，故謂之大訓。是理也，本之於天，惟皇上帝，衷之理也。言而不異於降衷之理……即〔一〕天之訓也。」

文治按：陳氏説雖未合古訓，然解兩「訓」字爲一例，於義亦長。

凡厥庶民極之敷言，是訓是行，以近天子之光。曰天子作民父母，以爲天下王。

言民不言人者，舉多以該少也。訓，本作順，惟仍應以教訓誦讀爲是。近，附也。光，道德之光華也。曰，民之辭也。謂之父母者，指其恩育而言，親之之意。謂之王者，指其君長而言，尊之之意。行、光、王，韻。

黄氏道周曰：「天子於庶民，性一而已。天子錫福，庶民保極；天子好德，庶民亦好德；上無作好作惡之君，則下無淫朋比德之民，雖其秉彝〔二〕使然，亦資彝訓之力

〔一〕「即」字，《欽定書經傳説彙纂》卷一一《洪範》所引陳氏《書義卓躍》文作「乃」。陳雅言（一三一七～一三八五），元末明初永豐人；著《書義卓躍》六卷，並《四書一覽》《大學管窺》《中庸類編》，此三種已佚。

〔二〕「彝」字原誤作「夷」，據黄氏《洪範明義》爲正。

也。天子居高體虛〔一〕，初無好惡，其好惡偏黨，皆生於左右暬御親近之人〔二〕，時作好惡，以嘗天子；久而天子信之，至以朋比歸於下民，反側歸於臣庶，世道由此不能蕩平。其實天生五行，各自爲稟，一水、二火、三木、四金，雖相連類，意義不同，得其用者，異稟相資；不得其用，同類相棄。天子但宜憂其相競，不必憂其相比，要以性情之歸於好德，則四海一也。」

文治按：《周禮》「詢萬民」，《詩》「詢芻蕘」，《國語・周語》召公曰「庶人傳語」，故古者庶民得近天子光也。《大學》言親民之道曰：「民之所好好之，民之所惡惡之，此之謂民之父母。」可見爲民上者，好惡必出於大公，而後可以爲民父母，故《孟子》曰：「得其心有道，所欲與之聚之，所惡勿施爾也。」此兩節雙承皇極、民極之「敷言」，而於淫朋比德、偏黨反側之害，垂戒尤爲嚴切。回環而雒誦之，意味彌覺深長矣。

六，三德：一曰正直，二曰剛克，三曰柔克。平康正直，彊弗友剛克，燮友柔克，沈潛剛克，高明柔克。

〔一〕此句首黄氏《洪範明義》原文有「凡」字。

〔二〕此句首黄氏《洪範明義》原文有「不稽古訓，不告彝言」兩句。

克，勝也。平康，謂易治易安之民也。友，順也。燮，和也，或訓作濕，言黏滯也。《左傳》「公子燮」，《穀梁傳》作「濕」，是其證。沈潛，一作湛漸，猶滯弱也。高明，猶亢爽也。「彊弗友剛克」，以剛克剛。「燮友柔克」，以柔克柔。「沈潛剛克」，以剛克柔。「高明柔克」，以柔克剛。德、直、克，韻。

黄氏道周曰：「禮樂、刑罰、道德，三者同治。而聖人之意，常恐自治不如治人之嚴，故或取之二氣，或取之五行，皆所以奉若天道，自治而治人也〔一〕……若夫二、五之意，皆在於生，而其功皆在於克。正直雖不克，而繩準所及，匡扶大矣。平康之世，平康之人，平康之事，斧斤鍼石皆可不用，置繩準焉，無克之費，有克之功，古之聖人〔二〕，皆用之矣。至於君子小人，天下雜有，氣質之變，遷化不齊，約之曰陽剛、陽柔、陰剛、陰柔而已。克陰剛者以剛，克陽柔者以柔，此正用克之也。克陰柔者以剛，克陽剛者以柔，此直用克之也。故以剛克施於『彊弗友』『沈潛』，以柔克施於『燮友』『高明』者，

〔一〕「或取之五行」句下，《四庫》本黄氏《洪範明義》文作：「取之五行，天所自治，聖人之師也。聖人欲使天下士皆知所自治，而後有以治人。」

〔二〕「聖人」，黄氏《洪範明義》作「大人」。

或以對治，或以交濟。對治施於小人，交濟施於君子，凡以變其氣質，成其德性，去偏即彝，歸於至善之域而已。」

李氏光地曰：「刑政有張弛，教法有疾舒〔一〕，所以振民育德〔二〕，使之各得其性而已。平者，性情之正；康者，風俗之安。如此則以正直之道行之，而無不治矣。彊不順者，則剛克以威之；和而順者，則柔克以教之，此以刑政之張弛言也。沈潛巽入者，則剛克以厲其氣；卓越明敏者，則柔克以遜其心，此以教法之疾舒言也。蓋八政之中，政教備矣。然治世之法既具，而導民之意無窮。聖人能使世變風移，而民協於中者，變化陶成之道至也。」

又曰：「凡九疇所屬五行，皆以水火木金土爲次，惟此疇不然。蓋正直者，土也；以剛克剛者，金也；以柔克柔者，木也；以剛克柔者，火也；以柔克剛者，水也。其序乃自土而水，自五而一也。」〔三〕

〔一〕「刑政有張弛，教法有疾舒」，李氏原文二句句首皆有「言乎」，「教法」原作「教化」。
〔二〕「所以振民育德」，李氏原文句首有「皆」字。
〔三〕李氏解説見《洪範説》前篇。

惟辟作福，惟辟作威，惟辟玉食。臣無有作福、作威、玉食。臣之有作福、作威、玉食，其害于而家，凶于而國，人用側頗僻，民用僭忒。

《爾雅·釋詁》：「辟，君也。」作福作威，擅作威福也。玉食，美食也。臣，尤言女也。頗，不平。僻，不公。僭，踰。忒，差也，或云疑貳也，《詩》「其義不忒」，《毛傳》：「忒，疑也。」此經多人、民對舉，如《皋謨》「知人安民」、《詩》「宜人宜民」之義。民爲庶民，人爲百官。福、食、國、忒，韻。

文治按：此節言惟辟可以作福、作威、玉食，女則無有作福、作威、玉食，此箕子戒武王之辭，即以戒萬世之人君也。説見卷中《三德篇》。舊解多誤，故不録。

七，稽疑：擇建立卜筮人，乃命卜筮。曰雨、曰霽、曰蒙、曰驛、曰克、曰貞、曰悔，凡七。卜五占用二，衍忒。

用龜曰卜，用蓍曰筮。雨者，兆之體氣如雨然也。霽者，如雨止之雲氣在上也。蒙，或作雺，氣不澤，鬱鬱冥冥也。驛，或作圛，色澤而光明也。克者，如祲氣〔一〕之色相犯也。此言灼龜之兆，形狀有五也。內卦曰貞，貞，正也。外卦曰悔，悔之言晦也，

〔一〕祲氣謂妖氛也。

晦猶終也；或作𠧴。「凡七」：雨、霽、蒙、驛、克、貞、悔也。「卜五」：雨、霽、蒙、驛、克也。「占二」：貞、悔也。衍，推；忒，過也，所以推人事之過差也。疑、克、悔、忒，韻。

黄氏道周曰：「古之聖人，不敢自謂神明，故常以神明奉人。如自以爲神明，則天下無復神明者矣。《易》曰：『神而明之，存乎其人。』夫謂其存之者也，不言而信；存乎德行，德行則可以成信矣……禮，先筮而後卜，此言卜而後筮〔一〕，何也？曰：是其體、象皆有之也。何謂皆有之也？坎之似雨，離之似霽，坤、艮相蒙，震、巽落驛，乾、兑似克。今之灼龜，兆成或變體色，墨坼各有内外，故曰皆有之也。聖人之爲此者何也？悔吝吉凶，皆生乎動。天地貞觀，日月貞明，貞也而動俱焉。聖人立於無悔以御其有悔者，曰：吾得其正〔二〕焉耳！」

李氏光地曰：「聖人之於天道也，順五行，叶五紀，則既敬承天地，無有拂違矣。然而冥默之中，有幾存焉。蓋與五行、五紀流行於天地之間，而其理至幽，其兆難見，

〔一〕「先筮而後卜」句，黄氏《洪範明義》作「此先言卜而後言筮」。
〔二〕「正」字脱，據黄氏《洪範明義》文補入。

順之吉而逆之凶，非形非氣，而神之所爲也。惟蓍龜有以紹天之明，惟聖人有以佑神之功，故卜筮之教興，而百姓與能也。」〔二〕

文治按：「卜五」象五行，「占二」象二氣。雨、霽、蒙、驛、克，即水、火、木、金、土之象也。古注但言「内卦爲貞，外卦爲悔」，尚未作爻辭，故無占變之法也。惜内外卦占法，今無傳耳！「卜五占用二」，用馬注讀法爲是；或讀作「卜五占用」句，疑非。

立時人作卜筮。三人占，則從二人之言。

時人，是人也。凡卜筮，必立三人以相參，考《儀禮·士冠禮》所謂「旅占」是也。或謂卜有玉兆、瓦兆、原兆，筮有連山、歸藏、周易者，非是。謂之三人，非三卜筮也。

申氏時行曰：「卜則三人同卜，筮則三人同筮，以觀其吉凶之兆，同異如何？三人皆以爲吉，固斷乎可行矣。其或一人言凶，二人言吉，亦宜從其吉而行之。三人皆以爲凶，固斷乎不可行矣。其或一人言吉，二人言凶，亦宜從其凶而止之。以人言之

〔二〕李氏解説見《洪範説前篇》。按：「而百姓與能也」句末「也」字，李氏原文作「焉」。

多寡，測天命之從違，庶舉措合宜，而過差可免矣。」〔一〕

黄氏道周曰：「三者，天地之參也。參而從兩，是天道也。《左傳》楚伐鄭，晉欒武子救鄭，知莊子、范文子、韓獻子皆不欲戰，於是軍帥之欲戰者衆，或謂欒武子曰：『聖人與衆同欲，是以濟，盍從衆乎？子之佐十一人，其不欲戰者三人耳！《商書》曰：「三人占，則從二人之言，從衆也。」』武子曰：『善鈞從衆。夫善，衆之主也。三卿爲主，可謂衆矣，從之，不亦可乎？』乃遂還。甚矣！武子之通於道也。建，立極者也。極，立善者也。善立而天地從之，而況於人乎？況於鬼神乎？」〔二〕

汝則有大疑，謀及乃心，謀及卿士，謀及庶人，謀及卜筮。

汝則從、龜從、筮從、卿士從、庶民從，是之謂大同。身其康彊，子孫其逢，吉。

汝則從、龜從、筮從，卿士逆、庶民逆，吉。

卿士從、龜從、筮從，汝則逆、庶民逆，吉。

庶民從、龜從、筮從，汝則逆、卿士逆，吉。

〔一〕申氏説見引於《欽定書經傳説彙纂》卷一一《洪範》。申時行（一五三五～一六一四），字汝默，號瑶泉，蘇州人；嘉靖四十一年（一五六二）進士，官至首輔，卒謚文定，編有《書經講義會編》。

〔二〕黄道周《洪範明義》卷下之上《稽疑章》。

汝則從、龜從，筮逆、卿士逆、庶民逆，作内吉，作外凶。龜、筮共違于人，用靜吉，用作凶。

乃，汝也。逢，大也，又與豐通，《禮記・儒行》「逢掖」，即豐掖也。吉字别爲句。「汝則從」以下三者，皆從多故爲吉。若龜筮從，君與卿士、庶民，有一從之者，即吉也。「作内」者，國内祭祀等事是也；「作外」者，國外征伐等事是也。龜筮皆與人謀相違，人雖三從，猶不可以舉事。從、同、逢，韻。從、從、逆、逆、凶、凶，俱韻。

胡氏一中曰：「殷人尚鬼，而箕子必先謀及乃心，未嘗專事鬼也。且《易》之爲書，爲卜筮設。《大傳》云：『天地設位，聖人成能。』言天地賴聖人參贊也。『人謀鬼謀，百姓與能』，言明而謀之於人，幽而謀之於鬼神，不自謀以爲能，故百姓皆與其能，即衍忒之意也。苟不決之人已[一]，而但決之鬼神，惑之甚也。」[二]

李氏光地曰：「此箕子推衍卜筮之意。卜筮以稽疑，則非大疑不占矣。然必先

[一] 人已，言衆人與己也。

[二] 胡氏《定正洪範集説》語見引於《欽定書經傳説彙纂》卷一一《洪範》。胡一中，字允文，諸暨人，元泰定四年（一三二七）進士，著《定正洪範集説》一卷。

審於心，詢於衆，而後卜筮，故《易》曰『人謀鬼謀』，《虞書》亦曰『惟先蔽志，昆命于元龜』也，神人皆從，吉之大者。若龜筮從，而人謀有一配焉，亦吉，人無尊卑，皆可合於神意也。卜吉而尊者之謀配，故内事可作，内事以君爲主也。筮逆，則臣民之謀反，故外事不可作，外事以臣民爲主也。龜筮皆違，則人謀不可用矣。稽疑之教，聽命於神也。」〔一〕

八，庶徵：曰雨、曰暘、曰燠、曰寒、曰風、曰時。五者來備，各以其叙，庶草蕃廡。

徵，驗也，所驗者非一，故謂之庶徵。雨，水氣。暘，火氣。燠，木氣。寒，金氣。風，土氣。時，是也。「五者」一作五是，一作五韙，皆訓善，言是五善來備也。叙，應節候也。庶草，百穀百蔬。蕃廡，茂盛也。

魏氏默深〔二〕曰：「庶徵之序，皆與五行五事相次。《孔傳》曰：『雨以潤物，暘以乾物，煖以長物，寒以成物，風以動物，是五氣之效也。』語其效，不語其本，則疑五氣之與五行殊用矣，是皆本於太極也，以陰陽而分寒暑，則謂之二氣。以燥濕而分剛

〔一〕 李氏解説見《洪範説》前篇。
〔二〕 原刻誤作「黄氏道周」，所引文字實乃魏源《書古微》卷八，今改曰「魏氏默深」。

柔，則謂之五行。水是生雨，火是生暘，木是生燠，金是生寒，土是生風，故雨宜潤下，暘宜炎上，燠宜曲直，寒宜從革，風宜稼穡也。然則風之屬土，何也？……曰：百果五穀，視風以爲生熟，雨、暘、燠、寒，視風以爲司化……風之有時恒，猶思之有聖蒙，五行因之，以爲休咎者也。」〔一〕

李氏光地曰：「『曰時五者來備』〔二〕，作一句讀；此時字〔三〕，如上〔四〕『斂時五福』之例。下文雖有時雨時暘之文，然與上『時』字自不同，各不相礙。『曰時五者』之曰，蓋既釋庶徵之目，因而更端之語爾。」〔五〕

一極備，凶；一極無，凶。

極，盡也。備，多也。五者之中，一或多之極，一或無之極，則凶。無，一作亡。

〔一〕此條出魏源《書古微》卷八《周書洪範》。
〔二〕「曰時五者來備」，李氏原文句後尚有「各以其叙」句。
〔三〕「此時字」，李氏原文作「蓋時是也」。
〔四〕「如上」，李氏原文無「上」字。
〔五〕李氏解説見《洪範説》後篇。

魏氏默深〔一〕曰：「雨、暘、燠、寒，歲僅此數，有極備，則有極不備者矣。天子之慶賞盡於貴近，則其禄與必缺於臣下。天子之威怒殫於臣下，則其誅討必缺於寇敵，猶備寒之必有偏燠，備雨之必有偏暘也……故聖人以極備、極無互見，而言之所以本於至當，建中和之極也。」〔二〕

曰休徵：曰肅，時雨若；曰乂，時暘若；曰哲，時燠若；曰謀，時寒若；曰聖，時風若。

曰咎徵：曰狂，恒雨若；曰僭，恒暘若；曰豫，恒燠若；曰急，恒寒若；曰蒙，恒風若。

若，順也，應也，謂順其氣以應之也，或云狀事之辭，譬況之指。狂，貌慢也。僭，言僭忒也。豫，猶豫之義，如後世朝三暮四，視不定也。急，聽之促數，不教不戒，淩亂無節也。蒙，心不通明，錮蔽日深，不可開曉也。恒，一作常。豫，一作舒、作荼。蒙，一作霧、作雺。

〔一〕「魏氏默深」，原刻作「黄氏道周」。

〔二〕魏源《書古微》卷八《周書洪範》。

李氏光地曰：「雨暘者，天地之燥濕，如人之有精氣也。寒暑者，天地之發斂，如人之有魂魄也。風，流行四者之間，微入無間，如人心之神也。蕩而無節曰狂，亂而無序曰僭，視役則散而不收，聽察則滯而不化，思之蔽者，其思必多，而神明之理荒矣。五者皆事之過，故感而有恒雨、恒暘、恒燠、恒寒、恒風之徵。五者節之，是以時至。敬慎威儀，貌之節也。出言有章，言之節也。繼明以照，視之節也。以虛受人，聽之節也。不出其位，思之節也。節則人事之中，時則天行之正也。」〔一〕

曰王省惟歲，卿士惟月，師尹惟日。

省，察也，王者所省，如歲之兼四時。卿士分職治事，如月統於歲。師，衆。尹，正，謂諸有司也。衆正之官統於卿，如日統於月也。

《傳説彙纂》云：「此王與卿士、師尹所省，分歲月日，亦是槩言其職之有大小耳，不可泥其詞也。且如一日間暴損禾稼，其風則一日也，其所損則關月與歲也，將屬之師尹乎？抑屬之卿士與王者乎？大致遇有咎徵，各不相諉，究之，是無人不省，無事

〔一〕李氏解説見《洪範説》後篇。

不省耳！」〔一〕

歲、月、日時無易，百穀用成，乂用明，俊民用章，家用平康。日、月、歲時既易，百穀用不成，乂用昏不明，俊民用微，家用不寧。

乂，一作治。俊民，一作峻民，賢士也。章，昭明。微，式也。所以承休徵、咎徵言之者，休咎五事，得失之應，其所致尚微。故大陳君臣之象，成皇極之事。其道得則美應如此，其道失則敗德如彼，非徒風雨寒燠而已。明、章、康，韻。成、寧，韻。

黄氏道周曰：「聖人於庶草之中，而貴百穀；於庶民之中，而貴俊民。其所側身修行，敬言敬動，若不敢寧者，咸爲俊民、百穀耳。無百穀則無用蕃庶草，無俊民則無用長庶民。貌言視聽一肆於上，雨暘燠寒終亂於下，三德昏而八政〔二〕昏，賢人微而天下微〔三〕。始於〔四〕一念之不敬，而僻忒政成，凶家害國，一至於此也。」

〔一〕《欽定書經傳説彙纂》卷一一《洪範》按語。此中「大致遇有咎徵」作「看來遇有咎徵」。
〔二〕「政」字原誤作「俊」，據黄氏《洪範明義》文正。
〔三〕「賢人」句，黄道周《洪範明義》作「賢人防而天下防」。
〔四〕「於」字原誤作「終」，據黄氏《洪範明義》文正。

庶民惟星。星有好風，星有好雨。日月之行，則有冬有夏。月之從星，則以風雨。

好風，箕也。好雨，畢也。「日月之行，有冬有夏」者，日，春秋分正當赤道，夏至入赤道北，冬至出赤道南，是日行冬夏之常度也；月與日交會之後，或上弦行夏至道，下弦行冬至道；或上弦行冬至道，下弦行夏至道；是每月之行，皆有冬夏也。行，常行之度也，從非其所行之度而附之也。日、月宿箕、畢而不風雨，此冬夏所行之常度也。失中道而從之，則大風雨，《詩》曰「離畢」、《左傳》曰「淫於元枵」、曰「旅於明年之次」，離、淫、旅，從一義也。夏、雨，韻。

李氏光地曰：「以天日月之類推之，則庶民衆多而環向於王者，星之象也。星亦有占，然而雨、寒、燠、風〔一〕之象，皆生於日月二者。星者，隨其氣序以爲好惡而已，猶之生民有欲，而德政〔二〕者，在上之事也。燠寒有常，風雨無定，故舉星之好風好雨，而燠寒可知。《漢志》云：『日主寒温，月主風雨。』故日行遠極而陽氣微，則月參用事而爲冬；日行近極而陽氣盛，則日專用事而爲夏，此日月之從星，以爲燠寒者也。月入

〔一〕「雨、寒、燠、風」，李氏原文作「雨、暘、燠、寒、風」。
〔二〕「德政」原刻作「行政」，據李氏原文正。

於箕軫壁翼之類，則多風；入於畢之類，則多雨，此月之從星，以爲風雨者也。如風雨、寒温不失其節，而日月有以從星之好，驗之人事，必也德修政舉，而君臣有以從民之欲。此則占星之理，不離乎省歲月日之事而已。蓋雨、暘、燠、寒、風者，天所交於地之游氣，司馬遷所謂『於人事俯仰最近』者。然其根本，則皆日月爲之。天秉陽，垂日星，而主寒暑。地秉陰，竅山川，而生風雨。懸象於天而受日之光，去地最近而與同類〔一〕，爲陰陽之和者，月也。故既佐日，以成寒暑之令，又通山川，而司風雨之權也。以人身推之，則日月二者，爲天地之精氣；以王道推之，則日月二者，爲天地之紀綱。王者之五事庶政，與天地之精神綱紀，相爲流通，故其感動而爲休咎之徵者如此。上文既以省歲月日爲言，而此復以日月星之行參之，其法密而精矣。」〔二〕

吴氏汝綸曰：「庶徵者，譬況之詞。休徵，言美行，如五氣之時。咎徵，言惡行，如五氣之不時也。『王省』以下，以歲月日星況上下之相應，非謂君行如此，則天應如

〔一〕「與同類」，李氏原文「與」下有「地」字。
〔二〕李氏解説見《洪範説》前篇。

彼也。自大小夏侯等推《五行傳》，劉向、歆父子傳〔一〕以行事，而《洪範》一篇，遂爲災異荒怪之嚆矢，班氏取入史〔二〕，此其失也。後儒集録伏生《大傳》，以《洪範五行傳》爲伏生之作，此考之不審也。《漢志》明言：『夏侯始昌善推《五行傳》，以傳族子勝，下及許商。』豈嘗以爲伏生書哉？伏生解五行，以爲『是爲人用』，不作爲天行氣之語，其不妄推災異如《五行傳》所言，明矣。星之好風好雨，中國經典舊説，今西域天文家不謂然也。」〔三〕

九，五福：一曰壽，二曰富，三曰康寧，四曰攸好德，五曰考終命。

康，安也。攸，通作修，或曰喜也。考，老也。考、終二字連讀，言享高年以終厥命也。福、富、德，韻。寧、命，韻。

林氏之奇曰：「唐李泌曰：『天命，他人皆可言，惟君相不可言。君相所以造命

〔一〕「傳」字原誤作「傳」，今據吴氏《尚書故》卷二正。

〔二〕指劉氏父子所編《洪範五行傳》，班氏《漢書》收録在《五行志》中。

〔三〕吴氏《尚書故》卷二之二文。吴汝綸（一八四〇～一九〇三），字摯甫，安徽桐城人；同治四年（一八六五）進士；入曾、李幕府；光緒二十八年（一九〇二），任京師大學堂總教習。

也。民命雖稟於天，君實制之。』〔一〕自五行至庶徵，各得其敘，則民歸於五福矣。五福雖天所畀，實自造命者嚮而與之也。自五行至庶徵失其叙，則民陷於六極矣。欲民不陷於極，亦造命者威而避之也。使民享五福而不知六極，此治道之極功也，故九疇以是終焉。」〔二〕

吴氏汝綸曰：「《説苑》載河間獻王曰：『夫穀者，國家所以昌熾，士女所以姣好〔三〕，禮義所以行，而人心所以安也。《尚書》五福，以富爲始。』據此則河間所見《洪範》本，作『一曰富，二曰壽』。」〔四〕

六極：一曰凶短折，二曰疾，三曰憂，四曰貧，五曰惡，六曰弱。

未齔曰凶，未冠曰短，未婚曰折。《禮記·禮運》篇曰：「死亡疾苦，人之大惡存

〔一〕唐德宗賢相李泌在德宗前爲楊炎求情之語，見載《資治通鑑》卷二三三《唐紀》，原云：「天命，人皆可言，惟君相不可言，蓋君相所以造命也。」又《新唐書·李泌傳》載：「帝曰：『然楊炎視朕如三尺童子，有所論奏，可則退，不許則辭官，非特杞惡之也。且建中亂，卿亦知桑道茂語乎？乃命當然。』對曰：『夫命者，已然之言。主相造命，不當言命。言命，則不復賞善罰惡矣。』」

〔二〕林之奇《尚書全解》文見引於《欽定書經傳説彙纂》卷一一《洪範》。

〔三〕「士女所以姣好」句脱，據吴汝綸《尚書故》原文補。

〔四〕吴汝綸《尚書故》卷二之二文。

焉。」憂，不康寧也；惡，謂惡德，或曰形貌醜惡；弱，愚懦不知振作也。極、折、疾，韻；惡、弱，韻。

魏氏默深〔一〕曰：「極，疑殛之誤。《素問》極作竭……五福之命得於五行，六殛之命受於六氣。氣有剛柔，剛畏其驟，柔畏其竭。雷雨不時，驟暴橫損，爲凶短折；陽氣亢熱，遺於心督〔二〕，其咎爲疾；燠氣煩寃，勾萌不達，其咎爲憂；寒邪交搏，不能自和，其咎爲貧。四時之風，入居榮衛，變色發厲，其咎爲惡；受氣不固，如枯蔓離於敗纊，其咎爲弱。漢儒言『極不建』爲弱，蓋謂柔之過也。」〔三〕

李氏光地曰：「五福六極者，治亂之成效，天地之氣感之而變者也。治之極，則天地之氣感而太和焉，天下之人皆蒙五福矣。亂之極，則天地之氣亦以繆戾應之，天下之人皆受六極矣。水深厚，故得之者壽；火炎盛，故得之者富；木温煖，故得之者康寧；金潔清，故得之者好德；土沖和，故得之者考終命〔四〕：此皆五行之和氣也。

〔一〕「魏氏默深」原誤作「黄氏道周」，所引文字實乃魏源《書古魏》卷八文，非黄氏《洪範明義》文，故改曰「魏氏默深」。
〔二〕「督」字，原刻作「瞖」，據魏氏《書古微》文爲正。
〔三〕魏源《書古微》卷八文。
〔四〕「考終命」，李氏原文脱「考」字。

水之變爲肅殺，故得之者，或凶或夭；火之變爲歊蒸，故得之者疾；木之變爲凋悴〔二〕，故得之者憂；金之變爲涼寒，故得之者貧；土之變爲汙濁，故得之者或惡或弱：此皆五行之沴氣也。皇極之君，八政行，三德修，斂福錫民，則有仁壽而無鄙夭，此董子所謂『功與天地並』者，是治世之終事也。」〔三〕

〔二〕「凋悴」，李氏原文「凋」作「彫」。
〔三〕李氏解説見《洪範説》前篇。

卷中

政鑑

五行篇

【釋】言五德涵於五行，言五行即以仁義禮智信五德以養人也。知德則知天，此天人相感之理，所以勸人知天德有在而去私也。

箕子作《洪範》，以五行推五事，所以範人性於物則之中，而歸於至善〔一〕，其義至

〔一〕「而歸於至善」，《尚書大義・内篇・洪範政治學二》作「以見天人相與之理」。

精密矣〔一〕。《周易·乾》卦言天人相應之理〔二〕，以仁義禮智配元亨利貞。《洪範》言五行而不及五德，何哉？

曰：五行之生，各一其性〔三〕。人得之以爲陰陽剛柔之性，五行皆性也，即五德也。木曰曲直，得中和之氣，或曲或直，暢茂條達，非仁乎？金曰從革，陶鑄分析，爲因爲革，各得其宜，非義乎？火曰炎上，天敘天秩，焕乎文明，萬彙昭著，非禮乎？水曰潤下，表裏瑩澈，變動周流，無稍凝滯，非智乎？土曰〔四〕稼穡，寄王於四時，耕穫之餘，長養收成，靡或差忒，非信乎？天以氣養人，地以味養人，人受天地之中以生，含天之氣，食地之味，以德養人，是即天人相應之理也〔五〕。

〔一〕「其義至精密矣」，《尚書大義》接續補引董仲舒與周敦頤語：「董子曰：『命者天之令也，性者生之質也，情者人之欲也。』王者欲有所爲，宜求其端於天。天道之大者在陰陽，陽常居大夏，陰常居大冬，而歲功以成。周子：『太極動而生陽，靜而生陰，陽變陰合而生五行。惟人也得其秀而最靈，五性感動而善惡分。』」

〔二〕「《周易·乾》卦言天人相應之理」，《尚書大義》於句首添「然吾考」三字。

〔三〕「五行之生，各一其性」，語出周敦頤《太極圖説》。

〔四〕「曰」，《尚書大義》作「爰」。

〔五〕言德之相感。

本經言「斂時五福，錫厥庶民〔一〕」，「毋虐煢獨而畏高明」，皆仁也；「遵王之義」「遵王之路」「正直」「剛克」「柔克」，皆義也；「恭作肅」，推行於「農用八政」，周官法度因之，皆禮也；「明用稽疑」，智也；「歲月日時無易」，庶徵咸應，信也。天地之中，隨處皆五行之氣，隨處皆五德之流行〔二〕。大同之世〔三〕，人日享五行之利，日受五德之福〔四〕，而不自知。至於末世，曲直顛倒〔五〕，人不知己之生與天地相似，失其五行之性，而天下愈以汩亂矣。哀哉！

五事篇

【釋】克己復禮，無時不在自我更新，此唐先生此篇説思之大義，而意在糾正放任爲自由之誤解。

〔一〕「錫厥庶民」，原作「用敷錫厥庶民」。

〔二〕《尚書大義》接續添引王夫之語申論。按：「隨處皆五德之流行」，《尚書大義》於句末添「也」字。

〔三〕「大同之世」，《尚書大義》句首添「嘻吁」感歎語。

〔四〕「福」，《尚書大義》作「化」。

〔五〕「曲直顛倒」，《尚書大義》接續添「從革乖違」句。

曾子曰〔一〕：「動容貌，斯遠暴慢矣；正顔色，斯近信矣；出辭氣，斯遠鄙倍矣。」〔二〕子思子曰：「君子貌足畏也，色足憚也，言足信也。」〔三〕孔子之告顔子曰：「非禮勿視，非禮勿聽，非禮勿言勿動〔四〕。」貌言視聽，四者治身之要，治人之大綱也〔五〕；而必以思爲主者，天下之至神也〔六〕。

經言「恭作肅」者何也〔七〕？齊明盛服，非禮不動，莊敬日强，天下之表也。言「從作乂」者何也？從者，從於道也；乂者，安也。《穀梁傳》曰：「不若於道者，天絶之也；不若於言者，人絶之也。」從於道，而後能至於道。《易》曰：「艮其輔，言有序，悔亡。」「艮者，止也〔八〕」，口容止，則言順於道而有序，天下乂安矣。

〔一〕「曾子曰」，《尚書大義・内篇・洪範政治學三》於篇首增添《左氏傳》及董仲舒語申論。
〔二〕《論語・泰伯》載曾子言君子所貴乎道者三。
〔三〕《禮記・表記》文。
〔四〕《論語・顔淵》孔子答顔淵問仁語，末句略取「非禮勿動」句。
〔五〕「四者治身之要，治人之大綱也」，《尚書大義》作「四者正，斯足以配天而立極」。
〔六〕「天下之至神也」，《尚書大義》作「天命之流行，在乎吾之一心也」。
〔七〕「《經》言恭作肅者何也」，《尚書大義》於句首添「夫」字。
〔八〕《易・序卦》文。

言「明作哲，聰作謀」者何也？君子有九思〔一〕，首曰「視思明」，次曰「聽思聰」。夫常人之視聽，不異於君子之視聽，而君子獨能明且聰者，常人之視聽不得其綱要，而君子獨能得其綱要；常人之視聽不能達於精微，而君子之視聽獨能達於精微，此其所以「作哲」而「作謀」也。

言「睿作聖」者何也？蓋思者立心之大本也。居一室之中，而精神通於九垓八埏之外，握萬幾之賾，而志慮析乎毫釐秒忽之間，思爲之也。是故「文思安安」，堯之思也；「仰而思之」，周公之思也；「教思無窮」，孔子之思也；「思不出位」，曾子之思也；《中庸》言「誠者天之道，誠之者人之道」，而孟子補之曰「思誠」，孟子之思也。《詩》曰「思無邪」，《詩》之宗旨在思也；《禮》曰「儼若思」，《禮》之本質在思也，故曰作聖之基也〔二〕。

李榕村先生〔三〕言「精氣爲物」，而以貌與聽屬陰、屬精、屬魄，以言與視屬陽、屬

〔一〕《論語·季氏》載孔子言。
〔二〕「故曰作聖之基也」，《尚書大義》句後尚增添論述。
〔三〕「李榕村先生」，《尚書大義》作「李氏光地」。

氣、屬魂，以思兼陰陽而屬神〔一〕。孟子發明良心之學，曰：「仁義禮智，非由外鑠我也，我固有之也，弗思耳矣。」又曰：「豈愛身不若桐梓哉？弗思甚也！」又曰：「耳目之官不思而蔽於物，物交物，則引之而已矣。心之官則思，思則得之，不思則不得也。」又曰：「人人有貴於己者，弗思耳。」蓋人能思，則克念作聖；不能思，則罔念作狂。能思則保其精、保其氣、保其魂魄，而心之神以存。不能思，則失其精、失其氣、失其魂魄，而心之神以亡。精存氣存，魂魄存，心神存，則家存國存而天下存；精亡氣亡，魂魄亡，心神亡，則家亡國亡而天下亡。凡人之失魂落魄，而厥心病狂者，亡之先幾也。救以聖人之思，先救以聖人之訓〔二〕。周子《通書》曰：「無思，本也；思通，

〔一〕此唐先生撮述李光地《洪範説後篇》之論，李氏原文云：「《易大傳》曰：『精氣爲物。』蓋人物之生，精氣而已。魄也者，精之微也；魂也者，氣之微也。神者，魂魄之會，精氣之主也。陰陽之盛者爲水火，故精水而氣火；其次者爲木金，故魂木而魄金；土者陰陽合德，故神爲土。貌者精之成形者也，言者氣之成聲者也，視者魂之營也，聽者魄之宫也，思者神之用也。此五事之序也。」其中「魄也者，精之微也」「貌者精之成形者也」以及「視者魂之營也」三句，先生概括爲「貌與聽屬陰、屬精、屬魄」；而「魂也者，氣之微也」「言者氣之成聲者也」以及「聽者魄之宫也」三句，先生概括爲「言與視屬陽、屬氣、屬魂」；至若「土者陰陽合德，故神爲土」以及「思者神之用也」二句，則概括爲「以思兼陰陽而屬神」。

〔二〕「先救以聖人之訓」，《尚書大義》於句後附有引録王夫之語的小注。

用也。幾動於彼，誠動於此。無思而無不通，爲聖人……故思者，聖功之本也。」〔一〕思乎思乎！其淵然以深，渺然以微乎！

一身者，天下之主也。慢焉肆焉，非自由也，蓋自有法則焉。一身在法則之中，履中蹈和，則真自由矣。一心者，身之主也，放焉蕩焉，非自由也，蓋自有法則焉。一心在法則之中，持志養性，則真自由矣。其則維何？厥端有四：

一曰辨邪正。當念慮初萌之時，先察而驗之，爲正乎？爲邪乎？正者思之，邪者則斬絶之，或淡忘之矣。

二曰辨公私。既正矣，又省而察之，爲一人數人之私乎？爲天下之公乎？公者思之，私者則克去之，或淡忘之矣。

三曰審次序。正且公矣，則辨其事之急且先乎？或緩且後乎？其施行之次第當何如乎？天下有同一事，而本末倒置，即成乖謬者，不可不慎也。審之又審，而始終之序，於是乎明。或由始而至終，或由終而復始，《周易》蠱卦之《彖傳》曰：「終則有始，天行也。」此先甲三日，後甲三日，所以爲辨事之本也。至其效，或在數年十數年，

〔一〕周敦頤《通書·思第九》文。

或數十年後，則全視乎思慮之精密與貞固否耳。

四曰務擴充。甲事既定，則以思乙；乙事既定，則以思丙。或由易而推之於難，或由小而推之於大。《孟子》曰：「若火之始然，泉之始達。」此以一事言，由微而達之於顯也；又曰「舉斯心加諸彼」，此以兩事言，由此而達之於彼也。如是而思，則駸駸乎通微矣。

然更有本焉，在於無思。無思者，即聖賢慎獨之功，至誠無息之根原也。《易・繫辭傳》曰：「无思也，无爲也，寂然不動，感而遂通天下之故。」周子釋之曰：「寂然不動者，誠也；感而遂通者，神也；動而未形有無之間者，幾也。誠精故明，神應故妙，幾微故幽。誠、神、幾，曰聖人。」〔一〕蓋惟於未有思之先，致其涵養之功。無思而無爲，至靜而至虛，至純而至粹，夫然後事物之來，所以爲精而爲明，爲應而爲妙者，感之而即發，發之而皆中節，此則自有其幾焉。《易傳》曰「知幾其神乎」，《洪範》曰「睿作聖」，非天下之至神，其孰能與於此乎？然而思也者，人心之所同然也，又豈不可幾

〔一〕周敦頤《通書・聖第四》文

及者乎〔一〕？

八政篇

【釋】司空治水土，八政始得而施。王制權輿，故水利爲保民之政所先施，此就二十世紀前期水患巨災而發。而兵災之禍，更甚大水。是民困厄水火，未有甚於斯時，先生淑世關懷切至，痛苦言之，爲民請命也。舉北美爲例，建設惠農之政，强化軍事教育之德育内涵，新國自此始。摒棄私利，居仁由義，尊民重農，長治久安之道也。先生據《尚書》考定司空乃王制之始，乃治經之心得也。

「八政」，食貨六事以治内，賓師二事以治外。顧六事，上三者言事，下三者言官，何也？曰：事即官也。以後代之制言之，食貨屬於司農也，祀屬於宗伯也，賓屬於行人也，師屬於司馬也。特夏存唐虞之制，官未備耳。

官之先司空，何也？考《堯典》，舜曰：「咨！四岳：有能奮庸熙帝之載，使宅百

〔一〕自「然而思也者」至「又豈不可幾及者乎」，《尚書大義》作「《詩》曰：『維天之命，於穆不已，於乎不顯，文王之德之純。』子思子釋之曰：『純亦不已，是謂以人合天。』」

揆。亮采惠，疇？」僉曰：「伯禹作司空。」帝曰：「俞。咨，禹：汝平水土，惟時懋哉。」是唐虞之世，以司空爲百揆之長矣。顧官之先司空，與事之先食，其事理有息息相通者，《孟子》曰：「禹疏九河，瀹濟、漯，決汝、漢，排淮、泗，然後中國可得而食。」司空治水，民然後得食。水利爲民食之根本，自古已然矣。《皋陶謨》載禹曰：「予決九川，距四海；濬畎、澮，距川。暨稷，播奏庶艱食鮮食，懋遷有無化居，烝民乃粒，萬邦作乂。」[一]斯言也，禹自道其治水之績，庶民所以得食之本，因之可以考見。蓋禹決九川，距而放之於海，此治水大本大源之事也，然民猶未能得食也。待濬畎澮之後，距而放之於川，此治水至細至密之功也，民之所以得食也。觀孔子之贊禹曰「盡力乎溝洫」，不言其大者，而言其細者，則水利之根本在溝洫可知矣。

夏之田制雖不可考，然井田之法，周之百畝即夏之五十畝也。詳見顧亭林先生《日知録》。吾援周制以證夏制，《周官・遂人》云：「夫間有遂，十夫有溝，百夫有洫，千夫有澮，萬夫有川。」《詩》曰：「南東其畝。」蓋南畝而耕，畎縱遂橫，溝縱洫橫，澮縱川橫，皆視乎川之所在，自然之勢而定之。是故旱則資灌溉，潦則備瀉泄，常則分經界以杜

[一] 此段今載於《益稷》，而唐先生謂載於《皋陶謨》，乃用鄭玄注《古文尚書》之舊。

侵佔，變則殊縱横以防戎車。苟天下之小水無不治，則尺土寸壤皆可得而耕。後世愛惜地土之小利，開除阡陌，變溝洫爲田疇，水利壅塞，而民益艱食矣。司空之政，關係於民食，如此其要。是故禹之大功在治水，故九疇「初一曰五行」，五行首以水。

中國之本政在農，故八政首以食。暨乎後世，師行而糧食，則以師爲先，而以食爲末；民以食爲天，以民所當得之食，而盡耗於師，既窒塞作食之源，又暴殄當食之利，方命虐民，豈不殆哉？嗚呼！洪水之滔天也，非一朝一夕之故也。司空官廢水利，視爲畏途，涓涓不息，積之遂成洪水之泛濫矣！是故《洪範》錫而洪水定，《洪範》廢而洪水將來。

五行者，生民之命脈也。入其家而五行治，其家之興可知也；入其國而五行汩亂，其國之貧弱可知也。然則八政先司空可矣，奚爲先以食哉？曰：此正所以補五行之缺，而尤爲生民之命脈也。唐虞六府曰「水火木金土穀」，於五行之外，又重穀政。《洪範》之五行八政，與唐虞之六府，其精意實相表裏。《論語・子貢》問政，夫子首告以足食。冉有問：「既庶何加？」夫子曰：「富之。」朱注謂：「制田里，薄賦税，蓋亦足食之道。」孟子曰：「民非水火不生活。」其重水火至矣。又曰：「聖人治天下，使有菽粟如水火。菽粟如水火，而民焉有不仁者乎？《周禮》三農生九穀，蓋五行者，無非供足食之用，而足食者亦所以擴五行之用。古人經制之精如此。

後世農政不講經國者，絶無根本之計。始則士人兼併農人，繼則商人兼併農人。迄於今，工人軍人無不兼併農人。舉全國之人數而統計之，十成之中，農民無二三焉；舉全國之土地而統計之，十成之中，五穀之田無三四焉，如是則人事失其司，土政棼其序，民無升斗之儲，有不挺而走險者哉？美洲號稱富國，吾考其歲入，其取於農田者百分之七十六，其重農之制，與中國古時相仿。近東方之國不明此理，率以工廠、商場、道路一切佔奪農田，穀價騰踴，民不得食，乃求助於他國，此豈持久之道乎？且穀價貴則民之生活愈苦，生活苦則民之廉耻愈喪，劫奪欺誑，相因而至；根本之患，孰有大於是哉？

神農之教曰：「有石城十仞，湯池百步，帶甲百萬而亡粟，弗能守也。」《禮記・王制》曰：「國無九年之蓄曰不足，無六年之蓄曰急，無三年之蓄曰國非其國也。三年耕，必有一年之食；九年耕，必有三年之食。」是以冢宰制國用，必以三十年之通計之，計三十年之民食也。今吾國棄神農之教，違箕子之範，背王制之謨，重末輕本，懵然不察。十年而後，出穀日少。五十年後，稻田盡爲平原，百姓之饑饉流離，更不知若何景象矣！

或曰：「米穀亦土貨也，有無相通，鄰邦非外府乎？」曰：無論鄰邦不足，縱使其每歲有餘，倘一旦閉糴，則吾民之生命絶矣。此吾所以深望當事者之讀《洪範》，而以農政爲兢兢也。且夫重農非空言也，必使每省每邑所耕之地，皆有一定之經制，而後可必使每邑所出之穀，皆足供當地之食而後可。《管子》曰：「倉廪實而知禮義。」盡心經畫，其庶幾乎！

然而更有説焉。倘使良田阡連，璝貨山積，而有人焉，蹂躪之，掠取之，亦復何益？則八政之終以師，蓋更有微意存焉。《易》之蒙卦，重在養蒙，而上九則曰「擊蒙」，此亦「師出以律」之義。夫重食則必率師以保衛之，重師則必設學以教育之。然則整理武備學校，講求道德，豈非先務之急哉？

五紀篇

【釋】觀象授時，天道公義，坦蕩光明。本天道立教，以啓天德，化民成俗，前篇先庶富，此篇繼之教化，王道之政也。

《堯典》之言治法曰：「乃命羲和，欽若昊天，曆象日月星辰，敬授人時。」又曰：「朞〔一〕三百有六旬有六日，以閏月定四時，成歲。允釐百工，庶績咸熙。」箕子之言五紀，實本於此，千古政治之要，未有能越其範圍者也。是故八政者，《王制》之所由根據也；五紀者，《月令》之所由權輿〔二〕也。

一歲有一歲之令，一月有一月之令，一日有一日之令，百工於是釐，庶績於是熙，而考覈之法，遂寓於是焉。日有計，月有會〔三〕，歲時有讀法〔四〕，蓋「日知其所無，月無忘其所能」〔五〕。比歲而考校之〔六〕，非特教育宜然也，政治家亦莫不用此道矣。下文曰：「王省惟歲，卿士惟月，師尹惟日。歲、月、日時無易。」〔七〕日、月、歲時既易者，何

〔一〕「朞」同期，音基，一周年之謂。
〔二〕權輿，開始之謂。
〔三〕《周禮・天官司會》云「司會，主天下之大計。」孔穎達疏云：「日計曰成，月計曰要，歲計曰會。」唐先生取其大意。
〔四〕《周禮・地官州長》云：「正月之吉，各屬其州之民而讀法，以考其德行道藝而勸之，以糾其過惡而戒之。」賈公彥疏云：「而讀法者，謂對衆讀一年政令及十二教之法。」
〔五〕《論語・子張》載子夏語。
〔六〕《周禮・地官司徒》載其職云：「三年則大比，考其德行道藝，而興賢者能者。」
〔七〕《洪範》文。

也？蓋王不侵卿士之權，卿士不侵師尹之權，是謂時無易[一]；時無易者，政無易也。師尹侵卿士之權，卿士侵王之權，是謂時既易；時既易者，政既易也。政治之大綱，秩序而已矣。日、月、歲倒置，則政事紊亂。生於其心，害於其政；發於其政，害於其事，尚何秩序之可言乎？故「百穀用不成，乂用昏不明，俊民用微，家用不寧」也，此固天道之當然，實人事之使然也。

「庶民惟星」與惟歲、惟月、惟日，文義相對，「星有好風，星有好雨」矣，乃曰「月之從星，則以風雨」者，何也？豈不宜從民之所好歟？

曰：非然也。星者，散象也[二]。散者宜有以聚之，聚而不得其當，不特不爲聚，而散者轉以亂。君子於是考其所從，從而爲天理之大公也，則時風時雨也；從而爲一二人之私心也，則恒風而恒雨也。是故庶民非不可從也，亦非概可從也，蓋自有標準焉。

其標準奈何？《禮記》曰：「教也者，民之寒暑也；教不時則傷世。事也者，民之

[一] 易謂篡奪易位之易，各司專守其職則不奪不易，此防止政變之道。

[二] 《史記·天官書》云：「星者，金之散氣。」

風雨也；事不節則無功。」〔一〕卿士，司教者也；教得其時，則有冬有夏。時者，標準也。師尹，司事者也；事得其節，則時風時雨。節者，標準也。惟天生民有欲，無以教之，乃亂。苟司教者惟知從民之欲，實不免徇民之私，是謂月從星之象，而風雨無已時矣，豈不悖哉！

孔子曰：「爲政以德，譬如北辰，居其所而衆星共之。」〔二〕與《洪範》之旨，實相表裏。夫爲政而能修德，則庶民皆好德之民也；爲政而不能修德，則庶民皆偏黨之民也。苟德不明，而曰吾惟民之是從也〔三〕，嗚呼，謬矣！

皇極篇

【釋】唐先生運《大學》釋《洪範》九五大義，闡述「共和」之基本條件，在於爲政者公心之自覺與實踐，更要者在建立政黨倫理，此立極大義，仁者在位，賢者得進，民心自歸。文末以史爲鑑，警惕亡國之禍已在眉睫也。轉禍爲福，化險爲夷，幾在人心，此唐先生心學之大本。

〔一〕《禮記·樂記》文。
〔二〕《論語·爲政》。
〔三〕此言以詐術欺騙民衆。

五福者，命也，何道以錫之？曰：斂之〔一〕而已。何道以斂之？曰：斂之於「攸好德」而已〔二〕。案本經云：「無有比德，予攸好德。」又反言之曰：「汝弗能使有好于而家」，「于其無好德」，是則斂之於「攸好德」可知矣。

「用敷錫厥庶民」者，所謂明明德於天下〔三〕，觀民設教而已〔四〕。本經云：「汝則念之」，「皇則受之」，爲庶民言之也；「使羞其行，而邦其昌」，爲羣臣言之也。「有猷、有爲、有守」，德之純全者也，驗之而已。有能有爲，使羞其行，何也？使之修其操守也。操守爲政治之命脈，未有不謹於操守而能辦天下之事者也。修其行而邦斯昌，行之不修，而邦之不昌可知也。無操守之人長國家而務財用，災害並至，時人斯其辜矣〔五〕。

〔一〕斂之，總歸之也。

〔二〕開宗明義，好德爲道本。

〔三〕《禮記·大學》云：「古之欲明明德於天下者，先治其國；欲治其國者，先齊其家；欲齊其家者，先修其身；欲修其身者，先正其心；欲正其心者，先誠其意；欲誠其意者，先致其知；致知在格物。」

〔四〕謂大學之教。

〔五〕《禮記·大學》云：「長國家而務財用者，必自小人矣；彼爲善之，小人之使爲國家，菑害並至，雖有善者，亦無如之何矣。」小人取亡如此也。

苟錫之福，咎莫大焉〔一〕！

生民之禍害，皆起於偏黨，偏黨生而好惡私焉，於是乎有作好作惡之士。《孟子》論良心曰：「平旦之氣，其好惡與人相近也者幾希，其旦晝之所爲，有梏亡之矣〔二〕。梏之反覆，則其夜氣不足以存。夜氣不足以存，則其〔三〕違禽獸不遠矣。」蓋人心至善，公好公惡，本無所謂相近與不相近。惟有黨，於是有所偏吾之黨，而邪焉、惡焉、非焉，不得不作好也，亦不敢不作好也〔四〕。非吾之黨而正焉、善焉、是焉，不得不作惡也，亦不敢不作惡也〔五〕。日作日僞，久之而邪正、善惡、是非之本心顛倒於中而不自知，於是好人所惡，惡人所好，拂人之心而不顧。於是作好作惡者，遂成爲真好真惡，於是人心之爲正爲邪、爲善爲惡、爲是爲非，亦皆顛倒無所判別，而天下於是大亂，故曰「反側」。反者，反覆也；側者，傾側也。《中庸》曰：「傾者覆之。」綜觀二十四史滅

〔一〕知人則哲，用賢則昌，反之則蒙殃。
〔二〕「有梏亡之矣」句脱，據《孟子》文補入。
〔三〕「夜氣不足以存，則其」句脱，原文以「而」字代，據《孟子》原文補入脱句，並删「而」字，而補句末「矣」字，保持先生徵證原文之本意。
〔四〕謂黨同伐異，顛倒是非黑白。
〔五〕謂傾軋異己，無所不爲。

亡之禍，未有不由於偏黨者也[一]。彼黨人者，安其危而利其災[二]，雖亡而有所不恤也，可不鑑哉！有建極之聖人出，以公好公惡播於天下，無虐煢獨而畏高明，於是偏黨絶而人無有淫朋比德矣！

曰「錫汝者保極」，蓋民與君共保其極，所謂「羣黎百姓，徧爲爾德」[三]者也。曰「使有好于而家」，蓋一家有一家之極，一國有一國之極，天下有天下之極也。曰「會其有極，歸其有極」，蓋止於至善，會歸於一，無所不用其極，所謂君臣一體，如腹心之於耳目手足也[四]。

然則何道以致此也？曰：重敷言而已矣。敷言者，有韻之文也，自「皇建其有極」以下，至「其作汝用咎」，皇極之敷言也。「是彝是訓，于帝其訓」，訓者，訓之誦也，

[一] 此變本加厲之惡果也。

[二] 此《孟子・離婁上》孟子語，云：「不仁者，可與言哉？安其危而利其菑，樂其所以亡者。不仁而可與言，則何亡國敗家之有？」

[三] 《詩・小雅・天保》句，鄭玄箋云：「黎，衆也。羣衆百姓，徧爲女之德言則而象之。」女即汝。言德化流行，民衆尊仰之，以爲榜樣。

[四] 《書・臯陶謨》云：「臣作朕股肱耳目。」孔穎達疏云：「君爲元首，臣爲股肱耳目，大體如一身也。」此帝舜君臣共治天下之理想，唐先生取其意以闡述「共和」之義。

天子之所常誦也。《周禮·地官》誦訓之職，鄭注云：「能訓説四方所誦習。」自「無偏無陂」以下，至「歸其有極」，庶民極之敷言也；「是訓是行」，庶民之所常誦也。皇極民極交相爲，則以有韻之文教之，家絃而户誦者，比户可封矣〔一〕！

「近天子之光。曰天子作民父母，以爲天下王」，蓋民之所好好之，民之所惡惡之，然後爲民之父母也〔二〕，此君與民相近，而爲一體之效也。《禮記·表記》篇曰：「仁者，天下之表也；義者，天下之制也；利者，天下之報也。」皇建有極，所謂天下之表也；無偏無黨，所謂天下之制也；錫汝保極，會其有極，所謂天下之報也，未有施而不報者也。以公好公惡施諸人，人亦以公好公惡報之；以作好作惡施諸人，人亦以作好作惡報之。表正則景〔三〕必端，表邪則景必欹也。是以孟子告齊宣王進賢退不肖之法，必以好惡公諸國人，然後可以爲民父母。反是，則賊仁者謂之賊，賊義者謂之殘。夫賊仁賊義者，作好作惡爲之也。嗚呼！可不鑑哉？

〔一〕聲音之道，與政通矣。此提示注意民風民情，反省施政。
〔二〕《禮記·大學》云：「詩云：樂只君子，民之父母。民之所好好之，民之所惡惡之，此之謂民之父母。」
〔三〕「景」同影。

或曰：「今西國之政黨甚矣。蓋民生而後有羣，有羣而後有黨，有黨而勢力盛、範圍廣，故國家不可無黨。善爲政者，利用握機斯可矣！子何戒黨之深也？」曰：不然。凡爲學説者，必當考其地與時，與其風俗人情，宜乎否乎？而後言之而行之，夫然後可以無弊，非可膠柱而鼓瑟也。

考「黨」字之義，從尚從黑。尚者，上也；黑者，地色也。居上天下地之中，知識未開之世，聚黑暗之人，發黑暗之言，論黑暗之事，則以最上之道與民，浸成黑暗之政與世，豈不痛乎？此古人制字之本誼也。

且黨也者，以心術爲主，以學術爲歸者也。彼西國所謂政黨者，惟有政而後有黨。有政治之學識，有政治之經驗，而後可以爲黨也。若徒知有黨而不知有政，譬諸稱政客者，客則客矣，未見其能爲政也，其可乎？然則黨乎黨乎，可輕言乎？

凡人有氣質心知之偏，不能無私。一二人之私有限也，一二十人之私，爲害已無窮也；積而至於數十人數百人，又至於千人，發之而不得其正，則其爲私也彌大矣！

且夫水之流也，涇渭不同科；馬之馳也，良駑不並駕；人之相處也，善惡邪正不並立。然而自古以來，正人必不勝邪人，惡人必不避善人者，何也？彼其所處之勢既盛，則必有法以驅除之〔一〕；而善人正人者，難進易退，見小人之道長，則拱手以去，入山入林，而惟恐其不深不密。嗚呼！此黨禍之害，所以自古爲昭，於今尤烈也〔二〕！然則箕子之敷言，在數千年以前，已明燭及此，豈非智深而慮遠哉？

曾子有言：「與君子遊，如長日加益而不自知；與小人遊，如履薄冰，每履而下，幾何而不陷乎？」〔三〕先儒有言：「士大夫處治世，則德行日進；處亂世，則德行日退。」青年子弟，一經洪鑪之陶冶，德行無所聞，而意氣日益甚，蓋「蘭芷變而不芬，荃蕙化而爲茅」〔四〕者矣。而況比年以來，閭閻〔五〕凋敝，死亡載道，靡知所終。而政治之紛，更乃如一龍一蛇，一玄一黄，倏忽變幻而不可糾詰。當事者每操一反覆勝負之端，在下者即重遭一水火兵戈之厄，百姓方哀號而無措，黨派正角逐而紛呶〔六〕。

〔一〕言小人擅長傾軋奪權，政黨必淪爲小人禍國殃民之淵藪。
〔二〕謂政黨倫理之必要。
〔三〕《大戴禮記·曾子疾病》文。謹按：唐先生曾輯《曾子大義》，以曾子爲士人之道德楷模也。
〔四〕屈原《離騷》句。
〔五〕閭閻指里巷民居。
〔六〕黨爭之禍國殃民，唐先生傷痛言之。

夫太平者，人心皆平之大效也。今黨派之不平，適足以啓人心之不平，而詎有太平之望乎？明陸桴亭先生詩有曰：「時有令兄弟，偶爾成析炊。……兄忽擊其弟，弟亦奮刀錐。……大盜當門前，鼓掌方嘻嘻。」〔一〕蓋殷鑑不遠，即在明之末葉矣〔二〕。吾故特本箕子之訓，痛哭流涕言之。世有達者，當不河漢斯言〔三〕。

三德篇

【釋】此節兩層，第一層運周敦頤《通書》陰陽剛柔與致以中釋人極，第二層釋「臣無有作威作福」之臣爲君，所以爲誡君之辭。

《大易》之道，中正而已矣！《洪範》之道，中正而已矣！立天之道，曰陰與陽；立地之道，曰柔與剛。人秉天地之氣以生，故其氣質不能無陰陽剛柔之異；善治民者，

〔一〕陸世儀《鑑明王先生來酌酒話亂》，載《桴亭先生詩集》卷一。
〔二〕此警惕禍在眉睫之倭亂也。
〔三〕《莊子·逍遥遊》云：「吾聞言於接輿，大而無當，往而不返，吾驚怖其言，猶河漢而無極也。」河漢斯言，喻其言夸誕迂闊，不切實際。

導於中正而已。中者正之基也，直者正之用也。虞舜之命夔曰：「教冑子。直而温，寬而栗，剛而無虐，簡而無傲。」此即剛柔相劑之道也。然而治人者尤貴於自治，皋陶曰：「亦行有九德……寬而栗，柔而立，愿而恭，亂而敬，擾而毅，直而温，簡而廉，剛而塞，彊而義。」又曰：「日宣三德」「日嚴祗敬六德」，蓋此九德者，所以自治其身，而即以治人者也。周子《通書》曰：「或問天下善〔一〕，曰師；曰何謂也？曰：『性者剛柔、善惡、中而已矣〔二〕。』不達，曰：『剛善爲義、爲直、爲斷、爲嚴毅、爲幹固；惡爲猛、爲隘、爲强梁。柔善爲慈、爲順、爲巽；惡爲懦弱、爲無斷、爲邪佞。惟中也者，和也，中節也，天下之達道也，聖人之事也。故聖人立教，俾人自易其惡，自至其中而止矣。』」〔三〕民之生也，芸芸然，渾渾然；氣稟之攸殊也，俗尚之互異也，廣谷大川風氣之不同也，能得其中者，鮮矣！聖人者出，然後調和其陰陽剛柔，俾人自易其惡，自至其中。故曰「彊弗友剛克」，友者，順也，此以剛克剛者也；「燮友柔克」，燮者，濕也，此

〔一〕此句《通書》原文作「或問曰：曷爲天下善」，唐先生節其文。

〔二〕此從三層説，一爲剛柔，二爲善惡，三爲中。

〔三〕周敦頤《通書·師第七》文。唐先生徵之以明「自治」之義。

以柔克柔者也；「沈潛剛克」，沈潛，迂緩也，此以剛克柔者也；「高明柔克」，高明，亢爽也，此以柔克剛者也。

皇極之義，藴之心則爲太極，立之人則爲人極。太極動而生陽，靜而生陰，不毗於陽，亦不毗於陰，故其發而施之人也，能中正而立人極。《大學》所謂「止於至善」者此也，所謂「君子無所不用其極」者此也。是故其居心則無偏而無黨也，其處事則不激而不隨也，其待人則不抗而不卑也，不離乎世俗。不離乎世俗，所過者化，而所存者神也。舜之用中，用此道也；湯之執中，執此道也。後世質弊文勝，庸懦之徒偏於天下，畏縮因循，不敢辦一事，所謂「需者事之賊」也。於是激烈者起而矯之，爭以意氣，人主出奴，紛紜交鬨；雍容禮讓之場，比於野人市夫，交相詈駡，而天下於是大亂矣！

夫在上者之喜怒哀樂，刑賞慶罰之所由行，而天命之所由託也。斯民也，三代之所以直道而行也，其能受此剛惡柔惡之害哉？故今日治天下之道，一言以蔽之，曰「致中和」。然而更有説焉，所謂正直者，不徒責之於一人也，當推之於九族，推之於百官，乃推之於萬民。庶僚整飭於上，而後羣黎矜式於下，非然者，空言正直而日益邪曲，迴旋反覆，不僅朝三而暮四矣！《詩》曰：「靖其爾位，好是正直。神之聽之，介爾景福。」嗚呼！不正不直，咎徵有不立至者哉！

《詩》曰：「永言配命，自求多福。」辟其可作福乎？《書》曰：「天明畏，自我民明威。」又曰：「無倚勢作威。」辟其可作威乎？《論語》言禹「菲飲食」，《書》言文王「不遑暇食」，辟其可玉食乎？然而「惟辟作福，惟辟作威，惟辟玉食」，《洪範》言之，後人傳之，而專制之禍遂靡所底止者，何也？其《洪範》之言有誤乎？曰：非誤也，後世解《洪範》者之誤也。蓋「臣無有作福、作威、玉食」，乃箕子戒武王之辭也。考古時君臣之稱，非必對於天子、諸侯也；凡謙言者，均自稱臣，若《戰國策》聶政對嚴仲子自稱「臣乃草莽之人」是也。而人君之謙言，亦自稱臣。考漢桓帝九年，平原襄楷上疏云：「臣竊見太微天廷五帝之坐，而金火罰星揚光其中，於占，天子凶。又聞諸師曰：柏傷竹枯，不出二年，天子當之。今自春夏以來，連有霜雹及大雨雷電，臣作威作福，刑罰急刻之所感。自陛下即位以來，頻行誅伐，漢興以來，未有拒諫誅賢，用刑太深如今者也。」見《後漢書・襄楷傳》及《通鑑》五十五卷。此「臣作威作福」，「臣」字指天子而言，尤爲明證。楷好學博古，善天文、陰陽之術，其所述實爲漢師相傳古義，精確不磨。自後人解《洪範》，誤作「君臣」字解，以爲惟君主可以作福、作威、玉食，而後世人辟乃作威福以臨下，罔知戒懼，解經一字之誤如此。然則本經之稱「臣」者，猶之稱

「汝」稱「而」也。至下文「人用側頗僻」，乃指羣臣而言。「民用僭忒」，乃指庶民而言。若謂「臣無有作福、作威、玉食」指羣臣而言，則「人用側頗僻」，其謂之何哉？

嗚呼！箕子之戒武王，力杜其作福、作威、玉食之萌。而爲人上者，且惟恐其不作福、惟恐其不作威、惟恐其不玉食，害家凶國，百世不能復。頗僻、僭忒，心術之害，更流毒於無窮，豈不哀哉？吾故特大聲疾呼以正之。

稽疑篇

【釋】此篇言大公無私之用心。唐先生視宗教行爲爲良能，良能良知，缺一不可。

天生億兆，一致而萬殊〔一〕。雞鳴而起，紛紛然不知幾萬萬，心思不知幾萬萬，好惡即不知有幾萬萬〔二〕，世界何以同之？同之於道德禮義而已〔三〕。道德禮義，無形者

〔一〕唐先生主理一分殊之説。

〔二〕謂人心念慮，千變萬化。

〔三〕此心之所同，乃先生心學之大旨也。

也，同之於吉凶而已。吉凶，無形者也，同之於卜筮而已。

聖人以卜筮爲教，非道人以迷信也，同之於吉凶之中，使之爲善而去惡也〔一〕，是故三兆三易，掌於周官〔二〕。孔子戒人曰：「不占而已矣！」子思子作《表記》篇曰：「昔三代明王，皆事天地之神明，無非卜筮之用。」又作《緇衣》篇曰：「人而無恒，不可以爲卜筮。」此豈迷信哉？蓋君子之道，本諸身，徵諸庶民，建諸天地而不悖，質諸鬼神而無疑〔三〕，皆所以壹天下之好惡，以同人心之不同，夫是之謂「大同」。是故《禮運》之「大同」，指大道而言也；《洪範》之大同，指人心而言也。

「謀及乃心，謀及卿士，謀及庶人，謀及卜筮」，是卿士、庶民在卜筮之先矣。其謀有五，而三者從爲吉，從多數也，聖人無用心也。聖人教人心以慎獨，爰教人以吉凶，而大公至正之軌，隱寓其中。「三人占，則從二人之言」，從多數也，聖人無用心也。

〔一〕神明設教，著誠去僞，揚善遏惡之謂。
〔二〕謂共守，非私意。
〔三〕此本《禮記・中庸》文：「君子之道，本諸身，徵諸庶民，考諸三王而不繆，建諸天地而不悖，質諸鬼神而無疑，百世以俟聖人而不惑。」

「卿士從、龜從、筮從，汝雖逆而吉〔一〕」，聖人無用心也。「庶民從、龜從、筮從，汝雖逆而吉〔二〕」，聖人無用心也。「汝則從，龜從，筮逆，卿士逆、庶民逆，作内吉，作外凶」，外事尤以卿士、庶民爲從也，聖人亦無用心也〔三〕。嗚呼！何其公而大也！蓋天下之事，固當公之於天下。

然天下之人心不同，則大疑之所在，正大爭之所由起。《易》曰：「天地設位，聖人成能，人謀鬼謀，百姓與能。」〔四〕可見卜筮者，聖人之良能，亦即百姓之良能。同之於吉凶之中，而天下之爭端於是乎息，天下之大疑於是乎決，故曰：「聖人以神道設教而天下服矣。」〔五〕非迷信也。大公之至，乃所以爲大同之治也。

〔一〕「汝雖逆而吉」，《洪範》原文爲「汝則逆、庶民逆，吉」。
〔二〕「汝雖逆而吉」，《洪範》原文爲「汝則逆、卿士逆，吉」。
〔三〕五釋「聖人無用心」，言精誠專一，無所用其私心也。
〔四〕《易・繫辭下傳》文。
〔五〕《易》觀卦彖辭曰：「觀天之神道而四時不忒，聖人以神道設教而天下服矣。」

未遠。

庶徵篇

【釋】天道人事，和順積中，禎祥自現。神道設教，起敬起孝，人心至善，氣象交感，大同

嗚呼！天人休咎之應，豈不信哉？造物非有所省察而記録也，亦應乎氣之相感而已。祥和之氣聚則善氣應，而雨、暘、寒、燠、風以時；乖戾之氣積則惡氣應，而雨、暘、寒、燠、風以恒。五行五事之交錯，凝而成陰陽之變化，若權度之在茲，毫髮不爽，豈不尤可懼哉？明黄石齋先生曰：

「作肅之時雨，猶作鹹之潤下，火滅而敬恭，雞鳴而束身，《關雎》《鵲巢》之詩是也。念德而不滯於物欲〔一〕，則天下之水德，可得而治也。作乂之時暘，猶作苦之炎上，教令以時，不敖不揚，《文王》《大明》之詩是也。秉禮而不違，修詞而不怒，則天下之火德，可得而治也。作哲之時燠，猶作酸之曲直，能賢布列，疇采奮庸，若《鹿鳴》

〔一〕「不滯於物欲」句，《四庫全書》本黄氏《洪範明義》作「不刑于色」。

《伐木》之詩是也。致中〔一〕而審其材，則天下之木德，可得而治也。作謀之時寒，猶作辛之從革，與義是圖，無有偏聽，《皇華》《常棣》之詩是也。當則從之，否則違之，若此，則天下之金德，可得而治也。

「四德既治，則聖風時至。《易緯》云：『冬至四十五日而條風至，立春四十五日而明庶風至，春分四十五日而景風至，立夏四十五日而颸風至，夏至四十五日而涼風至，立秋四十五日而閶闔風至，秋分四十五日而不周風至，立冬四十五日而廣莫風至。』太平之時，五風十雨，蓋風以五爲候，九五四十五日，猶作甘之土，縱横稼穡，在九疇之内也。」〔二〕

若夫：「休咎之與敬肆，恒相反也……雨，衆所望也，而狂之恒雨，則人望而厭之，《詩》曰：『天之方難，無然憲憲。天之方蹶，無然泄泄。』僭之恒暘，若火之爍金也，傳曰：『譆譆出出。』《書》曰：『無若火始，燄燄豫之。』恒燠，若寐之不寤也，《詩》曰：『或息偃在牀，或不知叫號，或棲遲偃仰，或湛樂飲酒。』急之恒寒，若弦之屢絶

〔一〕「中」字，《四庫全書》本黄氏《洪範明義》作「和」。
〔二〕黄道周《洪範明義》卷上之下《庶徵章》第十。

也，《詩》曰：『顛之倒之，自公召之。倒之顛之，自公令之。』蒙之恒風，是不思也，《詩》曰：『終風且霾，惠然肯來。終風且曀，不日有曀。』古之聖人，考德於《詩》《書》，出觀於風雨、陰晴、寒暑，皆怵然深念焉。」〔一〕至哉斯言！可以盡此章之精蘊矣。

而余則更有進焉者，休明之世，五者以時，鑿井耕田，熙熙皞皞，是正直之君有以致之，亦正直之民有以致之也。混濁之世，或極備而極無，凶荒水旱，饑饉洊臻，是頗僻之君有以致之，亦僭忒之民有以致之也。甚者狂、僭、豫、急、蒙、衆、慼悉備，乃至二極備而三極無，或三極備而二極無，則民無生活之機，而人類或幾乎盡矣。嗚呼！豈不尤可懼哉？

或曰：「休咎之徵，近科學家所不信，兹乃鄭重言之，得毋罔歟？」

應之曰：吾之爲《洪範》學，所以勉人於戒慎恐懼，而獲善於無窮也。是故古之學説，有益於人心，有益於世道，信之可也。今世之學説，無益於人心，無益於世道，不信之可也。且二者〔二〕敬天畏命、修省茂對之説，埽除殆盡矣，天下之受其利害竟何

〔一〕黄道周《洪範明義》卷上之下《庶徵章》第十。
〔二〕二者謂「無益於人心，無益於世道」之學説。

如？嗚呼！

五福六極篇

【釋】以「天道」涵蓋五福六殛，五福爲善果，六殛爲惡果，而歸本於聖人之好德之爲共因。好德在一心良知良能之致誠，推而致天下，則福有攸歸。若出私意陰謀，則天下蒙禍，天理昭昭，此天道之必然。凡此皆心學，爲人主説法。

天道可知乎？蒼蒼然，冥冥然，陰陽寒暑之變更，雷電冰霜之遞嬗，不可知而可知也。子思子曰：「天命之謂性。」孟子論仁、義、禮、智、天道，曰「命也，有性焉，君子不謂命也」。〔一〕五福六極，其果命乎？人皆知福極與性命相依，而不知君子之學，有性，其命者在焉〔二〕。

〔一〕《孟子・盡心下》載孟子言「聖人之於天道」，唐先生以「天道」立義。
〔二〕謂君子但言性，則命之一義，已涵其中，不必刻意説命也。

蘇子瞻之言曰：「五福，人之所致也〔一〕。始之以至誠，中之以不欲速，終之以不懈〔二〕。夫然享天下之大利而不憂〔三〕。」見《既醉備五福論》。斯言誠然矣。然箕子之陳福極，豈專指一人言哉〔四〕？聖人者，以天下爲身者也。保養其一身，即保養其天下也；毀傷其一身，即毀傷其天下也。一人之爲壽、爲富、爲康寧、爲攸好德、爲考終命，即天下之爲壽、爲富、爲康寧、爲攸好德、爲考終命也；一人之爲凶短折、爲疾、爲憂、爲貧、爲惡、爲弱，即天下之爲凶短折、爲疾、爲憂、爲貧、爲惡、爲弱也，故曰「嚮用五福，威用六極」，其不諉之於命，而能以性造命可知矣。

然則如之何而嚮用之也？曰：在於好德。元首建極，嚮明出治〔五〕，使二氣、五行

〔一〕此句非原文，乃唐先生概括蘇軾《既醉備五福論》釋讀周成王之詩《既醉》「非徒享是五福而已，必將有以致之」之自致之意。

〔二〕此三句原文爲反詰句。

〔三〕此句原在前。唐先生記憶爲文，故未與原文辭盡同，然文意無别。

〔四〕以蘇軾專指「君子」，爲有所限，復上提至箕子《洪範》之義理共通意義，表出其大公義之開放性質。

〔五〕《易·説卦傳》説離卦云：「離也者，明也，萬物皆相見，南方之卦也。聖人南面而聽天下，嚮明而治，蓋取諸此也。」蓋大明之意，至公無私，聖王之治也。

各適其時，災沴〔一〕不作〔二〕。又爲節其嗜欲，謹其婚娶，養老慈幼，不傷其生，則天下皆壽矣〔三〕。開源節流，不務搜括，貴農而賤末，則天下皆富矣〔四〕！屏浮誇之士，黜囂訟之言，定而後静，静而後安，則天下康寧矣〔五〕！正心誠意，慎獨通微，尚道德，慎選舉，謹庠序之教，申之以孝弟之義，則天下好德矣〔六〕！刑罰不煩，卹往厚終，不盡人之力，不導人之慾，則天下考終命矣〔七〕！

然則如之何而威用之也？曰：尤在於好德。敬用木德，而貌恭焉；敬用火德，而言從焉；敬用水德，而視明焉；敬用金德，而聽聰焉；敬用土德，而思睿焉。《内經》〔八〕曰：「心者，君主之官，神明之所由出也〔九〕。」是故思不敬則心不治，心不治則

〔一〕災沴謂天災也。沴，水患殄害之意。
〔二〕此致嚮第一面。
〔三〕無縱情欲，則天下蒙福，此致嚮第二面。
〔四〕保民養教，則天下蒙福，此致嚮第三面。
〔五〕恭儉清明，則天下大安，此致嚮第四面。
〔六〕修身而知人，重教而任賢，則天下和同，此致嚮第五面。
〔七〕慎刑寬政，民可甦命，則天下安寧，此致嚮第六面。此六面，皆爲政者之自致也。
〔八〕《内經》指《黄帝内經》。
〔九〕「神明之所由出也」，原文作「神明出焉」。

臟腑不治，臟腑不治則凶短折、疾、憂、貧、惡、弱，紛然而並至。君子惟以思治貌言視聽，克己存誠，自貽哲命，而後六極乃絶於天下，豈非所謂「性其命」者乎？《易》曰：「先天而天勿違〔一〕。」聖人修德於上，而天命於是無權矣〔二〕。

孔子之論大德曰：「必得其壽。」又曰：「栽者培之，傾者覆之。」孟子曰：「夭壽不貳，所以立命。」〔三〕老子曰：「載魂魄抱一〔四〕，能無離乎？」吾嘗謂壽夭之數，精而言之，性命之情也；粗而言之，魂魄之説也。聖人順性命之理，肅乂〔五〕五吉〔六〕德備，内省不疚〔七〕，神明完固，本之以矜式〔八〕天下，而民乃多壽而不夭。愚人縱心於嗜慾，沈酣於富貴，孳孳爲利，心勞日拙，狂僭五凶德備，失魂而落魄，循是以酖毒天下，而

〔一〕「先天而天勿違」之勿字，原文作「弗」。
〔二〕故聖人不言命，唯在立命，皆心之所爲。此先生之心學也。
〔三〕「夭壽不貳，所以立命」，原文作「夭壽不貳，修身以俟之，所以立命也」。
〔四〕「載魂魄抱一」之「魂魄」，原文作「營魄」。
〔五〕肅乂，概指風調雨順之「休徵」。
〔六〕無吉，概括龜筮從衆無私念之六吉。
〔七〕《論語・顔淵》載司馬牛問君子，子曰：「君子不憂不懼。」又曰：「内省不疚，夫何憂何懼？」
〔八〕矜式，誠敬效法。句指以德爲法天下也，示天下以榜樣也。

民乃多夭而不壽。蓋一國壽夭之數，即天下存亡之大較也。凡人愈好德則愈康寧，愈康寧則愈壽、愈富，而得考終命；愈惡則愈貧、愈弱，愈貧弱則愈多疾與憂，而更凶短折。此又天運、人心寄於性命、魂魄之中，以爲循環消息之大較也。

嗚呼！五福者，人心之所欲也。六極者，人心之所惡也。受億兆人之委託〔一〕，即當保億兆人之性命。誰尸〔二〕國柄而使干戈滿地，四海困窮〔三〕，民卒流亡，求一日之康寧而不可得，説者謂皆淫朋比德，偏黨競爭，乃至戕生人之生命，而轉以自戕其性，自戕其命也！嗚呼！悔莫大於噬臍〔四〕，凶莫深於迷復〔五〕，「往者不可諫，來者猶可追」〔六〕，苟求轉禍而爲福〔七〕，曷不讀《洪範》之終篇乎？

〔一〕指人君。
〔二〕指尸位。
〔三〕若此則天禄永終，《論語・堯曰》之聖王心法，道統之核心也。
〔四〕出《左傳》，言噬臍莫及，徒悔無益。
〔五〕《易・復》卦上六云：「迷復，凶，有災眚。用行師，終有大敗；以其國，君凶。至於十年不克征。」《象辭》曰：「迷復之凶，反君道也。」
〔六〕《論語・微子》楚狂接輿之歌。
〔七〕此唐先生作主張之洗心。

或問曰：「曷爲天下有福？」〔一〕

應之曰：《禮記・祭統》篇有之：「福者，備也。」無所不備者之謂福〔二〕，言其德皆備焉爾。《天保》之詩曰：「降爾遐福，惟日不足。」《周書》曰：「吉人爲善，惟日不足。」〔三〕惟爲善惟日不足，故降福惟日不足；若爲惡惟日不足，則降禍亦惟日不足矣！然則福豈有倖致者哉？

又問曰：「五福一曰壽，別本作一曰富。夫富則何求不獲，不當在五福之先耶？」〔四〕

應之曰：此謬說也。《洪範》五福，箕子以意第之，無所謂孰先而孰後也。《左氏傳》云：「富者，幅也。」如布帛之有幅焉，裁製之而得其宜，斯謂之富。《孝經》制節，謹度所以守富，謹度所以量幅而不溢也。是故古人言富在禮義不在貨財，在道德而不在貨賄。一身如此，一國亦然。一國多賢才，國之富也；一家有令子，家之富也；

〔一〕此第一問提起文意，從一人推之天下。
〔二〕《禮記・祭統》云：「備者，百順之名也，無所不順者謂之備。」
〔三〕《書・泰誓中》句。
〔四〕此第二問，從三面摘出天下之禍源於是貪婪無節。

一身有好德，身之富也。自後世誤以財貨爲富，而人心風俗於是大壞矣。且貪富必曰貧，凡《易》之言「無攸利」者，皆主貪利者而言，如蒙之「見金夫，不有躬，無攸利」、臨之「甘臨，無攸利」是也。一人搜括於上，萬姓困窮於下，有不劫奪而分之者哉？此貧之大原也。

且貪富必多疾而凶短折。以醫理言之，脈浮者厥病風，脈滑者厥病痰；奔競不已，風痰積矣；於是外露浮滑，然而猶可救也。貪富則熱中，熱中之疾，厥病爲狂，狂積則精氣散而失其魂。一人失其魂，則一家失其魂，一國亦失其魂。嗚呼！人魂失而人凶短折，不可言也。國魂失而國凶短折，尚忍言哉？

且貪富必多憂。「其未得之也，患得之；既得之，患失之。苟患失之，無所不至。」〔一〕既憂己之不富，乃憂他人之富，而欲己之獨富，營營擾擾，無日不在憂之中。吾嘗遊歐美大陸矣，其民熙皞，能自全其天，何也？彼頗能知足而不憂也。及還觀吾國民，靡不疾首蹙頞，常若有大戚者，何也？惟其不安分而求富也。比例以觀，詎不

〔一〕《論語·陽貨》載孔子曰：「鄙夫，可與事君也與哉？其未得之也，患得之；既得之，患失之。苟患失之，無所不至矣。」

痛哉？

且貪富必多惡而多弱，始則揣摩而沾潤也，繼則誑騙而盜竊矣！始則巧言而令色也，繼則狼吞而虎噬矣！始則爭以意氣，繼則爭以權利，終則并意氣亦僞，而惟權利爲真。如是，則人皆賤而惡之，畏而遠之。惡德無不備，而其弱至於不勝言。一人如此，一國亦然，豈非《洪範》之所必誅哉？

嗚呼！箕子陳《洪範》之後，乃就封於朝鮮。數千年後，其國一蹶而不振，不奉箕子之範，蓋灼然有明鑑矣。嗚呼！貧也，弱也，惡也，朝鮮誠可痛矣哉！

卷下

析疑録

朱子《皇極辨》

【釋】淳熙十六年（一一八九），朱子六十歲；是年二月，宋光宗即位，仍直寶文閣；四月成《大學》《中庸章句》，七月成《皇極辨》。原文載《朱文公文集》卷七二。

洛書九數而五居中，《洪範》九疇而皇極居五，故自《孔氏傳》訓皇極爲大中，而諸儒皆祖其説。予獨嘗以經之文義語脈求之，而有以知其必不然也。蓋皇者，君之稱也；極者，至極之義，標準之名，常在物之中央，而四外望之以取正焉者也。故以極爲在中之準的則可，而便訓極爲中則不可。若北辰之爲天極，脊棟之爲屋極，其義皆然。而《禮》所謂「民極」，《詩》所謂「四方之極」者，於皇極之義爲尤近。顧今之説者，既誤於此而並失於彼，是以其説展轉迷繆，而終不能以自明也。即如舊説，姑亦無問其他，但即今文而讀皇爲大，讀極爲中，則夫所謂「惟大作中」，「大則受之」爲何等語乎？

今以余説推之，則人君以眇然之身，履至尊之位，四方輻湊，面内而環觀之，自東而望者，不過此而西也；自南而望者，不過此而北也，此天下之至中也。既居天下之至中，則必有天下之純德，而後可以立至極之標準。故必順五行、敬五事以修其身，厚八政、協五紀以齊其政，然後至極之標準，卓然有以立乎天下之至中，使夫面内而環觀者，莫不如是而取則焉。語其仁則極天下之仁，而天下之爲仁者，莫能加也。語其孝則極天下之孝，而天下之爲孝者，莫能尚也，是則所謂皇極者也。由是而權之以三德，審之以卜筮，驗其休咎於天，考其禍福於人，如挈裘領，豈有一毛之不順哉？此洛書之數所以雖始於一，終於九，而必以五居其中；《洪範》之疇所以雖本於五行，究於福極，而必以皇極爲之主也〔一〕。

〔一〕 皇極在九疇之五。

若箕子之言，有曰「皇建其有極」云者，則以言夫人君以其一身而立至極之標準於天下也。

其曰「斂時五福，用敷錫厥庶民」云者，則以言夫人君能建其極，則爲五福之所聚，而又有以使民觀感而化焉，則是又能布此福而與其民也。

其曰「惟時厥庶民于汝極，錫汝保極」云者，則以言夫民視君，以爲至極之標準而從其化，則是復以此福還錫其君，而使之長爲至極之標準也。

其曰「凡厥庶民，無有淫朋，人無有比德，惟皇作極」云者，則以言夫民之所以能有是德者，皆君之德有以爲至極之標準也。

其曰「凡厥庶民有猷、有爲、有守，汝則念之。不協于極，不罹于咎，皇則受之」云者，則以言夫君既立極於上，而下之從化，或有淺深遲速之不同，其有謀者、有才者、有德者，人君固當念之而不忘，其或未能盡合而未抵乎大戾者，亦當受之而不拒也。

其曰「而康而色，曰予攸好德，汝則錫之福。時人斯其惟皇之極」云者，則以言夫人之有能革面從君，而以好德自名，則雖未必出於中心之實，人君亦當因其自名，而與之以善，則是人者，亦得以君爲極，而勉其實也。

其曰「無虐煢獨而畏高明。人之有能有爲，使羞其行，而邦其昌」云者，則以言夫君之於民，一視同仁，凡有才能，皆使進善，則人才衆多，而國賴以興也。

其曰「凡厥正人，既富方穀。汝弗能使有好于而家，時人斯其辜。于其無好德，汝雖錫之福，其作汝用咎」云者，則以言夫凡欲正人者，必先有以富之，然後可以納之於善。若不能使之有所賴於其家，則此人必將陷於不義，至其無復更有好德之心，而後始欲教之以修身，勸之以求福，則已無及於事，而其起以報汝，唯有惡而無善矣。蓋人之氣稟，或清或濁，或純或駁，有不可以一律齊者，是以聖人所以立極乎上者，至嚴至密；而所以接引乎下者，至寬至廣；雖彼之所以化於此者，淺深遲速，其效或有不同，而吾之所以應於彼者，長養涵育其心，未嘗不一也。

其曰「無偏無陂，遵王之義。無有作好，遵王之道；無有作惡，遵王之路。無偏無黨，王道蕩蕩；無黨無偏，王道平平。無反無側，王道正直。會其有極，歸其有極」云者，則以言夫天下之人，皆不敢徇其己之私，以從乎上之化，而會歸乎至極之標準也。蓋偏陂好惡者，己私之生於心者也；偏黨反側者，己私之見於事者也。王之義、王之道、王之路，上之化也，所謂皇極者也。遵義、遵道、遵路，方會其極也。蕩蕩、平平、正直，則已歸於極矣。

其曰「曰皇極之敷言，是彝是訓，于帝其訓」云者，則以言夫人君以身立極而布命於下，則其所以爲常爲教者皆天之理，而不異乎上帝之降衷也。

其曰「凡厥庶民，極之敷言，是訓是行，以近天子之光」云者，則以言夫天下之人於君所命，皆能受其教而謹行之，則是能不自絶遠，而有以親被其道德之光華也。

其曰「曰天子作民父母，以爲天下王」云者，則以言夫人君能立至極之標準，所以能作億兆之父母，而爲天下之王也。不然則有其位無其德，不足以首出庶物，統御人羣，而履天下之極尊矣。

是書也，原於天之所以錫禹，雖其茫昧幽眇，有不可得而知者，然箕子之所以言之而告武王者，則已備矣。顧其詞之宏深奥雅，若有未易言者，然嘗試虚心平氣而再三反復焉，則亦坦然明白，而無一字之可疑。但先儒未嘗深求其意，而不察乎人君所以修身立道之本，是以誤訓皇極爲大中。又見其辭多爲含宏寬大之言，因復誤認中爲含胡苟且、不分善惡之意。殊不知極雖居中，而非有取乎中之義。且中之爲義，又以其無過不及，至精至當，而無有毫釐之差，亦非如其所指之云也。乃以誤認之中爲誤訓之極，不謹乎至嚴至密之體，而務爲至寬至廣之量，其弊將使人君不知修身以立政，而墮於漢元帝之優游、唐代宗之姑息，卒至於是非顛倒，賢否貿亂，而禍敗隨之，尚何斂福錫民之可望哉？

嗚呼！孔氏則誠誤矣，然迹其本心，亦曰姑以隨文解義，爲口耳佔畢之計而已，不知其禍之至此也。而自漢以來，迄今千有餘年，學士大夫不爲不衆，更歷世變不爲不多，幸而遺經尚存，本文可考，其出於人心者，又不可得而昧也。乃無一人覺其非是而一言以正之者，使其患害流於萬世，是則豈獨孔氏之罪哉？予於是竊有感焉，作《皇極辨》。

文治按：朱子此辨，深切著明。皇極雖居中位，若不能本身作則，則雖名爲中央，而號令不能及於四方，徒尸位耳，故必立之標準。標準者，建其有極，以五事爲根本，推行九疇，則無偏無陂，而自協於中矣，夫然後居中央而致太平。古聖賢之言，豈不嚴且明哉？

蘇明允《洪範論》〔一〕

【釋】皇祐元年（一〇四九），蘇洵作《洪範論》。唐先生録入此文，以其批判劉氏《洪範五行傳》之比附，而以經解經、實事求是，突出《洪範》義理之統與端，從而歸之於約，避免枝蔓流

〔一〕原題作「蘇明允洪範論序」。謹按：此篇乃蘇洵《洪範論》全文，非僅序言。唐先生《洪範大義》所引，題目稱序，乃因「序」字涉下正文之「序」致混。文載《嘉祐集》卷七。

衍、捨本逐末。蘇氏在中篇展示兩簡圖，前者爲劉氏失本之漫説，而後者則是本經之統端，約而可行者也。

洪範論序

《洪範》其不可行歟？何説者之多，而行者之寡也？曰：諸儒使然也。譬諸律令，其始作者，非不欲人之難犯而易避矣，及吏胥舞之，則千機百穽。吁！可畏也。夫《洪範》亦猶是耳。吾病其然，因作三論，大抵斥末而歸本，裦〔一〕經而擊傳，剗磨瑕垢，以見聖祕。復列二圖，一以指其謬，一以形吾意。噫！人吾知乎？不吾知，其謂吾求異夫先儒，而以爲新奇也。

洪範論〔二〕上

《洪範》之原出於天而畀之禹，禹傳之箕子。箕子死，後世有孔安國爲之注，劉向

〔一〕「裦」同「褒」。
〔二〕唐先生原刻但作「洪範」，謹據《嘉祐集》補入「論」字，後同。

父子爲之傳，孔穎達爲之疏。是一聖五賢之心，未始不欲人君審其法、從其道矣。禹與箕子之言，經也。幽微宏深，不可以俄而曉者，經之常也。然而所審當得其統，所從當得其端，是故宜責孔、劉輩。今求之於其所謂注與傳與疏者而不獲，故明其統，舉其端，而欲人君審從之易也。

夫致至治總乎大法，樹大法本乎五行，理五行資乎五事，正五事賴乎皇極。五行，含羅九疇者也；五事，檢御五行者也；皇極，裁節五事者也。儻綜於身，驗於氣，則終始常道之次，靡有不順焉。然則含羅者其統也，裁節者其端也。執其端而御其統，古之聖人，正如是耳！

今夫皇極之建也，貌必恭，恭作肅；言必從，從作乂；視必明，明作哲；聽必聰，聰作謀；思必睿，睿作聖。如此，則五行得其性，雨、暘、燠、寒、風皆時，而五福應矣。若夫皇極之不建也，貌不恭，厥咎狂；言不從，厥咎僭；視不明，厥咎豫；聽不聰，厥咎急；思不睿，厥咎蒙。如此，則五行失其性，雨、暘、燠、寒、風皆常，而六極應矣。噫！曰得、曰時、曰福，人君孰不欲趨之？曰失、曰常、曰極，人君孰不欲逃之？然而罕能者，諸儒之過也。

夫禹之疇，分之則幾五十矣。諸儒不求所謂統與端者，顧爲之傳，則嚮之五十又將百焉。人之心一固不能兼百，難之而不行也。欲行之，莫若歸之易。百歸之五十，五十歸之九，九歸之三。三：五行也、五事也、皇極也。而又以皇極裁節五事，五事得而五行從，是三卒歸之一也。然則所守不亦約而易乎？所守約而易，則人君孰欲棄得取失，棄時取常，棄福取極哉？以一治三，以三治九，以九治五十，以五十治百，天意也，禹意也，箕子意也。

洪範論中

或曰：「古人言《洪範》，莫深於歆、向之傳〔一〕，吾嘗學而得之矣。今觀子之論，子其末之學邪？何遽反之也？子之論曰：『皇極裁節五事，其建不建爲五事之得失。』傳則擬五事而言之，其咎、其罰、其極與五事比，非所以裁節五事也。子又曰：『皇極建則五福應，皇極不建則六極應。』傳則條福極，而配之貌與言與視與聽與思與皇極，又非皇極兼獲福極也。然則劉之傳、子之論，孰得乎？」

曰：爾以箕子之知《洪範》，與歆、向之知孰愈？必曰箕子之知愈也，則吾從之。

〔一〕指《漢書·五行志》所載劉氏父子之《洪範五行傳》。

彼歆、向拂箕子之意矣，吾復何取哉？雖然，彼豈不知求從箕子乎？求之過深，而惑之愈甚矣。歆、向之惑，始於福、極分應五事，遂强爲之説，故其失寖廣，而有五焉。

今其傳以極之惡、福之攸好德歸諸「貌」，極之憂、福之康寧歸諸「言」，極之疾、福之壽歸諸「視」，極之貧、福之富歸諸「聽」，極之凶短折、福之考終命歸諸「思」。所謂福，止此而已；所謂極，則未盡其弱焉，遂曲引皇極以足之。皇極非五事匹，其不建之咎，止一極之弱哉？其失一也。且逆而極，順而福，傳之例也。至皇之不極，則其極既弱矣，吾不識皇之極，則天將以何福應之哉？若曰五福皆應，則皇之不極，惡、憂、疾、貧、凶短折，曷不偕應哉？此乃自廢其例，其失二也。箕子謂咎曰狂、僭、豫、急、蒙而已，罰曰雨、暘、燠、寒、風而已。今傳又增咎以眊，增罰以陰，此其揠聖人之言以就固謬。況眊與蒙無異，而陰可兼之，而别名之，得乎？其失三也。經之首五行而次五事者，徒以五行天而五事人，人不可以先天耳。然五行之逆順，必視五事之得失，使吾爲傳，必以五事先五行。借如傳「貌之不恭，是謂不肅，厥咎狂，則木不曲直，厥罰常雨。」其餘亦如之。察劉之心，非不欲爾，蓋五行盡於思，無以周皇極。苟如庶驗增之，則雖惷〔一〕亦怪

〔一〕「惷」同「蠢」。

駭矣！故離五行、五事而爲解，以蔽其舋，其失四也。傳之於木，其説以爲貌矣；及火、土、金、水，則思、言、視、聽殊不及焉。自相駮亂，其失五也。

夫九疇之於五行，可以條而入者惟二，箕子陳之，蓋有深旨矣。五事一也，庶驗二也。驗之肅、乂、哲、謀、聖，一出於五事；事之貌、言、視、聽、思，一出於五行。此理之自然，可不條而入之乎？其他八政、五紀、三德，稽疑、福極，其大歸雖無越於五行、五事，非可條而入之者也。條而入之，非理之自然，故其傳必鉤牽扳援，文致而强附之，然後可以僅知此福此極之所以應此事者。立言如此，其亦勞矣。

且傳於福極既爾，則於八政、五紀、三德、稽疑亦當爾；而今又不爾，何也？經曰：「五，皇極：皇建其有極，斂時五福，用敷錫厥庶民。」此言皇極建而五福備。使經云皇極之不建，則必以六極易五福矣，焉在其條而入之乎？且皇極，九疇之尤貴者，故聖人位之於中，以貫上下，譬若庶驗。然曰雨、曰暘、曰燠、曰寒、曰風、曰時，時於雨、暘、燠、寒、風，各冠其上耳，又可列之以爲一驗乎？若是，則劉之傳惑且强〔二〕，明矣。噫！傳之法，二劉唱之，班固志之，後之史志五

〔二〕「惑」，原刻作「或」，據《嘉祐集》文爲正；又下篇終言「削劉之惑」，是以「惑」爲是。「强」乃牽强之意。

行者，孰不師而效之？世之讀者，又孰不從而然之？是以膠爲一論，莫有考正，吾得無言哉？

一圖　指傳之謬

田獵不宿、飲食不享、出入不節、奪民農時、及有姦謀。	**木不曲直**	貌之不恭，是謂不肅。	**厥咎狂**	厥罰常雨	厥極惡。說曰：順之，其福攸好德。
棄法律、逐功臣、殺太子、以妾爲妻。	**火不炎上**	言之不從，是謂不乂。	**厥咎僭**	厥罰常暘	厥極憂。說曰：順之，福康寧。
治宫室、飾臺榭、内淫亂、犯親戚侮父兄。	**稼穡不成**	視之不明，是謂不哲。	**厥咎豫**	厥罰常燠	厥極疾。說曰：順之，其福壽。
好戰功、輕百姓、飾城郭、侵邊境。	**金不從革**	聽之不聰，是謂不謀。	**厥咎急**	厥罰常寒	厥極貧。說曰：順之，其福富。
簡宗廟、不禱祠、廢祭祀、逆天時。	**水不潤下**	思之不睿，是謂不聖。	**厥咎蒙**	厥罰常風	厥極凶短折。說曰：順之，其福考終命。
	皇之不極		**厥咎眊**	厥罰常陰	厥極弱。

一圖　形今之意

皇極之建	貌恭肅		木曲直	時雨	五福
	言從乂		金從革	時暘	
	視明哲		火炎上	時燠	
	聽聰謀		水潤下	時寒	
	思睿聖		土稼穡	時風	
皇極不建	貌不恭	狂	木不曲直	常雨	六極
	言不從	僭	金不從革	常暘	
	視不明	豫	火不炎上	常燠	
	聽不聰	急	水不潤下	常寒	
	思不睿	蒙	土不稼穡	常風	

洪範論下

吾既剔去傳疵以粹經，猶有秘處，而先儒不白其意，或解失其旨者非一，今辨正以申之。

經曰：「鯀湮洪水〔一〕，汩陳其五行，帝乃震怒，不畀洪範九疇。」夫五行一疇耳，一汩而九不畀，蓋五行綱九疇，綱壞而目廢也。然則五行之汩，非五事之失乎？五事之失，非皇極之不建乎？蓋箕子微見其統與端矣！經之次第五行也以生數，至於五事也，求之五行則相剋，何也？從五常，斯與相剋合矣！先民之論五行也，水性智而事聽、火性禮而事視、木性仁而事貌、金性義而事言、土性信而事思。及其論五常也，以爲德莫大於仁；仁或失於弱，故以義斷之；義或失於剛，故以禮節之；禮或失於拘，故以智通之；智或失於詐，故以信正之。此五常次第所以然也，五事從之，所以亦然也。

「三，八政：曰食，曰貨，曰祀，曰賓，曰師。」五者不以官名之。鄭康成以食爲稷，以貨爲司貨賄，以賓爲大行人，是三百六十官，箕子於九疇中，區區焉錯舉其八耳。孔穎達則曰：「司貨賄、大行人皆事主，非復民政。夫事雖非民，亦未害爲政。」孔之失滋甚焉，吾以爲不然。箕子言國家之政，無越是八者。周公制禮，酌而用之，故建

〔一〕「鯀湮洪水」之「湮」，原作「陻」。

六官以主八政。食與貨則天官，祀與賓則春官，師則夏官，司空則冬官，司徒則地官，司寇則秋官，此得其正矣。

「七，稽疑：擇建立卜筮人。」孔安國謂：「知卜筮人而立之。」夫知卜筮人，天下不爲鮮矣。孜孜然以擇此爲事，則委瑣不亦甚乎？吾意卜筮至神，人所諒而從者。導之善人，必諒而從之，蜀莊〔一〕是矣；導之惡人，亦諒而從之，丘子明〔二〕是也。聖人懼後人輕其職，使有如丘子明輩，故曰「擇建立卜筮人」，謂擇賢也。不然，司空、司徒、司寇，其擇之又當甚於此云者。彼天子之卿，不若卜筮之言，爲後世所輕，雖婦人孺子，知其不可不擇故也。

嗚呼！聖人之言，枝分派別，不得其源，紛莫可曉。譬之日月五星、十二次二十八宿，使昧者觀之，固憒憒如也。不知晷躔次的不可紊，差之渺忽，寒暑乖逆。吾故於《洪範》明其統，舉其端，削劉之惑，繩孔之失，使經意炳然，如從璣衡中窺天文矣。

〔一〕蜀莊即西漢嚴遵，字君平，蜀郡人，漢成帝時隱居蜀成都，以卜筮爲業，故稱蜀莊。「因勢導之以善」，是善導人之卜筮者。

〔二〕丘子明，西漢武帝卜官。《史記・龜策列傳》載漢武帝時，以卜筮推測巫蠱，徑報私怨，誣陷迫害，無所不爲，及後敗露而遭誅戮三族。此卜筮人之惡者。

洪範論後序

吾論《洪範》，以五福、六極系皇極之建與不建，而且不與二劉之增眊與陰。或者猶以劉向、夏侯勝之説爲惑。劉向之言：「皇極之建，總爲五福；皇極之不建，不能主五事。下與五事齒，而均獲一極，猶平王之詩降而爲國風。」夏侯勝之言曰：「天久陰不雨，臣下將有謀上者已。」而果然以劉向之説，則皇極之不建，不可系以六極；以夏侯勝之説，則眊與陰不可廢。是皆不然。

夫福極之於五事，非若庶驗也。陰陽而推之，律曆而求之，人事而揆之，庶驗之通於五事，可指而言也。且聖人之所可知也，今指人而謂之曰：「爾爲某事，明日必有某福。爾爲某事，明日必有某極。」是巫覡卜相之事也，而聖人何由知之？故吾以爲皇極之建，五事皆得，而五福皆應。不曰應某事者，必某福也。皇極不建，五事皆失，而六極皆應。不曰應某事者，五事之間，得與失參焉，則亦不曰必某福、必某極應也，亦曰福與極參焉耳。

今劉以爲皇極建而爲五事主，故加之五福；及其不建也，不加之以六極，而以平王之詩爲説，其意以爲不建則不能爲五事主，故不加之六極以爲貶也。今有人有九命之爵，及有罪而曰削其爵，使至一命以貶之，曰貶可也。此猶「平王之詩降而爲國風」，曰降可也。若夫有罪人當具五刑，而曰：「是人也，罪大不當加之以五刑，姑以墨辟論，以重其責。」是得爲重其責邪？今欲重不建之罪，不曰六極皆應，而曰獨弱之極應，乃引平王之詩以爲説，平王之詩固不然也。且彼聖人者，豈以天下之福與極止於五與六而已哉？蓋亦舉其大概耳。

夫天地之間，非人力所爲而可以爲驗者多矣，聖人取其尤大而可以有所兼者五，而使其餘者可以遂見焉。今也力分其一端以爲二，而必曰陰爲陰，雨爲雨；且經之庶驗有曰暘矣，而豈獨遺陰哉？蓋陰之極盛於雨，而聖人舉其極者言也。吾觀二劉之傳「金不從革」與傳「常雨」也，乃言雷電雨雪皆在，而獨於此別雨與陰，何也？然則夏侯勝之言何以必應？曰：事固有幸而中者，公孫臣以漢爲土德而黄龍當見，黄龍則見矣。而漢乃火德也，可以一黄龍而必謂漢爲土德邪？必不可也。其所謂眊者蒙矣，胡復多言哉？

文治按：《洪範》一篇，曾子固、王介甫、歸熙甫均有傳，子固爲最精，爲王、歸二家所不逮，惜解皇極爲大中，不無錯誤。至蘇氏解經，向稱武斷，此篇文義甚爲明晰，足破五行家之迷惑。《朱子語類》載伯謨問：「老蘇著《洪範論》，不取《五行傳》，而東坡以爲漢儒《五行傳》不可廢，如何？」曰：「漢儒也穿鑿，如五事，一事錯則皆錯，如何卻云『聽之不聰，則其事應；貌之不恭，則其事應』。」是朱子亦以老蘇之説爲然，故專録之。

王船山《尚書引義·洪範篇二》

【釋】王氏此釋明五行之義，在《尚書·大禹謨》之正德、利用、厚生之德政以養民，行者行此道，是謂人治。批評歷代五行配屬之附會虚談，歪曲聖人本意，助長愚昧。

五行者何？行之爲言也，用也。天之化，行乎人，以陰騭下民。人資其用於天，而王者以行其政者也。

天之化，盡於五者乎？未然也。天之化，於五者統其同，於五者別其異乎？未然也。陰陽、寒暑、燥濕、生殺，其用不可紀極；動植融結，殊形異質，不可殫悉，固不盡於五者也。金亦土也，煉之而始成；火隱於木也，鑽之而始著；水凝爲冰，則堅等於金；木腐爲壤，則固均於土；不可別而異之也。極北堅冰而無水，大海渟流而無木，山之無金者萬而有金者一，火則無人之區固無有也，不可統天壤之間而同之也。天之生物也，與其生人也，均之乎生〔一〕。天之育物也，與其育人也，均之乎育〔二〕。故物之待生待育於天之化，亦猶之人也，而其生其育，五者有不行焉，則亦不資之以用。魚不資乎土，蚓不資乎木，蠹魚不資乎水，凡爲鳥獸蟲魚者皆不資乎火與金，則五者之化不行於物，物亦不行焉。夫物之以生以育，不悉用夫五者，則其才其情其性，亦不備五者之神矣。故五行者不可以區天之化，不可以統物之同。天惟行於人，人惟用以行，蓋人治之大者也。

其爲人治之大者何？以厚生也，以利用也，以正德也〔三〕。夫人一日而生於天地之間，則未有能離五者以爲養者也，具五者而後其生也可厚；亦未有能舍五者而能有爲者也，具五者而後其用也可利。此較然爲人之所必用，而抑爲人之所獨用矣。

〔一〕「均之乎生」句，王氏原作「均之乎生也」。

〔二〕「均之乎育」句，王氏原作「均之乎育也」。

〔三〕《尚書·大禹謨》載夏禹云：「德惟善政，政在養民。水、火、金、木、土、穀，惟修。正德、利用、厚生，惟和。九功惟叙，九叙惟歌。」此王氏倡「人治」之本義。

繇〔一〕其資以厚人之生，則取其精以養形，凝乎形而以成性者在是矣。成乎質者，才之所繇生也。輔乎氣者，情之所繇發也。充氣而生神者，性之所繇定也。而有生之初，受於天者，其剛柔融結之神，受於父母者，亦取精用物之化也。得其粹則正，不足於一而梏，有餘於一而溢，則不正。故王者節宣之，以贊天化而成人之性，是德之繇以正者，此五者也。

繇其資以利人之用，則因其材以敦乎質，飾其美以昭乎文，推廣其利以宣德，制用其機以建威，是禮樂刑政之資也。而觀其所以昭著，察其所以流行，感其所以茂盛，審其所以靜凝，則考道者之效法存焉。而慎用之以宜則正；淫用之以逞，吝用之以私者，則不正。故王者謹司之，以宰制化理而立人之義，是德之所繇正者，此五者也。故大禹之《謨》云：「六府惟修，穀即土之稼穡。三事惟和。」而統括之曰「九功」。功者，人所有〔二〕於天之化，非徒任諸天也。

今夫五者之行於天下也，天子富有而弘用之，而匹夫亦與有焉；聖人宰制而善

〔一〕「繇」字，王氏原作「由」，下同。
〔二〕「有」下，王氏文原有「事」字。

成之，而愚不肖亦有事焉；四海之廣，周徧而咸給焉，而一室之中亦不容缺也。胥天下而儲之曰府，人所致其修爲曰功，待之以應萬物萬事於不匱曰行，王者所以成庶績、養兆民曰疇。是則五行之爲範也，率人以奉天之化，敷天之化，以陰隲下民而協其居，其用誠洪矣哉！所以推爲九疇之初一，而務民義者之必先也。

然其爲義也，亦止此而已。善言天者，言〔一〕人之天也。善言化者，言化之德也。善言數者，言事之數也。若夫比之擬之，推其顯者而隱之，舍其爲功爲效者而神之，略其真體實用，而以形似者强配而合之，此小儒之破道，小道之亂德，邪德之誣天，君子之所必黜也，王者之所必誅也。何居乎後世之言五行者，濫而入〔二〕邪淫，莫之知拒也？

凡夫以形似配合而言天人之際者，未有非誣者。以元亨利貞配木火金水者似矣，而未盡然也。《易》之贊元曰：「萬物資始乃統天。」木其可爲金水之資，而天受其統乎？可云元之理發端於木，不可云木之德允合乎元。道有其可合，而合不可執。

〔一〕「言」字，王氏原作「語」。
〔二〕「入」下，原有「於」字。

元於人爲仁，木之神亦爲仁，其可合者也。在天、在物、在人，三累而固有不齊之道器，執一則罔於所通矣。

以貌言視聽思配五行，爲比擬之説以實之，似矣，而實不然也。欲爲之辭，奚患無辭哉？以貌配水而可有其説，以貌配木火金土，未嘗不可有説也。似而似之，不必似而似之，於此不似而他求以似之，終不似而武斷以似之。以鑿智侮五行，則誣道以誣民，咎不容諉矣。

夫王者敬用五行，慎修五事，外敷大政，内謹獨修，交至以盡皇極之猷爲者，各有其道，不偏重也。其憲者則天也，其學者則聖也，其取以爲善者人也。奚待鑑於水以飾貌，觀於火以謹言，取法於木以正視，折中於金以審聽，求〔一〕於土而慎思哉？强其似以求配也，於五事之敬用也奚益？其不似也奚損？庸心於無足庸，口給而實無所效，我不知爲此説者之將以何爲耶〔二〕？洵然，則九疇之叙，但一五行而已足，又何取餘八之繁言乎？故曰：「小言破道，小道亂德。」致遠必泥，君子之不爲久矣。

〔一〕王船山五世從孫嘉愷鈔本於「求」下有「合」字。
〔二〕「耶」字，王氏原作「邪」。

自是而往，邪説之侮五行者，無所不至矣。京房之以配卦氣也，屈乾於兑而金之，而天維裂；合震於巽而木之，陽德衰也。醫者之以配五藏言生克也，是心腎肺肝之日交戰於身中也。黄冠之以配神氣魂魄也，是無形之中而繁有充塞之質也。下此而星命言之，相術言之，日者葬師言之，無可爲名，以惑天下，則挾五行以摇蕩人心於疑是疑非之際。

嗚呼！天所簡在而錫，禹所祗台而受，武王所齋沐而請，箕子所鄭重而陳，上帝之以行大用，而下民一日非此不行者，乃以爲小人游食之口實。道之喪也，誰作之俑？則劉向父子實始倡之，而蔡沈〔一〕與祖孫三世之習而溺焉，咎將奚諉？其他技術之流，又不可勝誅者矣。

聖人之言，言彝倫之叙也，所謂務民之義也。修火政，導水利，育林木，制五金，勤稼穡，以味養民，以材利民。養道遂，庶事成，而入以事父，出以事君，友於兄弟，刑於妻子，惠於朋友者，德以正焉。因天之化，成人之能，皆五行之用也。「初一曰五

〔一〕「沈」字原誤爲「神」，據王氏爲正。

行」，義盡於此矣。言五行者，繹其旨，修其事，辨義利，酌質文，唯〔一〕日孜孜而不足，奚暇及於小慧之紜紜？

文治按：此論舉各種配屬一埽而空，特爲明快。一切支離膠滯之説，可不攻而自破矣！

《欽定四庫全書提要》三則

【釋】唐先生録此三則提要，所以誡輕率改易經文之弊，於三則提要之後按語，强調「篤信」乃治經之道。

《古洪範》一卷

【釋】《古洪範》一卷，《四庫全書總目》列在《書》類存目類，題下注明《永樂大典》本。

〔一〕「唯」字，王氏原文作「惟」。

宋賀成大撰。成大字季常，爵里未詳。其自序以爲《洪範》自「三，八政」以下紊亂無次，因援朱子《大學》分經傳之例，每疇以禹之言爲經，以箕子之言爲傳。如「五行：一曰水」至「五曰土」，此禹之經也；「水曰潤下」至「稼穡作甘」，此箕子之傳也。「五事：一曰貌」至「五曰思」爲禹之經，「貌曰恭」至「睿作聖」爲箕子之傳。「三，八政：一曰食」至「八曰師」爲經，而移「惟辟作福」至「民用僭忒」爲傳。「五紀：一曰歲」至「五曰曆數」爲經，而以「王省惟歲」至「則以風雨」爲傳。「五，皇極」則以「皇建其有極」一句爲經，而以「惟皇作極」「無偏無陂」至「以爲天下王」爲傳。三德則以「一曰正直」至「三曰柔克」爲經，而以「平康正直」至「高明柔克」爲傳。稽疑則以「擇建立卜筮人」至「衍忒」爲經，而以「立時人作卜筮」至「用作凶」爲傳。庶徵則以「曰雨」至「曰時」爲經，而以「五者來備」至「恒風若」爲傳。五福則以「一曰壽」至「五曰考終命」爲經，而移「斂時五福」至「其作汝用咎」爲傳。六極則以「一曰凶短折」至「六曰弱」爲經，而移「惟時厥庶民于汝極，錫汝保極」「一極備凶，一極無凶」「凡厥庶民，無有淫朋，人無有比德，不協于極，不罹于咎，無虐煢獨，而畏高明，時人斯其惟皇之極」爲傳。顛倒錯亂，純出臆斷，而自以爲「古《洪範》，自伏生以後，傳授歷歷可考」。何處有此古本乎？

《定正洪範》二卷

【釋】《定正洪範》二卷，《四庫全書總目》列在《書》類存目類，題下注明内府藏本。

元胡一中撰。一中字允文，諸暨人，官紹興路參軍。是編因王柏〔一〕、文及翁〔二〕、吴澄〔三〕三家改定《洪範》之本，而以己意參酌之。首爲圖説，次考訂經文，次爲雜説。

按：河圖、洛書名見《繫辭》，不云有關於《洪範》。《漢書·五行志》始載劉歆之言，稱：「禹治洪水，錫洛書，法而陳之，《洪範》是也。」於是洛書始合於《洪範》，然猶未及河圖。一中又因歆有「河圖、洛書相爲經緯，八卦九章，相爲表裏」之文，遂以河圖、洛書併合於《洪範》，而又參以陳摶「先天之説」所列二十八圖，大抵支

〔一〕王柏（一一九七—一二七四），字會之，婺州金華人；推崇朱子，所著《書疑》《詩疑》，傳於世。

〔二〕文及翁，字時學，號本心；宋理宗寶祐元年（一二五三）進士，德祐初，官至資政殿學士、簽書樞密院事。入元，屢徵不起。

〔三〕吴澄（一二四九—一三三三），字幼清，號草廬，江西崇仁人；學宗朱子，作《道統圖並叙》；入元，官至國子監司業、翰林學士；所著有《書纂言》《易纂言》《禮記纂言》《春秋纂言》等。

離破碎。

至於「無偏無黨」，亦以五行生尅立論，尤爲無理。其以「九爲河圖，十爲洛書」，沿用劉牧之説，於彼法之中自生轇轕，猶其小焉者矣。且説既穿鑿，理多窒礙，乃於必不可通者，更遁爲錯簡之説，以巧飾其謬；遂割裂舊文，强分經傳，移「曰王省惟歲」以下八十七字爲第四、第五章之傳；移「無偏無陂」以下五十六字於「皇建其有極」下，爲五章之經；移「斂時五福」以下，割裂其文爲九章之傳。其餘亦多移彼綴此，臆爲顛倒。並據吴澄之説，改「而康而色」句爲「而康而寧」；改「是彝是訓」句爲「是彝是倫」，則併其字而竄易之。

考《尚書正義》載《漢書・五行志》以「初一曰五行」六十五字爲洛書本文，孔安國則以爲禹所第叙，劉向以爲龜背先有三十八字，劉歆以爲先有二十字，孔穎達已均謂其無據。其以「一，五行」以下爲箕子所演，則諸家並同，絶無逐章各有經傳之説。一中欲仿朱子考定《大學》《孝經》之例，强爲分别，既已無稽；且一中既稱一行十三字，何以於「庶民錫汝保極」以七字而錯一簡、「五，皇極」曰「皇建其有極」以九字而錯一簡、「曰王省惟歲」以下復以八十七字錯一簡也？

龔明之《中吳紀聞》載北宋余燾嘗上書〔二〕，請移《洪範》「曰王省惟歲」以下八十七字於「四，五紀」一節之下，爲臺諫所彈，不果施行。是前此已嘗論定矣，何一中又祖其説耶？

《書傳洪範考疑》一卷

【釋】明人吴世忠《書傳洪範考疑》一卷，《四庫全書總目》列在《書》類存目類，題下注明浙江巡撫採進本。

明吴世忠撰。世忠字懋貞，金谿人，弘治庚戌進士，官至延綏巡撫僉都御史。是

〔二〕龔明之（一〇九一～一一八二），字希仲，一作熙仲，蘇州崑山人。龔氏《中吳紀聞》「改正《洪範》」條載其事云：「余燾字元輔，方舍法欲行，上書引成周事力贊之，因命以官，累遷至正郎；後復上書改《洪範篇》自『王省惟歲，月之從星，則以風雨』，乃屬之自『四，五紀：一曰歲，二曰月，三曰日，四曰星辰，五曰曆數』之下，謂九疇皆有衍文，惟『四，五紀』無之。至於『八，庶徵』之後，既言『肅，時雨若』止『蒙，常風若』，意已斷矣，而又加『王省惟歲』以下之文，則近於贅。或者是其説，然爲臺諫所彈，不果施行。」並載朱彝尊《經義考》中，故爲四庫館臣採以爲改經之例。

書取蔡沈所釋《洪範》，有疑於心者，略爲考正。大旨〔一〕歸本於治法，立意未嘗不善。然如以「六，三德」爲馭臣之法，以「剛克」「柔克」爲恩威之義，用張景〔二〕之説，尚爲可通；以《禹貢》貢金之類解五行，已覺附會。至「五福」「六極」皆指刑賞而言，以保全愛養、不使短折爲壽之之法；以殺戮勦絶、不使得壽爲凶短折之法，則牽强太甚矣。

文治按：胡氏《定正洪範》，刻入《通志堂經解》中。要知治經之道，首貴篤信，朱子更定《大學》，後儒猶或非之；況學識遠不逮朱子者乎！學者讀此三則，可以不惑於歧途矣。

又按：陸稼書先生曰：「《洪範》一篇，金仁山、黄石齋二先生所考定，雖各有精義，然《蔡傳》只依古本解之，亦儘明白，似不必方整如後世文字，然後可也。《書傳》雖成於九峰之手，然多本之朱子。蓋朱子於此篇，未嘗有更定之意，故蔡氏亦止依古

〔一〕「旨」字原刻作「本」，據《四庫全書總目》爲正。
〔二〕張景（九七〇～一〇一八），字晦之，湖北公安人；宋真宗咸平三年（一〇〇〇）進士第一，官至大理評事；所著《洪範論》已佚，遺文見徵林之奇《尚書全解·洪範》，言三德之爲人君專用云：「箕子既言三德之用，各有其時，又言沈潛高明，以抑其過，而引其不及，而合於中道。其所以論聖人宰制天下之權，可謂盡之矣……此三者苟繫於人君之所操持，則威福在己，名分謹嚴，故有以操縱予奪，以用此三德。」主意如此。

本作注。嘗竊以爲諸經在朱子之時，誠有不容不更定者，至朱子而後，不得復有紛更。元明諸儒往往見朱子於古經不難改易，而遂有自闢井疆之意，此病非小。故不佞平生於吴草廬諸書，皆不敢輕信，非信目而不信心，實以防微杜漸之意，不得不爾。然如金、黄二先生之議論，則亦不可不存於天地間，似應將不宜輕改之意著於篇末，庶幾有以擴學者之胸襟而不開其弊。」〔一〕此説亦甚平允，蓋别存一家之説，固無不可耳。

〔一〕陸隴其《太極論》，載《三魚堂文集》卷一。

洪範大義後序

余撰《洪範大義》，分部居凡三：

一曰「傳注」。注者解其字，傳者釋其義，仿先儒故訓傳例，列注於前，列傳於後。《尚書》之學，閻、江、王、孫諸家精矣，顧略嫌瑣碎。是篇所采，以先太夫子黄薇香先生《尚書啓幪》、吴摯甫先生《尚書故》二書居多，雜綴而成，故不録姓氏。傳義則以黄石齋、李榕村二先生之説爲主，蓋二先生之説，實能探性命之本原，提政學之綱要，自來爲《洪範》學者，未有能過之也。

二曰「政鑑」。《洪範》爲我國政治學之權輿，由之則治，背之則亂，百不失一。竊嘗掇其精藴，並參以閲歷所得，著之於篇，剥極而復，或在兹乎？

三曰「析疑録」。先儒解皇極爲大中，朱子闢之，訓爲標準，而後天下之表定，故首録朱子之説。董、劉五行之學，爲漢以來古義。惟牽於其説，則本經之義，轉覺狹隘，故次録蘇氏説以正之。王船山先生《尚書引義》所見卓然，埽盡支離之説，爰並録焉。自金仁山、胡一中二家有脱簡之疑，而改定本遂夥。不知古經文字參互錯綜，自有精義，若繩以後代文法，則毫釐千里矣。故次録《四庫提要》語以正之。

既屬稿，或見之曰〔一〕：「子言皇極，不與近世共和政體相剌〔二〕謬乎？」余曰：此不讀書之論也。皇極者，標準也。不獨天下國家有標準，即一身一心亦有標準。惟立一心之標準，推而至於一身、一家、一國、天下，乃無不各有標準，所謂本身以作則也。古人訓「皇」爲君，篇中曰汝〔三〕、曰臣，皆指君言，而與民爲一體者也，故曰「錫汝保極」，惡得以其爲天子之制而諱言之乎？且即以天子之制〔四〕言之，苟其合於大同之義者，即無悖乎共和之理者也；苟違乎大同之義〔五〕，

〔一〕「或見之曰」，《尚書大義・内篇・洪範篇政治學一》作「或曰」。
〔二〕「剌」字，原誤刻作「刺」。
〔三〕《尚書大義》於文下添「曰『而』」一句。
〔四〕「且即以天子之制言之」，《尚書大義・内篇・洪範篇政治學一》於「天子」前添「古時」二字。
〔五〕「苟違乎大同之義」，《尚書大義》句末添「者」字。

則雖名爲共和，而實則偏黨營私〔二〕，爲《洪範》之罪人。天下之所以日亂，正由於經義之不明也，惡足與言治道乎哉？爰大書之，以告後世之讀《洪範》者。文治再序。

〔二〕「偏黨營私」，《尚書大義》作「舞弊營私」。

尚書大義

尚書大義自叙

嗚呼！讀書之道，不綦難哉？《韓非子·外儲説》曰：「楚人有賣其珠于鄭者，爲木蘭之櫃，薰桂椒之櫝〔一〕，鄭人買其櫝而還其珠。」此可謂善賣櫝矣，未可謂善鬻珠也。夫自來説經諸家，其買櫝而還珠者，何可勝數？無他，震於其櫝之美也。吾之爲《尚書大義》，其外篇，櫝也，未必美也；内篇，珠也，亦未敢自以爲美也。世之讀吾書者，其買我櫝乎？抑買我珠乎？抑併珠與櫝而兼寶之乎？

歐陽子曰：「《六經》焚於秦而復出於漢，其師傳之道中絶，簡編脱亂誤闕〔二〕，學者莫得其本真。」見《唐書·藝文志叙》。而《尚書》之厄爲最甚，一厄再厄之不已，至於三四；三厄四厄之不已，而至於七。見後。於是文字有古今，經傳有真僞，篇次有多寡、

〔一〕「薰椒桂之櫝」，《韓非子》作「薰以桂椒」，後接「綴以珠玉，飾以玫瑰，輯以翡翠」三句。
〔二〕「簡編脱亂誤闕」，《新唐書·藝文志》原文句首有「而」字，「誤」作「訛」。

有分合、有先後。漢張霸妄人，不足道；晉王肅、皇甫謐、梅賾之徒，摭入逸《書》，巧造古文僞傳。唐初作爲《正義》，列於學官，傳諸千數百年，綴學之士，以爲帝王寶典大訓，咸在於是；人心道心精一之傳，亦在於是。莠亂苗，鄭亂雅，霿圛而莫能辨，此其等於買櫝還珠者一也。

宋朱子出，始從而疑之，又從而詳辨之。厥後儒者，若吴氏澄、梅氏鷟、閻氏若璩、段氏玉裁、江氏聲、王氏鳴盛、孫氏星衍等，更從而論之。雖以毛奇齡之力攻朱子，袒僞《書》，作《寃詞》，然終不能滅人心是非之公。由是向之墮雲霧中者，今則昭昭然黑白分矣！雖然，古之善讀書者，蓋別有精神在焉。漢揚雄之言曰：「《虞夏書》渾渾爾，《商書》噩噩爾，《周書》灝灝爾。」[一]唐韓子之言曰：「上規姚姒，渾渾無涯；周《誥》殷《盤》，詰屈聱牙。」[二]近吴氏汝綸曰：「吾惜近儒考辨僞篇，論稍稍定矣。至問所謂渾渾者、噩噩者、灝灝者、詰屈而聱牙者，其蔑然而莫

[一]「《商書》噩噩爾，《周書》灝灝爾」，揚雄《法言·問神》作「《商書》灝灝爾，《周書》噩噩爾」。
[二] 見韓愈《進學解》。

辨者猶若也。」〔一〕夫知人論世，豈第斷斷焉考據訓故云爾哉？如是而自謂已足，此其等於買櫝還珠者二也。

《禮記・禮運》篇載孔子曰：「大道之行也，與三代之英，丘未之逮也，而有志焉。」大道之行，言五帝之世也；三代之英，謂三王之時也。《書大傳》載孔子曰：「《堯典》可以觀美，《禹貢》可以觀事，《咎繇》可以觀治，《鴻範》可以觀度，六《誓》可以觀義，五《誥》可以觀仁，《甫刑》可以觀誡。通斯七觀，《書》之大義舉矣。」〔二〕善哉！此可以觀聖人之志也。蓋自開闢以來，由帝而王，由王而霸；由禪而繼，由繼而衰；人君之兢兢業業，惟休惟恤；人臣之嚴恭寅畏，守經達權；周公思兼三王以施四事，仰而思之，夜以繼日〔三〕；胥訓誥、胥保惠、胥教誨，與夫尚忠、尚質、尚文之遞變，五

〔一〕吴氏《桐城吴先生文集・記寫本〈尚書〉後》無「者」字。吴汝綸（一八四〇～一九〇三），字摯甫、摯父，安徽桐城人；著有《易解説》《尚書故》《夏小正私箋》《古詩鈔》《深州直隸州風土記》《吴摯甫文集》《吴摯甫詩集》等。

〔二〕先生所用《書大傳》，乃取自孫星衍《孔子集語》所收之《尚書大傳略説》，考其所録孔子述七觀之序次，以及尚有「通斯七觀，《書》之大義舉矣」之句，皆與孫本切合。陳壽祺《尚書大傳》所録序次與此處有出入，非唐先生所據本子。

〔三〕「周公兼三王以施四事」至「夜以繼日」，見《孟子・離婁下》：「周公思兼三王，以施四事；其有不合者，仰而思之，夜以繼日。」

行、五事、五紀之推移，都邑之遷徙，禮樂之休明，刑罰之輕重；修教不易其俗，齊政不易其宜；歷代興革治亂之大原，莫不燦然具備於《書》。或見而知，或聞而知，舉可以詔告萬世，矜式來茲。乃或者習焉不察，徒賞析其義法之精嚴、文辭之奇奧，此其等於買櫝還珠者三也。

說者曰：「造化之理，終則有始；黎民之運，物故者新。《尚書》掇拾於煨燼之餘，所傳者其人與骨朽已久矣！其所言之典章，廢亦數千年矣！而子亟亟焉修明之，宜乎爲世所屏棄矣！」

應之曰：此不通之論也。夫立法以垂後者，千古之常經；因時以制宜者，天下之通義。《禮記·禮器》篇曰：「禮，時爲大，順次之，體次之，宜次之。」皋夔稷契，伊周散望，所以經營擘畫，時措咸宜者，考其書而知其言，考其言而知其意。聖賢之學，曷嘗迂闊而無用哉？化而裁之存乎變，利用出入、民咸用之謂之神。苟得其意而善用之，則前代之典章，舉足爲吾之新法；不得其意而妄用之，雖世界極新之法，適足以爲吾之害。神乎變乎！幾乎微乎！學者牽於所聞，迺舉而笑之不敢道。嗚呼！此吾所以爲《書》悲，而不僅爲《書》悲者也！

夫焚書之禍，論者歸罪於秦政、李斯，固已。吾考王白田先生〔一〕之言曰：「秦始皇〔二〕三十四年焚書，七年而秦亡。漢五年定天下，又七年，高帝崩。惠帝四年除挾書律。自焚書至漢定天下，相距僅十二年，即以惠帝除挾書律計之，亦僅二十三年而已……伏生年方少，不應所得二十九篇之外，絕無所記憶。而是時故學士必猶有在者，豈無所流傳？而何以教齊、魯間者止伏生《書》也？……且〔三〕如《老子》《莊子》《列子》《墨子》《韓子》《荀子》，既不立學官，又無師授，何以得傳於後，而《書》之朽折散絶乃如此？」惜哉！嗚呼！王氏之言，其知天人消息之微者乎？蓋天道好生而惡殺，而不能無殺者，時也；人心好治而惡亂，而不能無亂者，勢也；著作之家，好興而惡廢，而不能無廢者，天也，亦人也。孟子答北宫錡之問曰：「諸侯惡其害己也，而皆去其籍。」〔四〕是秦政以前，廢書者固已多矣。迄乎秦政以後，漢儒補葺修明，聖道宜大

〔一〕王懋竑（一六六八～一七四一），字予中，號白田，江蘇寶應人；著有《朱子文集注》《朱子語録注》《朱子年譜》《讀經記疑》《白田草堂存稿》等。
〔二〕「秦始皇」，王氏《白田草堂存稿·尚書雜考》原文作「秦始皇帝」。
〔三〕「且」字，王氏原文無。
〔四〕《孟子·萬章下》文。

興於世矣。然而析言破律，亂名改作之徒，累軌運踵，飾僞萌生，至於不可究詰。蓋秦代之焚書也，焚於有形；後代之焚書也，焚於無形。有形者，其罪顯而易見；無形者，其罪隱而難知。是惟天道不能無殺，人心不能無亂，故聖經不能無廢，豈非「天實爲之」〔一〕哉？人固不能與天爭，而吾輩負人心世道之責者，則不能不與天爭，而《書》庶幾乎不廢。

先師沈子培先生〔二〕曰：「今日治天下之道，不外《大學》絜矩、《中庸》致中和而已。」善哉言乎！其得《尚書》之精誼者乎！蓋中者，「喜怒哀樂之未發」，《召誥》所謂「節性，惟日其邁」也。和者，「發而皆中節」，《康誥》所謂「惟民其勑懋和」也。絜矩者，立好惡之準，《洪範》所謂「皇建其有極」也。太和之氣，翔洽寰區，黎民於變者此道也，萬邦作乂者此道也。禹甸九州，東漸於海，西被於流沙，朔南暨，當時以爲極遠矣；庸距知瀛海之外，人民鳥獸莫能通者，至今日而不距朕行乎！東海有聖人出焉，此心同，此理

〔一〕《詩·邶風·北門》：「已焉哉！天實爲之，謂之何哉？」

〔二〕沈曾植（一八五〇～一九二二）字子培，號巽齋，别號乙盦，謚誠敏，浙江嘉興人；著有《元秘史箋注》《蒙古源流箋證》《海日樓文集》《海日樓劄叢》《海日樓詩集》等。

同也；西海有聖人出焉，此心同，此理同也。吾嘗縱横億萬里，上下數千年，無論中、東、西諸國，每歷數十年或百餘年，必有大亂。生民經患難以死者，或數十萬，或數百萬，此豈乾坤之運不造使然哉？道德仁義之説不行，而《尚書》之精誼不明故也。

顧諟天命，無往不復。吾國學子，固嘗負笈贏縢，梯山航海，考求各國政治之情狀，而本國寶書，轉湮没而不彰。儻異日《書》學大明，疏通知遠，海外殊俗，重譯款塞，請來肄業，以求吾堯、舜、禹、湯、文、武、伊、周之道〔一〕，則夫明耿光而揚大烈者，豈特島夷卉服〔二〕、析支渠搜〔三〕而已，凡大禹昔游之裸國、穆王曾幸之崐崙，舉將弼教明倫，以歸《洪範》大同之治。海隅出入，罔不率俾〔四〕，然後知作僞亂經之徒，必不容於光天之下；而民生治亂所以水火而龍蛇者，可以永消劫運於無窮也。

太倉唐文治自序

〔一〕聖王之道也。
〔二〕卉服，草服也。句指東南海隅邊民。
〔三〕析支，西北崐崘麓下之地；渠搜乃其部族。此句指西北山野邊民。
〔四〕《尚書·武成》云：「華夏蠻貊，罔不率俾。」率俾，謂全體歸順。

尚書大義外篇

【釋】「外篇」凡十二篇《尚書》流傳之文獻學專題。

《尚書》釋名

《春秋説題辭》曰：「《尚書》者，二帝之迹，三王之義，所以推其期運，明授命之際。《書》之言，信而明，天地之情，帝王之功，凡百二十篇，第次委曲。尚者，上也，上世帝王之遺書也。」[一]

《尚書璇璣鈐》曰：「孔子求《書》，得黄帝玄孫帝魁之書，迄於秦穆公，凡三千二

[一] 此《春秋説題辭》内容與朱彝尊《經義考·百篇尚書》所録一致，大抵是唐先生之所據。

百四十篇。斷遠取近，定可以爲世法者，百二十篇。以百二篇爲《尚書》，十八篇爲《中候》。去三千一百二十篇。」又曰：「尚書，篇題號。尚者上也，上天垂文象，布節度。書也，如天行也。」〔一〕

鄭君《書贊》曰：「孔子撰《書》，乃尊而名之曰『尚書』。」「尚者，上也，蓋言若天書然。」〔二〕

劉熙曰：「尚書，尚，上也，以堯爲上，始而書其時事也。」〔三〕

文治按：以上諸説，以《春秋説題辭》説較明確，而未能詳備。鄭君譬諸天書，蓋本於二十八篇上象二十八宿及《璇璣鈐》「天行」之説，故謂之「若天書」耳！又《大傳》子夏對孔子謂《尚書》之論事：「昭昭如日月之代明，離離若星辰之錯行。」〔四〕亦鄭君

〔一〕此《尚書璇璣鈐》與《經義考》一致，乃唐先生之所據，下條所引亦同。

〔二〕鄭君指鄭玄。「孔子撰《書》，乃尊而名之曰『尚書』」：鄭氏原文載《尚書正義》所録《孔安國序》「漢室龍興」至「世莫得聞」一節之疏文。按：原文「孔子」後無「撰《書》」二字，又「名」原作「命」。「蓋言若天書然」句，鄭氏原文作「尊而重之，若天書然」。

〔三〕劉説見《釋名・釋典藝》。

〔四〕見《尚書大傳・略説》。

所本。蓋鄭君雖傳《古文》，亦時采今文家説，見宋翔鳳《尚書略説》「大麓」條〔一〕。未免尊經太過矣。門人陳氏柱〔二〕《尚書論略》云：「何以名〔三〕『尚書』也？鄭玄云：『孔子尊而命之曰尚書。尚者，上也，尊而重之，若天書然。』故曰『尚書』。夫孔子於《易》，亦嘗尊之矣，曰：『假我數年，五十以學《易》，可以無大過矣。』〔四〕然而未嘗尊爲『天易』也，何獨尊《書》爲『天書』乎？孔子曰：『天何言哉！』孔子豈以天爲有書乎？王肅

〔一〕宋翔鳳（一七七七～一八六〇），字于庭、虞庭，江蘇長洲人，著有《過庭録》，其中包含《周易考異》《尚書略説》《尚書譜》《三商》《十紀》，又有《論語説義》《孟子趙注補證》《大學古義説》《樸學齋文録》《憶山堂詩録》等。按：《尚書略説·大麓》舉鄭玄以今文義説古文之例云：「《書》『納于大麓，烈風雷雨，弗迷』。《孔傳》曰：『麓，録也。納舜使大録萬機之政，陰陽和，風雨時，各以其節，不有迷錯愆伏。』此古文説也。《尚書大傳》：『堯尊舜而尚之，屬諸侯，致天下於大麓之野。』此今文家説也。鄭注《大傳》云：『山足曰麓。』此順今文義而説之也。又云：『麓，録也。古者天子命大事，命諸侯，則爲壇國之外。堯聚諸侯，命舜陟位居攝，致天子之事，使大録之。』此鄭引古文説以備《大傳》之義也。《書》『納于大麓』，《音義》引馬鄭注：『麓，山足也。』此馬、鄭以今文説注古文《書》也。」

〔二〕陳柱（一八九〇～一九四四），字柱尊，號守玄，廣西北流人，著有《尚書論略》《公羊家哲學》《諸子概論》《老子集訓》《墨子十論》《公孫龍子集解》《子二十六論》《文心雕龍校注》等。

〔三〕「名」字，陳氏《尚書論略·尚書之定義》原後有「之曰」二字。

〔四〕《論語·述而》文。

曰：『上所言，史所書。』〔一〕『夫史録君臣，豈惟上之書乎？豈惟言之書乎？』〔二〕簡朝亮駁之是也。僞《孔傳》叙云伏生『以古之書〔三〕，謂之尚書。』簡朝亮亦駁之曰：『《書訖《秦誓》，未可概之上古。』〔四〕則亦是也。然則『尚書』云者，子何取義乎？簡氏據《墨子》之説，以謂『尚書』本舊名〔五〕。是矣而未盡也，且亦未能明〔六〕『尚書』之義也。予按《墨子·明鬼》篇云：『尚書《夏書》，其次商周之《書》。』以『尚』與『其次』對文，以《夏書》爲尚，以《商》《周書》爲次，則尚爲上古之義。尚書云者，猶今所謂上古史，本當時之舊稱，止以名虞夏以前之《書》，而商周之《書》則稱之曰『書』而已。在昔本自有别，至孔子删《書》而總名之曰書；故見於周秦諸書者多稱《書》，或稱《虞書》《夏書》，尠言《尚書》者。至漢則又以秦穆以前爲上世，故總而名之曰《尚書》。由斯以

〔一〕王肅文載《尚書正義》所録《孔安國序》「漢室龍興」至「世莫得聞」疏文。

〔二〕「豈惟言之書乎」句，簡氏《尚書集注述疏·尚書大名》原文句首有「亦」字。

〔三〕「以古之書」，《尚書正義》引《孔傳》作「以其上古之書」。

〔四〕簡氏之論載《尚書集注述疏·尚書大名》。

〔五〕簡氏《尚書集注述疏·尚書大名》云：「《墨子》云：『尚書《夏書》，其次商周之《書》。』蓋『尚書』之名舊名也，不自伏生始矣。」

〔六〕「明」字，陳氏《尚書論略·尚書之定義》原作「名」。按：文謂彰明，唐先生之修訂爲是。

談，則尚書之名，乃上古之義，僞《孔》之説得之。《尚書》之名，不起於伏生，簡氏之説得之。然而以今之《書》爲《尚書》，則始於漢僞《孔》之説，亦非盡誣也。惟鄭氏尊若天書之説，則妄耳。」

又按：書者，史之所紀録也，从聿者聲。聿，古筆字，以筆畫成文字，載之簡册。黄帝時蒼頡始制文字，凡通文字能書者謂之史。許叔重《説文叙》云：「書者，如也。」言如其意而出也。《禮記》：「動則左史書之，言則右史書之。」〔一〕故因書契而後有史，有史官而後成《尚書》。惟《周書》多周公所作，故尤可寶貴。至「尚」字爲何時何人所加，則不可考矣。

《尚書》今古文真僞及篇次目録考

吴氏澄《書纂言》〔二〕：

〔一〕《禮記·玉藻》文。

〔二〕此篇引録元儒吴澄《書纂言·前言》，唐先生加按語。

《書》今文

《虞書》：《堯典》《皋陶謨》

《夏書》：《禹貢》《甘誓》

《商書》：《湯誓》《盤庚》《高宗肜日》《西伯戡黎》《微子》

《周書》：《牧誓》《洪範》《康誥》《酒誥》《金縢》《大誥》《君奭》《多方》《立政》《梓材》《召誥》《洛誥》《多士》《無逸》《顧命》《吕刑》《文侯之命》《費誓》《秦誓》

右《書》二十八篇，漢伏生所傳〔一〕者，所謂《今文書》也。伏生故爲秦博士，焚書時，生壁藏之，其後兵起流亡。漢定，生求其書，亡數十篇，獨得二十八篇，以教〔二〕於齊魯之間。孝文時，求能治《尚書》者，天下無有，欲召生，時年九十餘矣，不能行，詔太常遣掌故鼂錯往受之。生老，言不可曉，使其女傳言教錯。齊人語多與潁川異，錯

〔一〕「傳」字，吴氏《書纂言·前言》原文作「口授」。

〔二〕「教」字，吴氏《書纂言·前言》原文「教」後有「授」字。

所不知凡十二三，略以其意屬讀而已。夫此二十八篇，伏生所傳〔一〕而鼂錯以意屬讀者也，其間闕誤顛倒固多，然不害其爲古《書》也。漢魏四百年間，諸儒所治，不過此耳！當時以應二十八宿，蓋不知二十八篇之外，猶有《書》也。至晉梅賾，始增多伏生《書》二十五篇，稱爲孔子壁中古文。鄭沖授之蘇愉，愉授梁柳，柳之内兄皇甫謐從柳得之；而柳又以授臧曹，曹授賾，賾遂奏上其《書》。今考傳記所引古《書》見於二十五篇之内者，如鄭玄、趙岐、韋昭、王肅、杜預，皆指爲逸《書》，則是此二十五篇，漢魏晉初諸儒曾未之見也。故今特出伏氏二十八篇如舊，爲漢儒所傳，確然可信。而晉世晚出之書，則别見于後，以俟後之君子擇焉。

《書》古文

《虞書》：《堯典》第一　《舜典》第二同今文。《堯典》「慎徽五典」以下，孔疏曰：「東晉梅賾上孔傳時，以『慎徽五典』爲《舜典》之初。隋開皇初，購求遺書，有人言蕭齊建武四年，姚方興於大航頭得孔氏傳，言古文《舜典》有『曰若稽古帝舜，曰重華，協於帝。濬哲文明，温恭允塞。玄德升聞，乃命以位』在『慎徽五典』之

〔一〕「所傳」，吴氏《書纂言・前言》原文作「口授」。

上。方興上之，未及施行，而以罪僇。隋既購得此本，遂增入二十八字。」〔二〕《皋陶謨》第四同今文，篇首增「曰若稽古」。　《益稷》第五分今文《皋陶謨》「帝曰來禹」以下。　《大禹謨》第三

《夏書》：《禹貢》第一同今文。　《甘誓》第二　《五子之歌》第三　《胤征》第四

《商書》：《湯誓》第一同今文。　《盤庚上》第九　《盤庚中》第十分今文「盤庚作」以下。

《盤庚下》第十一分今文「盤庚既遷」以下。　《高宗肜日》第十五同今文。　《西伯戡黎》第十六　《微子》第十七　《仲虺之誥》第二　《湯誥》第三　《伊訓》第四　《太甲上》第五　《太甲中》第六　《太甲下》第七　《咸有一德》第八　《說命上》第十二　《說命中》第十三　《說命下》第十四

《周書》：《牧誓》第四　《洪範》第六　《金縢》第八　《大誥》第九　《康誥》第十一　《酒誥》第十二　《梓材》第十三　《召誥》第十四　《洛誥》第十五　《多士》第十六　《無逸》第十七　《君奭》第十八　《多方》第二十　《立政》第二十一　《顧命》第

〔二〕吴氏所引此段孔疏乃取大意，《尚書正義·舜典》「曰若稽古」至「乃命以位」一節疏文云：「昔東晉之初，豫章內史梅賾上孔氏傳，猶闕《舜典》。自此『乃命以位』已上二十八字，世所不傳，多用王、范之注補之，而皆以『慎徽』已下爲《舜典》之初。至齊蕭鸞建武四年，吴興姚方興於大航頭得孔氏傳古文《舜典》，亦類太康中書，乃表上之。事未施行，方興以罪致戮。至隋開皇初購求遺典，始得之。」

二十四　《康王之誥》第二十五分今文《顧命》「王出在應門之内」以下。　《呂刑》第二十九同今文。　《文侯之命》第三十　《費誓》第三十一　《秦誓》第三十二　《泰誓上》第一　《泰誓中》第二　《泰誓下》第三　《武成》第五　《旅獒》第七　《微子之命》第十　《蔡仲之命》第十九　《周官》第二十二　《君陳》第二十三　《畢命》第二十六　《君牙》第二十七　《冏命》第二十八

右《書》二十五篇，晉梅賾所奏上者，所謂《古文書》也。《書》有今文、古文之異，何哉？鼂錯所受伏生《書》，以隸寫之；隸者當世通行之字也，故曰「今文」。魯共王〔一〕壞孔子宅，得壁中所藏，皆科斗書；科斗者，蒼頡所制之字也，故曰「古文」。然孔壁真《古文書》不傳，後有張霸僞作《舜典》《汨作》《九共》九篇、《大禹謨》《益稷》《五子之歌》《胤征》《湯誥》《咸有一德》《典寶》《伊訓》《肆命》《原命》《武成》《旅獒》《冏命》二十四篇，目爲「古文《書》」。《漢書・藝文志》云〔二〕：「《尚書

〔一〕「魯共王」即魯恭王。
〔二〕「《漢書・藝文志》云」，吴氏《書纂言・前言》無「書」字。

經》二十九篇，《古經》十六卷。」〔一〕二十九篇者，即伏生《今文書》二十八篇及武帝時增僞《泰〔二〕誓》一篇也。《古經》十六卷者，即張霸僞《古文書》二十四篇也。文治案：《漢書·藝文志》祇有《尚書經》二十九卷，並無《古經》十六卷之目，班氏所謂「得多十六篇」，乃孔安國所得之經，與張霸無涉，此吴氏之誤也。劉向得見中古文，其時十六篇尚在，豈得云張霸之《書》乎？蓋吴氏亦惑於孔沖遠之説，故誣及《漢志》耳！漢儒所治，不過伏生《書》及僞《泰〔三〕誓》共二十九篇爾。張霸僞《古文》雖在，而辭義蕪鄙，不足取重於世以售其欺。及梅賾二十五篇之《書》出，則凡傳記所引《書》語，諸家指爲逸《書》者，收拾無遺。既有證驗，而其言率依於理，比張霸僞書遼絶矣。析伏氏書二十八篇爲三十三，雜以新出之書，通爲五十八篇，並《書序》一篇，凡五十九篇，有孔安國傳及序，世遂以爲真孔壁所藏也。唐初諸儒，從而爲之疏義，自是漢世大小夏侯、歐陽氏所傳《尚書》止有二十九篇者，廢不復行，惟此孔傳五十八篇，孤行於世。伏氏書既與梅賾所增混淆，誰復能辨？

〔一〕「《尚書經》二十九篇，《古經》十六卷」：《漢書》原文無「《尚書經》」三字，亦無「《古經》十六卷」一句，後者唐先生於按語已指出。

〔二〕「泰」字原誤爲「秦」。

〔三〕「泰」字原誤爲「秦」。

竊嘗讀之，伏氏《書》雖難盡通，然辭義古奥，其爲上古之書無疑；梅賾所增二十五篇，體製如出一手，采集補綴，雖無一字無所本，而平緩卑弱，殊不類先漢以前之文。夫千年古書，最晚乃出，而字畫略無脱誤，文勢略無齟齬，不亦大可疑乎？吴才老〔一〕曰：「增多之書，皆文從字順，非若伏生之書詰曲聱牙。夫四代之書，作者不一，乃至一人之手而定爲二體，其亦難言矣！」〔二〕朱仲晦曰：「《書》凡易讀者皆古文〔三〕……豈有數百年壁中之物，不訛損一字者〔四〕？」又曰：「伏生所傳皆〔五〕難讀。」「如何伏生偏記其所難，而易者全不能記也？〔六〕」又曰：「孔書至東晉方出，前此諸儒

〔一〕吴棫，字才老，南宋舒州人；著有《書稗傳》《論語續解》《説例》《韻補》。

〔二〕吴氏《書稗傳》今不傳，此段文字最早見引於吴澄《書纂言》。

〔三〕「《書》凡易讀者皆古文」句，朱子《朱子語類·尚書》「問：『林少穎説，《盤》《誥》之類皆出伏生，如何？』」條原文無「書」字，而作「《禹謨》《説命》《高宗肜日》《西伯戡黎》《泰誓》等篇」。

〔四〕「不訛損一字者」句，朱子原文句首有「安得」二字，又句末無「者」字。

〔五〕「伏生所傳皆難讀」句，朱氏原文「所傳皆」三字作「記得者」。

〔六〕「如何伏生偏記其所難，而易者全不能記也」句，《朱子語類·尚書》「某嘗疑孔安國書是假書」一條原文作「只疑伏生偏記得難底，卻不記得易底」。

皆未可見〔一〕，可疑之甚。」又曰：「《書序》〔二〕，伏生時無之，其文甚弱，亦不似〔三〕前漢人文字，只似後漢末人。」……又曰：「《尚書》孔安國〔四〕，是魏晉間人作〔五〕，託孔安國爲名耳〔六〕！」又曰：「《孔傳》並《序》皆不類西漢文字氣象，與《孔叢子》同是一手僞書。蓋其言多相表裏，而訓詁亦多出《小爾雅》也。」〔七〕夫以吴氏及朱子之所疑者如此，顧澄何敢質斯疑，而斷斷然不敢信此二十五篇之爲古書！則是非之心，不可得而

〔一〕「前此諸儒皆未可見」，朱子原文「皆未可見」作「皆不曾見」。

〔二〕「《書序》」，朱子《朱子語類·尚書》原句後有「不可信」三字。

〔三〕吴氏《書纂言·前言》原文「不似」作「不是」，與朱子原文相同。

〔四〕「《尚書》孔安國」，朱子《朱子語類·尚書》原文句末有「傳」字。

〔五〕「是魏晉間人作」，《朱子語類·尚書》原文作「此恐是魏晉間人所作」。

〔六〕「託孔安國爲名耳」，《朱子語類·尚書》原文作「託安國爲名」。

〔七〕此集《朱子語類·尚書》數條語録之意，其一云：「《書序》恐不是孔安國做。漢文麤枝大葉，今《書序》細膩，只似六朝時文字。」其二云：「《尚書》注并序，某疑非孔安國所作。蓋文字善困，不類西漢人文章，亦非後漢之文。」其三云：「《尚書》決非孔安國所注，蓋文字困善，不是西漢人文章。」其四云：「《尚書》孔安國傳，此恐是魏晉間人所作，托安國爲名，與毛公《詩傳》大段不同。今觀序文亦不類漢文章。漢時文字粗，魏晉間文字細。如《孔叢子》亦然，皆是那一時人所爲。」其五云：「孔安國《尚書序》，只是唐人文字。前漢文字甚次第，司馬遷亦不曾從安國受《尚書》，不應有一文字軟郎當地。後漢人作《孔叢子》者，好作僞書。然此序亦非後漢時文字，後漢文字亦好。」

昧也。故今以此二十五篇自爲卷袠，以别於伏氏之《書》；而小序各冠篇首者，復合爲一，以寘諸後；孔氏《序》並附焉，而因及其所可疑，非澄之私言也，聞之先儒云耳。

今古文不僅篆隸之異，宜會通解紛説

馮氏景〔一〕曰：「鄭樵曰：『《易》《詩》《春秋》皆有古文，自漢以來，盡易以今文。惟孔安國得屋壁之書，依古文而隸之，鄭元爲之注〔二〕，使天下後世〔三〕於此一書而得古意。』又馬端臨曰：『《唐書·藝文志》〔四〕有《今文尚書》十三卷，注言元宗〔五〕詔學士衛包改古文从今文。』然則漢所謂古文者科斗書，今文者隸書也；唐所謂古文者隸

〔一〕馮景（一六五二—一七一五），字山公、少渠，錢塘人，著有《幸草》《樊中集》《解春集》《奇奴傳》。
〔二〕「鄭元爲之注」，「鄭元」即鄭玄，因避清諱，改「玄」作「元」。
〔三〕「世」字，馮氏《解春集》卷五《與閻徵君論疏證》引鄭樵文原作「學」。
〔四〕「《唐書·藝文志》」，馮氏《解春集》引馬端臨文無「書」字。
〔五〕元宗即唐玄宗。

書，今文者楷書也。學者當分別觀之〔一〕。」

文治按：馮氏之説，分析極明。然今文、古文家之異，不僅科斗文與隸、楷書傳寫之殊也。考《漢書·藝文志》云：「《古文尚書》者，出孔子壁中。武帝末，魯共王壞孔子宅，欲以廣其宫，而得《古文尚書》及《禮記》《論語》《孝經》凡數十篇，皆古字也。共王往入其宅，聞鼓琴瑟鐘磬之音，于是懼，乃止不壞。孔安國者，孔子後也，悉得其書，以考二十九篇，得多十六篇。安國獻之，遭巫蠱事，未列於學官。劉向以中古文校歐陽、大小夏侯三家經文，《酒誥》脱簡一，《召誥》脱簡二；率簡二十五字者，脱亦二十五字；簡二十二字者，脱亦二十二字；文字異者七百有餘，脱字數十。書者，古之號令，號令於衆，其言不立具，則聽受施行者弗曉。古文讀應《爾雅》，故解古今語而可知也。」據《藝文志》所言，則今、古文不獨文字異形，音讀與方言語解亦異，輾轉繳繞，由是今文、古文家之學説與其家法，遂判然不同矣。若夫今、古文之先後，學者每以爲疑，然祇須知今文先傳自伏生，所傳即爲漢時通行之隸書，故稱今文而居前；真古文之出自孔壁稍後，當時又未列於

〔一〕「分別觀之」句，馮氏《解春集》原文作「別白觀之」。

學官，故稱古文而轉居後也。

龔氏自珍[一]曰：「伏生壁中書，實古文也，歐陽、夏侯之徒，以今文讀之，傳諸博士，後世因曰伏生今文家之祖，此失其名也。孔壁固古文也，孔安國以今文讀之，則與博士何以異？而曰孔安國古文家之祖，此又失其名也。今文、古文同出孔子之手，一爲伏生之徒讀之，一爲孔安國讀之。未讀之先，皆古文矣；既讀之後，皆今文矣。惟讀者人不同，故其説不同。源一流二，漸至源一流百，此如後世翻譯，一語言也，而兩譯之，三譯之，或至七譯之，譯主不同，則有一本至七本之異。未譯之先，皆彼方語矣，既譯之後，皆此方語矣。其所以不得不譯者，不能使此方之人曉殊方語故；經師之不得不譯[二]者，不能使漢博士及弟子員悉通周古文故。然而譯語者未曾取所譯之本而毁棄之也，殊方語自在也；讀《尚書》者不曰以今文讀後而毁棄古文也，故其字仍散見於羣書及許氏《説文解字》之中，可求索也。又譯字之人，必華夷兩通而後能之；讀古文之人，必古今文字盡識而後能之。此班

[一] 龔自珍（一七九二～一八四一），字璱人，號定盦，浙江仁和人，段玉裁外孫，著有《定庵文集》《己亥雜詩》等。

[二] 「譯」字，龔自珍《大誓答問》第二十四條原文作「讀」。按：作讀是，謂以今文讀也。

固所謂『曉古今語』者〔一〕，必冠世大師如伏生、歐陽生、夏侯生、孔安國，庶幾當之，餘子皆不能也。此今文、古文家之大略也。」

文治按：龔氏之説，尤爲通貫。論者多以司馬遷嘗從安國問故，因以《史記》所引爲古文，伏生所傳爲今文。據《藝文志》所言，似古文宜雅，而今文較俗。然亦有未必然者，如「《史記》所采《尚書》〔二〕，於『肆覲東后』，則易之曰『遂見東方君長〔三〕』；『太〔四〕子朱啓明』，則曰『嗣子丹朱開明〔五〕』；『有能奮庸熙帝之載』，則曰『有能成〔六〕美堯之事者』」，是變雅爲俗矣。於此可知伏、孔兩家皆有今文，皆有古文。陳氏柱之論最爲明通，其言曰：「漢時盛行隸書，伏生所以教於歐陽、大小夏侯皆爲隸書，故以

〔一〕《漢書·藝文志》云：「古文讀應《爾雅》，故解古今語而可知也。」
〔二〕「如《史記》所采《尚書》」至「則曰『有能成美堯之事者』」，此七句乃取自方苞《讀古文尚書》一篇，除第一句之「如」字方氏作「嘗觀」外，其餘六句三例皆與方氏文字一致。
〔三〕《尚書·舜典》云「肆覲東后」，《史記·五帝本紀》則云「遂見東方君長」。
〔四〕「太」字，《尚書》原作「胤」；方苞改字，劉季高云：「因避清諱，改『胤』爲『太』」。
〔五〕《尚書·堯典》云：「帝曰：『疇咨若時登庸？』放齊曰：『胤子朱啓明。』」《史記·五帝本紀》則云：「堯曰：『誰可順此事？』放齊曰：『嗣子丹朱開明。』」
〔六〕方苞《讀古文尚書》將「奮庸」改作「成」，劉季高云不知何據；唐先生則本方氏原文。

爲今文。然《史記·儒林傳》云：『秦時〔一〕，伏生壁藏之。』夫曰『壁藏』，則伏生有《古文書》矣。《鼂錯傳》云：『詔太常遣錯受《尚書》伏生所。』〔二〕《藝文志》所謂『劉向以中古文校大小夏侯〔三〕三家經文』，當即此，是伏生有古文也。《史記·儒林傳》云：『孔氏有《古文尚書》。』《漢志》云：『《古文尚書》者，出孔子壁中。』以其皆古字，故謂之《古文尚書》。然《儒林傳》又云：『而安國以今文讀之，因以起其家。』則孔氏有今文也……吴汝綸云：『自漢氏言《尚書》有今文、古文，其别由伏、孔二家；二家經皆出壁中，皆古文而皆以今文讀之。歐陽、夏侯受伏氏讀，不見其壁中書。壁中書本古文，以傳朝錯，入秘府〔四〕，自是今文始盛行。吾疑安國與其徒，亦故用今文教授，孔氏所由起其家用此。二家之異，在篇卷多寡耳，不在古今也〔五〕……若廢棄逸十六篇不

〔一〕「秦時」句，《史記·儒林傳》原作「秦時焚書」。
〔二〕「詔太常遣錯受《尚書》伏生所」句，《漢書》原作「乃詔太常，使人受之。太常遣錯受《尚書》伏生所」。
〔三〕《漢書》原文「大小夏侯」前有「歐陽」二字。
〔四〕「入秘府」，吴氏原文作「入中秘」，載《桐城吴先生文集·再記寫本〈尚書〉後》。
〔五〕「不在古今也」，吴氏原文「不在」後有「文」字。

講，而止傳伏氏所有二十八〔一〕篇，則與朝錯所授〔二〕何以異？且又何以大遠乎今文邪？』……觀乎此，則古文、今文之爭亦可以息矣。」〔三〕夫讀書宜通大義，彼今、古文家紛紜之爭，奚爲者？

又按：《尚書》今、古文源流，最爲複雜。有眞僞之分，有篇次多寡之分，有篇次離合之分，有篇次先後之分，幾于棼如亂絲。近儒戴氏震〔四〕《尚書今文古文考》、段氏玉裁〔五〕《古文尚書撰異序》、王氏鳴盛〔六〕《尚書後案序》、孫氏星衍〔七〕《古文尚書馬鄭

〔一〕「二十八」，吴氏原文作「廿八」。

〔二〕「所授」後，吴氏原文有「書」字。

〔三〕陳柱説載《尚書論略·伏孔皆有古今文》一章。

〔四〕戴震（一七二四～一七七七），字東原、慎修，號杲溪，安徽休寧人；乾隆三十八年任《四庫全書》纂修官，校訂《水經注》《儀禮集釋》《周髀算經》諸書，著有《尚書今文古文考》《詩經補注》《考工記圖注》《孟子字義疏證》《原善》《六書論》《爾雅文字考》《方言疏證》等。

〔五〕段玉裁（一七三五～一八一五），字若膺，號懋堂，江蘇金壇人，龔自珍外祖父；著有《古文尚書撰異》《毛詩故訓傳定本》《周禮漢讀考》《儀禮漢讀考》《説文解字注》《經韻樓集》等。

〔六〕王鳴盛（一七二二～一七九七），字鳳喈，號禮堂，別字西莊，江蘇嘉定人；著有《尚書後案》《周禮軍賦説》《十七史商榷》《蛾術篇》《續宋文鑑》《耕養齋詩文集》等。

〔七〕孫星衍（一七五三～一八一八），字淵如，號伯淵，江蘇陽湖人；參與校刊《全唐文》，輯《平津館叢書》《岱南閣叢書》，著有《周易集解》《尚書古今文注疏》《續古文苑》《寰宇訪碑録》等。

注序》《尚書今古文注疏序》、陳氏喬樅〔一〕《今文尚書經説考序》，考據均極精詳，而陳氏書尤爲廣博，學者宜參考之。

僞《泰誓》考

顧氏炎武曰：「商之德澤深矣，尺地莫非其有也，一民莫非其臣也。武王伐紂，乃曰：『獨夫受，洪惟作威，乃汝世讎。』曰：『肆予小子，誕以爾衆士，殄殲乃讎。』何至於此？紂之不善亦止其身，乃至并其先世而讎之，豈非《泰誓》之文出於魏晉間人之僞譔者邪？」原注：「蔡氏曰：『《泰誓》《武成》一篇之中，似非盡出一人之口。』又引吴氏言：『疑其書之晚出，或非盡當時之本文。』蓋已見及乎此，特以注家之體，未敢直言其僞耳。」〔二〕

〔一〕陳喬樅（一八〇九～一八六九），字樸園、樹滋，福建侯官人，陳壽祺之子，著有《今文尚書經説考》《尚書説》《歐陽夏侯遺説考》《魯詩遺説考》《齊詩遺説考》《齊詩翼氏學疏證》《韓詩遺説考》《魯齊韓毛四家詩異文考》《毛詩鄭箋改字説》《詩緯集證》《禮記鄭讀考》《禮堂經説》等。

〔二〕顧氏《日知録·泰誓》。

又曰：「『朕夢協朕卜，襲于休祥，戎商必克。』伐君大事，而託之乎夢，其誰信之？殆即《吕氏春秋》載夷、齊之言，謂武王揚夢以説衆者也。」〔一〕

又曰：「《孟子》引《書》：『王曰：「無畏！寧爾也，非敵百姓也。」若崩厥角稽首。』〔二〕今改之曰：『罔或無畏，寧執非敵，百姓懔懔，若崩厥角。』後儒雖曲爲之説而不可通矣。」〔三〕

戴氏震曰：「伏生書無《泰誓》〔四〕，而《史記》乃云：『伏生求其書，亡數十篇，獨得二十九篇。』殆因是時已於伏生所傳内益以《泰誓》，共爲博士之業，不復別識言耳。劉向《别録》曰：『民有得《泰誓》於壁内者〔五〕，獻之。與博士使讀説之，數月皆起，傳以教人。』劉歆《移書太常博士》曰：『孝文皇帝始使掌故鼂錯從伏生受《尚書》。《尚

〔一〕顧氏《日知録・泰誓》。
〔二〕《孟子・盡心下》文。
〔三〕顧氏《日知録・泰誓》。
〔四〕《泰誓》，戴氏原文「泰誓」悉作「大誓」，而唐先生之引録則二字並見。按：《太誓》即《泰誓》，今仍保留唐先生原文本貌。
〔五〕「民有得《泰誓》於壁内者」，劉氏《别録》原文「《泰誓》」後有「書」字，載《尚書正義》所録《孔安國序》「漢室龍興」至「世莫得聞」一節之疏文。

書》初出屋壁，朽折散絶……《太誓》後得，博士集而讀之。』鄭康成《書論》曰：『民間得《太誓》。』劉、鄭所記，可援以補史家之略。」〔一〕

陳氏壽祺曰：「《史記・儒林傳》曰：『秦時焚書，伏生壁藏之，其後兵大起，流亡。漢定，求其書〔二〕，亡數十篇，獨得二十九篇，即以教於齊魯之間。』案〔三〕：伏生《尚書》，惟有《堯典》《皋〔四〕繇謨》《禹貢》《甘誓》〔五〕《盤〔六〕庚》《高宗肜日》《西伯戡黎〔七〕》《微子》《牧誓》《洪範》《金縢》《大誥》《康誥》《酒誥》《梓材》《召誥》《洛誥》《多士》《毋逸〔八〕》《君奭》《多方》《立政》《顧命》《鮮誓》《甫刑》《文侯之命》《秦誓》，凡二十八篇。其一《泰〔九〕誓》，非伏生所得也。《尚書正義》引劉向《別録》云云。（與上戴氏所引

〔一〕見戴震《東原集・尚書今文古文考》。

〔二〕「求其書」，《史記》原文句首有「伏生」二字。

〔三〕「案」，陳氏《左海經辨・今文尚書大誓後得説》原文作「壽祺謹案」。

〔四〕「皋」，陳氏原文作「咎」。

〔五〕《甘誓》後，陳氏原文有《湯誓》。

〔六〕「盤」，陳氏原文作「般」。

〔七〕「黎」，陳氏原文作「耆」。

〔八〕「逸」，陳氏原文作「劮」。

〔九〕「泰」，陳氏原文作「大」。

同）……又〔一〕王充《論衡・正説篇》曰：『孝宣皇帝之時，河内女子〔二〕發老屋，得逸《易》《禮》《尚書》各一篇，奏之；宣帝下示博士，然後《易》《禮》《尚書》各益一篇，而《尚書》二十九篇始定。』《論衡》言宣帝時與《别録・七略》不合，蓋傳聞稍〔三〕誤。趙岐《孟子章句》曰：『今之《尚書・太〔四〕誓篇》後得，以充學。』〔五〕此五事者，皆謂《今文尚書》者也。」

龔氏自珍曰：「後得者非《泰誓》〔六〕，馬季長疑之矣，王子雍又疑之矣；蓋白魚赤烏之文厠於三十一篇之中，如碔砆之混珠璧然，馬、王皆不定其爲何等書。吾友劉申受〔七〕

〔一〕「又」字，陳氏原文無。
〔二〕「女子」，陳氏原文作「之子」。《論衡・正説》原作「女子」，唐先生所録同。
〔三〕「稍」，陳氏原文作「小」。
〔四〕「太」，陳氏原文作「大」。
〔五〕趙氏章句載《孟子注疏・滕文公下》「《太誓》曰」至「于湯有光」一節下。
〔六〕「泰誓」，龔氏原文悉作「大誓」，而唐先生引録則二字並見，今仍保留唐先生原文本貌。
〔七〕劉逢禄（一七七六～一八二九），字申受，號申甫，武進人，著有《易虞氏變動表》《六爻發揮旁通表》《卦象陰陽大義》《虞氏易言補》《尚書今古文集解》《書序述聞》《庚申大禮記注長編》《石渠禮論》《左氏春秋考證》《公羊春秋何氏解詁箋》《春秋公羊經何氏釋例》《穀梁廢疾申何》《論語述何》《四書是訓》《箴膏肓評》《發墨守評》《詩聲衍》《説文衍聲記》《東陵勘地圖説》《劉禮部集》《春闈雜録》《己亥雜詩》等，又輯選《八代文苑》《唐詩選》《絶妙好辭》《詞雅》。

嘗目之爲戰國《大誓》〔一〕。泰興陳君潮〔二〕曰殆《藝文志》所載七十一篇之《周書》，晉世汲冢所得，正其同類〔三〕。二説良是。周末之徒，往往有此類言語，馬融疑之而注之，趙岐疑之而引之，要不失爲故書雅記云爾。」〔四〕

又曰：「趙岐注《孟子·滕文公篇》，明曰〔五〕：『《大誓》者，古百二十篇之《大誓》也。』〔六〕原注：趙用《書緯》之説，故曰百二十篇。『今之《大誓》〔七〕後得，以充學，故不與古《尚

〔一〕劉氏舉例《孟子》《墨子》謂：「吾見書傳多引《大誓》，而不在《大誓》者甚多。」又認同趙岐之見解：「《大誓》，古《尚書》百二十篇之時《大誓》也。今之《尚書·大誓篇》，後得以充學，故不與古《大誓》同。諸傳記引《大誓》，皆古《大誓》也。」是認爲戰國書傳所引者乃古《大誓》；古《大誓》乃戰國之書，與今《大誓》不同。説載《尚書今古文集解·大誓》。

〔二〕陳潮（一八〇一～一八三五），字東之，江蘇泰興人，著有《陳東之經説》（一作《東之文鈔》）《依唐石經校定十二經》《詩聲衍》《華嚴經音義》《四元細草》等。

〔三〕陳潮《東之文鈔·跋周書》提及與龔自珍之討論，文載鄧實、黄節《國粹學報》一九一一年第十五期。

〔四〕龔氏之論載於《大誓答問》第十條。

〔五〕「明曰」，龔氏《大誓答問》第二十條原文句首有「則」字。

〔六〕趙氏原作「《太誓》，古《尚書》百二十篇之時《泰誓》也」，載《孟子注疏·滕文公下》「《太誓》曰」至「于湯有光」一節下。

〔七〕「《大誓》」，趙氏原文作「《尚書·泰誓篇》」。

書》〔一〕同。』偉哉此論！與季長重規疊矩。厥後韋於《國語》，服、杜於《左傳》，皆屢疑之。近儒無可如何，乃曰：『凡《左氏春秋》《國語》《管》《墨》《荀》《孟》所引，皆《太誓》中下篇，其充學者；民間所獻一篇，獨上篇。』則何民間本、孔壁本，不約而同，適皆獨此上篇也？又曰：『雖已完具，而間有脱簡。』何脱簡之多也？且又何以民間本、孔壁本同此脱簡也？遁辭〔二〕知其所窮。」

文治按：《泰誓》之僞，顧氏以義理言之，指東晉時僞《泰誓》而言。戴氏、陳氏以考據言之，龔氏又以考據兼文法言之。皆指漢時僞《泰誓》而言。均極精覈，而龔説尤爲暢達。

或曰：「然則孫氏星衍曷爲以《泰誓》列入《馬鄭注》本及《今古文注疏》乎？」

曰：此則孫氏之誤也。據孫氏謂：「《漢書·儒林傳》《藝文志》〔三〕俱云伏生壁藏書，得二十九篇。《泰〔四〕誓》之文見於《尚書大傳》及《史記·周本紀》《齊世家》，

〔一〕「《尚書》」，趙氏原文作「《泰誓》」。

〔二〕「辭」，龔氏原文作「詞」。

〔三〕孫星衍《尚書今古文注疏·泰誓》原作「《史記·儒林傳》《漢書·藝文志》」。

〔四〕「泰」，孫氏原文作「大」，而唐先生之引録則二字並見。按：今仍保留唐先生原文本貌。

婁敬、董仲舒、終軍等皆引之，則不似武帝末始得於民間者……其後《漢史》所載〔一〕，宣帝本始元年，河内女子有壞老屋〔二〕，得古文《泰誓》三篇。又〔三〕《論衡・正説篇》云：『孝宣帝時〔四〕，河内女子發老屋，得逸《禮》〔五〕《尚書》各一篇。』」此則後得之本也。故孫氏所采，係用《史記》所載及後人所引；詞可連屬者，升爲經文，所以「白魚入舟」「赤烏流屋」，皆係讖緯災祥之語，而其文體迥不類誓辭，且與《左傳》《論語》《孟子》《禮記》等諸書所引《泰誓》文尤不相類，此龔氏所謂「觀古書真僞，審其類否〔六〕，不難知也」。《周書》二十篇，有此文法、有此助辭乎？則孫氏之誤，當可見矣！若謂《泰誓》本有三篇，古人所引多在中、下二篇，此所謂失之誣

〔一〕「其後《漢史》所載」句，孫氏原作「又引《後漢史》獻帝建安十四年黄門侍郎房宏等説云」，唐先生此處簡化其文如此。

〔二〕「老屋」，孫氏原作「老子屋」。

〔三〕「又」字，孫氏原句無。

〔四〕「孝宣帝時」，孫氏原作「孝宣皇帝之時」，同《論衡》。

〔五〕「得逸《禮》」，《論衡・正説篇》原作「得逸《易》《禮》」，孫氏原脱「易」字，今中華書局點校本《尚書今古文注疏》已補正。唐先生因引用孫氏舊本，故亦沿襲其誤。

〔六〕「審其類否」，龔氏《大誓答問》第十條原文句後尚有「周初史臣之文，氣體類不類」二句。

者也。

或又曰：「然則二十九篇之數，究爲《泰誓》，抑爲《書序》乎？」曰：戴氏之説足以辨之矣。至以《書序》湊成二十九篇之數，衹可別備一説耳！

歐陽、大小夏侯傳今文學考

《漢書・儒林傳》：「歐陽生字和伯，千乘人也，事伏生，授兒寬。寬又受業孔安國，至御史大夫……寬有俊才，初見武帝，語經學，上曰：『吾始以《尚書》爲樸學，弗好。及聞寬説，可觀。』乃從寬問一篇。歐陽、大小夏侯氏學，皆出於寬。寬授歐陽生子，世世相傳，至曾孫高子陽，爲博士。顏師古曰：高，字子陽。高孫地餘長賓，以太子中庶子授太子，後爲博士，論石渠。元帝即位，地餘侍中，貴幸，至少府……地餘少子政，爲王莽講學大夫。由此〔一〕《尚書》世有歐陽氏學。」

《漢書・儒林傳》：「夏侯勝，其先夏侯都尉，從濟南張生受《尚書》，以傳族子始

〔一〕「此」，《漢書》原文作「是」。

昌。始昌傳勝，勝又事同郡蕑卿。蕑卿者，兒寬門人。勝傳從兄子建，建又事歐陽高。勝至長信少府，建太子太傅。由是《尚書》有大小夏侯之學。」

《漢書·夏侯始昌列傳》：「夏侯始昌，魯人也。通《五經》，以齊《詩》《尚書》教授。自董仲舒、韓嬰死後，武帝得始昌，甚重之。始昌明於陰陽，先言柏梁臺災日，至期日果災。時昌邑王以少子愛，上爲選師，始昌爲太傅。年老，以壽終。族子勝亦以儒顯名。」

「夏侯勝，字長公……東平人。勝少孤，好學，從始昌受《尚書》及《洪範五行傳》，説災異。後事蕑卿，顏師古曰：蕑名卿。蕑音姦。又從歐陽氏問。爲學精熟〔一〕，所問非一師也。善説禮服，徵爲博士、光禄大夫。會昭帝崩，昌邑王嗣立，數出。勝當乘輿前諫曰：『天久陰而不雨，臣下有謀上者，陛下出欲何之？』王怒，謂勝爲妖言，縛以屬吏。吏白大將軍霍光，光不舉法……召問勝，勝對言：『在《洪範傳》曰：「皇之不極，厥罰常陰，時則下人有伐上者。」惡察察言，故云臣下有謀。』光大驚〔二〕，以此益重經術

〔一〕「熟」，《漢書》原文作「孰」。
〔二〕「光大驚」，《漢書》原文作「光、安世大驚」。唐先生因省略霍光與張安世謀欲廢昌邑王之事，故略去安世之名。

士。後十餘日，太后廢昌邑王〔一〕，尊立宣帝。光以爲羣臣奏事東宫，太后省政，宜知經術，白令勝用《尚書》授太后。遷長信少府，賜爵關内侯，以與謀廢立，定策安宗廟，益千户。宣帝初即位，欲褒先帝……詔〔二〕羣臣大議廷中……勝獨曰：『……不宜爲立廟樂。』……於是丞相〔三〕、御史大夫〔四〕劾奏勝非議詔書……勝及丞相長史黄霸俱下獄〔五〕……勝、霸既久繫，霸欲從勝受經，辭勝以罪死。霸曰：『朝聞道，夕可死矣。』勝賢其言，遂授之。繫再更冬，講論不輟〔六〕。至四年夏，關東四十九郡同日地動，或山崩，壞城郭室屋……因大赦，勝出爲諫大夫給事中，霸爲揚州刺史……勝復爲長信少府，遷太子太傅。受詔撰《尚書》《論語説》……年九十卒官……太后〔七〕爲勝素服五日，以報師傅之恩，儒者以爲榮……勝從父子建，字長卿，師古曰：「從父，昆弟之子，名建，字

〔一〕「太后廢昌邑王」，《漢書》原文作「光卒與安世共白太后，廢昌邑王」。
〔二〕「詔」，《漢書》原文作「於是」。
〔三〕「丞相」後，《漢書》原文有「義」字，乃丞相之名。
〔四〕「御史大夫」，《漢書》原文後有「廣明」二字，乃御史大夫之名。
〔五〕「勝及丞相長史黄霸俱下獄」，《漢書》作「及丞相長史黄霸阿縱勝，不舉劾，俱下獄」。
〔六〕「輟」，《漢書》原文作「怠」。
〔七〕「太后」後，《漢書》原文略「賜錢二百萬」五字。

長卿。」自師事勝及歐陽高，左右采獲，師古曰：「言於勝及高兩處采問疑義而得之。」又從《五經》諸儒問與《尚書》相出入者，牽引以次章句，具文飾説。勝非之曰：『建所謂章句小儒，破碎大道。』建亦非勝爲學疏略，難以應敵。建卒自顓門名經，爲議郎博士，至太子少傅。」

陳氏喬樅曰：「案《漢書·藝文志》云：『《尚書古文經》四十六卷。爲五十七篇。〔一〕』又云：『經二十九卷。大小夏侯二家，歐陽經三十二卷。〔二〕』今考二十九篇者，《堯典》一、《皋陶謨》二、《禹貢》三、《甘誓》四、《湯誓》五、《盤庚》六、《高宗肜日》七、《西伯戡耆》八、《微子》九、《牧誓》十、《鴻範》十一、《大誥》十二、《金縢》十三、《康誥》十四、《酒誥》十五、《梓材》十六、《召誥》十七、《雒誥》十八、《多士》十九、《毋佚》二十、《君奭》二十一、《多方》二十二、《立政》二十三、《顧命》二十四、《鮮誓》二十五、《甫刑》二十六、《文侯之會》二十七、《秦誓》二十八；其一卷則《百篇書叙》，是爲二十九卷。歐陽經

〔一〕「爲五十七篇」句，爲班固自注。
〔二〕「大小夏侯二家，歐陽經三十二卷」，乃班固自注。

三十二卷者，益以《太誓》〔一〕三篇故也。又考漢武帝建武元年，置《五經》博士，《書》惟有歐陽，見於《漢書·儒林傳贊》。《尚書正義》引劉向《别録》云：『武帝末，民間有得《太誓書》於壁内者，獻之。與博士使讀説之，數月皆起，傳以教人。』《文選》注引《七略》同，且曰：『今《太誓篇》是也。』〔二〕歐陽爲博士在武帝末，當時既以《太誓》付博士讀説，立於學官，則即録《太誓》三篇合入《今文尚書》矣。此歐陽經之所以獨多三卷也。大小夏侯之立博士在甘露以後，《儒林傳〔三〕》言夏侯勝又從歐陽氏問，從子建又師事歐陽高，歐陽既增《太誓》立於學官，故兩夏侯亦從而增入，特並《太誓》三篇爲一卷，而不數百篇之序，故仍爲二十九卷。《堯典正義》云：『伏生二十九卷，而序在外。』〔四〕夫二十九卷而序在外者，非伏生之舊，乃夏侯之本也。《石經》以夏侯《尚書》爲主，故二十九卷而序在外。若伏生元本則無《太誓》，而併《叙》爲二十九篇。此

〔一〕「太誓」，陳氏《今文尚書經説考》原文悉作「大誓」，載「秦穆公伐鄭晉襄公帥師敗諸殽還歸作《秦誓》」條下。
〔二〕此爲《文選》李善注，在劉子駿《移書讓太常博士》「《泰誓》後得，博士集而讚之」句下，李注云：「善曰：《七略》曰：『孝武皇帝末，有人得《泰誓》書於壁中者，獻之。與博士使讚説之，因傳以教。』今《泰誓篇》是也。」
〔三〕「傳」字，陳氏《今文尚書經説考》原文無。
〔四〕載《尚書正義》所録《孔安國序》「悉以書還孔氏」至「以待能者」一節之疏文中。

今文篇數之可考者也[一]。」

文治按：歐陽、大小夏侯爲伏生今文學正傳，至晉永嘉之亂，經、説俱亡，今僅有篇目可考，惜哉！至不當以《書序》湊成二十九篇之説，已見前。

杜林、賈逵、馬融、鄭康成傳古文學考

《後漢書·杜林傳》[二]

林字伯山，扶風茂陵人也……博學[三]多聞……光武徵拜侍御史[四]……東海衛宏

[一]「也」字，陳氏原文作「耳」。

[二]按：唐先生所録《後漢書》列傳四家説，乃據王鳴盛《尚書後案》附録之《尚書後辨》。王氏辨杜林、賈逵、鄭玄、馬融四家之《尚書》學，悉採録《後漢書》相關列傳，於内容又有所取捨。考唐先生所取捨之内容，與王氏《尚書後案》相同。

[三]「學」，《後漢書》作「洽」。

[四]「光武徵拜侍御史」，《後漢書》原文作「光武聞林已還三輔，乃徵拜侍御史」。

長於古學〔一〕，……見林，闇然而服。濟南徐巡，始師事宏，後更〔二〕受林學。林前於西州得漆書《古文尚書》一卷，常寶愛之，雖遭艱〔三〕困，握持不離身。出以示宏等曰：「林流離兵亂，常恐斯經將絶。何意東海衛子、濟南徐生復能傳之，是道竟不墜於地也。古文雖不合時務，然願諸生無悔所學。」宏、巡益重之，於是古文遂行。

《賈逵傳》

逵字景伯，扶風平陵人也……父徽……受《古文尚書》於塗惲……逵受父業〔四〕……與班固並校秘書。肅宗特好《古文尚書》〔五〕，建初元年，詔逵入講北宫白虎觀、南宫雲臺……逵數爲帝言《古文尚書》與經傳《爾雅》詁訓相應，詔令撰歐陽、大小夏侯《尚書》古文同異。逵集爲三卷，帝善之……八年，詔選高才生受《古文尚書》，遂

〔一〕「東海衛宏長於古學」，《後漢書》原文作「河南鄭興、東海衛宏等皆長於古學」。
〔二〕「後」下，《後漢書》原文有「皆」字。
〔三〕「艱」，《後漢書》原文作「難」。
〔四〕「逵受父業」，《後漢書》原文作「逵悉傳父業」。
〔五〕「肅宗特好《古文尚書》」，《後漢書》原作「肅宗立，降意儒術，特好《古文尚書》《左氏傳》」。

行於世。〔一〕

王氏鳴盛曰：「逵之《書》本於塗惲，自惲溯而上之以至安國，一脈相承，歷歷可指也；逵之《書》，即安國之《書》明矣。《儒林傳》又言逵與馬、鄭所注乃杜林本；林之《書》即安國之《書》又明矣。壁中真本，傳授統系，明確如此。」〔二〕

又曰：「《後漢書〔三〕·儒林傳》云：『建初中，大會諸儒於白虎觀……肅宗親臨稱制……又詔高材生受《古文尚書》〔四〕……雖不立學官，皆擢高第爲講郎〔五〕，給事近署。』此段正與《逵傳》相發。安帝延光二年，詔選三署郎及吏人能通《古文尚書》《毛詩》《穀梁春秋》各一人。靈帝光和三年，詔舉能通《尚書》《毛詩》〔六〕《穀梁春秋》各一人。東漢古文之學其盛如此，皆賈逵表彰之力。」

〔一〕「詔選高才生受《古文尚書》，遂行於世」，《後漢書》原文作「乃詔諸儒各選高才生，受《左氏》《穀梁春秋》《古文尚書》《毛詩》，由是四《經》遂行於世」。

〔二〕王氏之論見《尚書後案·尚書後辨》。

〔三〕「後漢書」三字，王氏《尚書後案·尚書後辨》原文無，乃唐先生補之。

〔四〕《後漢書》與王氏《尚書後案·尚書後辨》原文「材」均作「才」。

〔五〕「皆擢高第爲講郎」，《後漢書》原文句首有「然」字。

〔六〕「《毛詩》」後，王氏原文句有「左氏」二字。

文治按：《逵傳》所云：「詔令撰歐陽、大小夏侯《尚書》古文同異」，蓋以今、古文相校也。

《馬融傳》

融字季長，扶風茂陵人……永初〔一〕四年，拜校書郎中，詣東觀典校秘書……融博洽，爲通儒〔二〕……北海鄭玄其徒也〔三〕。融注《尚書》〔四〕……年八十八，延熹九年卒。

馬融《書傳序》曰：「上古有虞氏之書，故曰《尚書》。」僞《孔序》疏。〔五〕

又曰：「經文〔六〕所引《太誓》。《太誓》並無此文。」《堯典》疏。

又曰：「《太誓》後得，案其文似若淺露。又云『八百諸侯不召自來，不期同時，不謀同辭』，及『火復於上，至於王屋，流爲雕，五至以穀俱來』。舉火神怪，得無在子所

〔一〕「永初」二字，《後漢書》原文無。

〔二〕「融博洽，爲通儒」句，《後漢書》原作「融才高博洽，爲世通儒」。

〔三〕「北海鄭玄其徒也」句，《後漢書》原作「涿郡盧植、北海鄭玄，皆其徒也」。

〔四〕「融注《尚書》」句，《後漢書》原作「注《孝經》《論語》《詩》《易》《三禮》《尚書》《列女傳》《老子》《淮南子》《離騷》」。

〔五〕載《尚書正義》所録《孔安國序》「漢室龍興」至「世莫得聞」一節之疏文。

〔六〕「文」字，馬氏原文作「傳」，載《尚書正義·堯典》「虞書」題下疏文。

不語中乎？又《春秋》引《泰誓》曰：『民之所欲，天必從之。』《國語》引《太誓》曰：『朕夢協朕卜，襲于休祥，戎商必克。』《孟子》引《太誓》曰：『我武惟揚，侵于之疆，取彼凶殘，殺〔一〕伐用張，於湯有光。』孫卿引《太誓》曰：『獨夫受。』《禮記》引《太誓》曰：『予克受〔二〕，非予武，惟朕文考無罪；受克予〔三〕，非朕文考有罪，惟予小子無良。』今文《太誓》皆無此語。吾見書傳多矣，所引《太誓》而不在《太誓》者甚多，弗復悉記，略舉五事以明之亦可知矣。」僞《孔序》疏。〔四〕

《鄭元〔五〕傳》

元字康成，北海高密人……從東郡張恭祖受《古文尚書》〔六〕。山東無足問者〔七〕，

〔一〕「殺」字，《泰誓》「惟十有一年」疏文引作作「我」。按：《孟子・滕文公下》引此則《泰誓》文方作「殺伐用張」。
〔二〕「予克受」，孔疏原文「受」作「紂」，載《泰誓上》「惟十有一年」至「渡津乃作」疏文。考《禮記・坊記》引此則《泰誓》文方作「予克受」。
〔三〕「受克予」，孔疏原文「受」作「紂」。考《禮記・坊記》引此則《泰誓》文方作「受克予」。
〔四〕此段引文實見於《泰誓上》「惟十有一年」至「作《泰誓》三篇」一節之孔疏中。考唐先生有關馬融《書傳序》的引文悉據王鳴盛，王氏注引文出處云「僞《孔序》疏、《太誓》疏」，而唐先生逕取爲説，故沿其誤。
〔五〕「鄭元」即鄭玄，避清諱而改。
〔六〕「從東郡張恭祖受《古文尚書》」，《後漢書》原文作「又從東郡張恭祖受《周官》《禮記》《左氏春秋》《韓詩》《古文尚書》」。
〔七〕「山東無足問者」，《後漢書》原文句首有「以」字。

乃西入關……事扶風馬融……元注《尚書》《尚書大傳》〔一〕……建安五年卒〔二〕，年七十四。

鄭康成《書贊》曰：「《書》初出屋壁，皆周時象形文字，今所謂科斗書。」以形言之爲科斗，指體即周之古文。僞《孔安國序》、孔穎達等疏〔三〕。

鄭康成《書序》曰：「《虞夏書》二十篇，《商書》四十篇，《周書》四十篇。」《書贊》曰：「三科之條，五家之教。」《堯典》疏。〔四〕

鄭康成《書序贊》曰：「後又亡其一篇。」故五十七。《漢書》三十卷《藝文志》師古注〔五〕。

鄭康成《書贊》曰：「我先師棘下生安國，亦好此學。自世祖興，後漢衛、賈、馬二

〔一〕「元注《尚書》《尚書大傳》」，《後漢書》原文作「凡玄所注《周易》《尚書》《毛詩》《儀禮》《禮記》《論語》《孝經》《尚書大傳》《中候》《乾象歷》，又著《天文七政論》《魯禮禘祫義》《六藝論》《毛詩譜》《駁許慎五經異義》《答臨孝存周禮難》，凡百餘萬言」。

〔二〕「建安五年卒」，《後漢書》原文無此句，乃王鳴盛據「五年春」至「其年六月卒」一段文字而概述之。

〔三〕鄭文與疏文載於《尚書正義》所録《孔安國序》「悉以書還孔氏」至「以待能者」一節下。

〔四〕疏文在《尚書正義・堯典》「虞書」題下。

〔五〕鄭文與顏師古注在《漢書・藝文志》「《尚書古文經》四十六卷」一節下。

三君子之業[一]，則雅才好博，既宣之矣。」《堯典》疏。

又曰：「歐陽氏失其本義，今疾此蔽冒，猶復疑惑未悛。」《堯典》疏。[二]

又曰：「孔子撰《書》，乃尊而名之曰《尚書》[三]。尚者，上也，蓋言若天書然。」陸德明《經典釋文》序録。

又曰：「《序》，孔子所作。」《尚書序》疏。[四]

孫氏星衍《古文尚書馬鄭注》叙曰：「《尚書馬鄭注》十卷，題曰『古文尚書』，分三十四篇，序一篇……鄭氏受學於馬，二家本同，故兼録之。不用王肅注。肅好亂經，且與鄭爲難也……《尚書》一戹於秦火，則百篇爲廿九；再戹於建武，而亡《武成》；三戹於永嘉，則衆家《書》及《古文》亡；四戹於梅賾，則以僞亂真，而鄭學微；五戹於

[一]「自世祖興，後漢衛、賈、馬二三君子之業」，此句兩見於疏文，唯此處即《尚書正義·堯典》「虞書」題下疏所引並無「自世祖興，後漢」六字。

[二] 鄭文在《尚書正義·堯典》「虞書」題下疏文中。

[三]「乃尊而名之曰《尚書》」，陸氏原文句首無「乃」字，王鳴盛《尚書後案》所引已添之，此知唐先生是處所引《經典釋文》仍用王本所録。又，「名」字，陸氏原文與王鳴盛皆作「命」。

[四] 按：孔疏未見鄭玄謂《序》爲孔子所作之語，此句實孔穎達之疏文，云：「孔子亦作《尚書序》，故孔君因此作序名也。鄭玄謂之『贊』者，以《序》不分散，避其『序』名，故謂之『贊』。」載《尚書序》（即《孔安國序》）題下。

孔穎達，則以是爲非，而馬、鄭之注亡於宋；六戹於唐開元時，詔衛包改《古文》從《今文》，則並僞《孔傳》中所存二十九篇本文失其真；七戹於宋開寶中，李鄂删定《釋文》，則並陸德明《音義》俱非其舊矣。今所傳宋王應麟撰集《古文尚書鄭氏注本》，李君調元曾刊於蜀中。王光禄鳴盛作注，又加增補，漸無漏略。然王伯厚則不采馬注，鄭亦不備，又誤以《盤庚》『優賢揚歷』爲《大誓》之文，以《粊誓》次《文侯之命》。光禄則博搜羣籍，連綴成文，或頗省改；且馬、鄭注亡於北宋，惟《太平御覽》引有數條，出前人所引之外，餘則展轉捃摭，非見全書，無煩采録。今之所集，非敢冀越前修，鈔胥之勞，庶加致密。昔司馬遷網羅天下放失舊聞，劉歆稱與其過而廢之，寧過而立也〔一〕。」

《尚書》今古文傳授統系簡明表

今文學

〔一〕「也」字，唐先生《十三經讀本》所録孫氏序文作「之」。

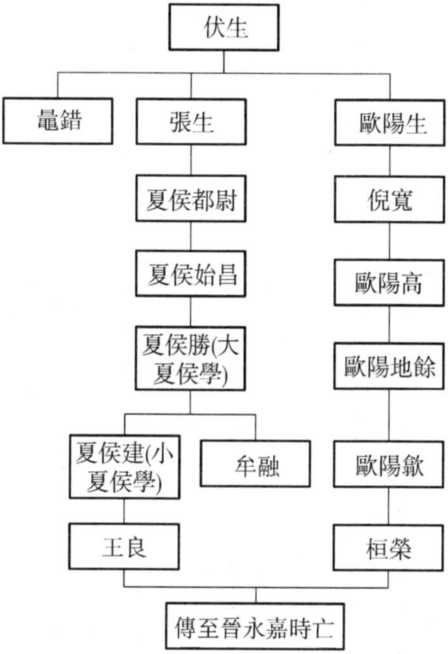

文治按：孫氏星衍謂今文學轉賴僞《古文》以傳〔一〕，其説非也。馬、鄭注爲孔穎達所屏去，然頗引用其説，豈亦賴僞《古文》以傳乎？蓋其所以不亡者，人心是非之公，不可泯滅也。近陳氏喬樅撰《今文尚書經説考》，詳審精密，而今文學于是大

〔一〕孫氏之論已載於前篇末段。

昌矣。

古文學

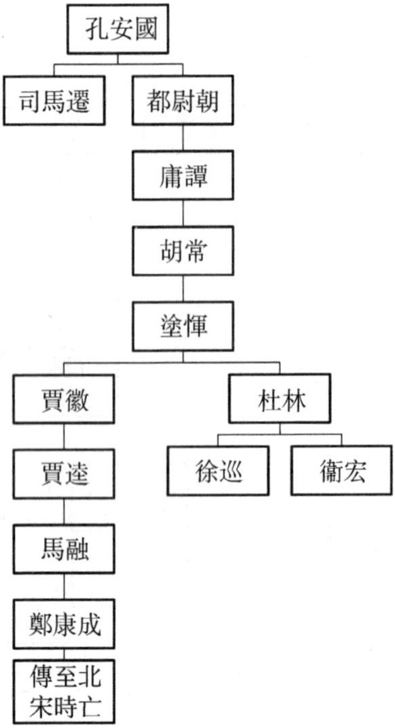

文治按：馬、鄭古文學雖經中絶，實則繼續未嘗無人。自王氏應麟輯鄭君注，近王氏鳴盛、孫氏星衍等發攄而光大之，此豈今文家歐陽、大小夏侯所得而比擬哉！今文盛於西漢，古文盛於東漢，古文學之勝今文，時爲之也。茲表所載，以前、後《漢書》

列傳及《儒林傳》《經典釋文》爲據。兩漢經師，傳述《尚書》者夥矣，而吾獨采録此數人者，欲其簡而明，免致眩學者之耳目也。

文治又按：龔氏自珍、吴氏汝綸謂伏、孔皆有《古文》，皆有《今文》，當時教授學者，必用今文，其説良然[一]。然兩家學説，確有不同，今爲此表，以見授受源流，崇家法也。

《書序》辨

文治夙昔治經，於漢則崇鄭君，於宋則尊朱子，兢兢焉篤守家法，罔敢違異。至孔子作《書序》之説，鄭君宗之，而朱子疑之，則不得不信朱子而駁鄭君矣！或曰：「孔子作《書序》，其説不始於鄭君，班固《藝文志》已言之，惟馬氏獨異。子獨宗朱子之説，得無背信而好古之義歟？」曰：讀書貴審其語氣，以察其精神。試讀《書序》之

[一] 龔氏之論載於《大誓答問》第二十四條，吴氏之論則載於《桐城吴先生文集·再記寫本〈尚書〉後》，二論皆已收録於前文《今古文不僅篆隸之異，宜會通解紛説》一篇。

詞，與《周易・十翼傳》相去奚啻霄壤。朱子謂係古經師所作，其論非誣。班氏蓋不免受愚耳。茲特剌取數事以證明之。

《堯典序》曰：「昔在帝堯，聰明文思，光宅天下。將遜于位，讓于虞舜，作《堯典》。」簡氏朝亮曰：「經言『欽明文思』，而序言『聰明文思』；經言『光披四表』，而序言『光宅天下』。序亦何裨於經乎？《易・夬・象傳》云：『聞言不信，聰不明也。』今經曰『明』，則聰在其中矣。《釋詁》云：『欽，敬也。』《堯典》首言『欽』，蓋敬者，《書》之第一義也。《論語》言堯舜者，所以推本於修己以敬也。序言『聰』而不言『欽』，可乎？《孟子》云：『《堯典》曰：「放勳乃徂落。」』〔一〕蓋自此而後，則言舜在位克終者焉，所以著堯讓天下之得人也，豈惟言其將遜於位已乎？是序無以悉一篇之義也。」〔二〕

又《舜典序》曰：「虞舜側微，堯聞之聰明，將使嗣位，歷試諸難，作《舜典》。」簡氏朝亮曰：「序言『側微』，即經言『側陋』也。堯聞之者，豈惟聰明乎？何不以

〔一〕《孟子・萬章上》文。
〔二〕簡朝亮《尚書集注述疏・書序辯》。

孝德言乎？」〔一〕況《孟子》引「放勳乃徂落」，明稱《堯典》；而「歷試諸難」，明在「放勳徂落」之前，何得謂爲《舜典》乎？此其作僞之迹顯然矣！

然不僅此也。《君奭序》云：「召公爲保，周公爲師，相成王爲左右。召公不悦，周公作《君奭》。」是説也，余幼時即疑之，以爲聖賢之心相同，何所不悦乎？或曰：「猶《論語》『子路不悦』之義，言其心抑鬱而不能解也。」其説亦覺迂曲。方氏苞曰：「《書》説之謬悠，莫如《君奭篇·序》稱『召公不悦』及周公代成王作誥而弟康叔。自唐以後，衆以爲疑，朱子出，其論始定；然折之以理，而未得其情也。余既辨《周官》，正《戴記》，然後悟曰：『是二者，亦劉歆之僞耳。』蓋歆承莽意作《明堂記》，奏定『居攝踐阼』之儀，而《戴記》所傳無是也。故豫徵天下有《逸禮》《古書》《周官》文字者，令記説於廷中，以示《明堂記》所自出，而又多爲之徵，於《文王世子》之篇竄焉。周末諸子言禮者，莫篤於荀卿；而網羅舊聞，莫先於《史記》。故於荀氏、司馬〔二〕之書亦竄焉。奏稱『周公踐阼，而召公不悦』，所以探漢大臣之心，而多爲之變以攜之也；而於記無可附，故於《君奭》之

〔一〕簡朝亮《尚書集注述疏·書序辯》。
〔二〕「司馬」，方氏《讀經二十七首·讀尚書記》原文作「司馬氏」。

序竄焉，而並竄《魯》《燕世家》以爲之徵。」是説也，足破千古之惑矣！

然猶不僅此也。顧氏炎武曰：「益都孫寶侗仲愚謂：『《書序》爲後人僞作，《逸書》之名，亦多不典。至如〔一〕《左氏傳·定四年》祝佗告萇弘，其言魯也，曰：「命以伯禽而封於少皞之虚。」其言衛也，曰：「命以《康誥》而封於殷虚。」其言晉也，曰：「命以《唐誥》而封於夏虚。」是則《伯禽之命》《康誥》《唐誥》，《周書》之三篇，而孔子所必録也。今獨《康誥》存而二書亡，爲《書序》者，不知其篇名而不列於百篇之内，疏漏顯然。』是則不但《書序》可疑，并百篇之名亦未可信矣。其解『命以伯禽』爲書，名《伯禽之命》，尤爲切當。」愚按：孫氏之説，並見於《經義考》。古時逸《書》散亡磨滅者多矣，作僞《序》者不知也，則益可驗其誣。

然而更有進焉。門人陳氏柱曰：「《書序》既非孔子所作〔二〕，將爲何人作耶〔三〕？蓋孔子以後，周秦之間，傳《尚書》者之所爲也。太史公知之，故嘗用其説，而不言孔子作《書

〔一〕「如」，顧氏《日知録·書序》原文作「於」。
〔二〕「《書序》既非孔子所作」，陳氏《尚書論略·〈書序〉百篇之真僞》原文作「而《序》又非孔子作」。
〔三〕「耶」，陳氏原文作「邪」。

序》；其《三代世表》云孔子『次《春秋》』『序《尚書》』〔一〕；《孔子世家》云：『追蹤〔二〕三代之禮，序《書傳》。』崔述〔三〕以爲〔四〕《史》文之序，當讀作次序之序〔五〕，非序跋之序〔六〕。

〔一〕《史記》原文云：「孔子因史文次《春秋》，紀元年，正時日月，蓋其詳哉。至於序《尚書》則略，無年月；或頗有，然多闕，不可録。故疑則傳疑，蓋其慎也。」

〔二〕「蹤」，陳氏《尚書論略·〈書序〉百篇之真僞》原文作「跡」，與《史記》同。

〔三〕崔述（一七三九～一八一六）字武承，號東壁，直隸大名人；著有《考信録》，包括《考古提要》《上古考信録》《唐虞考信録》《夏商考信録》《豐鎬考信録》《洙泗考信録》《孟子事實録》《考古續説》等，又著有《易卦圖説》《與翼録》《尚書辨僞》《讀風偶識》《五服異同彙考》《王政三大典考》《論語餘説》《讀經餘論》等，《春秋類編》四卷未成。

〔四〕「爲」，陳氏原文作「謂」。

〔五〕「當讀作次序之序」，陳氏原文作「當讀『次序』」。

〔六〕按：陳柱所引崔氏之論，實出於崔述之弟崔邁（一七四二～一七八一，字德皋）《訥庵筆談·書經辯説》。《訥庵筆談》附録於顧頡剛所輯《崔東壁遺書》之中，故陳氏誤會爲崔述之作。查崔邁《書經辯説》「《書序》不知出於何時」一節云：「《史記·三代世表》云：『孔子序《尚書》，略無年月；或頗有，然多闕。』則是司馬遷之時已有之矣。故《史記》多采《書序》入本紀世家……今《史記注》所引馬融、鄭康成之説，蓋皆解『序』者也。」查《史記·五帝本紀》以及《夏本紀》馬、鄭注，乃至孔安國注，所用「序」字，大多爲次序、秩序之意，此因注文據自《本紀》內容，例如《夏本紀》皋陶云「敦序九族」，鄭玄注曰「次序九族而親之」；「三苗大序」，孔安國注曰「三苗之族大有次序」。《五帝本紀》亦多如此。是故崔氏謂馬、鄭之説蓋皆解序者，意非解釋《書序》，而是馬、鄭所用「序」字，皆解作「次序」之意。考崔氏引《史記·三代世表》之文，於孔子「序《尚書》」前，尚有「孔子因史文次《春秋》，紀元年，正時日月」，「次」與「序」互文見義，皆是條列序次之意。故陳柱特意舉「次序」與「序跋」二詞加以分辨二義，説明《史記》注之「序」字多作次序解，以明晰崔氏之意。

是也。班《志》以爲伏生古文既有序，遂誤會《史記》『序』字以爲孔子序《書》，故云：『孔子序《書》，明其作意〔一〕。』〔二〕此馬、鄭之所本也。」此説考覈最明，足以羽翼朱子。然吾更有疑焉，則以僞《孔傳》之與《書序》，何以巧相脗合也？《舜典》二十八字之僞，夫人而知之，而《書序》乃適與相合。《皋陶謨》《益稷》及《顧命》《康王之誥》，本皆爲一篇，而《書序》亦析爲二。後人因創爲「一篇二序」之説〔三〕，何其贅歟！竊意《書序》本爲古師所作，厥後劉歆竄改之，梅賾又删潤之，然則《書序》豈足爲重輕歟？至於僞孔安國《書大序》，朱子論之曰：「安國《序》非西漢文章。」〔四〕又曰：「西漢文字重厚，今《大序》格致極輕，與《孔叢子》同是一

〔一〕陳氏原文句末有「也」字。
〔二〕按：《漢書·藝文志》原文云：「至孔子篹焉，上斷於堯，下訖于秦，凡百篇，而爲之序，言其作意。」
〔三〕崔邁《書經辯説》「《堯典》《舜典》二序最可疑」一條有論及「一篇二序」的問題，文云：「《書序》之可疑者，無若《堯典》《舜典》二序。本系一篇，何以二序？其辭語亦淺率遺漏。吾寧信經，不敢信《序》也。」
〔四〕此取朱子大意，《朱子語類·尚書》云：「《尚書》注并序，某疑非孔安國所作。蓋文字善困，不類西漢人文章，亦非後漢之文。」又云：「《尚書》決非孔安國所注，蓋文字困善，不是西漢人文章。」二者皆是言孔安國《序》非西漢文章。

手僞書。」〔一〕朱子讀《書》最精，故其論如此。然《書大序》之尤謬者，在造爲伏生口授之説，是以詰屈聱牙〔二〕，將掩其後出《書》文從字順之陋。近王氏懋竑等辨之已詳〔三〕，不贅述。

張霸僞《尚書》辨

《漢書·儒林傳》曰：「世所傳百兩篇者，出東萊張霸，分析合二十九篇以爲數十；又采《左氏傳》《書序》作爲〔四〕首尾，凡百二篇。篇或數簡，文意淺陋。成帝時求其古文者，霸以能爲百兩徵，以中書校之，非是。」

〔一〕此亦是取朱子大意，《朱子語類·尚書》云：「《書序》恐不是孔安國做。漢文麤枝大葉，今《書序》細膩，只似六朝時文字。」又云：「《尚書》孔安國傳，此恐是魏晉間人所作，托安國爲名，與毛公《詩傳》大段不同。今觀序文亦不類漢文章。漢時文字粗，魏晉間文字細。如《孔叢子》亦然，皆是那一時人所爲。」二者皆是言西漢文章與《書序》格致有異，推定《書序》與《孔叢子》同屬僞作。

〔二〕「聱牙」，原作「叠牙」。

〔三〕王氏辨《書序》之僞，載《白田草堂存稿·尚書雜考》。

〔四〕「作爲」，《漢書》原文作「爲作」。

臧氏琳曰：「《論衡・正説》篇〔一〕：『孝景帝時〔二〕，魯共王壞孔子教授室〔三〕以爲殿，得百篇《尚書》於牆壁中。武帝使使者取視，莫能讀者，遂祕於中，外不得見。至孝成皇帝時，徵爲《古文尚書》學，東海張霸案百篇之序，空造百兩之篇，獻之成帝。帝出所秘〔四〕百篇以校之，皆不相應，於是下霸於吏。吏白霸罪當至死，成帝高其才而不誅，亦惜其文而不滅。』故百兩之篇傳在世間者，傳見之人，則謂《尚書》有百兩篇矣。」

孫氏星衍曰：「漢成帝時，張霸所作百兩篇《書》，既以中書校之非是，乃黜其書。今遺文僅見王充《論衡》，有云：『伊尹死，大霧三日。』〔五〕孔穎達誤以《古文》二十四

〔一〕「《論衡・正説篇》」，臧氏原文作「《論衡・正説》云」。
〔二〕按：臧氏《經義雜記・尚書隱顯考》徵引《論衡・正説》之内容較多，始自「蓋《尚書》本百篇，孔子以授也」句，唐先生由「孝景帝時」開始截録。
〔三〕「室」，臧氏原文作「堂」，與《論衡》同。
〔四〕「秘」字，臧氏原文無。
〔五〕《論衡・感類》引。

篇爲張霸僞書[一]，又以鄭氏所引《允征》「厥篚元黄」爲是張霸書詞，可謂以不狂爲狂。霸書自魏晉以來，未見稱述，蓋亡於漢也。」[二]

文治按：國運之衰，起於人心之作僞。《尚書》之僞，一則有僞《書序》，二則有僞《泰誓》，三則有張霸之僞《尚書》，嗣後梅賾乃接踵而起。夫張霸妄人，罪固當誅。而孔穎達乃據之以斥馬、鄭，且疑劉向、班固所述，皆係霸書，何其狂惑之甚歟！王氏白田《草堂存稿》辨之最明。[三] 或者謂百兩篇《尚書》有《書序》上下篇在内，故稱「百兩」。夫一僞百僞，此更不屑置辨矣。

梅賾僞《尚書》辨（上）

嗚呼！昔人之作者多矣，而心術之工巧，未有甚於梅賾者。此其於人心世道爲

[一]《尚書正義·堯典》「虞書」題下孔疏云：「前漢諸儒知孔本有五十八篇，不見《孔傳》，遂有張霸之徒於鄭注之外，僞造《尚書》凡二十四篇，以足鄭注三十四篇爲五十八篇。」
[二] 孫氏之論見於《古文尚書馬鄭注·序》。
[三] 按：王氏辨張霸作僞之論在《白田草堂存稿·尚書雜考》。

害無形者甚大，而世且崇奉之以爲圭臬也，詎非大惑者哉！茲特述諸家之辨正者如左。

《隋書・經籍志》云：「後漢扶風杜林傳《古文尚書》，同郡賈逵爲之作訓，馬融作傳，鄭玄亦爲之注。然其所傳惟二十九篇，又雜以今文，非孔舊本。自餘絶無師説。晉世祕府所存，有《古文尚書》經文，今無有傳者。及永嘉之亂，歐陽、大小夏侯《尚書》並亡……至東晉，豫章内史梅賾始得安國之傳，奏之，時又闕《舜典》一篇。齊建武中，吴興姚方興於大航頭得其書[一]，奏上；比馬、鄭所注多二十八字，於是始列國學。梁陳所講，惟[二]有孔、鄭二家，齊代惟存[三]鄭義。至隋，孔、鄭並行，而鄭氏甚微。」[四]

文治按：門人陳氏柱云：「就《隋志》觀之，其僞已不可掩。既云馬、鄭所傳惟二

[一]「吴興姚方興於大航頭得其書」，《隋書》原文「吴興」無「興」字，又「大航頭」原作「大桁市」。

[二]「惟」字，《隋書》句首無。

[三]「存」，《隋書》作「傳」。

[四]按：考唐先生此處所引《隋書・經籍志》，與陳柱《尚書論略》所引相同，其中與《隋書》原文出入處一致，是直接過録自陳氏本。

十九篇，又云至今無傳者，及永嘉之亂，歐陽、大小夏侯《尚書》並亡，則《古文尚書》亦已俱亡矣。而何以至東晉豫章内史梅賾乃忽得安國之傳以奏之乎？既云絶無師説，則安國豈有傳乎？」〔一〕愚謂梅氏之僞，已不可掩。至姚方興僞造《舜典》二十八字，羼雜於《堯典》之中，經文語氣，隔閡不通，尤爲可哂。試證以閻氏、孫氏之説，而其迹益顯。

閻氏若璩曰：「梅氏晚出之〔二〕書，自東晉迄今，一千三百餘年〔三〕，而屹然〔四〕與聖經賢傳並立學官，家傳人誦，莫能以易焉者，其故有三焉。皇甫謐，高名宿學，左思《三都賦》經其片語，競相讚述〔五〕，況〔六〕得孔書載於世紀，有不因之而重者乎？是使此書首信於世者，皇甫謐之過也。賾雖奏上，得立於學官，然南北兩朝，猶遞相盛衰，

〔一〕陳氏之論載《尚書論略・梅賾之僞〈古文〉》一章。
〔二〕「之」字，閻氏原文無，文載《尚書古文疏證・第十七・言安國古文學源流真僞》。
〔三〕「自東晉迄今，一千三百餘年」：閻氏原文作「自東晉迄今歲次壬子，一千三百五十六年」，載《尚書古文疏證・第十七・言安國古文學源流真僞》。
〔四〕「然」字，閻氏原文無。
〔五〕閻氏原文句首有「遂」字。
〔六〕「況」字，閻氏原文下有「其實」二字。

或孔行而鄭微，或鄭行而孔微，或孔、鄭並行。至唐初貞觀，始依孔爲之疏，而兩漢專門之學，頓以廢絶。是使此書更信於世者，孔穎達之過也……朱子〔一〕分經與《序》爲二，以存古制，一則曰安國僞《書》，再則曰安國僞《書》，則〔二〕爲之弟子者，正當信以傳信，疑以傳疑，乃明背師承，仍遵舊説。是使此書終信於世者，蔡沈之過也。經此三信，雖有卓識定力、不拘牽世俗趨舍之大儒，如臨川吴文正公之〔三〕《尚書叙録》，實有以成朱子未發〔四〕之志者，而世亦莫能崇信矣〔五〕！」

孫氏星衍曰：「晉元帝時，梅賾所上《尚書孔傳》五十八篇，引《書序》以冠各篇之首，妄稱鄭沖所傳《古文》。齊姚方興又獻《舜典》，有『乃命以位』已上廿八字，隋劉炫取而列諸本第始。或格於朝議，或不行於河洛，至孔穎達爲僞傳撰《正義》，而鄭注漸微。其時孔壁《古文》久亡，遂無能辨其真僞，故劉知幾《史通》稱：『姚方興采馬、王

〔一〕「朱子」二字，閻氏原文無。
〔二〕「則」字，閻氏原文作「而」。
〔三〕「之」字，閻氏原文無。按：臨川吴文正公指吴澄。
〔四〕「發」字，閻氏原文作「成」。
〔五〕「矣」字，閻氏原文無。

之義，以造《孔傳》《舜典》……舉朝集議，咸以爲非。』〔一〕《北史·儒林傳》稱：『南北章句〔二〕，好尚互有不同。江左《尚書》則孔安國，河洛《尚書》則鄭康成〔三〕。』《隋·經籍志》則稱：『至隋，孔、鄭並行，而鄭氏甚微也。』今考梅賾書篇數，與古不相應。采會《書傳》，又多舛錯，或非經文，而以爲經，原注：「『水、火、金、木、土、穀』四句〔四〕，乃郤缺之語〔五〕；『德乃降』，莊公之語〔六〕；『于父母』，長息之語〔七〕；『兼弱攻昧』〔八〕，隨武子引『武之善經』，下云：『兼弱也』，隨武子釋仲虺之言〔九〕；『推亡固存』，中行獻子及子皮之言〔一〇〕：而皆誤作經文。」或非傳義，而以

〔一〕劉氏之説見《史通·外篇·古今正史第二》。
〔二〕「南北章句」，《北史》原文作「大抵南北所爲章句」。
〔三〕「江左《尚書》則孔安國，河洛《尚書》則鄭康成」，《北史》原文云：「江左，《周易》則王輔嗣，《尚書》則孔安國，《左傳》則杜元凱。河洛，《左傳》則服子慎，《尚書》《周易》則鄭康成。」孫氏因集中言《尚書》，乃省略《周易》與《左傳》。
〔四〕《大禹謨》文，下兩條同。
〔五〕見《左傳·文公七年》「晉郤缺言於趙宣子」一節。
〔六〕見《左傳·莊公八年》「師及齊師圍郕」一節。
〔七〕見於《孟子·萬章上》。
〔八〕《仲虺之誥》文，下一條同。
〔九〕見於《左傳·宣公十二年》「晉師救鄭」一節。
〔一〇〕見於《左傳·襄公十四年》「晉侯問衛故於中行獻子」及襄公三十年「鄭伯有耆酒」。

爲傳，原注：「孔安國注《論語》『予小子履』四十五字云：『此伐桀告天之文。……《墨子》引《湯誓》，其言若此〔一〕。』僞傳以爲《湯誥》〔二〕。安國又注《論語》『雖有周親，不如仁人』，以周親爲管、蔡，仁人爲箕子、微子〔三〕。僞傳則云：『周，至也，言紂至親雖多，不如周家之多仁人。』」〔四〕**或以此篇爲彼篇，**原注：「『舜往於田，號泣於旻天』〔五〕，《舜典》文，而以爲《大禹謨》。『惟彼陶唐』四句，賈、服解爲夏桀之時，而以爲《五子之歌》。『葛伯仇餉』，《湯征》文，而以爲《仲虺之誥》。『惟尹躬先見於西夏〔六〕』，鄭云《尹告》，則《咸有一德》文，而以爲《太甲》。『厥篚〔七〕元黄』，《允征》文；『殪戎殷』，即壹戎衣，《中庸篇》引《康誥》文，而以爲《武成》。」**或以此言爲彼言，**原注：「《孟子》言舜『舍己從人』，而以爲舜稱堯。《太平御覽》引《尸子》曰：『舜云：「從道必吉，反道必凶，如影如響。」』而以爲禹言。」**或背於典禮，**原注：「《九歌》啓樂而爲禹言〔八〕，古制天子駕四而云六馬〔九〕，夏

〔一〕「其言若此」，孔氏原文作「其辭若此也」。

〔二〕見於《湯誥篇》。

〔三〕「以周親爲管、蔡，仁人爲箕子、微子」，孔氏原文云：「親而不賢不忠則誅之，管、蔡是也；仁人謂箕子、微子，來則用之也。」

〔四〕見於《泰誓篇》。

〔五〕此爲《孟子·萬章上》所引《尚書》文字；今《尚書》原文作「往於田，日號泣於旻天」。

〔六〕「西夏」，《尚書》原文作「西邑夏」。

〔七〕「厥篚」，《尚書》原文作「篚厥」。

〔八〕《大禹謨》記大禹曰：「戒之用休，董之用威，勸之以九歌俾勿壞。」

〔九〕《五子之歌》記五子曰：「予臨兆民，懔乎若朽索之馭六馬，爲人上者，奈何不敬？」

商五廟而云七廟〔一〕。日食在夏四月，始伐鼓用幣，而云在季秋月朔〔二〕。虞官五十，而以爲百〔三〕。周司徒掌十二教，而云『敷五典』〔四〕。太僕正於羣僕，侵太馭之職〔五〕。」或乖於史例，原注：「《尚書》例不書時，至《春秋》乃日、月、時、年皆具，而《泰誓》有『十有三年春』之文。越日皆從本日數，丁未越三日，則爲己酉，而《武成》有『越三日庚戌』之文。」或謬於是非，原注：「『分北三苗』『遏絶苗民』，皆見於《書》，而以爲『七旬，有苗格』〔六〕。『五子』即五觀，淫佚失家之人，而以爲述戒作歌〔七〕。」或叙事而失詞，原注：「《孟子》：『象曰：「鬱陶思君爾。」』〔八〕下云『忸怩』，叙事之詞。武王曰：『無畏！寧爾也，非敵百姓也。』下云：『若崩厥角稽首』，亦叙事詞，而以爲五子及武王之言〔九〕。成王命蔡仲，而稱『乃祖』〔一〇〕。」或重文爲一字。原注：「『敦』即

〔一〕《咸有一德》記伊尹曰：「七世之廟，可以觀德。」

〔二〕《胤征》記胤后曰：「惟時羲和顛覆厥德……乃季秋月朔，辰弗集于房，瞽奏鼓，嗇夫馳，庶人走，羲和尸厥官罔聞知，昏迷于天象。」

〔三〕《大禹謨》曰：「正月朔旦，受命于神宗，率百官若帝之初。」

〔四〕《周官》曰：「司徒掌邦教，敷五典，擾兆民。」

〔五〕《冏命》曰：「穆王命伯冏，爲周太僕正，作《冏命》。王若曰：『……今予命汝作大正，正于羣僕侍御之臣，懋乃后德，交修不逮。』」

〔六〕此言《大禹謨》。

〔七〕此言《五子之歌》。

〔八〕《孟子·萬章上》文。

〔九〕此言《泰誓》。

〔一〇〕《蔡仲之命》記成王曰：「率乃祖文王之彝訓，無若爾考之違王命。」

『學』字。作『斅學半』〔一〕，古今字並用。《禮記》俱作『學』也。」其他經義，大異史遷所從孔安國問故之文，與顯背鄭説者，益難更僕。若《允征》之以人名爲國、《旅獒》之以酋豪爲犬，尤可怪也。伏生廿九篇，本文存此書中，亦或删改。如『十有三年』下改『放勳』爲『帝』字，《説文》引《周書》遽以記之，今爲《虞書》。『帝曰：毋若丹朱傲』『禹曰：予娶塗山』云云，皆脱『帝曰』『禹曰』。賴有孟子、董仲舒書、《史記》《漢書》《論衡》可證耳！原注：「《史記》『帝曰：毋若丹朱傲』，又『禹曰：予辛壬娶塗山』〔二〕云云，《漢書》劉向曰：『帝舜戒伯禹：「毋若丹朱傲。」』〔三〕《論衡・問孔篇》：『「毋若丹朱傲，惟慢遊是好」，謂帝敕戒〔四〕禹，毋子不肖子也……禹曰：「予娶若時，辛壬癸甲，開呱呱而泣，予弗子。」陳己行事，以往推來，以見卜隱，效己不敢私不肖子也。』又《譴告篇》：『舜戒禹曰：「毋若丹朱傲。」』而今本俱以爲禹言。」僞孔《古文尚書》，宋吴棫、朱文公嘗疑之，當時不能博考以證其僞舛。近世閻若璩、惠棟，互加考證，別黑白而箴膏肓，學者始知僞孔傳之非真《古文》矣！」〔五〕

〔一〕《説命下》記説曰：「惟斅學半，念終始典于學，厥德修罔覺。」
〔二〕見《史記・夏本紀》。
〔三〕見《漢書・楚元王傳》。
〔四〕「戒」字，《論衡》原文無。
〔五〕孫氏之論見於《古文尚書馬鄭注・序》。

文治按：閻氏之説，大意已明。孫氏之説，剔抉尤爲精覈。《尚書》之厄如此，良可痛矣！至於其作僞之源流，亦不可不考而知之也。

孔氏《書疏》引《晉書·皇甫謐傳》云：「姑子外弟梁柳邊得《古文尚書》，故作《帝王世紀》，往往載孔傳五十八篇之《書》。」〔一〕又引《晉書》云：「晉太保公鄭沖，以古文授扶風蘇愉，字林預〔二〕。預授天水梁柳，字洪季，既謐之外弟也。季授城陽臧曹，字彦始。始授郡守子汝南梅賾，字沖真〔三〕，爲豫章内史，遂於前晉奏上其書而施行焉。」此所引《晉書》，今《晉書》無其文，當是臧榮緒、王隱之《晉書》。

文治按：據此則作僞之源流，已如鑄鼎象物。明梅氏鷟曰：「東晉之古文乃自皇甫謐而突出，何者？前乎謐而授之者曰鄭沖，曰蘇愉，曰梁柳，而他無所徵也。沖又授之何人哉？愉又授之何人哉〔四〕？沖、愉有隻字〔五〕可考證者哉？此可知其書之

〔一〕見於《尚書正義·堯典》「虞書」題下疏。
〔二〕「字林預」，孔疏原作「愉字休預」。
〔三〕「字沖真」，孔疏「沖真」原作「仲真」。
〔四〕梅氏《尚書考異·孔安國尚書注十三卷》原文無此句。
〔五〕「沖、愉」梅氏原文作「沖、愉等」，「隻字」作「片言隻字」。

杜撰於謐，而非異人，一也。後乎謐而上之者曰梅賾，而賾乃得之梁柳，柳即謐之外弟〔一〕，此亦可知謐之假手於柳以傳，而非異人，二也。至其作《帝王世紀》也，凡《尚書》之言，多創爲一紀以實之，此其用心將以羽翼是書，而使之可〔二〕傳遠，則其情狀不可掩矣，尚何疑哉？」是梅氏以爲皇甫謐所作。而近丁氏晏則以爲王肅所作。竊以爲王肅無知妄作，素與鄭君爲難，其所作僞《家語》，與僞《書》頗相近，當是王肅所創造，而皇甫謐、梅賾之徒更加以私竄耳！然作僞者未有不敗露，雖流傳至千載以後，亦必有人直揭其私。《大學》云：「人之視己，如見其肺肝然，亦〔三〕何益哉！」

梅賾僞《尚書》辨（下）

梅賾《尚書》之謬，吾既詳列之矣，而或有曲護之者曰：「其中多精理名言也。」又曰：「當不以人廢言也。」夫既有名言在其中，自當别著一書；即有所聞異辭、所傳聞

〔一〕「弟」，梅氏原文作「兄」。
〔二〕「可」，梅氏原文作「可以」。
〔三〕「亦」，《大學》原文作「則」。

異辭，亦當直而勿有，曷爲僞託之於經文乎？至聖人所謂「不以人廢言〔一〕」者，蓋謂其人言行苟不相符，則其言亦可采用而不廢，非謂可僞託於古人之言也。今特取有關於義理者，辨其或爲護詞，或爲正論，略述之如左。

毛氏奇齡〔二〕作《古文尚書冤詞》八卷，以辨梅賾所奏《古文尚書》二十五篇之非僞。其言曰：「孔壁古文，藏晉書秘府者，永嘉亂後猶存。梅賾特以無傳，故上孔安國之傳，而未嘗上古文之經。」〔三〕沈氏彤〔四〕駁之曰：「毛氏於《隋志》乃誤解之而妄據

〔一〕《論語·衛靈公》云：「君子不以言舉人，不以人廢言。」

〔二〕毛奇齡（一六二三～一七一六），原名甡，字大可，號秋晴等，蕭山人，著有《仲氏易》《河圖洛書原舛編》《太極圖説遺議》《古文尚書冤詞》《尚書廣聽録》《毛詩續傳》《續詩傳鳥名》《白鷺洲主客説詩》《周禮問》《郊社禘祫問》《大小宗通釋》《大學知本圖説》《春秋毛氏傳》《春秋簡書刊誤》《春秋屬辭比事記》《春秋占筮書》《論語稽求篇》《四書改錯》《四書賸言》《孝經問》《經問》《古今通韻》《西河詩話》《西河詞話》《竟山樂録》《樂本解説》《湘湖水利志》《蕭山縣誌刊誤》等，合編爲《西河合集》。

〔三〕取毛氏《古文尚書冤詞》大意，原文云：「乃古文藏内府者，則永嘉亂後，其書並存。而特以無傳之故，梅賾乃上孔氏傳，以補《尚書》諸傳之闕。是梅氏所上者安國之傳，非古文之經也。」

〔四〕沈彤（一六八八～一七五二）字冠雲，號果堂，私謚文孝先生，吴江人，曾參修《三禮》《大清一統志》，著有《尚書小疏》《儀禮小疏》《周官禄田考》《春秋左氏傳小疏》《果堂集》等。

之也〔一〕。蓋〔二〕《志》云：『晉書〔三〕秘府所存有《古文尚書》經文，今無有傳者，至東晉梅賾始得安國之傳奏之。』所云『今無有傳者』，傳即傳授之傳，明古文亡於永嘉，其後官私本皆絶也。云梅賾奏安國之傳，不云經者，以上已言經文，則此但言傳，而經在其中矣。《正義》之引《晉書》謂『太保鄭沖以《古尚書〔四〕》授蘇愉，三傳至梅賾，遂奏上其書』。上云『以《古文尚書》授』，而下云『上其書』，則其書非即古文乎？而可云梅賾不上古文經乎？」

文治按：毛氏作《古文尚書冤詞》，非真爲梅賾伸冤也，攻朱子也。毛氏素與朱子爲難，彼見朱子疑古文，足破千載之惑，故特爲《冤詞》以難之。豈知公道自在人

〔一〕沈氏《果堂集・書古文尚書冤詞後一》原文「毛氏」作「毛之」，句末「也」作「哉」。
〔二〕「蓋」字，沈氏原文無。
〔三〕「書」字，沈氏原文作「世」。
〔四〕「古尚書」，沈氏原文作「古文尚書」。

心，王氏鳴盛《尚書後案》，早已燭其隱微矣！〔一〕

沈氏彤又曰：「毛氏此書，自謂懼《古文尚書》將見廢而爲之，然吾知其必不廢也。《古文尚書》非獨聚斂傳記所采語，其中間亦必有真古文之殘編賸簡，如《隋志》所載《尚書》逸篇之類者。故其尤善者，皆各有精言以立一篇之幹。若不得真古文之要領以深悉其僞，則其學彌粹，其信彌篤。李文貞，近世之大儒，其言曰：『《禹謨》《伊訓》《説命》，傳道之書也。《太甲》《旅獒》《周官》諸篇，亦非董仲舒、劉向輩所能言。』夫大儒而信之如此，則不信者罕矣！」〔二〕

文治按：此説未必然。夫負販家之鬻貨，真僞揉雜，人已賤而惡之，況聖人之言，君子所畏，而可真僞揉雜乎？友人曹氏元弼曰：「僞古文之尤完善者，往往隱據古《書》全篇爲藍本，如《説命》之襲《國語》是也。見《楚語》「靈王虐」一段，白公子張所引「以余正

〔一〕按：唐先生所謂王氏已「燭其隱微」之論，見《尚書後案·隋書經籍志》，王氏云：「近某氏據此遂謂梅所獻者特傳耳，其經文則兩漢秘府所有也。夫鄭所述逸《書》篇目，彰彰甚明，二十四篇，非二十五篇，亦斷不可合。某氏生平專以詆訶朱子，標新領異。彼見朱子斥晚出書爲僞，故强造此辨，以入朱子之罪。然據《隋書》以駁馬、班，偏信唐人而不信兩漢大儒傳授明確之書，可乎？」所言「某氏」即毛奇齡。觀乎唐先生駁斥毛氏之論點多從王説，而先生尤深惡痛絶作僞者及邪見之徒，故先生不從王氏爲之隱諱，而特意昭揭毛氏之非以及王氏之洞見。

〔二〕沈氏之論載《果堂集·書古文尚書冤詞後二》。

于四方」及「若金，用女作礪」諸節，均係鈔襲。王肅僞《家語》多襲二戴《禮記》，正其比。非必有真古文零編殘簡在其中也。」[一]斯言足以解惑矣！

方氏苞曰：「先儒以《古文尚書》辭氣不類今文，而疑其僞者多矣。抑思能僞爲是者，誰與？夫自周以來，著書而各自名家者，其人可指數也。言之近道，莫若荀子、董子。取二子之精言，而措諸《伊訓》《大[二]甲》《説命》之間，弗肖也；而謂左丘明、司馬遷、揚雄能爲之與？而況其下焉者與？然則其辭氣不類今文，何也？嘗觀《史記》所采《尚書》，於『肆覲東后』，則易之曰『遂見東方君長』；（中略）如此類，不可毛舉。因是疑古文易曉，必秦漢間儒者得其書，苦其奥澀，而稍以顯易之辭更之，其大體則固經之本文也。《無逸》之篇，今文也，試易其一二奥澀之語，則與古文二十五篇之辭氣，其有異乎？」

文治按：方氏讀書，至爲深細。其辨《周官》《禮記》中經文之僞，俱極精詳，而獨

〔一〕曹元弼之説載其《復禮堂述學詩》卷二之《述尚書》第二十五首「馬遷問故從安國，論次雅言依古文。書學源流詳漢史，子雍梅賾莫紛紜」之自注，文字稍異而意同。

〔二〕大即「太」。

于梅賾《書》尊之如此，豈功令之惑人耶？至《無逸篇》文法精奥，古雅絶倫，試取梅賾《書》較之，類乎否乎？

簡氏朝亮曰：「僞傳之罪小，傳可從而可違者也；僞經之罪大，經可從而不可違者也……今之辨僞者，皆明其僞之所從出矣，然辨僞如惠氏〔一〕，猶謂僞古文『于大義無乖』也〔二〕，則何以使天下明僞古文之亂經而賊道哉！《大禹謨》言舜以帝位讓禹，禹以舜之帝位讓臯陶，是以帝位等臣位也，是誣也！《堯典》言舜以百揆命禹，禹『讓于稷、契暨臯陶』。百揆者，臣位也，禹得而讓之。舜之帝位，惟舜可言讓之，禹不得以舜之帝位讓臯陶也。故《堯典》言堯讓四岳帝位，四岳不受。岳雖知有舜，不以讓也，其舉舜者，以帝命而舉之也，非自岳讓之也。其後言堯讓舜帝位：『舜讓于德』，曷嘗言舜讓于何人哉？僞《大禹謨》曰『枚卜功臣』，非也！夫禹以諸功臣皆可讓帝位也者，則其先何爲而獨讓臯陶乎？既獨讓臯陶，則臯陶在諸功臣之上，與所謂義鈞從卜

〔一〕 惠氏，指惠棟。
〔二〕 惠氏《古文尚書考·辨正義四條》批評梅賾之徒：「奮其私智，造爲《古文》，傳記逸《書》，掎摭殆盡。若拾遺秉而作飯，集狐腋以爲裘，雖於大義無乖，然合之鄭氏逸篇，不異《百兩》之與中《書》矣。」

者異矣！雖禹讓而帝未俞之，禹何不再言臯陶，而乃言『枚卜功臣』乎？諸功臣可卜而讓之，則其先獨讓臯陶，非禹之誠也。聖人而猶有不誠者乎？僞《大禹謨》言『益贊于禹』者，欲禹感苗民，乃以舜感瞽瞍爲辭，而曰『至諴〔一〕感神，矧茲有苗』，是益爲舜臣，而斥天子之父，以爲有苗之不若也。顧氏〔二〕謂此非人臣所宜言也，皆誣也。」〔三〕

文治按：簡氏辨梅氏之誣甚〔四〕夥，而此數條一經揭出，尤爲明顯。至如僞《説命篇》載高宗：「乃審厥象，俾以形旁求于天下。説築傅巖之野，惟肖。爰立作相，王置諸其左右。」夫古者國君進賢，如不得已，堯之賓舜，歷試諸五典百揆，四門大麓。今高宗用傅説，既未使之主事，又未使之治民，僅憑夢中肖象，而遽立以作相。設或不賢，將焉置之？天下有是理乎？自有此等僞經説，而後世之用人者，輕舉妄動，其弊不可勝言矣！又如僞《蔡仲之命篇》云：「率乃祖文王之彝訓。」文王亦成王祖也，而稱之曰「乃祖」，恐無此理。《盤庚篇》之「乃祖乃父」，係對於人民之祖父而言，豈得援

〔一〕「諴」字，《大禹謨》原文作「諴」。
〔二〕顧氏，指顧炎武。
〔三〕簡氏之論載《尚書集注述疏·序》。
〔四〕「甚」，原作「其」。

爲一例？夫「辭尚體要」〔一〕，梅《書》自言之矣！如上所言，豈措詞之體乎？嗚呼！其僞雖工，徒自誣而已矣！

豐熙僞《尚書》辨

顧氏炎武曰：「近世之説經者，莫病乎好異。以其説之異於人而不足以取信，於是舍本經之訓詁，而求之諸子百家之書。猶未足也，則舍近代之文，而求之遠古。又不足，則舍中國之文，而求之四海之外。如豐熙之《古書世本》，尤可怪焉。原注：「鄞人言，出其子坊僞撰。又有《子貢詩傳》，後儒往往惑之。」曰箕子朝鮮本者，箕子封於朝鮮，傳《書》古文，自《帝典》至《微子》止，後附《洪範》一篇。曰徐市倭國本者，徐氏爲秦博士，因李斯坑殺儒生，托言入海求僊，盡載古書至島上，立倭國，即今日本是也。二國所譯書，其曾大父河南布政使慶録得之，以藏於家。按：宋歐陽永叔《日本刀歌》：『徐福行時書未焚，逸書百篇今尚存。』蓋昔時已有是説，而葉少藴固已疑之。夫詩人寄興之

〔一〕《畢命》文。

辭，豈必真有其事哉？日本之職貢於唐久矣，自唐及宋，歷代求書之詔不能得，而二千載之後，慶乃得之，其傳〔一〕之，又不以獻之朝廷而藏之家，何也？原注：「宋咸平中，日本僧奝然以鄭康成注《孝經》來獻，不言有《尚書》。」至曰箕子傳《書》古文，自《帝典》至《微子》，則不應別無一篇逸書，而一〔二〕盡同於伏生、孔安國之所傳。其曰後附《洪範》一篇者，蓋徒見《左氏傳》三引《洪範》皆謂之《商書》，原注：「文公五年引『沈漸剛克，高明柔克』，成公六年引『三人占從二人』，襄公三年引『無偏無黨，王道蕩蕩』。《正義》曰：『箕子商人，所説故謂之《商書》。』」而不知『王』者周人之稱，『十有三』者周史之記，不得爲商人之書也。《禹貢》以『道山』『道水』移於『九州』之前，此不知古人先經後緯之義也。《五子之歌》『爲人上者，奈何不敬』，以其不叶，而改之曰『可不敬乎』，謂本之《鴻都石經》。據《正義》言，蔡邕所書石經《尚書》，止今文三十四篇，無《五子之歌》，熙又何以不考而妄言之也。原注：「《五子之歌》乃孔氏古文，東晉豫章内史梅賾所上，故《左傳》成公十六年引『怨豈在明，不見是圖』，哀公六年引『惟彼陶唐，有此冀方』，杜預注並以爲《逸書》。《國語》周單襄公引『民可近也，而不可上也』，單穆公引『關石和鈞，王府

〔一〕「傳」，顧氏《日知録·豐熙僞尚書》原文作「得」。
〔二〕「一一」字，顧氏原文作「一一」。

則有』，韋昭解亦以爲《逸書》。」夫天子失官，學在四裔。使果有殘編斷簡，可以裨經文而助聖道，固君子之所求之而惟恐不得者也。若乃無益於經，而徒爲異以惑人，則其於學也，亦謂之異端而已。愚因歎夫昔之君子，遵守經文，雖章句先後之間，猶不敢輒改。中略。乃近代之人，其於讀經，鹵莽滅裂，不及昔人遠甚；又無先儒爲之據依，而師心妄作。刊傳記未已也，進而議聖經矣；更章句未已也，進而改文字矣。此陸游所致慨於宋人，原注：「陸務觀〔一〕曰：『唐及國初學者，不敢議孔安國、鄭康成，況聖人乎？自慶曆後，諸儒發明經旨，非前人所及，然排《繫辭》，毁《周禮》，疑《孟子》，譏《書》之《胤征》《顧命》，不難於議經，況傳注乎？』〔二〕趙汝談至謂《洪範》非箕子之作。」而今且彌甚。徐防有言：『今不依章句，妄生穿鑿，以遵師爲非義，意説爲得理，輕侮道術，寖以成俗。』〔三〕嗚呼！此學者所宜深戒，若豐熙之徒，又不足論也。」原注：「近有謂得朝鮮本《尚書》，於《洪範》『八政』之末，添多五十二字者。按：元王惲《中堂事記》，中統二年，高麗世子禃來朝，宴於中書省。問曰：『傳聞汝邦有《古文尚書》及海外異書。』答曰：『與中國書

〔一〕陸務觀，指陸游。
〔二〕陸氏之語載於王應麟《困學紀聞》。
〔三〕《後漢書·徐防列傳》文。

不殊。』是知此五十二字者，亦僞撰也。」〔一〕

嗚呼！世道之譸張，由于人心之機巧。梅賾之造僞《書》，風行千數百年，可謂巧矣！而豈知匪夷所思，有如豐熙僞《尚書》者。按：豐慶之孫，字原學，明弘治中進士，其子坊字存禮，嘉靖進士。今僞《書》不傳，殆因亭林先生闢之，故不得顯。不然，將復經好古者之摩挲考究，詎非大可笑之事哉？孔子曰：「信而好古。」〔二〕又曰：「篤信好學。」〔三〕夫古人之信經也，將以傳經；今人之疑經也，將以滅經。然必先有作僞者而後乃疑之。然則彼僞造之徒，其罪豈可逭乎？此《王制》所以有「析言破律，亂名改作」之厲禁，而亭林先生又謂「惑世誣民，乃犯上作亂之漸。《大學》之教，禁于未發者，其必先之矣。」〔四〕是故士生今日而治經，既有諸大儒辨正于先，則與其疑經而啓亂原，毋寧信經而尊舊典。嗚呼！尚慎旃哉！

〔一〕顧氏之論見於《日知録・豐熙僞尚書》。
〔二〕《論語・述而》文。
〔三〕《論語・泰伯》文。
〔四〕顧氏之論見於《日知録・豐熙僞尚書》。

尚書大義内篇

堯典、皋陶謨篇

政治學　論三微五著心法要典〔一〕

《尚書》者，吾國之寶書也，僅存者二十八篇，比于赤刀、大訓、天球、河圖爲更珍重矣〔二〕，而《堯典》《皋陶謨》二篇爲最，蓋夫人而知之也。古、今文之異同〔三〕，段、江、王、孫諸家訓釋之精審，又夫人而知之也。而吾獨觀其大義，神遊于唐虞之朝。竊以爲近世之所謂「共和政治」者，又當以是二篇爲法，不容稍有踰越而違悖之者也〔四〕。

〔一〕此文成於一九二四年，又載《茹經堂文集》一編卷一。

〔二〕此句出朱子，四者皆傳世重器。《禮記・中庸》載孔子説武王與周公達孝，「春秋修其祖廟，陳其宗器，設其裳衣，薦其時食」。朱子《中庸章句》注宗器云：「先世所藏之重器，若周之赤刀、大訓、天球、河圖之屬也。」此唐先生所本，至《尚書・顧命》，乃其原始記載也。

〔三〕指《古文尚書》及《今文尚書》。

〔四〕此言《虞書》乃共和政治之寶典。

按：是二篇文淵懿粹美，或以爲文章家之萌柢，或以爲訓詁家之權輿，不知其大義凡八，著者厥有五，微者厥有三，皆修己治民之要道，無論古今中外政治家，舉莫能外焉者也。

曷謂著義五？《堯典》之首曰：「克明俊德，以親九族。九族既睦，平章百姓。百姓昭明，協和萬邦。」考《孝經》之至德要道，在和睦無怨；堯之親九族，蓋由孝而推之，和睦之道，實基于此。故其中篇又贊舜曰「克諧以孝」，其大義，可謂深切著明矣。然則爲政之經，必本於孝，必本於和睦，「老吾老以及人之老，幼吾幼以及人之幼」〔一〕，「人人親其親，長其長，斯天下平」〔二〕。若不能孝，不能和睦，何以爲共和乎？此其著義一也。

由是而推之學校。堯時制度，靡得而詳矣。至舜而始立虞庠，其命契曰：「百姓不親，五品不遜，汝作司徒，敬敷五教。」蓋人之所以爲人者，倫也。五品者，五倫也。教以人倫，而百姓親矣。其訓夔曰：「命汝典樂教胄子，直而温，寬而栗，剛而無虐，

〔一〕《孟子·梁惠王上》文。
〔二〕《孟子·離婁上》文；又《孟子》原文「斯天下平」作「而天下平」。

簡而無傲。」蓋虞庠之教如此，即周時大樂正之法也〔一〕。政治原理，務在涵養人之性情，以成其德器。若弁髦〔二〕倫紀，直而不温，寬而不栗，剛而虐，簡而傲，則皆軼〔三〕乎範圍之外矣，豈設學之本旨乎？此其著義二也。

《大禹謨》，僞《古文書》也，而「德惟善政，政在養民」一節，見於《左氏傳》所引，其爲《禹謨》原文無疑。其言曰：「水、火、金、木、土、穀，惟修，正德、利用、厚生，惟和。」〔四〕考《洪範》「五行」曰水、火、木、金、土，而《禹謨》則增以穀。《皋謨》一則曰「暨益奏庶鮮食」，再則曰「暨稷播奏庶艱食，鮮食」，古人之重農政若此。蓋水利興修，「濬畎澮，距川」，然後中國可得而食。《洪範》「八政，一曰食」，亦正大禹所傳「九疇」之學。未有農政廢棄，饑饉薦臻，而可爲治者，此其著義三也。

倉廩實而後知禮義，故共和之治，尤以禮教爲先。舜之咨岳曰：「有能典朕三

〔一〕《周禮·春官宗伯》云：「大司樂掌成均之灋（同法），以治建國之學政，而合國之子弟焉。」
〔二〕弁髦，謂棄置。
〔三〕軼，謂離越。
〔四〕《左傳·文公七年》載郤缺語，而《大禹謨》言「惟修」，郤缺則云「謂之六府」；《大禹謨》言「惟和」，郤缺則云「謂之三事」。

禮？」其命伯夷曰：「汝作秩宗。」而天工人代之制，則曰：「天叙有典，勑我五典五惇哉！天秩有禮，自我五禮有庸哉！同寅協恭和衷哉！」禮之爲教，秩序而已，故《堯典》曰「秩宗」，《皋謨》曰「天叙」「天秩」，而《禹謨》亦曰「九功惟叙，九叙惟歌」。禮原於天之則，民之秉彝〔一〕，有禮而後有秩叙，有秩叙而後能和。廢禮而求秩叙、求上下之和衷，未之聞也，此其著義四也。

至于「六府孔修」，工政舉矣；「懋遷有無」，商政廞〔二〕矣。而「庶績其凝」，尤在皋陶之颺言曰：「念哉！率作興事，慎乃憲，欽哉！屢省乃成。」可見實業之肇興，在於提倡；而作事之謀始，根於慎憲〔三〕。元首股肱，明良而後喜起，未有立憲不明、不良、不慎而可以有成者也，此其著義五也。

曷謂微義三？《論語》曰：「修己以安人」，「修己以安百姓」〔四〕。政治宏綱，壹是

〔一〕《詩·大雅·烝民》：「天生蒸民，有物有則。民之秉彝，好是懿德。」鄭玄箋云：「民所執持有常道，莫不好有美德之人。」

〔二〕廞，同興。

〔三〕謂明訂工商之法規，予以公平自由之發展。此唐先生於晚清任職商部所拳拳不已之商政。

〔四〕見《論語·憲問》。

以安靜爲本，故《大學》曰：「定而后能靜，靜而后能安。」史臣贊堯曰「欽明文思安安」，禹之戒舜曰「安汝止」，皋陶之戒禹曰「在安民」，惟安己而後能安民也。爲政之大患，在於不安不靜。而不安不靜之繇，起于上下之囂張而無度。唐虞之世，「天聰明，自我民聰明。天明畏，自我民明威」，其貴民也至矣，然而必導之以靜。《堯典》之斥丹朱曰：「吁！囂訟可乎？」其斥共工曰：「吁！靜言庸違，象恭滔天。」囂訟者，不道忠信之言，輒與人爭辯也。靜言者，安靜之言也。違安靜之言，其象似恭，而其罪滔天也。夫爲政不在多言，顧力行何如耳〔一〕。苟導民者不知此理，惟空言之是爭，無力行之實事，盈庭聚訟，築室道謀，民氣胥浮以動，其禍必至於滔天而無極，放流屏逐，正爲此也，此其微義一也。

古聖人有至精之學，外以知人，而內以治心者，其道維何？幾而已矣！舜曰：「勑天之命，惟時惟幾。」禹曰：「維幾維康。」而夙夜之憂勤，不曰萬政萬事，而曰「一日二日萬幾」，蓋政事者，達於外有形而易見；幾者，無形而難測，藏於內，基於宥密之地，而爲政事之本者也。一念之爲善爲惡，於幾焉辨之。萬事之爲是爲非，亦於幾

〔一〕《史記·儒林列傳》載申公之語漢景帝曰：「爲治者不在多言，顧力行何如耳。」

焉辨之。心幾粗而事幾益昧，心幾邃而事幾益精。古聖人治民之道，兢兢業業，傳心之法，實原於是。湯之「聖敬日躋」〔一〕，文王之「緝熙敬止」〔二〕，皆此幾也。孔子傳之曰：「幾者動之微，吉之先見者也。」〔三〕又曰：「知至至之，可與幾也。」〔四〕《周易》一書，皆幾學也。周子傳之曰：「動而未形，有無之間者，幾也。」又曰：「幾微故幽。」《易通》一書，皆幾學也。朱子傳之，注《大學·誠意章》曰：「其實與不實，有他人所不及知而己獨知之者〔五〕，必謹之於此，以審其幾焉〔六〕。」注《中庸》「天命」曰：「幽暗之中，細微之事，跡雖未形，而幾則已動。」《大學》《中庸》二書，皆幾學也，故曰「哲人知幾」〔七〕。蓋一心能審其幾，喜怒哀樂皆得其中，而後萬事不失其幾，慶賞刑罰，胥得其正。涵養本心者此幾，窮究古今之事變，經緯天下之人情者，亦此幾也，此其微義

〔一〕《詩·商頌·長發》句。
〔二〕《詩·大雅·文王》句。
〔三〕《易·繫辭下》文。
〔四〕《易·乾·文言》文。
〔五〕朱子《大學章句》原文句首有「蓋」字。
〔六〕《大學章句》原文句首有「故」字。
〔七〕程頤《四箴·動箴》文。

二也。

能慎幾而後能成德，堯之明俊德，尚矣；舜之咨十二牧曰「惇德允元」，《皋謨》之言「九德」，尤爲精詳邃密，曰：「日宣三德，夙夜浚明有家。日嚴祗敬六德，亮采有邦。」先儒謂九德中能有其三，自可漸造於聖賢之域〔一〕。禹之敷土奠高山大川，亦莫非宣其德意。《禹貢》之精義，不過曰：「祗台德先，不距朕行。」祗者敬也，台者我也。言敬我之德，以爲天下先，而民皆不距我之所行也，故曰：「美哉禹功！明德遠矣。」〔二〕堯以明德傳之舜，舜以明德傳之禹，後世《大學》之教，於是有格致誠正、修齊治平之目，明明德於天下，新民之事業肇焉，此其微義三也。

古人以德行學問與政治合而爲一，故天下常治〔三〕。後世以德行學問與政治分而爲二，故天下多亂。聖人用此三微五著，以爲政治而政治隆。後儒用此三微五著以解《書》義而《書》義顯。夫闡發古書之奧藴，以拯今日之人心，吾輩之責也。世有誠

〔一〕孔安國傳此句云：「言能日日布行三德，早夜思之，須明行之，可以爲卿大夫。」
〔二〕《左傳·昭公元年》載劉子語。
〔三〕此君師合一之旨。

求「共和」之治法者，當先與之讀《書》。

湯誓篇　政鑑　論聖人革命順天應人

《易傳》言：「湯武革命，順乎天而應乎人。」〔一〕而《孟子》亦言湯始征：「天下信之。東面而征，西夷怨；南面而征，北狄怨。曰奚爲後我？」〔二〕乃今讀《商書·湯誓》一篇，復繹先儒舊説，以爲「百姓怨湯，不恤穡事，故憚征惡役，湯乃勞其曉諭，斷以必往，誘以大賚，懼以孥戮。」若是者，豈所謂順乎天而應乎人耶？是以《唐書》載：「高定七歲，讀《湯誓》，問其父郢曰：『奈何以臣伐君？』郢曰：『應天順人，何云伐耶？』對曰：『不從誓言，孥戮罔赦，是順人乎？』郢大奇之，

〔一〕《易·革·彖傳》文。
〔二〕《孟子·梁惠王下》文。

而不能答。」〔一〕此可見湯之伐桀，雖七歲小兒尚疑之，而先儒竟無有爲湯剖其冤者。

文治因取《湯誓》本文及《史記·殷本紀》，反復數四，乃恍然於湯之伐桀，本因乎衆心，此篇正是仁人之言，先儒解之者均失其意也。據《本紀》言：「夏桀爲虐政淫荒，而諸侯昆吾氏爲亂。」是當斯時，有乘桀暴而作亂者矣。《湯誓》所云「今爾有衆，汝曰我后不恤我衆，舍我穡事而割正」者，「我后」謂湯，以下別稱「夏王」，故知非桀。「不恤我衆」者，怨其不正夏以救民也；「舍我穡事而割正」者，不堪桀之暴，將舍穡事而作亂也。舍穡事謂自舍之，非謂湯舍之。宋王氏柏《書疑》謂：「湯於君臣之分素嚴，一旦興兵伐桀，故羣疑填臆，而駕言以不恤我穡事。」〔二〕此尤爲臆説。桀之暴德久著，人人欲得而誅之，則湯之興師，百姓方愉快

〔一〕此取《新唐書·高定傳》大意，原文云：「定，辯惠，七歲讀《尚書》，至《湯誓》，跪問郢曰：『奈何以臣伐君？』郢曰：『應天順人，何云伐邪？』對曰：『用命賞于祖，不用命戮於社，是順人乎？』郢異之。」唐先生此段文字與其師黄以周《尚書講義·湯誓》所記一致，是書據《尚書講義》黄以恭（黄以周之從父兄弟，一八二八～一八八二，字質庭）以及黄家岱（黄以周之子，一八五三～一八九一，字鎮青）序言中交代，是黄家岱述祖父黄式三口授之言，收入黄以周《儆季雜著》之附録部分，此唐先生採録黄本之淵源。

〔二〕此取王氏大意，《書疑·湯誓》原文云：「蓋成湯肇修人紀於君臣上下之分素嚴，於逆順從違之理素著。湯之所以事桀也，進以聖輔，共惟臣職，平時無纖芥之嫌，此衆庶之所素知也。忽一旦興兵而欲伐之，聞見駭愕，心驚膽喪，相與聚言：『以吾君以聖明，而有干名犯義之舉；以吾君之衆庶，而爲捨順從逆之事。』」此所以羣疑填臆，而駕言以不恤我穡事也。」

之不暇，又何所用其疑，而駕言於不恤穡事乎？湯惟聞衆言，然後決知夏氏之有罪；又懼衆民爲亂，故不敢不正之。然猶未知夏罪之何以干怒衆也，乃復命衆，申言之曰：「夏〔一〕罪其奈何？」《書》言「如台」者四，《史記》均作「奈何」。其如台者，正湯詢衆之辭。先儒有解「如台」爲亳衆詢湯之辭，又有謂桀其如我何者，可謂謬之又謬。夫以桀之淫荒而傷百姓，詎有湯既知之，而亳衆反不知之理乎？夏臺已囚聖主，詎有亳衆反不懼之理乎？「夏王率遏衆力」云云，乃衆民述夏之衆，湯知夏德若茲，故許以必往也。至後之示以大賚，懼以孥戮者，蓋致天罰而伸公義，是爲有功；舍穡事而私自倡亂，乃蒙大僇。後之「不從誓言」句，與上之「舍我穡事」句，本相承應，苟非夏民行將倡亂，則本經「夏德若茲，今朕必往」，與「爾無不信，朕不食言」之語，皆爲無謂矣。可見湯實懼民之作亂，非脅民以必從也，觀《史記》以「予惟聞汝衆言」至「今夏多罪」二十二字，易於「天命殛之」之上，益以見湯之因聞衆言而興師矣，又烏得有憚征惡役之事耶？

又按：《周語》内史過引《湯誓》曰：「余一人有罪，無以萬夫。萬夫有罪，在余一人。」而《墨子·兼愛》下篇亦引「余小子履」十三句爲湯說，不云「湯誓」，《尚賢》中篇

〔一〕「夏」字，《史記·殷本紀》原作「有」。

又引《湯誓》「聿求元聖」三語，近儒王氏鳴盛因謂：「或別有一篇《湯誓》，如《周書》有《泰誓》三篇，又有《牧誓》一篇之例。」[一]而江氏聲《集注音疏》、劉氏逢禄《書序述聞》，則均以《國語》《墨子》所引，雜置于今《湯誓》之中[二]。文治按：今《湯誓》所載，原無告天之辭。王氏之説，自是古文蓋闕之意。若江氏、劉氏强合爲一篇，亦殊不必。

附考

經文「予則孥戮汝」。按：古時用刑，父子兄弟，罪不相及。文王之政，罪人不孥。而《甘誓》《湯誓》言「孥戮」，先儒咸以爲疑。先師黄元同先生曰：「戮謂殺之，孥當依《王莽傳》作『奴』，謂有罪而没爲奴也。蓋罪輕重，輕者没爲奴，重則戮之

[一] 此唐先生擷取王氏《尚書後案·商書·湯誓》大意，原文云：「蓋《湯誓》必别有一篇，伐桀大事，湯之誓告必不一而足，如武王有《泰誓》三篇，又有《牧誓》一篇。」

[二] 江氏之論見於《尚書集注音疏·湯誓第二十九》疏文，云：「《墨子·尚賢篇》引此偁《湯誓》，僞作者節取此文以入《湯誥》，謬矣！」劉氏之論詳見於《書序述聞》「伊尹相湯伐桀，升而自陑，遂與桀戰于鳴條之野，作《湯誓》」條下。

爾。」疑義乃渙然矣。

盤庚篇

政鑑　論盤庚能融新舊之界，不尚專制

《大學》曰：「民之所好好之，民之所惡惡之，此之謂民之父母。」《孟子》曰：「得其民有道：得其心，斯得民矣。得其心有道：所欲與之聚之，所惡勿施爾也。」〔一〕今考盤庚之遷都也，「率籲衆慼，出矢言」，似乎民情怨矣。魏氏源《書古微》謂：「《盤庚》上篇『率〔二〕籲衆慼，出矢言』以下至『底綏四方』以上，皆叙殷人不願遷之辭，非誥語也。自『盤庚斆於民』以下，始叙盤庚之誥。」其説極是。先儒或謂上四節乃告民之辭，於文法不合。且考其上篇之末曰：「凡爾衆，其惟致告。自今至于後日，各恭爾事，齊乃位，度乃口。罰及爾身弗可悔。」其中篇之末曰：「乃有不吉不迪，顛越不恭，暫遇姦宄，我乃劓殄滅之，無遺育，無俾易種于茲新邑。」何其專制之甚歟！曰：非也。盤庚仁人也，愛民之

〔一〕《孟子·離婁上》文。
〔二〕「率」原刻作「經」，魏氏《書古微·盤庚篇發微》原文作「率」，並前文所引亦作「率」。

至者也，順民之好惡者也，豈有違衆而拂情者哉？特後儒不通經義，誤解其語意，乃以爲專制爾。

詳繹其上篇曰：「盤庚斅于民：由乃在位，以常舊服，正法度。曰：『無或敢伏小人之攸箴！』王命衆悉至于庭。」其中篇曰：「盤庚作，惟涉河，以民遷，乃話民之弗率，誕告用亶，其有衆：咸造，勿褻在王庭。盤庚乃登進厥民。」曰「命衆悉至于庭」，曰「登進厥民」，則盤庚於遷都之利害，固已播之於衆，公之於民矣。先儒謂衆爲臣，民爲百姓。實則告臣，即以告百姓也。夫民之類至不齊矣，有賢民，有俊民，有秀民，有凡民，有庸民，有頑民，有横民，有姦宄之民。若一概從之，好惡錯雜，是非乖違，秩序混淆，萬事隳而天下亂矣。觀殷衆之矢言曰：「先王有服，恪謹天命。」「今不承于古，罔知天之斷命。」皆反古迂謬之詞也，敖從康之辭也，然猶託於箴規也。盤庚深知其隱，洞若觀火，故先破之曰：「無或敢伏小人之攸箴。」又曰：「相時憸民，猶胥顧于箴言，其發有逸口。」逸口，過言也。是當時之創爲箴言者，小人也，憸民也。盤庚體察厥狀，曰：「乃不畏戎毒于遠邇，惰農自安，不昏作勞，不服田畝，越其罔有黍稷。」又曰：「恐人倚乃身，迂乃心。」倚乃身者，惰也；迂乃心者，固也。其守舊昏庸，耽於安逸，罔顧大毒，皆凡民、庸民也。而猶聒聒相訟，肊決創聲，萬口附和，以致浮言胥動，若火燎原，是横民也，是姦宄之民也。故既欲其齊位度口，又防其顛越不恭，而欲嚴刑峻法以制之，豈專制哉？所以順公正之好惡也。蓋公正之好惡，不可不從；而私情之好惡，不可勉徇也。一時之是非利害，不可偏聽；而百世之是非利害，不得不力爭也。是真仁人之用心也。

而殷民之所以深信盤庚之用心者，厥有三端：一曰融新舊之見，二曰判誠僞之界，三曰嚴義利之辨。三者明而政治一出於大公，民心之嚮也，遂如衆星之共之矣。

曷言其融新舊之見也？夫殷民之守舊從康，既如上所言矣，而盤庚則曰：「古我先王，亦惟圖任舊人共政。」又引遲任之言曰：「人惟求舊；器非求舊，惟新。」蓋治天下之道，不當拘新舊，而宜論是非。新而是，舊而非也，舊者不可用也；舊而是，新而非也，新者不可用也；新舊而各是非參半也，求其是而從之可也。然器者制度典章之謂，固當維新者也，人者當新舊兼用者也。而盤庚乃曰「人惟求舊」，何也？蓋舊人者經驗富，閲歴深，以之導於前，而新者隨其後，則可得其經驗閲歴，而萬事有以補偏而捄弊，故下文又曰：「汝毋侮老成人。」老成，典型之所在也。《文王》之詩曰：「周雖舊邦，其命惟新。」此言以舊人行新法也。孟子引之，以告滕文公曰：「子力行之，亦以新子之國。」〔一〕此言舊法可以新國也。盤庚能溝通新舊之界，故曰：「以常舊服正法度。」常者尚也，服者事也，言尚舊服以正新法也，是其得乎民心者一也。

曷言其判誠僞之界也？盤庚曰：「王播告之修，不匿厥指。」善哉！其開誠而布公也。吾嘗考之《詩》曰：「秉國之鈞，四方是維〔二〕，俾民不迷。」又嘗考之《禮記》曰：「爲上易事也，爲下易知也。」〔三〕皆此旨也。蓋惟上之人不匿厥指，於政事之始終本末，悉以喻之於民衆，然後民衆不迷於所向，亦以其誠輸之於上，於是上下一心，而事無隔閡，故盤庚之告臣民曰「黜乃心」，「設中于乃心」，「宣乃心」，「暨予一人猷同心」，「汝有戕，則在乃心」。其自言曰「朕心攸困〔四〕」，「其敷心腹腎腸」，而終之曰「永肩一心」，盤庚之心理學亦至矣。蓋其始之不欲遷者，小民之私心也；而其終之必歸於遷者，一國之公心也。任用私心，則無事可爲；任用公心，則雖更歷險阻艱難，而必底於有成，是其得乎民心者二也。

〔一〕《孟子·滕文公上》文。
〔二〕「四方是維」乃《詩·小雅·節南山》句，後尚有「天子是毗」句。
〔三〕《禮記·緇衣》文。
〔四〕「朕心攸困」，原文作「朕心之攸困」。

曷言其嚴義利之辨也?《易傳》有言:「天地之大德曰生,聖人之大寶曰位。何以守位曰仁,何以聚人曰財。」〔一〕《大學》有言「財聚則民散,財散則民聚」,「仁者以財發身,不仁者以身發財」,「國不以利爲利,以義爲利」。蓋利者義之和,惟以義爲利,而後能保民之生,養民之生。後世搜括聚斂,惟以身發財爲務,而民生於是乎日蹙,民心於是乎日散,吁,可畏哉!《盤庚下篇》曰:「朕不肩好貨,敢共〔二〕生生,鞠人謀人之保居,叙欽。」肩者獨任也,共者散之於民也,是其心專務鞠人謀人,安民以保其居也。又曰:「無總于貨寶,生生自庸。式敷民德。」總者聚也,庸者用也。魏氏源以「總於貨寶」爲世俗貪利者〔三〕,言說殊迂曲。是其心能體天地好生之德,不以其財聚之於己,而以其財散之於民,夫然後故家給人足,而民德亦歸於厚。嗚呼!小民蕩析離居之後,其生計之艱苦,爲何如乎?盤庚之詞,痌瘝在抱,悱惻動人,是其得乎民心者三也。

〔一〕《易・繫辭下》文。
〔二〕「共」,《盤庚》原文作「恭」。
〔三〕文載魏源《書古微・盤庚篇發微》。

凡此皆所謂「得其民者，得其心」〔一〕、「所欲與聚，所惡勿施」〔二〕。公一世之好惡，即以定百世之是非，豈專制之謂哉？

或者曰：「高后丕乃崇降罪疾，先后丕降與汝罪疾，高后、先后皆指先王。得毋涉於迷信乎？」曰：余於「讀書提綱」〔三〕中已譏之，然殷人尚鬼，《論語》引成湯告天之詞，亦寓神道設教之意，是蓋風氣使然，未足以爲訾也。近簡氏朝亮《尚書集注述疏・後叙》論盤庚能察衆言，由於格致之功，其說亦精，足備參考。

附考

《蔡傳》〔四〕：「盤庚，陽甲之弟，自祖乙都耿，圮於河水。盤庚欲遷於殷，故作書三篇，以告臣民〔五〕……上、中二篇未遷時言，下篇既遷後言。」

〔一〕《孟子・離婁上》云：「失其民者，失其心也。」「得其民有道：得其心，斯得民矣。」

〔二〕《孟子・離婁上》云：「得其心有道：所欲與之聚之，所惡勿施爾也。」

〔三〕「讀書提綱」指《十三經讀本》中的《尚書提綱》。或「讀」字誤刻，應爲「尚」字。

〔四〕指蔡沈《書經集傳》。蔡沈（一一六七～一二三〇）字仲默，號九峯，南宋建州建陽人，蔡氏尚著有《洪範皇極內篇》。

〔五〕「故作書三篇，以告臣民」，蔡氏《書經集傳・盤庚上》題下傳文無此二句，而作「盤庚喻以遷都之利、不遷之害」。

愚按：「王命衆」，「王」即陽甲，故下文云「王若曰」，乃盤庚代陽甲之詞。魏氏源曰：「上篇是盤庚爲臣時事，下二篇是盤庚爲君時事。」〔一〕

經云：「不常厥邑，于今五邦。」鄭君曰：「湯自商徙亳，數商、亳、囂、相、耿爲五邦〔二〕。」魏氏源曰：「《盤庚》上篇，『率籲衆慼，出矢言』以下，至『厎綏四方』以上，皆叙殷人不願遷之詞……自『盤庚斅於民』以下，始叙盤庚之誥……次篇新邑，殷也，盤庚詞也。首篇新邑，邢也，殷命〔三〕詞也。」

文治按：「魏氏謂盤庚由邢遷殷，非由耿遷殷。耿，今絳州河津縣地；邢，今順德府邢臺縣，東西相去千餘里。與鄭君及諸説異。」

經云：「今予其敷心腹腎腸。」江氏〔四〕本「心腹腎腸」作「優賢揚歷」，歷字古文家屬下句讀。解之曰：「今我其溥求賢者而優禮之，揚其所歷試。」〔五〕魏氏源曰：「《今文

〔一〕魏源《書古微·盤庚篇發微》。
〔二〕鄭氏原文無「邦」字，載《尚書正義·盤庚上》「盤庚遷于殷」至「厎綏四方」一節下。
〔三〕「命」，魏氏原文作「民」。
〔四〕江氏，指江聲。
〔五〕江氏説見《尚書集注音疏·盤庚下第五十三》。

尚書》『今予其敷心優賢揚歷』，而馬鄭本譌爲『今予其敷心腹腎腸』，此則今古文之雅俗不辨而明者。」

愚謂：今文家作「優賢揚歷」，乃對下文讒言而言；古文家作「心腹腎腸」，乃接下句「歷告爾百姓」而言。各有意義，未可軒輊。

附録：《尚書·盤庚篇》研究法　丙子〔一〕

【釋】本篇就研讀《尚書》之切身體驗領起，在充分理解大義之後，進而指示研究法門，蓋一本學術爲天下公器之善念也。

韓子《進學解》曰：「周誥殷盤，詰屈聱牙。」可見韓子亦以《盤庚篇》爲難讀。余嘗謂讀書研究義理，當先其易者，後其難者；至研究文法，則當先其難者，後其易者。蓋難者既通，則易者更勢如破竹也。憶余九歲時讀《盤庚篇》，幾不能句讀，因發憤熟讀之。後值大病，熱度高時，常喃喃誦此篇，先母呵止之。至今思之，猶爲黯然。前數年爲諸生講《尚書》，已將義理詮明，編入《大義》。今年復

〔一〕載《學術世界》第一卷第十一期，一九三六年，頁一三五～一三六。

講此篇，再編《研究法》，以示門徑。惟諸生總以熟讀本經爲要，否則無從入門也。

上篇

首四節爲民之矢言，一篇總冒；據江、魏、姚三家説爲正，或作盤庚言者，非。第五節集衆於庭，爲一篇筋骨；六節「王若曰」以下，乃盤庚代陽甲之辭，篇中以「古我先后」〔一〕雙提，至爲鄭重，以下文勢，乃益開展。復用「汝爾予」三字盤旋作綫索，文氣乃益緊。

古書中善用譬喻，當以此篇爲權輿，曰若顛木、若觀火、若網在綱、若農服田、若火之燎於原、若射之有志，六若字極分明；而「惰農自安」數句，穿插其中，更有趣味。

中篇

首舉「盤庚作」，與《易傳》「神農氏作」「黄帝、堯、舜氏作」同，謂起而爲君也。上篇是盤庚爲臣時，代君之詞；以下二篇，乃盤庚爲君時之詞。

篇中以「古我先后」雙提，與首篇文法同，文辭更詰屈。「先王不懷」指陽甲言，故改稱先王爲「先后」以别之。

「若乘舟」數句，亦用譬喻法。「一無起穢以自臭」句，亦暗藏譬喻。

〔一〕原刊作「古我先王」，據《尚書》及唐先生下文所叙訂正。

殷人尚鬼，故《論語》引湯告天之辭曰：「敢昭告于皇王后帝。」〔一〕上篇言「先王暨乃祖乃父，胥及逸勤」云云，此篇言「先后既勞乃祖乃父」，以下又反覆言「高后及乃祖乃父」云云，惕之以敬畏祖宗之心。迨殷末世，攘竊神祇之犧牷牲，將食無災〔二〕，則小民不畏神明，無法可治矣。

結處與上篇意略同。「今予告汝不易」，即上篇「予告汝于難」也；至「我乃劓殄滅之」數句，詞更嚴厲。

下篇

此篇用「古我先王」單提，以下一氣卷舒，文境渾灝遒練，更較前二篇爲勝。「嗚呼邦伯師長」以下，愛民之誠，廉潔之志，款款深深，隱躍紙上。告民如此，可謂千古獨絶之文。

姚姬傳先生《盤庚遷殷辨》亦謂上篇首四節乃民衆之詞，而盤庚命衆之言，多有針鋒相對者。如民衆曰「卜稽」，盤庚則曰「弔由靈，各非敢違卜」；民衆曰「先王有服」，盤庚則曰「古我先王」云云；民衆曰「罔知天之斷命」，盤庚則曰「予迓續乃命于天」；民衆曰「天其永我命于茲新邑」，盤庚則曰「予若籲懷茲新邑」，又曰「用永地于新邑」，皆破民之惑也。

〔一〕《書·湯誓》句。
〔二〕《書·微子》文。

西伯戡黎、微子篇

政鑑　論亡國者之殷鑑

嗚呼！亡國之禍，豈不慘哉！乾坤否塞，世事元黄，其故家大族，王子公姓，相與痛哭流涕於上；百姓相與流離顛沛，焦頭爛額，痛心礪齒於下。朝野蒙冒，滅耳不聞；而爲民主者，方且淫戲自絶，安危利菑，如魚之游於釜，雀之處於堂，猶自以爲樂也，不轉瞬而亡國隨之。嗚呼！可勝痛哉！

孔子作《易》比卦之《彖傳》曰：「後夫凶，其道窮也。」作《明夷》卦之《彖傳》曰：「利艱貞，晦其明也。内難而能正其志，箕子以之。」度其時，必有咨嗟而太息者矣。蓋中國數千年來興亡之迹，皆足以動人憑弔之思，至於文王與紂之時，抑又甚焉！吾讀《西伯戡黎》《微子》二篇，爲之於邑不能已，爰條舉數端以爲萬世鑑。周公曰：「其亡其亡，繫於苞桑。」[一]孔子曰：「亡者，有其存者也。君子存而不忘亡，是以身安而

〔一〕《易》否九五爻辭。

國家可保。」〔一〕後之君子，當必有知此意者乎？

《西伯戡黎篇》曰：「故天棄我，不有康食。不虞天性，不迪率典。」嗚呼！此何景象也？説者曰：康者安也，謂紂暴虐於民，使不得安食也；虞者度也；天性，仁義禮智信也；迪者從也，率者律也，謂不遵前王之法典也。蓋不虞天性，則傲很明德，瀆亂天常〔二〕。不仁不智，無禮無義，無信而不知其可，既下同於人役矣；而又盡廢先王之典章，以爲概不足法，内則性理泯，外則秩序淆。始也，小民不得安食矣。繼也，大小執事亦不得安食矣。終也，我亦不得安食矣。嗚呼！是天棄我乎？抑我之自棄乎？夫不虞天性，是無天也；不迪率典，是無法也。本天即本心也，欺天即自滅其心也。穀梁子曰：「不若於道者，天絶之也。」〔三〕而紂乃曰：「我生不有命在天？」夫天亦何愛於無天無法之獨夫乎？後世之有國家者，盍以此爲殷鑑乎？

〔一〕此截取於《易·繫辭下》文：「危者，安其位者也；亡者，保其存者也；亂者，有其治者也。是故，君子安而不忘危，存而不忘亡，治而不忘亂；是以身安而國家可保也。」

〔二〕《史記·殷本紀》司馬禎《集解》引鄭玄注云：「王暴虐於民，使不得安食，逆亂陰陽，不度天性，傲很明德，不修教法者。」

〔三〕《春秋穀梁傳·莊公元年》文。

《微子篇》曰：「殷罔不小大，好草竊姦宄。卿士師師非度，凡有辜辠〔一〕，乃罔恒獲。小民方興，相爲敵讎。」嗚呼！此何景象也？說者曰：草者鈔也，謂强掠也；竊者陰盗之也；師師者衆也，皆不循法度也。凡冒法之人，無有得其罪者，小民無所畏懼，强淩弱，衆暴寡矣。蓋卿士者，一國之表率也。卿士爲無形之草竊，則小民爲有形之草竊矣；卿士爲無形之姦宄，則小民爲有形之姦宄矣。有罪者而賄以縱之，寧不以無罪者爲有罪乎？嗚呼！是小民之自爲敵讎乎？抑我離間以興之乎？「夫殷之衰也久矣〔二〕，一變而《盤庚》之書，則卿大夫不從君令；再變而《微子》之書，則小民不畏國法，至於『攘竊神祇之犧牷牲，用以容，將食無災』。可謂民玩其上，而威刑不立〔三〕矣。即以中主守之，猶不能保，而況以紂之狂酗昏虐，又祖伊奔告而不省乎？」用顧氏炎武說。後之有國家者，盍以此爲殷鑑乎？

《微子篇》又曰：「乃罔畏畏，咈其耇長、舊有位人。」嗚呼！此又何景象也？說者曰：不畏其所當畏，謂不畏天命也。咈者逆也，耇長老成人也。紂惟不畏天命，故於

〔一〕「辠」，《微子》作「罪」。按：「辠」爲「罪」之本字。
〔二〕顧氏《日知録・殷紂之所以亡》原文句首無「夫」字。
〔三〕「不立」後，顧氏原文有「者」字。

老成、舊人，皆咈逆而棄逐之也。嗚呼！天人相與之際，至可畏也。凡棄老成人者，未有不棄天命者也。《康誥》之詞曰：「汝丕遠惟商耇成人，宅心知訓。」紂惟遺棄其耇長，周乃得尊而禮之，以宅心知訓矣。箕子，懿親也，抱《洪範》九疇之大經大法，不得陳之於紂，而以答武王之訪。雖同是救民救國之心，然其隱痛爲何如乎？《文王》之詩曰：「商之孫子，其麗不億。上帝既命，侯於周服。」夫膚敏之賢，胡爲楚材而晉用乎？後世之有國家者，盍以此爲殷鑑乎？

《微子篇》又曰：「降監殷民，用乂稠〔一〕斂，召敵讎不怠。罪合于一，多瘠罔詔。」嗚呼！此又何景象也？說者曰：乂者治也，謂上所用以治民者，無非讎斂之事。上以讎而斂下，則下爲敵以讎上，罪合於一，同惡相濟也。多瘠，野有餓莩也。罔詔，罔所控告也。孟子之答鄒君曰：「老羸〔二〕轉乎溝壑，壯者散而之四方者，幾千人矣；而君之倉廩實，府庫充，有司莫以告，是上慢而殘下也……夫民今而後得反之也。」夫老羸轉溝壑，壯者散四方，所謂多瘠也。有司莫以告，所謂罔詔也。上之人既磨牙吮

〔一〕「稠」字，《尚書正義》作「讎」，唐先生用馬本。
〔二〕「羸」，《孟子·梁惠王下》作「弱」。

血，吸民脂膏，以殘其下，下未有不反殘其上者也。出乎爾者反乎爾，夫道之當然，亦人事之必然也。彼殷紂者，召敵讎不怠，方自以爲利用機變，迫壓牢籠，計工智巧，庸詎知殷商之旅，其會如林，曾不逾時，已倒戈而相向乎！庸詎知禄父之宗祀已斬，已之子孫遂忽諸而永絶乎！後世之有國家者，盍以此爲殷鑑乎？

武王《牧誓》數紂之罪曰：「昏棄厥肆祀弗答，昏棄厥遺王父母弟不迪。乃惟四方之多辠〔一〕逋逃，是崇是長，是信是使，是以爲大夫、卿士，俾暴虐于百姓，以姦宄于商邑。」《詩·大雅·蕩》之篇曰：「文王曰咨，咨汝殷商。曾是彊禦，曾是掊克。曾是在位，曾是在服。」以多罪逋逃、掊克貪鄙之徒，盤踞要津，炰烋中國，如蜩螗沸羹，式號式呼，晝夜不已，國焉有不亡者哉？夫國運之剥復，民心爲之也。民心之向背，政治導之也。世界推移，一消一息，維民何辜，罹斯浩劫。孔子繫《易》，至《泰》之上爻，撫韋編而歎曰：「城復於隍，其民〔二〕亂也。」嗚呼！乃罪多參在上，乃能責命於天耶？

〔一〕「辠」，《牧誓》作「罪」。
〔二〕「民」，《易》泰上六《象傳》作「命」。

「誨爾諄諄，聽我藐藐」〔一〕，彼祖伊者，殆亦行遯而不復返矣。數年而後，麥青青矣，雉朝飛矣，行邁靡靡，獨何心矣。彼微子者，不得已而出往，蓋去紂而非去殷〔二〕。殷抱元子之嫌疑，詎羨三恪之封典，其纏綿悱惻、懇懇款款之苦衷，固不必求諒於人，更不必見知於世。孔子贊之曰「殷有三仁」〔三〕，豈虛譽哉！蓋殷於是爲不亡矣。

若夫《左氏傳》所載銜璧輿櫬之事，誣及聖賢〔四〕，後之人已辭而闢之，固無待於贅言云。王氏夫之《尚書引義》論微子去紂而非去商，其説甚詳，足備參考。

附考

鄭君曰：「西伯，周文王也。時國於岐，封爲雍州伯〔五〕，故曰西伯。」

〔一〕《詩·大雅·抑》云：「誨爾諄諄，聽我藐藐。匪用爲教，覆用爲虐。」言徒勞也。

〔二〕王夫之《尚書引義》説。

〔三〕《論語·微子》文。

〔四〕事見《左傳·僖公六年》：「冬，蔡穆侯將許僖公以見楚子於武城，許男面縛銜璧，大夫衰絰，士輿櫬。楚子問諸逢伯，對曰：『昔武王克殷，微子啓如是，武王親釋其縛，受其璧而祓之，焚其櫬，禮而命之，使復其所。』楚子從之。」是唐先生所指「誣及聖賢」之文。

〔五〕《尚書正義·西伯戡黎》「西伯既戡黎」句下鄭注句末有「也」字，接下有「國在西」句。

戡，一作𢧵。黎，一作𨞛，或作耆。《集傳》：「祖姓，伊名，祖己後也。」〔一〕

魏氏源曰：「《書大傳》曰：『文王受命一年，斷虞芮之訟；二年伐犬戎，三年伐崇，四年伐密須，五年伐邘，六年伐耆國……是文王受命稱王改元之明證……此時紂已自稱爲帝，並追帝其父乙，故《書》有『自成湯至于帝乙』，及《國語》有『商王帝辛』之語……紂既已自帝，則以不甚惜之王號賜封西伯也〔二〕……黎，即《書大傳》之耆國，爲上黨壺關之地……文王奉命〔三〕戡之……獻俘告捷……爲紂意中所稱快〔四〕，故祖伊恐，奔告於王。惟欲紂之警懼〔五〕，而不能歸咎於西伯也。」又曰《微子篇》「太師、少師」：「馬、鄭本〔六〕作『父師、少師』而注爲箕子、比干者，非〔七〕也。《周

〔一〕蔡氏《書經集傳·西伯戡黎》「西伯既戡黎」一節下傳文。
〔二〕「也」字，魏氏《書古微·西伯戡黎篇發微》原文句末無。
〔三〕「奉命」下，魏氏《書古微》原文有「移兵」二字。
〔四〕「爲紂意中所稱快」句，魏氏原文「爲」作「亦」，「稱」作「深」。
〔五〕魏氏原文句首有「亦」字。
〔六〕「馬、鄭本」，魏氏原文作「馬、鄭古文本」。
〔七〕「非」，魏氏原文作「何」。

本紀》『紂昏亂暴虐愈甚〔一〕，殺王子比干，囚箕子。太師疵、少師彊，抱其祭器〔二〕而奔周。』是微子所問者，乃樂官太師疵〔三〕、少師彊，且其去在比干已死、箕子已囚後也〔四〕。」

愚按：先師黃元同先生亦同魏説。〔五〕

方氏宗誠云《微子篇》「越至於今」下復加「曰」字：「此史臣善體會情事之文。蓋微子論殷亂至此，心中不知如何沈痛，故口中亦遂歇住片時，然後再言。記者將上二節一斷，然後加『曰』字提起，直將微子哀痛之心，和盤託出，而文情更深矣。」〔六〕

愚按：先師黃元同先生謂第三節曰「父師、少師」，係微子再訪之辭；而下文「我舊云刻子」，係父師再答之辭。史臣合爲一篇，而又嫌爲一時語，故於微子語中

〔一〕「愈甚」，《史記·周本紀》作「滋甚」。
〔二〕「祭器」，《史記·周本紀》作「樂器」。
〔三〕魏氏原文句首有「則」字。
〔四〕「箕子已囚後也」，魏氏原文「後也」作「之後」。又自「《周本紀》」至「箕子已囚後也」一段，原置於自「《微子篇》」至「非也」一段之前。
〔五〕黃氏《尚書講義·微子》云：「是時微子與父師、少師同時在殷，父師名疵，少師名彊，竟適周。」
〔六〕方苞説載《柏堂讀書筆記·文章本原》「微子」一章。

又特以「曰：父師、少師」别之[一]，與先儒解迥異，特録其説，以備參考。

洪範篇

政治學一　論禹用九數晝州立極以治民

《易傳》曰：「河出圖，洛出書，聖人則之。」[二]又曰：「乾元用九，天下治也。」[三]河出圖而羲《易》作，洛出書而禹《範》興。羲、文、周公作《易》，而孔子爲之傳；禹作《範》，而箕子敷其言，豈不尊且可寶，精且入神哉！

乾元用九，疇元用九，蓋太極元氣，函三爲一，參三爲九，以陽兼陰，理數運行乎其中，而天下大治。禹之用九也，非必法《易》也，出於理數之自然也。其施諸

〔一〕黄氏據《史記》之《殷本紀》與《宋世家》兩載微子訪父師、少師事，以爲微子嘗兩訪父師、少師，初訪在囚箕子、戮比干之前，再訪則在囚箕子、戮比干之後。《尚書講義·微子》云：「及其再訪父師、少師，勢窮情迫，去殷之意遂決。當時史臣紀微子與父師語，各以類從，使不混幪，而又嫌爲一時語，故於微子語中又特以『曰：父師、少師』别之。今以語次考之，『曰：父師、少師，我其發出往』云云，當在父師詔出迪之後，答以『我舊云刻子』之上。」

〔二〕《易·繫辭上》文。

〔三〕《易·乾·文言》文。

水土者，曰「九州攸同」也、「九山刊旅」也、「九川滌源」也、「九澤既陂」也〔一〕；其措諸政治者，曰「九功惟叙」也、「九叙惟歌」也〔二〕，而其大要則在天錫之九疇〔三〕。疇者類也，九疇者，分類之學也。分類精而措施當，措施當而天下平矣。先儒相傳洛書縱横各三列，數各十五，合五九四十五，故皇極以五數居中。夏后氏井田之法，五十而貢，縱横各三列，五九四百五十畝，實即四十五之數。是則禹非特用九以體國，且用九以經野矣。天之道、地之理、人之紀，皆出於自然，禹蓋行所無事焉爾〔四〕。

王氏夫之之言：「象數相倚，象生數，數亦生象……《易》先象而後數，『疇』先數而後象。《易》，變也，變無心而成化，天也……『疇』，事也，事有爲而作則，人也…… 故疇者先數而後象……先人事而後天道，故《易》可筮而『疇』不可占

〔一〕以上四句出自《禹貢》文。
〔二〕以上四句出自《大禹謨》文。
〔三〕《洪範》箕子云：「天乃錫禹《洪範》九疇，彝倫攸叙。」
〔四〕言非刻意智鑿也。

也〔一〕。」其立義可謂精矣。然吾謂：以人法天之學，無論其先象先數，要皆出於理之自然。

夫彝倫攸叙，豈小智穿鑿之所能爲哉？武王、周公惟知此理而用之，遂成郅治之隆。蓋九疇以五行、五〔二〕事、八政、五紀爲體，以三德、稽疑、庶徵、五福、六極爲用；而體之中又以五事爲本，用之中又以三德爲本。王中心無爲，以守至正，由是皇建有極，庶民錫汝保極，無淫朋之比，無反側〔三〕之私。觀於皇極民極之敷言〔四〕，君民合爲一體，會其有極，歸其有極，而天下一家之氣象，穆然淵然，愜於人人之心。是以天人感應，休徵集而風雨時，嘉祥備至，萬國來同，豈不盛哉？然則後世闡大同之政者，學《洪範》而已矣！

或曰〔五〕：「子言皇極，不與近世共和政體相刺謬乎？」

〔一〕「故《易》可筮而疇不可占也」句，王氏《尚書引義·洪範一》原文無「故」「也」兩字。
〔二〕「五」，原作「八」。然《洪範大義·前序》作「五事」，下文亦言「五事」，當以「五」爲是。
〔三〕「反側」，《洪範大義·序》作「偏黨」。
〔四〕猶如賦詩。
〔五〕「或曰」，《洪範大義·後序》作「或見之曰」。

余曰：此不讀書之論也。皇極者，標準也。不獨天下國家有標準，即一身一心亦有標準。惟立一心之標準，而至於一身、一家、一國、天下，乃無不各有標準，所謂本身以作則也。古人訓「皇」爲君，篇中曰「汝」、曰「而」〔一〕、曰「臣」，皆指君言，而與民爲一體者也，故曰「錫汝保極」，惡得以其爲天子之制而諱言之乎？

且即以古時〔二〕天子之制言之，苟其合於大同之義者，即無悖乎共和之理者也，天下之所以治也；苟違乎大同之義者〔三〕，則雖名爲共和，而實則舞弊〔四〕營私，爲《洪範》之罪人，天下之所以日亂，正由於經義之不明也，惡足與言治道乎哉？爰大書之，以告後世之讀《洪範》者。〔五〕

〔一〕「曰『而』」，《洪範大義・後序》無此句，此唐先生補。
〔二〕「古時」二字，《洪範大義・後序》無。
〔三〕「者」字，《洪範大義・後序》無。
〔四〕「舞弊」，《洪範大義・後序》作「偏黨」。
〔五〕是篇自起首至「學《洪範》而已矣」乃《洪範大義》前序全文，自「或曰」至結尾則節取《洪範大義》後序之部分内容。又《洪範大義》比《尚書大義》早出，此《洪範篇・政治學》乃是在《洪範大義》基礎上修訂。

洪範篇

政治學二　論《五行章》〔一〕天人相與之理

箕子作《洪範》，以五行推五事，所以範人性於物則之中，以見天人相與之理〔二〕，其義至精密矣。董子曰：「命者天之令也，性者生之質也，情者人之欲也。」王者欲有所爲，宜求其端於天。天道之大者在陰陽，陽常居大夏，陰常居大冬，而歲功以成。周子曰：「太極動而生陽〔三〕，靜而生陰……陽變陰合而生五行〔四〕……惟人也得其秀而最靈〔五〕。五性感動而善惡分。」〔六〕然吾考〔七〕《周易·乾》卦言天人相應之理，以仁

〔一〕《五行章》，目録篇題原作《五行篇》，而正文篇題作《五行章》。按：「五行」乃《洪範》内容，作「章」爲宜，今從正文篇題統一之。

〔二〕「以見天人相與之理」句，《洪範大義·政鑑·五行篇》作「而歸於至善」。

〔三〕「太極動而生陽」，周氏《太極圖説》原句後有「動極而靜」。

〔四〕「陽變陰合而生五行」，《太極圖説》原作「陽動陰靜而生水火木金土」。

〔五〕周氏《太極圖説》原文此句後尚有「形既生矣，神發知矣」。

〔六〕自「董子曰」至「五性感動而善惡分」，《洪範大義·政鑑·五行篇》無此段，乃新撰者。

〔七〕「然吾考」三字，《洪範大義·政鑑·五行篇》無。

義禮智配元亨利貞。《洪範》言五行，而不及五德，何哉？曰：五行之生，各一其性〔一〕，人得之以爲陰陽剛柔之性。

五行皆性也，即五德也。「木曰曲直」，得中和之氣，或曲或直，暢茂條達，非仁乎？「金曰從革」，陶鑄分析，爲因爲革，各得其宜，非義乎？「火曰炎上」，天叙天秩，焕乎文明，萬彙昭著，非禮乎？「水曰潤下」，表裏瑩澈，變動周流，無稍凝滯，非智乎？「土爰〔二〕稼穡」，寄王於四時，耕穫之餘，長養收成，靡或差忒，非信乎？天以氣養人，地以味養人。人受天地之中以生，含天之氣，食地之味，以德養人，是即天人相應之理也。

本經言「斂時五福，錫厥庶民〔三〕」，「毋虐煢獨，而畏高明」，皆仁也；「遵王之義」「遵王之路」，「正直」「剛克」「柔克」，皆義也；「恭作肅」推行於「農用八政」，《周官》法度因之，皆禮也；「明用稽疑」，智也；「歲、月、日時無易」，庶徵咸應，信也。天地

〔一〕「五行之生，各一其性」出周敦頤《太極圖説》。

〔二〕「爰」字，《洪範大義》作「曰」。

〔三〕「錫厥庶民」，《洪範大義》原作「用敷錫厥庶民」。

之中，隨處皆五行之氣，隨處皆五德之流行也〔一〕。

王氏夫之曰：「五行者，人治之大者也〔二〕，以厚生也，以利用也，以正德也。夫人一日而生於天地之間，則未有能離五者以爲養者也。具五者，而後其生也可厚，亦未有能舍五者，而能有爲者也。具五者，而後其用也可利……由其資以厚人之生，則取其精以養形，凝乎形而以成性者，在是矣。成乎質者，才之所由生也；輔乎氣者，情之所由發也；充氣而生神者，性之所由定也。而有生之初，受於天者，其剛柔融結之神，受於父母者，亦取精用物之化也……王者節宣之，以贊天化而成人性〔三〕，是德之由以正也〔四〕。」斯言也，遠紹乎董子、周子，而得乎天人相與之理矣〔五〕。

嘻吁〔六〕！大同之世，人日享五行之利，日受五德之化〔七〕，而不自知。至於末世，

〔一〕《洪範大義》句末無「也」字。
〔二〕「五行者，人治之大者也」，王氏《尚書引義・洪範二》原文作「其爲人治之大者何」。
〔三〕「成人性」，王氏《尚書引義》原文作「成人之性」。
〔四〕「也」字，《尚書引義》作「者」。
〔五〕自「王氏夫之曰」至「而得乎天人相與之理矣」，《洪範大義・政鑑・五行篇》所無，乃新補之內容。
〔六〕「嘻吁」，《洪範大義》無此句。
〔七〕「化」字，《洪範大義》作「福」。

曲直顛倒，從革乖違〔一〕，人不知己之生與天地相似，失其五行之性，而天下愈以汩亂矣。哀哉！

洪範篇　政治學三　論《五事章》〔二〕天人相與之理

《左氏傳》載劉子曰：「人〔三〕受天地之中以生，所謂命也。是以有動作禮義威儀之則，以定命也。」董子曰：「天令之謂命，命非聖人不行；質樸之謂性，性非教化不成；人欲之謂情，情非度制不節。」〔四〕夫人之所以配天，而節性凝命者，其本要在於貌言視聽之間〔五〕。是以〔六〕曾子曰：「動容貌，斯遠暴慢矣；正顏色，斯近

〔一〕「從革乖違」句，《洪範大義・政鑑・五行篇》無。
〔二〕「五事章」，書前目録中篇題作「五事篇」。按：「五事」乃《洪範》内容，稱「章」爲宜。
〔三〕「人」原作「民」，載《左傳・成公十三年》。
〔四〕《漢書・董仲舒傳》文。
〔五〕自起首至「聽之間」，《洪範大義・政鑑・五事篇》無此段文字。
〔六〕「是以」二字，《洪範大義》無。

信矣；出辭氣，斯鄙倍矣。」子思子曰：「君子貌足畏也，色足憚也，言足信也。」〔一〕孔子之告顏子曰：「非禮勿視，非禮勿聽，非禮勿言，非禮勿動。」〔二〕貌言視聽四者正，斯足以配天而立極〔三〕。而必以思爲主者，天命之流行，在乎吾之一心也〔四〕。

夫〔五〕經言「恭作肅」者何也？齊明盛服，非禮不動，莊敬日强，天下之表也。言「從作乂」者何也？從者，從於道也；乂者，安也。《穀梁傳》曰：「不若於道者，天絶之也；不若於言者，人絶之也。」從於道，而後能至於道。《易》曰：「艮其輔，言有序，悔亡。」〔六〕「艮者，止也」〔七〕，口容止，則言順於道而有序，天下乂安矣。

〔一〕《禮記·表記》文。

〔二〕《論語·顏淵》文。「非禮勿言，非禮勿動」，《洪範大義》作「非禮勿言勿動」。

〔三〕「四者正，斯足以配天而立極」句，《洪範大義》作「四者治身之要，治人之大綱也」。

〔四〕「天命之流行，在乎吾之一心也」句，《洪範大義》作「天下之至神也」。

〔五〕《洪範大義》句首無「夫」字。

〔六〕《易·艮》六五爻辭。

〔七〕《易·序卦》文。

言「明作哲，聰作謀」者何也？君子有九思〔一〕，首曰「視思明」，次曰「聽思聰」。夫常人之視聽，不異於君子之視聽，而君子獨能明且聰者，常人之視聽不得其綱要，而君子獨能得其綱要；常人之視聽不能達於精微，而君子之視聽獨能達於精微，此其所以「作哲」而「作謀」也。

言「睿作聖」者何也？蓋思者立心之大本也。居一室之中，而精神通於九垓八埏之外，握萬幾之賾，而志慮析乎毫氂秒忽之間，思爲之也。是故「文思安安」〔二〕，堯之思也；「仰而思之」〔三〕，周公之思也；「教思無窮」〔四〕，孔子之思也；「思不出位」〔五〕，曾子之思也；《中庸》言「誠者天之道，誠之者人之道」〔六〕，而孟子補之曰「思誠」〔七〕，

〔一〕《論語·季氏》載孔子語。

〔二〕《堯典》文。

〔三〕《孟子·離婁下》云：「周公思兼三王，以施四事；其有不合者，仰而思之，夜以繼日；幸而得之，坐以待旦。」

〔四〕《易·臨卦象傳》云：「君子以教思無窮，容保民無疆。」

〔五〕《論語·憲問》曾子曰：「君子思不出其位。」

〔六〕《中庸》原文作「誠者，天之道也；誠之者，人之道也」。

〔七〕《孟子·離婁上》云：「思誠者，人之道也。」

孟子之思也。《詩》曰「思無邪」〔一〕，《詩》之宗旨在思也；《禮》曰「儼若思」〔二〕，禮之本質在思也，故曰作聖之基也。蓋五行者，天地之精氣；而思者，人心之精氣。以一思貫徹於貌言視聽之中，而萬事以貞。猶天以五行之氣流形於萬物之中，而歲功以敘。故思者，性命之樞機，天人相與之理也〔三〕。

李氏光地〔四〕言：精氣爲物，而以貌與聽屬陰、屬精、屬魄，以言與視屬陽、屬氣、屬魂，以思兼陰陽而屬神。〔五〕孟子發明良心之學，曰：「仁義禮智，非由外鑠我也，我固有之也，弗思耳矣。」又曰：「豈愛身不若桐梓哉？弗思甚也。」又曰：「耳目之官不思，而蔽於物，物交物，則引之而已矣。心之官則思，思則得之，不思則不得也。」又

〔一〕《詩・魯頌・駉》云：「思無邪，思馬斯徂。」
〔二〕《禮記・曲禮》曰：「毋不敬，儼若思，安定辭。」
〔三〕自「蓋五行者」至「天人相與之理也」，《洪範大義・政鑑・五事篇》無此段文字。
〔四〕「李氏光地」：《洪範大義・政鑑・五事篇》作「李榕村先生」。李光地（一六四二～一七一八），字晉卿，號榕村，諡號文貞，泉州人。著作極富。
〔五〕李氏之論載於《洪範説》後篇。此唐先生簡煉李光地《洪範説》後篇之論，李氏原文已録於《洪範大義・政鑑・五事篇》注文。

曰：「人人有貴於己者，弗思耳。」〔一〕蓋人能思，則克念作聖；不能思，則罔念作狂。能思則保其精、保其氣、保其魂魄，而心之神以存；不能思則失其精、失其氣、失其魂魄，而心之神以亡。精存氣存、魂魄存、心神存，則家存國存而天下存；精亡氣亡、魂魄亡、心神亡，則家亡國亡而天下亡。凡人之失魂落魄，而厥心病狂者，亡之先幾也。救以聖人之思，先救以聖人之訓。王氏夫之《尚書引義》謂：「耳目之官小〔二〕，以其官而不小以其事……孟子固未之小也。思而得，則小者大；不思而蔽，則大者小。恭從明聰，沛然效能者大；視聽言動，率爾任器者小。」〔三〕深得《孟子》精義，宜參考之。

周子《通書》曰：「無思，本也。思通，用也。幾動於彼，誠動於此。無思而無不通爲聖人……故思者，聖功之本也。」〔四〕思乎思乎！其淵然以深，渺然以微乎！一身者，天下之主也，慢焉肆焉，非自由也，蓋自有法則焉。一身在法則之中，履中蹈和，則真自由矣。一心者，身之主也，放焉蕩焉，非自由也，蓋自有法則焉。一心在法則

〔一〕《孟子·告子上》文。
〔二〕「耳目之官小」句，原文作「耳目之小」。
〔三〕王氏之論見於《尚書引義·洪範三》。
〔四〕載《通書·思第九》。

之中，持志養性，則真自由矣。其則維何？厥端有四：

一曰辨邪正。當念慮初萌之時，先察而驗之，爲正乎？爲邪乎？正者思之，邪者則斬絶之，或淡亡之矣。

二曰辨公私。既正矣，又省而察之，爲一人數人之私乎？爲天下之公乎？公者思之，私者則克去之，或淡忘之矣。

三曰審次序。正且公矣，則辨其事之急且先乎？或緩且後乎？其施行之次第當何如乎？天下有同一事，而本末倒置，即成乖謬者，不可不慎也。審之又審，而始終之序，於是乎明。或由始而至終，或由終而復始，《周易》蠱卦之《彖傳》曰：「終則有始，天行也。」此先甲三日，後甲三日，所以爲辨事之本也。至其效或在數年十數年，或數十年後，則全視乎思慮之精密與貞固否耳。

四曰務擴充。甲事既定，則以思乙；乙事既定，則以思丙。或由易而推之於難，或由小而推之於大。《孟子》曰：「若火之始然，泉之始達。」〔一〕此以一事言，由微而達

〔一〕《孟子·公孫丑上》文。

之於顯也。又曰：「舉斯心加諸彼。」〔一〕此以兩事言，由此而達之於彼也。如是而思，則駸駸乎通微矣。

然更有本焉，在於無思。無思者，即聖賢愼獨之功，至誠無息之根原也。《易・繫辭傳》曰：「无思也，无爲也，寂然不動，感而遂通天下之故。」〔二〕周子釋之曰：「寂然不動者，誠也；感而遂通者，神也；動而未形有無之間者，幾也。誠精故明，神應故妙，幾微故幽。誠、神、幾，曰聖人。」〔三〕蓋惟於未有思之先，致其涵養之功，無思而無爲，至靜而至虛，至純而至粹，夫然後事物之來，所以爲精而爲明，爲應而爲妙者，感之而即發，發之而皆中節，此則自有其幾焉。《易傳》曰「知幾其神乎」，《洪範》曰「睿作聖」，非天下之至神，其孰能與於此乎？《詩》曰：「維天之命，於穆不已。於乎不顯，文王之德之純。」〔四〕子思子釋之曰「純亦不已」〔五〕，是謂

〔一〕《孟子・梁惠王上》文。
〔二〕《易・繫辭上》文。
〔三〕《通書・聖第四》文。
〔四〕《詩・周頌・維天之命》句。
〔五〕《禮記・中庸》文。

以人合天〔一〕。

洪範篇 政治學四 論八政之原理，農工商兵宜相通而不相害

《論語》孔子曰：「吾道一以貫之。」曾子曰：「夫子之道，忠恕而已矣。」〔二〕《中庸》「致中和，天地位焉，萬物育焉」，此儒者之道也。然吾謂忠恕之道，當先施之於農工商；一貫之道，當先推之於農工商；中和之道，當先致之於農工商。此政治之精理，而《洪範》八政之所以先食貨也。

或者曰：「噫！子言無乃扞格而不通乎？」

余迺正告之曰：《洪範》八政，箕子所傳夏禹之學也。夏禹自述其治績曰：「暨稷播奏庶艱食，鮮食。」「懋遷有無化居，烝民乃粒，萬邦作乂。」播奏鮮食，農業也。懋遷化居，化，古貨字，工商業也。乃粒，粒食也。作乂，來賓也。惟有農而後有工，有

〔一〕自「《詩》曰」至「是謂以人合天」，《洪範大義・政鑑・五事篇》作「然而思也者，人心之所同然也，又豈不可幾及者乎」。

〔二〕《論語・里仁》文。

工而後有商，有農工商三者之業，而後烝民粒，萬邦乂，次序井然矣。《孟子》曰：「子不通功易事，以羡補不足，則農有餘粟，女有餘布；子如通之，則梓匠輪輿皆得食於子。」〔一〕通功易事，一國通商之大同，則萬國通商之大同也。神農氏，農師也，其教曰：「有石城十仞，湯池百步，帶甲百萬而無粟，弗能守也。」〔二〕其重農如此。而其爲制也，日中爲市，致天下之民，聚天下之貨，交易而退，各得其所。其於農工商一貫之學，察之精矣。司馬遷作《貨殖傳》曰：「農而食之，虞而出之，工而成之，商而通之……《周書》曰：『農不出則乏其食，工不出則乏其事，商不出則三寶絶，虞不出則財匱少。』財匱少而山澤不辟矣。此四者，民所衣食之原也。」斯言也，實得夫八政之精理者也。無農而何以有工？無工而何以有商？無商而何以有農工？三者性命相依者也。農産富則工資足，工資足則商運源源而不絶，互相交通，此富國之本計也。農貧則工蹙，工蹙則商運日停滯而艱窘，各自獨立，此自斃之道，國家積弱之由也。

故《洪範》八政，一曰食，二曰貨，食貨相維繫，見農、工、商之相依爲命也。三曰祀，

〔一〕《孟子·滕文公下》文。
〔二〕《漢書·食貨志》所載「神農之教」文。

有食貨而後能保其祭祀也。四曰司空，司工者也。五曰司徒，司農、商者也。《周官》司市、賈師皆屬司徒。六曰司寇，調劑農、工、商之不平者也。調劑之法，忠恕而已。忠恕存心，而後三者會於一。衛文公之中興也，訓農、通商、惠工，彼其所以訓之、通之、惠之者，非令其獨立也，必有「一之」之道也。《大學》：「生財有大道：生之者衆[一]，爲之者疾，用以者舒。」彼其所以生之、爲之、用之者，亦非使其獨立也，亦必有「一之」之道也。

且夫《禮運》大同之學，基於《洪範》，《洪範》「稽疑」章曰「是之謂大同」，此大同學説所由始。要其精義，曰：「聖人能[二]以天下爲一家，中國爲一人。」夫天下爲一家，非易言也，必農工商先爲一家而後可；中國爲一人，非易言也，必農工商先爲一人而後可。故曰忠恕之道，當先施之於農工商；一貫之道，當先推之於農工商也。忠者中之實也，恕者和之實也。夏禹之訓曰：「水、火、金、木、土、穀，惟修；正德、利用、厚生，惟和。」六府殿穀，重農業也；利用厚生，興工商業也。而三事以正德爲最者，農家、工家、商家之道德必歸於正，正而後能和，和而後能一，如身之使臂，臂之使指，夫然後天地

[一]「生之者衆」，《大學》原文句後有「食之者寡」一句。
[二]「能」，《禮記·禮運》原文作「耐」。

位，萬物育，各安其所，各遂其生。譬諸一身然，食貨者，精也；農而食，工而成，商而通，氣也；而由司徒、司空、司寇三者以調和之，則神也。精、氣、神，保合大和，然後各正性命，故曰中和之道，當先致之於農工商也。

然而更有進焉者，八政七曰賓，賓者萬國通商之樞紐也。禹會諸侯於塗山，執玉帛者萬國，其通商之權輿乎？八曰師，師者所以保衛農工商也，無師而食貨皆爲人所奪矣。然有師而食貨轉爲師所奪者，何也？失其律也。《孟子》曰：「師行而糧食，飢者弗食，勞者弗息。」[一]以億萬千之師，糜億萬千之食，百姓流離，盜賊蠭起，且殺越人于貨矣，豈不痛哉？《周易》師卦之初爻曰：「師出以律，否臧凶。」其上爻曰：「大君有命，開國承家，小人勿用。」蓋用君子則師出以律，能盡其保衛之責；用小人則否臧而凶，非特失保衛之責，而且蹂躪焉。如是則農工商之與師，亦不能和而一矣。八政之終以師，蓋以師之與食貨有息息相通之機，食貨興而師得其所養，食貨盡而師亦與之俱盡。故師之與農工商，亦相依而爲性命者也。

且不特此也。師與賓有交和之道，亦所以衛賓者也。若不能衛賓而侮賓，則賓

[一] 此孟子引晏子語，見《孟子·梁惠王下》。

怨而召敵讎，啓外釁，國事於以糾紛，是師與賓尤當相和，而不當相侵犯者也。故賓又次於師之前，此政治之原理，八政之宏綱也。自古以來，知此理者治，不知此理者亂。農與工和，工與商和，商與農工和，師與農工商和，且與賓和。有人調劑於其間，國未有不安且存者也。農與工讎，工與商讎，商與農工讎，師與農工商讎，且與賓讎，有人離遏於其間，國未有不危且亡者也。

吾故特發明《洪範》八政之微，上下古今，徧告中外。《論語》有言：「一言可以興邦。」〔一〕其在斯乎？其在斯乎？後代《食貨志》等書，無有見及此者，蓋其識見皆出司馬子長之下也。

附録：《尚書・洪範》爲治國鴻寶　用洛書數建中立極〔二〕

【釋】唐先生此篇乃在一九三八年底至一九四〇年間，在上海交通大學之講辭，於《洪範》全經大義，可視爲此《尚書大義》四篇專論本經之提綱，而先生因時立教大義，具存於此，故附録以

〔一〕《論語・子路》文。
〔二〕載《交通大學演講録》第一集上卷「經學心學類」第十一期。

明宗旨。「建中立極」者，乃朱子言「繼天立極」之要義，中者，典範之所在也，亦心學之核心也。《易傳》曰：「河出《圖》，洛出《書》，聖人則之。」又曰：「乾元用九，天下治也。」河出《圖》而義《易》作，洛出《書》而禹《範》興。《易》興，於是有洗心之學；洛出《書》而禹《範》作，於是有《好德之箴》。

禹之用九，非必法《易》，蓋出於理數之自然。其施諸水土者，曰「九州攸同」也，「九山刊旅」也，「九川滌源」也，「九澤既陂」也；其措諸政治者，曰「九功惟叙」也，「九叙惟歌」也。（推之《皋陶謨》之「九德」、《論語》之「九思」、《玉藻》之「九容」，莫不用九，故曰出於理數之自然。）其體國經野者曰「鑄九鼎以象物也」，畫井九百畝以制田也，而其大要則在天錫之「九疇」。疇者類也。九疇者，分類之學也。爲政者知分類之學，則彝倫叙而天下治矣。蓋九疇以五行、五事、八政、五紀爲體，以三德、稽疑、庶徵、五福、六極爲用，而「皇極」則居中，以守至正。

觀於皇極、民極之敷言，君民合爲一體，會其有極，歸其有極；而天下一家之氣象，穆然淵然，愜於人人之心。然則後世闡大同之政者，學《洪範》而已矣！爰摘録精義講述如左。

「九疇」數理精蘊

有象而後有數。九疇之象，戴九履一，左三右七，二四爲肩，六八爲足，五居中腹。（原圖只有點，茲改寫數目，較爲明顯。）

縱列三行，其數各十五。橫列三行，其數亦各十五。右斜交于左，其數十五。左斜交於右，其數亦十五。統爲四十五。

據圖觀之，可見居中皇極，其德意、德音、德教、德惠，當偏交於上下左右四維。而上下左右四維，必當交向居中之皇極。其志同，其情通，是爲泰交之象。一有壅格，交綫斷絶，即成否塞之象。是故九疇之義，愛民好德而已矣。

「九疇」目次解

初一曰「五行」，（行者順天行氣。）次二曰「敬用五事」，（敬者聖賢之心法。）次三曰「農用八政」，（中國以農立國，民以食爲天，故特舉農以言之。鄭君讀爲「醲厚」之醲，恐非。）次四曰「協用五紀」，（協即相協之協，言協乎天也。）次五曰「建用皇極」，（極，則也；君有君之則，民有民之則，故經以「皇極」與「民極」對言。或解皇極爲大中者，非。）次六曰「乂用三德」，（乂，《五行志》作艾，治也。）次七曰「明用稽疑」，（稽得失以決疑，非迷信也。）次八曰「念用庶徵」，（念者驗之省文，言省驗也；休徵咎徵，各因人心善惡而致。）次九曰「嚮用五福，威用六極」。（嚮，嚮往也；威，畏忌也；因民之心理而導攸好德。）

「五行」章（水火木金土）

或問「五行」精義。曰有三解：

一、人者天地之心，五德配五行。鄭君注《中庸》「天命之謂性」曰：「木神則仁，金神則義，火神則禮，水神則知，土神則信。」（猶言精神）。余謂《洪範》「木曰曲直」，得中和之氣，仁也；「金曰從革」，陶鑄分析，義也；「火曰炎上」，萬彙昭著，禮也；「水曰潤下」，變動周流，智也；「土曰稼穡」，寄王四時，信也。

二、人者五行之秀氣，天以氣養人，地以味養人，人受天地之中、含天之氣、食地之味，以德養人，即天人相應之理。

三、《書》言「水火金木土穀惟修」，又言「六府孔修」，蓋析五行之土穀而二之，是爲「六府」。五行之學，實傳於禹。一國之五行汩亂則一國危，一家之五行汩亂則一家衰。

「五事」章（貌言視聽思）

或問「五事」精義。曰：有三解：

一、配五行。先儒謂：貌澤，水也；言揚，火也；視散，木也；聽收，金也；思通，土也。水以陽用陰，以貌配水，天下之有姿態者皆水也。火以陰用陽，以言配火，天下之用筆舌者皆火也。木以柔用陽，金以剛用陰，以視配木，以聽配金。天下之接而易合者皆木，納而易斷者皆金也。

二、《易傳》言「精氣爲物」。「人之生，精氣而已。魄也者，精之微也；魂也者，氣之微也。神者，魂魄之會，精氣之主也。」「貌者精之成形者也，言者氣之成聲者也，視者魂之營也，聽者魄之宫也，思者神之用也。」〔二〕惟修己以敬，而後精氣魂魄神，皆得所主。

〔二〕李光地《周易通論》卷三「論鬼神之情狀」條。

三、「作聖」者，以無思爲本，以思通爲用。《易傳》曰：「無思也，無爲也，寂然不動，感而遂通天下之故。」周子《通書》曰：「寂然不動者誠也，感而遂通者神也，動而未形、有無之間者幾也。」蓋君子有「幾學」焉，於未有思之先，存其心，養其性，無思而無爲，至靜而至虛，至純而至粹，然後事物之來，感之而即發，發之而皆中節。誠精故明，神應故妙，幾微故幽，此之謂睿，此之謂作聖。

「八政」章（食、貨、祀、司空、司徒、司寇、賓、師）

或問「八政」精義。曰：以「一貫」爲義。《論語》所重，民食喪祭。食産於農，貨出於工、運於商，食貨相維繫，見農工商之相依爲命也。有食貨而後能保其祭祀。後人廢祀典，謬哉！司空惠工，司徒訓農，司寇保農工以通商，賓者外交通商之樞紐，師者兵政，所以保衛農工商也。無師而食貨皆爲人所奪矣！然有師而食貨轉爲師所奪者，何也？失其律也。八政之終以師，蓋以師之與食貨，有息息相通之機會。食貨興而師得其所養，食貨盡而師亦與之俱盡。故師之與農工商，尤相需而不可離者也。

不特此也，師與賓有交和之道，亦所以衛賓者也。若交涉失宜，不能衛賓而侮賓，則賓怨而召敵讐，啓外釁，國事於以糾紛。是師與賓尤當相和，而不當相侵犯者也。故賓又次於師之前，此政治之原理，八政之宏綱也。自古以來，知此理者治，不知此理者亂。農與工和，工與商和，商與農工和，師與農工商和，且與賓和，有人調劑於其間，國未有不安且存者也。農與工讎，工與商讎，商與農工讎，師與農工商讎，且與賓讎，有人離遏於其間，國未有不危且亡者也。故曰以一貫爲義。

「皇極」章（皇極民極，君民合一）

或問「皇極」精義。曰：以好德爲本。經言：「歛時五福，錫厥庶民。」五福者天命也，何道以錫之？曰：「歛之而已。」何道以歛之？曰：「歛之於攸好德而已。」

按：經云：「予攸好德，汝則錫之福。」又反言之曰：「汝弗能使有好于而家，時人斯其辜，於其無好德，汝雖錫之福，其作汝用咎。」是則歛之於「攸好德」，可知矣。

「好德」維何？明明德於天下，君民一體是也。經言：「凡厥庶民，無有淫朋；人無有比德，惟皇作極。」君能脩德以愛民，斯民能脩德以愛國，所謂表正則影端也。生民之禍害，皆起於偏陂，偏陂生而好惡之私，於是有「作好惡」之事。

《孟子》論良心曰：「平旦之氣。其好惡與人相近也者幾希。」夫人性皆善，公好公惡，本無所謂相近與不相近。惟有私心而偏向，於是邪焉惡焉非焉者，不得不作好也；於是而正焉善焉是焉者，不得不作惡也。久之而邪正、善惡、是非日益顛倒，故曰「反側」。反者覆也，側者傾也。《中庸》曰：「傾者覆之。」吁！可畏哉！觀於「皇極」「民極」之敷言，交相爲則，而「無偏無陂」節，以有韻之文教民，家絃而户誦。是訓是行，作民父母，則比户可封矣！嗚呼！盛矣夫。

「三德」章（正直剛克柔克）

或問「三德」精義。曰：有三解：

一、剛柔交相爲用。正直者，氣質純粹，上智不移。「彊弗友剛克」，友者，順也，此以剛克剛者也；「燮友柔克」，燮者，濕也，此以柔克柔者也；「沈潛剛克」，沈潛，迂緩也，此以剛克柔者也；「高明柔克」，高明，亢爽也，此以柔克剛者也。

二、化民成俗，道在中和。周子《通書》曰：「性者剛、柔、善、惡、中而已矣。」「剛，善爲義、爲直、爲斷、爲嚴毅、爲幹固；惡爲猛、爲隘、爲强梁。柔，善爲慈、爲順、爲巽；惡爲懦弱、爲無斷、爲邪佞。惟中也者，和也，中節也，天下之達道也，聖人之事也。故聖人立教，俾人自易其惡，自至其中而已矣。」此致中和之道也。

三、解經，雖一字不可誤會。經言：「惟辟作福，惟辟作威，惟辟玉食，臣無有作福作威玉食。」而後世專制之禍乃愈烈，何也？不知「臣無有」句，乃箕子戒武王之辭，「臣」字猶篇中之稱汝稱而也。古時天子亦稱臣，漢武帝對竇太后曰：「太后豈以臣爲有愛於魏其？」（見《史記・魏其武安侯傳》）是自稱臣也。漢襄楷上疏言：「今自春夏以來，連有霜雹及大雨雷電，臣作威作福，刑罰急刻之所感也。」（見《後漢書・襄楷傳》）臣字上應地天，尤爲明證。後儒誤解，以爲惟君主可以作福作威，則大謬矣。《皋陶謨》之陳「九德」曰：「毋教逸欲。」又曰：「兢兢業業。」嗚呼！旨深哉！

以上雖僅録五章，讀者已可略窺門徑。《詩》曰：「民之秉彝，好是懿德。」千古之彝訓，即千古之彝倫也。「彝倫攸叙」是爲君範、師範、民範，範一世於治平，故曰洪範。

金縢篇

政鑑　論周公戒成王不敢荒淫，以造周代八百年之基業

《金縢》一篇，上半篇叙周公自以爲功代武王之事，下半篇叙周公居東後得罪人，作《鴟鴞》之詩，至誠格天，成王迎周公之事，而全篇要義，在周公告二公「我之弗辟，我無以告我先王」二語。解之者曰：「辟當作擗，訓治，言治罪人也。」〔一〕或曰：「辟，避也，言避居于東也。」〔二〕或曰：「辟，避嫌也，言我之所以不避嫌疑者，恐無以告我先王也。」〔三〕是三説者，未有折衷。及讀魏氏源《書古微》，始知周公之苦心孤詣，與其深戒成王杜漸防微之志。數千年後，公之心得以大白於天下。亟録其文如左。魏氏之言曰：

〔一〕許慎《説文解字》之説。
〔二〕馬融、鄭玄説，見陸德明《經典釋文》。
〔三〕司馬遷説。

「當流言之時〔一〕，成王年不甚少，故能讀《鴟鴞》之詩，悟《金縢》之策，縢〔二〕爵弁之服。有歸禾之弟，豈有襁褓負扆之朝？故《周本紀》，魯、宋、蔡《世家》皆言『管、蔡流言〔三〕』。

「周公奉成王命，興師東伐，誅武庚二叔。周公在朝，未嘗踐阼被疑，出征未嘗專命，明矣。

「唐叔獻禾，王命以歸，周公于東，而已不敢尸其功，即尊二公亦不如尊周公，其萬無疑忌，明矣。

「武王崩，三監淮夷即叛，周公即相成王黜殷，與《逸周書》『元年葬武王，二年作師旅』〔四〕合，與《書大傳》『一年救亂，二年克殷』合，與《金縢》『居東二年，罪人斯得〔五〕』合，與《書大傳·大誥》列《金縢》之前合，與《周本紀》，魯、衛、管、蔡、

〔一〕「當流言之時」，魏氏《書古微·金縢發微上》原文無此句，乃唐先生自添之語。

〔二〕「縢」，魏氏原文作「勝」。

〔三〕「言」，魏氏原文作「咎」。

〔四〕《逸周書·作雒解》原文云：「元年夏六月，葬武王于畢。二年，又作師旅。」

〔五〕「罪人斯得」，《金縢》原文句首有「則」字。

宋、燕《世家》皆合，是攝政七年，並居喪、居東數之；其非居喪二年、居東三年而後迎歸，歸而後叛，叛而後東征，東征歸而後居攝七年，首尾十二年之久，明矣。

「《史記》：『東土已〔一〕集，周公歸報成王，乃爲詩以〔二〕貽王。』與《金縢》『于後，公乃作〔三〕詩』之文合，其作於東征事定以後，非作於東征以前，且並不爲武庚流言之事，又明矣。

「善乎《魯世家》述周公之謂二公曰：『我之所以弗避而攝行政者，恐天下叛〔四〕周，無以告我太王、王季、文王。』斯言也，其知聖人之心乎！昔舜辟堯之子矣，禹辟舜之子矣，益辟禹之子矣，而伊、周不敢辟者，太甲、成王之賢且長不如啓，而天下懷明德，又未若禹之世。周公之不有天下，猶益之於夏、伊尹之於殷也。《孟子》言『伊尹放太甲于桐，民大悦。太甲賢，又反之，民大悦。』〔五〕使成王

〔一〕「已」，《史記・魯世家》作「以」。
〔二〕「以」字，《史記・魯世家》原文無。
〔三〕「作」，《金縢》原文作「爲」。
〔四〕「叛」，魏氏原文作「畔」。
〔五〕《孟子・盡心上》文。

果疑周公蹈太甲之故轍，周公必用居桐故事，使其自怨自艾，處仁遷義而後已，豈有貴戚之卿〔一〕不如異姓之卿乎？

「昔者武王欲兄弟相後，固薦公於天而公不受矣。魏氏原注：「《度邑解》王告叔旦曰：『自〔二〕發之未生，至于今六十年……未定天保……汝維朕達弟……乃今我兄弟相後，筮龜其何所即〔三〕，今用建庶〔四〕。』叔旦恐，涕泣其手云云。」禱身請代，仁智材藝，自任而不疑，公之能自必於天審矣。公羊子曰：『古者周公東征而西國怨，西征而東國怨。』〔五〕周公何以不之魯？欲天下之一乎周也。魏氏原注：「《白虎通義・巡守篇》曰：『周公入爲二公〔六〕，出爲二伯，中分天下，出黜陟。《詩》曰：「周公東征，四國是皇。」言東征述職，黜陟而天下皆正也〔七〕。』《後漢書・班固傳》東平王蒼曰：『古者周公一舉則三方怨，曰奚爲而後己。』」聖人所在，朝覲、謳歌、訟

〔一〕「貴戚之卿」，魏氏原文下有「反」字。
〔二〕「自」字，《逸周書》原文句首無。
〔三〕「筮龜其何所即」，《逸周書》原文句首有「我」字。
〔四〕「建」字，《逸周書》原文句無。
〔五〕見《春秋公羊傳》僖公四年「齊人執陳袁濤塗」一節。
〔六〕「二公」，《白虎通義》原文作「三公」，魏氏大抵據《金縢》只述二公之事而改之。
〔七〕「黜陟而天下皆正也」，原文句首有「周公」二字。

獄，皆歸往焉。聖人得百里而君之，皆能以朝諸侯有天下。文王由方百里起，化行六州，虞芮質成，三分天下而有其二。矧周公以大聖叔父之尊且親，主少國疑，一旦先去以爲民望，公出而二叔入，二公不以疏間親，武庚反得以外應内，人心其尚歸沖人乎？

「天下不歸沖人，則必歸周公。西周治日敝，東魯化日行，天下方習於殷人弟及之舊，而震於周人傳子之新，朝覲、謳歌、訟獄者，皆不之武王之子而之公，公雖欲使天下復宗成王而不可得，雖欲紂守南河陽城之辟而不能。天下雖得聖人以爲君，而聖人反不能以天下讓，其若以身告三王之初心何？故僴然以身任天下而不敢辟，曰：『我之弗辟，我無以告我先王。』弗辟而流言不行，三叔遂畔矣。畔而成王命公東征，二年，罪人斯得，天下復大定矣。不曰『東征』而曰『居東』，不曰『管、蔡、武庚皆誅』而曰『罪人斯得』者，史臣緣周公心所不忍而渾其詞耳！《東山》詩但曰『我心西悲』[一]，何嘗明言其事哉？

[一]《詩·豳風·東山》句。

「然東土已集，周公歸報成王，何以復貽《鴟鴞》之詩？《史》則曰：『成王〔一〕亦未敢訓周公。』《尚書》凡今文作『順』者，古文皆作『訓』，順之爲言從也，訓則順之叚借，誚則訓之形譌。魏氏原注：「段氏《尚書撰異》曰：『《玉篇》古文「信」作訬，《集韻》作訫，从言从立心，與誚、訬皆形近。成王亦未敢信周公《鴟鴞》之詩也。』〔二〕此説作『訬』，於誼亦通，武進莊氏述祖同之。」成王亦未敢信從《鴟鴞》之詩者，三監已平，東土已集，嘉禾之天庥〔三〕已至，區區淮奄，自不可勞師而定，何至有下民侮予之亟？何至有拮据瘁瘏之苦、翛翹漂摇嘵音之慼？以大聖處小醜，以事後追既往，若憂危不可旦夕者然，此成王所未敢信從《詩》意者一也。

「曰：『予未有室家。』〔四〕又曰：『予室翹翹，風雨所漂摇。』〔五〕皆志在遷都作雒。夫舍文、武豐鎬之安，而爲勞民動衆之舉，非有盤庚圮河之迫，而同太王去邠遷岐之事，此成王未敢信從《詩》意者二也。

〔一〕「成王」，《史記·魯世家》原作「王」。

〔二〕此王氏《古文尚書撰異·金縢》「王亦未敢誚公」條下取段氏大意。

〔三〕天庥，謂祥瑞。

〔四〕《詩·豳風·鴟鴞》句。

〔五〕《詩·豳風·鴟鴞》句。

「『徹彼桑土，綢繆牖户』，則志在制禮作樂，以爲億萬年苞桑之固。夫三后則創基於前，予小子止當守成於後，不沿襲而創造，後人能勝前人乎？得毋謙讓未遑乎？伊尹曰：『予弗狎于弗順。』〔一〕成王之未能順周公，猶太甲之未能順伊尹，童心未去，畏難苟安，以聖王之事爲非己所及，誠恐一旦盡從公言，則心日勞，身日瘁，焦然無復爲君之樂，此未敢信從《詩》意者三也。

「未信從殷頑未革之説將日侈，未信從作雒遷都之説將日佚，其尚可進于耿光大烈乎？……《史記》周公告二公曰：『三王之憂勞天下久矣，于今而後成。』『我所以攝政者〔二〕……將以成周。』《書大傳》曰：『周公將作禮樂，優遊三年不能作〔三〕。將大作，恐天下不我知；將小作，恐不能揚父祖德業。乃先營洛以觀天下之心。』《鴟鴞》之詩，正優遊三年不能作之心事也。

「觀王德未成，殷頑未革，祈天永命之基未固，文王之德猶未洽於天下，使後

〔一〕《太甲》文。

〔二〕「我所以攝政者」句，《史記·魯世家》作「我之所以弗辟而攝行政者」。

〔三〕「優遊三年不能作」句，「不」字原作「未」。按：《書大傳》原文亦作「不能」，又「優遊三年」作「優遊之三年」。

世論者曰禮樂則謙讓未遑，甚至王霸雜用，逆取順守，慚德於禹湯，遜隆乎虞夏，卑之毋甚高論，繼志述事之謂何？其可以告我三王乎？得不謂墜天之降寶命乎？

「富貴不與驕奢期而驕奢至，驕奢不與喪亡期而喪亡至，使嗣王不知稼穡之艱難，乃逸乃諺既誕，惟耽樂之從，浸蹈太甲之覆轍，其又可以告我三王乎？得不謂墜天之降寶命乎？

「《鴟鴞》與《七月》同列於《豳風》，與《無逸》同誨於成王，無非動其敬天命、畏民碞，而易其逸豫宴安[一]之志，何暇追計於小腆之靖、流言之寢，徒以《鴟鴞》斥武庚乎？……『無皇曰「今日耽[二]樂」，乃非民攸訓，非天攸若。』『其亡其亡，繫于苞桑。』[三]爲此詩者，其知道乎[四]？其知作《易》之憂患乎[五]？成王生於深宮

[一]「安」字，原作「非」，據魏氏原文爲正。
[二]「耽」字，原作「崇」，據《無逸》原文爲正。
[三]《易・否》九五爻辭。
[四]孔子語。
[五]《易繫辭》載孔子云：「易之興也，其於中古乎？作易者其有憂患乎？」

之中，未嘗知哀，未嘗知憂，未嘗知危，未嘗知懼，執詩不悟，而執書始泣。天變懼其外，《金縢》告其內，始知二聖人之畏天命、憂天下，若是其岌岌也；始知太王以來，多難興邦，至今日其未艾也。予小子偃然不知，猶有童心，厝火積薪之下，而曰：『天下已安已治矣。』〔一〕何怪公之曉曉其音乎？

「自新以迎天意，魏氏原注：「鄭、孔『新迎』如字，馬、鄭說以親迎反風，爲成王迎周公而歸。夫風雷一時之事，西京反東土，千里而遥，安能立刻迎還，與成王郊相見乎？故迎還而後攝政，攝政而後出征之説，斷不足信。」郊天以謝上帝，魏氏原注：「孔傳：『郊以玉幣，告天也。』〔二〕用今文説，即所謂禮亦宜之者也。」遷改速乎風雷，鄭注引《易傳》曰：『陽感天不旋日……天子行善以感天，不回旋經日。』〔三〕斯之謂也。翻然東徂，以親周公之誨，以躬踐奄、平淮、遷蒲姑之勞，營洛遺伻，獻圖告卜，明明穆穆，精白一心，以仰繼三后在天之志。《詩》

〔一〕「厝火積薪之下，而曰：『天下已安已治矣。』」，典出賈誼《新書・數寧》，文云：「進言者皆曰：『天下已安矣。』臣獨曰：『未安。』或者曰：『天下已治矣。』臣獨曰：『未治。』……夫抱火措之積薪之下，而寢其上，火未及燃，因謂之安，偷安者也。」

〔二〕「告天也」，孔傳作「謝天」，《尚書正義・金縢》「王出郊」一節下引載。

〔三〕鄭注載《尚書正義・金縢篇》末疏文。

頌之曰：『成王不敢康，夙夜基命宥密。』〔一〕《洛誥》曰：『我二人共貞，公其以予億萬年敬天之休。』蓋至是而成王與周公咸有一德矣。

「人知征四國爲公之功，不知使成王能化四國，始爲公之德，故曰：『周公誅四國之後，大化乃成，至于刑措。』魏氏原注：《漢書·王莽傳》。夫孰知其憂勞、拮据、綢繆，壹至此乎？夫孰知其使成王自怨自艾，處仁遷義，乃至此乎？知《鴟鴞》與《七月》同在《豳風》之志，則知《無逸》之志，並知《訪落》《敬之》《小毖》之志，並知文王望道未見、武王未遑假寐、周公坐以待旦之志，並知《多士》《多方》《梓材》《召誥》《洛誥》之志，故孔子讀是詩而歎之曰：『爲此詩者，其知道乎？能治其國家，誰敢侮之？』〔二〕苟第皇皇於一身之流言，而國家之治與未治，王德之成與未成，曾不干於其慮，曾若是爲知道者乎？《毛詩序》曰：『《鴟鴞》，救亂也〔三〕。』若全詩皆爲周公自救，何與於救國家之亂乎？

〔一〕《詩·周頌·昊天有成命》句。
〔二〕《孟子·公孫丑上》文。
〔三〕「救亂也」，原文句首有「周公」二字，載《毛詩正義·鴟鴞》題下。

「季札聞歌《豳》曰：『美哉〔一〕！樂而不淫，其周公之東乎？』不知稼穡之艱難，而或淫于觀、于佚、于游、于田，斯樂而淫矣。樂以天下，憂以天下，又何淫之與有？讀《詩》者如讀《書》，讀《七月》《鴟鴞》者，何必更讀《無逸》乎？孟子論是詩亦曰：『今〔二〕國家閒暇，及是時明其政刑……般樂怠敖，是自求禍也。』豈以意逆志，知詩深儆成王，毋恃陰雨之未至，以流於般樂乎？

「辟嫌之事，賢者不爲。二公在朝，流言奚入？諸儒未達賢人之心，而欲論聖人之志，或謂周公辟流言，或謂刺朝廷不知周公。烏乎！千載以下，尚不知是詩，而謂當日沖人〔三〕其遽知之乎？」〔四〕

文治讀斯文，淵然以思，且喟然而嘆曰：旨深哉！魏氏論周公之不有天下也。夫益之於啓，異姓也，故爲有形之讓；周公懿親也，故爲無形之讓。伊尹，聖之任者也，而太甲顛覆湯之典型，故不得而辟嫌。成王天資，優於太甲，而周公之處内憂外

〔一〕「美哉」，原文句後尚有「蕩乎」一句，見《左傳·襄公二十九年》「吴公子札來聘」一節。
〔二〕「今」字，《孟子·公孫丑上》原文句首無。
〔三〕沖人謂小子，指年幼之成王。
〔四〕魏源《書古微·金縢發微上》文。

患，則遠過於伊尹，故亦不得而辟嫌。先聖後聖，其揆一也。然伊尹之不辟，人得而諒其志；而周公之不辟，人不能見其心。然則周公之心，豈有讓天下之成見哉？彼其誅武庚以定禍亂，營雒邑，作明堂，嚴父以配天；迨其疾也，遺命曰：「必葬我成周，以明我〔一〕不敢離成王。」見《史記·魯世家》。是其心惟知有國，惟知有親，惟知有君而已，遑知讓哉〔二〕？此其所以感天地，泣鬼神，而召風雷之感應也。

史臣以前後兩事合爲一篇，前篇曰「告太王、王季、文王」，後篇曰「我無以告我先王」，有以哉！《易》蠱卦之初爻曰：「幹父之蠱，有子考，无咎。」此非周公之自道，而可以喻周公之德者也。孔子贊《鴟鴞》之詩曰「其知道乎」〔三〕，「率性之謂道」〔四〕，道者出於真性情者也。原周公畢生之德行功業，無非發於至性至情，後世處危疑之地者，有能希公之萬一者乎？然則魏氏之發其微也，其亦知道者乎？是故知道者必以誠，治家國天下者必以誠。

〔一〕「我」，《史記》原文作「吾」。
〔二〕謂周公非虛矯刻意其事，一切皆出之至性至情之真誠。
〔三〕事載《孟子·公孫丑上》。
〔四〕《禮記·中庸》文。

附考

《金縢篇》疑義之最大者，如「秋，大熟，未穫」以下，西漢今、古文説俱以爲成王改葬周公之事；而東漢馬、鄭古文説則以《金縢》天變在周公居東之時。魏氏源《發微》於前半篇從西漢今文説，後半篇用東漢古文説，且疑「王亦未敢訓〔一〕公」下别有脱文。竊謂魏氏所見極是，惟以爲有脱文則未必然，蓋以文法而論，「未敢訓公」句係頓住法，下文直接「秋，大熟」云云，並無不貫串處也。

附録：《尚書·金縢篇》研究法〔二〕

《金縢篇》文義，有可疑者三，大可疑者二，若不詳晰研究，無以表周公之苦心，此治《尚書》者所不可不知也。特設爲問答以發明之。

問：二公欲爲王穆卜，周公乃權辭以謝之，且欲自以爲功，毋奈涉於私乎？

〔一〕「訓」，《金縢》原文作「誚」。

〔二〕載《國專月刊》第四卷第四期，一九三六年，頁七〇～七一。

答曰：此可疑者一也。其原因在誤解一「功」字。夫謂周公欲自表顯而居大功，固屬謬論，即如蔡傳訓功爲事，謂二公不過卜武王之安否，而周公愛兄之切，故曰自以爲功，意義亦未明顯。蓋功者質也、代也，言自爲質而以身代，下文所謂以旦代某之身也，《史記》作「自爲質」可證，蓋周公婉謝二公之時，其意至決，其心至苦矣。

問：爾我之稱，不當對於先王。且册祝之辭，周公若自居於「多材藝，能事鬼神」，而轉斥武王爲不若己，毋奈無理之甚乎？

答曰：此大可疑者一也。後儒因此疑竇，或讀「仁若考能」爲句，或訓乃字作豈字解，似屬未合。竊按《禮記·禮運篇》云：「祝以孝告，嘏以慈告。」「予仁若考」五句，乃嘏述太王之告辭。仁，愛也。若考，文王也。「乃元孫」二句，似不許旦代之辭，下文「乃命於帝庭」云云，乃史再祝之辭。定子孫於下地，言武王克平大難，材藝極鉅，我先王亦永有依歸，亦能事鬼神也。蓋殷制兄終弟及，武王本有讓周公之意，此際周公祝告三王，特再辭之。魏氏默深謂：「古者神人常通告語，故《孟子》載萬章言『天與之者，諄諄然命之』，即神人通語之意。」據此以解本篇，文義涣然冰釋。至爾我之稱，姚氏姬傳謂此史祝辭之常體，古人質，相稱以爾汝，後人乃以爲賤簡之稱；惟巫史之告鬼神，循於古而不易。我字，亦史官自稱也。

問：「爾不許我，我乃屏璧與珪」二句，似有要約之意，豈所以對先王乎？

答曰：此可疑者二也。惟按當時事實，克商二年，武庚甫立，殷頑民蠢蠢欲動。倘武王遽崩，根本搖動，不獨救民水火之功全歸消滅，即鎬京基業，亦復岌岌可危，尚何有於珪璧哉？此乃以實告，非要約也。下文「公曰：體王其罔害」云云，此驚喜之辭，益可見至誠之流露矣。

問：《鴟鴞》之詩，是否專指管、蔡之事？「王亦未敢誚公」，其有疑公之意乎？

答曰：此可疑者三也。按其時東土已平，罪人已得，何以復道「未有室家」、又言「予室翹翹，風雨所漂搖」乎？若云追溯從前之事，豈周公自表其功乎？以此知《鴟鴞》篇惟第一章指管、蔡事，二章以下皆言經營洛邑，以奠丕基，詳余所著《大義》中。至成王疑周公之説，姚氏姬傳謂：「流言於國者，非獨管、蔡，文王之子多矣，其不肖者皆助之流言者也。管、蔡畔而周公誅之，成王非有疑也，其微疑者，羣弟在國者之流言耳。周公既定管、蔡而歸，挾震主之威，成王豈能無惕惕哉？」而魏氏默深謂：「成王命周公東征，其時年不甚少，故能勝爵弁之服。且歸禾以嘉殊勳，絶無疑公之意。未敢誚公者，誚爲訓之譌文，訓者順也，其未敢順公者，恐周公之過勞，且有因循之意耳。」魏説得之。近吳氏摯甫謂：「誚猶問也，言成王當疑而不敢問公。」可别備一義。

問：經文「秋大熟」以下，或謂成王迎周公，或謂迎周公柩而改葬之，二説當何從？

答曰：此大可疑者二也。據西漢今古文説，俱以爲成王改葬周公之事，而東漢馬、鄭古文説，則以爲《金縢》天變正周公居東之時。竊謂當從馬、鄭説。上文明言周公居東二年，其時尚未營邑，何得謂爲已没？「惟朕小子其新逆」，新逆者，親往東迎公以歸，如《召誥》所謂「王朝步自周」，故下文曰「王出郊天乃雨」；或讀「王出郊天」爲句，不知周郊祭禮在冬至時，不在秋時。且下文「天乃雨」，與上文「天大雷電以風」相應，上文天字可屬上讀乎？東漢古文家說有勝於西漢者，此類是也。

此篇余選《國文經緯貫通大義》，列入「匣劍帷燈法」，譬諸劍光燈彩，始而韜匿，後乃豁然呈露。此文妙處，全在「納册於金縢之匱中」一句，令人不覺，其後「王與大夫盡弁」以下，至「命我勿敢言」，乃有千鈞之力。悟得此法，則布局鍊氣，處處得宜矣。

大誥篇

政鑑　論聖人禪繼之公心，與不滅人國之大義

方氏苞曰：「昔朱子讀《大誥》，謂：『周公當時欲以此聳動天下，而篇中大意，不過謂周家辛苦創業，後人不可不卒成之；且反覆歸之於卜，意思緩而不切，殊不可曉。』〔一〕嗚呼！此聖人之心所以與天地相似，而無一言之過乎物也。蓋紂之罪，可列數以聳人聽，而武庚之罪則難爲言，所可言者，不過先王基業之不可棄，與吉卜既得，

〔一〕此取朱子大意，朱子原文云：「據周公在當時，外則有武庚、管、蔡之叛，内則有成王之疑，周室方且岌岌然。他作此書，決不是備禮苟且爲之，必欲以此聳動天下也。而今《大誥》大意，不過説周家辛苦做得這基業在此，我後人不可不有以成就之而已。其後又卻專歸在卜上，其意思緩而不切，殊不可曉。」載《朱子語類・尚書》「《大誥》一篇不可曉」條。

可徵天命之有歸而已。夫感人以誠不以僞，此二者，乃周人之實情，可與天下共白之者也。其於武庚，則直述其『鄙我周邦』之言，未嘗有一語文致其罪。其於友邦君，第動以『友伐厥子』之私義，而不敢謂大義當與周同仇也。非聖人而能言不過物如是與？不惟此也，周初之書，惟《牧誓》爲不雜。武王數紂之罪，惟用婦言、棄祀事，而剖心斮脛、焚炙刳剔諸大惡弗及焉，至於暴虐姦宄，則歸獄於多罪逋逃之臣。故讀《牧誓》而知聖人之心之敬，雖致天之罰，誓師聲罪，而辭有所不敢盡也。讀《大誥》而知聖人之心之公，審己之義，察人之情，壹稟於天理，而修辭必立其誠也。然《大誥》之書，自漢至宋，千有餘年，讀者莫之或疑，至朱子而後得其間焉，是又治經者所宜取法也夫！」[一]

文治斷之曰：方氏述古書立言之體，允已。然於當時之事實，武王、周公之心迹，則未及詳也。

魏氏源曰：「管叔挾武庚，忽稱欲忠殷室，忽稱翼戴孺子，進退無據不足道。乃

[一] 方氏之論載於《讀經二十七首·讀大誥》。

『庶邦君越庶士御事，罔不反，曰艱大』云云〔一〕皆以殷後武王所立不可黜，二叔之罪不可聲紂，同辭阻諫者何？周公以王命大誥……以殷罪之不可不討，三監反覆之不可任，乃僅僅諄諄於吉卜之不可違、基業之不可棄者何……蓋文王化行六州，惟青、兗、冀爲王化所未及……武王、周公有兵不耀，有刑不瀆〔二〕，有太公、召公之謀不用；見《書大傳》《説苑》。因殷都以立殷後，紹殷祀，興滅繼絶，發政施仁，罷兵西歸，天下之民，翕然歸心……至於武庚之不克紹殷，天意不欲使紂有後於妹邦，則未計及也。三叔之才之德，不足靖殷頑，化殷俗，則未計及也。其時微子遯荒，尚未至軍門；康叔齒少於管、蔡，未可越次未封；有治法無治人〔三〕，千慮一失，卒作不靖。此武王、周公之過，如日月之食，可與天下共見之者也。

「武王崩〔四〕，三監叛〔五〕，成王、周公征之，而庶邦君越庶士、御事，皆以爲不可，何

〔一〕「云云」，魏氏原文未有此兩字，乃唐先生表示省略魏氏引録内容。
〔二〕「瀆」，魏氏《書古微・周誥發微上》原文作「黷」。
〔三〕《荀子・君道》云：「有亂君，無亂國。有治人，無治法。」
〔四〕「崩」，《書古微》原作「方崩」。
〔五〕「叛」，《書古微》原作「果叛」。

哉？立殷後者，武王盛德之事，考翼之而子黜之，狐埋狐搰，近於德爲不卒也。以王宮邦君室之惡不掩覆之，而推刃於同氣，恐大傷厥考心也……《孟子》曰：『周公思兼三王，以施四事，其有不合者，仰而思之，夜以繼日。』〔一〕此黜殷之事，不合於武王，不合於舊臣者也……惟其以〔二〕干戈省厥躬，執柯伐柯……以人治人……斯〔三〕曉然知卜筮天意之不可違，決然知殷頑污俗之必可化，確然知以微子〔四〕易武庚、管、蔡之不合於寧王，而實合於寧王。所謂『幸而得之，坐以待旦』〔五〕者也。作《易》者其有憂患乎〔六〕？小過大過，聖人所不免也。《洪範》『七，稽疑……汝則從、龜從、筮從，卿士逆、庶民逆，吉。』況民獻有十夫，予翼以于……是卿士皆相從，又庶民未嘗與卜筮相違哉？

〔一〕《孟子·離婁下》文。
〔二〕「其以」二字，魏氏《書古微》原文無。
〔三〕「斯」字，魏氏《書古微》原文句首無。
〔四〕「微子」下，魏氏原文尚有「康叔」二字。
〔五〕「幸而得之，坐以待旦」出《孟子·離婁下》。
〔六〕《繫辭下傳》文。

「成王、周公處艱大不懼，四國流言不畏……不徒以保全殷後，姑息懿親、養奸目前爲苟且之計，必使前寧人圖功攸終，出於毫髮無憾而後已，必使文王六州之化行於青、兗、冀而後已。若考作室，必肯構；若考菑畒，必終穫……惟恐行一不義，殺一不辜，以失天下之心也〔一〕。彼庶邦君越庶士、御事所謂『考翼，不可征』者，孰驗孰不驗乎……蓋聖人處患難，不難於勝敵，而難於使殷民革面洗心，風移俗易；聖人處富貴，不難於豐亨豫大，而難於〔二〕沖人知遺大投艱，而易其逸豫宴安之萌……所謂『夜以繼日，仰而思得之』者〔三〕……非甚盛德，孰能〔四〕至於此？故知《周書》五誥，艱大涉淵之志，則知《無逸》《金縢》之志，並知《邠〔五〕風・七月》《鴟鴞》之志，知周公頌《敬之》《訪落〔六〕》《毖》之志，

〔一〕「也」字，魏氏原文句末無。
〔二〕「於」，魏氏《書古微》原文下有「使」字。
〔三〕「所謂『夜以繼日，仰而思得之』者」，魏氏原文句首無「所謂」二字，句末無「者」字；又「夜以繼日，仰而思得之」，《孟子》原作「仰而思之，夜以繼日；幸而得之，坐以待旦」。
〔四〕「孰能」下，魏氏原文有「克己修省」四字。
〔五〕「邠」，《書古微》原文作「豳」。按：「邠風」即「豳風」。
〔六〕原脱「落」字，據《書古微》原文補入。

並知周公繫《易·既濟》《未濟》之志。」〔一〕

文治再斷之曰：魏氏述周公之苦衷，發本篇之微旨，至矣。然於聖人官天下、家天下一例大公之忱，與夫不滅人國之大義，猶未及詳也。

顧氏炎武曰：「武王克商，天下大定，裂土奠國，乃不以其故都封周之臣，而仍以封武庚，降在侯國，而猶得守先人之故土。武王無富天下之心，而不以叛逆之事疑其子孫，所以異乎後世之篡弑其君者，於此可見矣。乃武庚既叛〔二〕，乃命微子啓代殷，而必於宋焉。謂大火之祀，商人是因，弗遷其地也。是以知古聖王之征誅也，取天下而不取其國，誅其君，弔其民，而存先世之宗祀焉，斯已矣。武王豈不知商之臣民，其不願爲周者，皆故都之人，公族世家之所萃，流風善政之所存，一有不靖，易爲摇動。而必以封其遺胤，蓋不以叛〔三〕逆疑其子孫，而明告萬世以取天下者，無滅國之義也。故宋公朝周則曰臣也，周人待之則曰客也。自天下言之則侯服於周也，自其國人言之，則以商之臣事商之君，無變於其初也。平王以下，去微子之世遠矣，而曰『孝、惠，

〔一〕魏源《書古微·周誥發微上》文。
〔二〕「叛」，顧氏《日知録·武王伐紂》作「畔」。按：叛、畔通。
〔三〕「叛」，顧氏原作「畔」。

取于商』〔一〕；曰『天之棄商久矣』〔二〕；曰『利以伐姜，不利子商』。〔三〕吾是以知宋之得爲商也。蓋自武庚誅而宋復封，於是商人曉然知武王、周公之心，而君臣上下，各止其所，無復有怨懟不平之意。與後世之人主，一戰取人之國，而毁其宗廟，遷其重器者，異矣。」〔四〕

文治三斷之曰：顧氏之言，真知聖人之心者矣。《孟子》曰：「唐虞禪，夏后殷周繼，其義一也。」〔五〕夫武、周豈必欲家天下哉？彼武庚豈能授禪者乎？三監豈能輔相者乎？一有不慎，而解民倒懸之心，轉而爲如水益深、如火益熱矣。惟其叛也，不得不出於征；惟其征也，不得不出於繼；彼其家天下也，時勢爲之也，故曰「其義一也」，即其心一也。

〔一〕「孝、惠，取于商」句，《左傳·哀公二十四年》載公子荆之母嬖，將以爲夫人，使宗人釁夏獻其禮，宗人不從命。此宗人舉先王娶之以禮之語。
〔二〕此子魚諫宋襄公語，載《左傳·僖公二十二年》及《史記·宋世家》。
〔三〕《左傳·哀公九年》載晉趙鞅卜救鄭，史龜解龜卜之語。
〔四〕顧炎武《日知録·武王伐紂》文。
〔五〕此《孟子·萬章上》引孔子語。

孔子曰：「武王、周公，其達孝矣乎！孝者善繼人之志，善述人之事。」〔一〕文王「三分天下有其二，以服事殷」〔二〕，武、周之心，惟知繼志述事而已〔三〕，曷嘗利天下而失顯名乎？而後儒乃謂武王非聖人，豈不謬哉？是故尚論古人，要在心術。其心而果公也，禪可也，繼亦可也；其心而果私也，繼不可也，禪亦不可也，子噲之於子之是也〔四〕。

抑更有進者，《周易》之義，巽以行權，而巽之《彖傳》曰：「重巽以申命。」《大誥篇》反覆開導，愷惻動人，可謂重矣申矣。而究其精義，不過曰：「弗造哲，迪民康。」

〔一〕語出《中庸》第十九章。

〔二〕孔子語，出《論語·泰伯》：「舜有臣五人而天下治。武王曰：『予有亂臣十人。』孔子曰：『才難，不其然乎？唐虞之際，於斯爲盛。有婦人焉，九人而已。三分天下有其二，以服事殷。周之德，其可謂至德也已矣。』」

〔三〕謂繼承周文王謙德之志事。

〔四〕《孟子·公孫丑下》載：沈同以其私問曰：「燕可伐與？」孟子曰：「可。子噲不得與人燕，子之不得受燕於子噲。有仕於此，而子悦之，不告於王，而私與之吾子之禄爵。夫士也，亦無王命而私受之於子，則可乎？何以異於是？」齊人伐燕。或問曰：「勸齊伐燕，有諸？」曰：「未也。沈同問『燕可伐與』，吾應之曰可，彼然而伐之也。彼如曰『孰可以伐之』？則將應之曰『爲天吏，則可以伐之』。今有殺人者，或問之曰『人可殺與』，則將應之曰可。彼如曰『孰可以殺之』，則將應之曰『爲士師，則可以殺之』。今以燕伐燕，何爲勸之哉？」言諸侯之國未受王命，讓國者皆私相授受，是禪亦不可之例，蓋關乎地方政治權力來源之問題。

又曰：「爽邦由哲。」其斥武庚也，曰「民不康」，曰「予復反」。夫爽邦由哲，所以開民之明也，智之至也；迪民康，所以致民於安也，仁之至也。又曰：「允蠢！鰥寡，哀哉！」其恤民之誠，靄然如見。又曰「越茲蠢」，又曰「今蠢」，無非欲以哲理開民之愚蠢。智與仁交相爲用，此皆文王視民如傷之心也，皆文王發政施仁之量也。所以爲善繼志，而善述事也。

顧氏又謂：「《多士篇》〔一〕：『惟〔二〕周公初于新邑洛，用告商王士。曰〔三〕……非我小國，敢弋殷命。』亡國之民而號之『商王士』，新朝之主而自稱『我小國』，以天下爲公，而不没其舊日之名分。殷人以此，中心悦而誠服也〔四〕。」

愚按：《大誥篇》固已言「天休于寧王，興我小邦周」，其謙恭若此。《易傳》曰：「勞謙君子，萬民服也。」〔五〕卜世三十，卜年七百，有以也夫！

〔一〕「多士篇」，顧氏《日知録・武王伐紂》原文作「《多士》之書」。
〔二〕「惟」下，顧氏原文及《多方》有「三月」二字。考《尚書》文亦同。
〔三〕「曰」，《多士》作「王若曰」。
〔四〕「也」字，顧氏原文句末無。
〔五〕《易》謙九三《象傳》文。

附考

簡氏朝亮曰：「《大誥》稱『王若曰』者，此周公奉成王命而東征也[一]……鄭氏曰：『王，周公也。周公居攝，命大事，則權稱王也[二]。』……嗚呼！周公爲臣，可居攝王位而權稱王哉……夫君幼而臣攝政，則可，攝位稱王，則不可，《春秋》所以不書隱公之攝位也。」[三]

愚按：《盤庚篇》代陽甲之言亦稱「王若曰」，非盤庚自稱王也。凡讀一經，必通全經之例，鄭君不免千慮一失。

又按：《大誥》之文，聱牙難解，《尚書啓幪》[四]釋之最簡明；而先師黄元同先生《尚書講義》，在《儆季雜著》中。體會經文語意，尤爲精覈，宜參考之，則經義涣然矣。

又按：《大誥》中稱「寧王」者七，稱「寧考」者一，孝思惻然。《左氏傳》宋穆公

[一]「《大誥》稱『王若曰』者，此周公奉成王命而東征也」句，簡氏《尚書集注述疏·周書·大誥》原文作：「《大誥》者，王命周公東征而大告於天下也。」此二句原在文末而非居首。
[二]「也」字，鄭氏原文句末無，載《尚書正義·大誥》「王若曰」至「紹天明即命」一節下。
[三]簡朝亮《尚書集注述疏·周書·大誥》文。
[四]《尚書啓幪》作者黄式三，乃唐先生業師黄元同之父。

命大司馬孔父，屢稱「先君」〔一〕；諸葛武侯《出師表》，屢稱「先帝」，其本於此歟？

康誥篇　政治學　論明德新民之要旨

《康誥》封康叔，首曰「孟侯」，言其爲諸侯之長也，故下文曰：「亦惟君惟長。」蓋告康叔之詞，即以告諸君長也。此用古文家説。據伏生《略説》：「天子太子年十八曰孟侯。孟侯者，於四方諸侯來朝，迎于郊〔二〕，問其所不知。」鄭君注釋「孟」爲迎〔三〕，此今文家説，義殊迂曲。次曰：「朕其弟，小子封。」此明係武王之詞，故《康誥》《酒誥》《梓材》三篇，無一語及武王也。又曰：「惟乃丕顯考文王。」此述文王之家訓，以作國之彝訓也。而究其要旨，不過明德新民而已。是故通於《康誥》《大學》之義，即可通《孝經》之義，兼可通《詩》《禮》之義。

〔一〕見《春秋左氏傳》隱公三年「宋穆公疾」一節。

〔二〕「迎于郊」，原文句末有「者」字，載盧見曾校刊《尚書大傳·略説》。按：此條孫星衍《孔子集説·尚書大傳略説》以及《四部叢刊》初編所載陳壽祺本《尚書大傳》均未收録。

〔三〕鄭注載於《毛詩正義·豳風·七月》豳譜題下疏文，云：「《書傳略説》云：『天子太子年十八曰孟侯。孟侯者，於四方諸侯來朝，迎於郊。』注云：『孟，迎也。』」

明德之學，心學也。《詩·大明篇》贊文王曰：「維此文王，小心翼翼。」「厥德不回，以受方國。」惟其德不回，故能明光於上下。蓋堯之克明峻德，開虞舜心學之先；而文王之克明德，則開《康誥》心學之始。故本篇曰「宅心知訓」，仁人之安宅也。宅心者，心安於仁也。又曰「往盡乃心」，《詩》所謂「於緝熙，單厥心」〔一〕，單，殫也。即敬心之學也。又曰「康乃心」，康者安也，《皋陶謨》所謂「惟幾惟康」，《大學》所謂「定而后能靜，靜而后能安，安而后能慮」，此知本之大者也。而其功則在於「庸庸」「祗祗」。「庸庸」，通作雝雝，先儒解作用賢，與上下文義不連屬，非也。《詩》所謂「雝雝在宮」〔二〕是也。「祗祗」，敬也，《詩》所謂「肅肅在廟」〔三〕是也。「不顯亦臨，無射亦保」〔四〕，心之宥密至矣。不顯，幽隱之處；射，厭也；保，守也。言文王於幽獨之中亦若有所臨，無厭之時，亦能守也。故本篇曰「百工播民和」，又曰「惟民其敕懋和」，又兩言「敬哉」，一言「敬忌」，可見心學之本，不外乎居敬而致和矣。

〔一〕《詩·周頌·昊天有成命》句。
〔二〕《詩·大雅·思齊》句。
〔三〕《詩·大雅·思齊》句。
〔四〕《詩·大雅·思齊》句。

心正而後身修，故曰「若德裕乃身」，德即所謂明德也。又曰「恫瘝乃身」，言治民如疾痛之切身，而後内省不疚也。「無康好逸豫」，則心之好樂正，而一切親愛、賤惡、畏敬、哀矜、敖惰之辟者皆去矣，由是而「威威，顯民」。威，畏也；顯，明也。「威威」即《微子篇》之「畏畏」，畏其所當畏。敬畏天命，乃能大畏民志，而明明德於天下也。然則「紹聞衣德言」，豈非「予懷明德」〔一〕之證乎？朱子之注《大學》曰：「明德者，人之所得乎天，而虚靈不昧，以具衆理而應萬事者也。」「學者當因其所發而遂明之，以復其初。」〔二〕其得心學之要者乎？《易》乾卦彖辭言「元亨利貞」，而九三爻辭曰：「君子終日乾乾，夕惕若。」明乎此，則文王之心學顯，而家法即於是乎在矣。

新民之學，孝弟而已矣！《大學》新民之旨：「無所不用其極」，「至盛於德至善，民不能忘〔三〕」，「君子賢其賢而親其親，小人樂其樂而利其利」。其教當始於家庭，「孝者所以事君也，弟者所以事長也」，「上老老而民興孝」，此治平之初基，知本之大者

〔一〕《詩·大雅·皇矣》句。
〔二〕朱注載《大學章句》「大學之道」至「在止於至善」一節下。
〔三〕「至盛於德至善，民不能忘」，《大學》原文作「道盛德至善，民之不能忘也」。

也。本篇曰：「元惡大憝，矧惟不孝不友？子弗祇服厥父事，大傷厥考心。于父不能字厥子，乃疾厥子。于弟弗念天顯，乃弗克恭厥兄。兄亦不念鞠子哀，大不友于弟……天惟與我民彝大泯亂，曰：乃其速由文王作罰，刑茲無赦。」孫氏讀「天惟與我民彝」句，「乃其速由」句〔一〕。蓋治民之道，民彝亂而秩序淆，民彝正而秩序定。民彝者，民之秉彝，《洪範》所謂「彝倫」也。斯義也，通于《周官》，亦通於《孝經》。

大司徒之職，「以鄉三物教萬民」，曰六行：孝、友、睦、婣、任、恤。「以鄉八刑糾萬民」，曰「不孝之刑」，曰「不弟之刑」〔二〕。曰「教萬民」「糾萬民」，皆所以新萬民也，是即本於《康誥》之義也。《孝經》「先王有至德要道，以順天下」〔三〕，先王者，文王也。五刑之屬三千，罪莫大於不孝，蓋即文王所作之罰，亦本於《康誥》之義。

惟杜塞大亂之道，而後能保其宗廟社稷，保其祭祀。故本篇曰「不汝瑕殄」，又曰

〔一〕是處所謂句讀不同的《尚書》本子，蓋指孫星衍《古文尚書馬鄭注》，先生所編《十三經讀本》正收録是書作爲《尚書》讀本。

〔二〕《周禮·地官司徒》文。

〔三〕《孝經·開宗明義章》文。

「無我殄享」。不瑕殄者，《詩》所謂「戎疾不殄，烈戒不瑕」〔一〕是也。戎疾，大難也；殄，絶也；烈，光也；假，大也；瑕，過也。言文王蒙大難不殄絶，而光大無玷缺也。無殄享者，保其祭祀也。嗚呼！孝弟至則通於神明，孝弟廢則戾氣充積，《孟子》曰：「人人親其親、長其長，而天下平。」〔二〕世之紛紛爭新舊之見者，豈知新民之本，所以肇造我區夏，肇造我邦家者，必本於家庭之孝弟乎？

吾於是而知文王「視民如傷」〔三〕之德，傳嬗於後世者無窮也。考本篇言「保民」「乂民」者，不一而足。曰「用保乂民」，曰「用康保民」，曰「乃其乂民」，曰「惟民其康乂」，曰「用康乂君〔四〕」，何其勤恤民隱若是！蓋保民乂民，乃所以新民也。《左氏傳》定四年，祝鮀曰：「昔武王克商，成王定之……周公相王室……分魯公以殷民六族〔五〕……封於少皞之墟，分康叔以殷民七族〔六〕……而封於殷墟。」殷民頑梗難治，而

〔一〕《詩·大雅·思齊》句。
〔二〕《孟子·離婁上》文。
〔三〕《孟子·離婁下》云：「文王視民如傷，望道而未之見。」
〔四〕「用康乂君」，《康誥》原文無「用康乂君」一語，疑當作「用康乂民」。
〔五〕「分魯公以殷民六族」句，出《左傳》「分魯公以大路大旂、夏后氏之璜、封父之繁弱、殷民六族」。
〔六〕「分康叔以殷民七族」，出《左傳》「分康叔以大路，少帛，綪茷，旃旌，大吕，殷民七族」。

其封於殷墟者，付託之意，更爲鄭重。故本篇曰「應殷民保〔一〕」，又曰「乃以殷民世享」；其論慎罰也，則曰「司師兹殷罰有倫」，「罰蔽殷彝，用其義刑義殺」。殷罰，謂殷法；有倫，有理也。蔽，斷也；殷彝，殷之常法。治殷民用殷常法，必折衷於義刑義殺，取其習慣，仁之至而義之盡也。是以《酒誥》同一湎酒，而所以治西土之民者，則盡拘以殺。至於殷之迪諸臣百工湎酒者，則曰：「勿庸殺之，姑惟教之。」其戒殷民酗酒者在後，而戒周臣酗酒者則最先且嚴，非故爲輕重也，亦習慣法也。

嗚呼！文王明德之隆若此，周公能體而成之，故其怙冒也弘於天矣。當其時菁莪樂育，學校如林，莫不諷誦《康誥》，以爲彝訓。厥後孔子傳其學説於曾子，乃作《大學》一書，於是明德新民之旨，開物成務，曲暢旁通。千古政治家，其孰能外於是哉？

附考

《康誥》「惟三月哉生魄」至「宏大誥治」，宋儒移作《洛誥》序文。魏氏源曰：

〔一〕「應殷民保」，《康誥》原文作「應保殷民」。

「《康誥》《酒誥》《梓材》三篇同序，伏生《大傳》以《梓材》爲命伯禽之書〔一〕，與《左氏傳》祝鮀言『唐叔、伯禽、康叔同封』之辭合〔二〕。則《康誥篇》首，乃三篇之總序，故言『宏大誥治』，非專誥康叔一人也。」其説可信。蓋周封康叔，固在武庚既平、洛邑初定之後，故分遷殷民以封之爾。

然則本篇之「王若曰」，爲武王乎？爲成王乎？若在洛邑既作之後，則爲成王，烏得稱「朕其弟，小子封」與「顯考文王」乎？豈周公稱王之説果可信乎？曰：《康誥》之「王若曰」與《大誥》之「王若曰」不同。《大誥》之「王若曰」係周公代成王而言；而本篇之「王若曰」，必武王先有册封康叔之詞，因武庚之亂，藏諸史官，厥後周公乃潤色之，因武王之遺命，始爲宣布之爾。後人紛然聚訟，未得當時情事也。

《左氏傳》僖三十年，晉臼季引《康誥》曰：「父子兄弟，罪不相及。」〔三〕昭二十年

〔一〕魏氏《古書微·周誥發微中》原文句首有「且」字。

〔二〕「與《左氏傳》祝鮀言『唐叔、伯禽、康叔同封』之辭合」，魏氏原文句首無「與《左氏傳》」四字，「祝鮀」後無「言」字，又「辭」作「詞」。

〔三〕按：事載於《左傳·僖公三十三年》，所引《康誥》文亦不同於《尚書》，作「父不慈，子不祇，兄不友，弟不共，不相及也」。

苑何忌引同。今考經文無此言，孫氏星衍與吾友曹氏元弼皆以「元惡大憝」一節釋之，謂父與子、兄與弟不相謀，故不相連坐[一]。蓋《左氏傳》即釋經文之意，非引經文也。藹然仁人之言，學者宜參考。

召誥篇

政治學　論政治學必本於性命學

余讀《召誥》而歎曰：嗚呼！召公之德，庶幾乎周公矣！其作誥之詞，皆盡性永命之旨，爲孔孟性命學之荄滋；而宋儒之談性命學者，亦其支與流裔歟？其開宗明義曰：「惟王受命，無疆惟休，亦無疆惟恤。嗚呼！曷其奈何弗敬？」而下文即曰「王其疾敬德」，又曰：「王敬作所，不可不敬德。」其述有夏、有殷之不能延天命，兩言「惟不敬厥德，乃早墜厥命」，其後又丁寧申戒之曰：「宅新邑，肆惟王其疾敬德。」斯詣

[一] 孫氏之論載《尚書今古文注疏·康誥》云：「言此首惡，爲民大怨者。其惟不孝、不友之人，父子、兄弟不相和睦，不可謂之同惡，惟其中有善者，此不當爲我政人所連坐。」曹氏之論載《復禮堂文集·〈書·康誥〉〈周禮·族師〉異義辨》文云：「父子兄弟天性之恩，苟非同惡，即相容隱，罪不相及。此天理人情之至，百王通義。」另曹氏《復禮堂述學詩》「《康誥》乂民如保赤」一詩下亦同此論。

也，蓋即成湯「聖敬」、文王「敬止」之學，而亦通於周公「敬之敬之，天惟顯思」〔一〕之義。敬德即所以「明德」也，疾者有如不及之意，惟恐失之者也。

又曰「節性」，是即《禮記・王制》「司徒修六禮以節民性」之所本。《孟子》言：「口之於味，耳之於聲，目之於色，鼻之於臭，四肢之於安佚〔二〕，性也，有命焉，君子不謂性也。」不謂性者，以命節性也。節性而後氣質化、嗜欲寡矣。又曰「惟日其邁」，是亦《敬之》詩「日就月將」之義，而《小宛》詩「我日斯邁，而月斯征」，義亦本此。

至其尤精要者，曰：「若生子，罔不在厥初生，自詒哲命。」江氏聲解初生爲年十五〔三〕。是又本於《周易》「童蒙」之義。而孔子所謂「蒙以養正」〔四〕，義亦本此。蓋人自初生以至於壯，自壯以至於老，莫不有當習之學問，當盡之職業，亦莫不有當守之規則。《曲禮》「人生十年曰幼」一節，非僅言學問事業，蓋規則即寓乎其中。《大戴記》之《保傅

〔一〕《詩・周頌・敬之》句。
〔二〕「口之於味」至「四肢之於安佚」，《孟子・盡心下》原文作「口之於味也，目之於色也，耳之於聲也，鼻之於臭也，四肢之於安佚也」。
〔三〕江氏云：「生子謂十五。子初生意于善，終以善；初生意于惡，終以惡。」載《尚書集注音疏・召誥第七十八》疏文。
〔四〕《易・蒙》卦《彖傳》文。

篇》，指人君之子弟自詒哲命而言也；《小戴記》之《内則篇》，指卿士、大夫、士庶人之子弟自詒哲命而言也。人惟能自詒其哲命，乃能與人以哲命，《中庸》所謂成己以成物，性之德也〔一〕。政治家之所以開物成務，教育家之所以輔世淑民，莫不本此以爲至善之道。若人人能自詒其哲命，則國性自善，國格自高矣！吾故曰：召公之德，庶幾乎周公也。此《召南》之化，所以屹然與《周南》並行；而《甘棠》之詩，遺愛流傳於後世者，有以也。嗚呼！古大臣之告其君者，本於性命之學，若是其精至，後之人臣，有能以此爲法者乎？

篇中又曰：「天既遐終大邦殷之命，茲殷多先哲王在天。越厥後王後民，茲服厥命，厥終智藏瘝在。夫知保抱攜持厥婦子，以哀籲天，徂厥亡，出執。嗚呼！天亦哀于四方民，其眷命用懋。王其疾敬德！」厥終，言紂之時；智藏瘝在，言賢智者退藏、病民者在位也，民困虐政；保抱攜持其妻子哀號呼天，往而逃亡，出見拘執：無地自容也。嗚呼！斯言也，何其愛民之深！吾讀之，爲之掩卷而流涕也。蓋民惟憔悴於虐政，有求而不得，籲天而不

〔一〕《中庸》原文云：「誠者非自成己而已也，所以成物也。成己，仁也；成物，知也。性之德也，合外内之道也，故時措之宜也。」

聞，於是反動者鋌而走險，而大命遐終矣。

召公惟愛民之至，是以畏民之深，故下文又曰：「用顧畏于民碞。」民碞者，民險也。《易傳》曰：「天險不可升也，地險山川丘陵也。」〔一〕天險無形者也，地險有形而易防者也；惟人心之險，無形而不可測。《莊子》曰：「凡人心險於山川，難於知天。」〔二〕矧不曰「民險」而曰「民碞」，見其多口之可畏，甚於高石也。是故心以體存，亦以體傷；君以民存，亦以民亡。至盛之世，君不與民爭權，民亦不與君爭權；君以德化民，民亦以德錫君。彼此以誠相見而民碞皆成坦途，《禹貢》所謂「祇台德先，不距朕行」是也。簡氏朝亮曰：「《召誥》所謂『民碞』者……謂夫天命生民，民性之直，民心好惡之公，守之而不可犯者也……《論語》曰：『斯民也，三代之所以直道而行也。』〔三〕《召誥》言天德之敬〔四〕，節性之和者，敬以和其民，行乎〔五〕直道之公也……從古以來，

〔一〕《易·坎》卦《彖傳》文。

〔二〕《莊子·列御寇》文。

〔三〕《論語·衛靈公》文。

〔四〕簡氏《尚書集注述疏·周書·召誥》句首有「故」字。

〔五〕「行乎」，簡氏原文下有「其」字。

敵國外患，苟不得其平，恃以守國者，皆無可恃焉，恃民喦之險也……《多士》曰『罔顧于天顯民祇』，《酒誥》曰『迪畏天顯小民』，皆不言『民喦』也，而其險昭然。」斯言可謂深切而有味矣。

然究其顧畏之誠，仍不外性命之學。「天視自我民視，天聽自我民聽」〔一〕，夫畏棐忱，民情大可見。畏民者，即所以畏天而定命，是以篇中一則曰「王其德之用，祈天永命」，再則曰「用供王能祈天永命」，其兢兢於天命之性，蓋至微而至邃已。是故性命之學盛則國日興，性命之學廢則國日亂。聖人復起，不易吾言矣。

附考

顧氏炎武曰：「『王朝步自周，則至於豐。』〔二〕不敢乘車，而步出國門，敬之至也。後之人君，驕恣惰佚，於是有輦而行國中，坐而見羣臣，非先王之制矣。」

〔一〕《泰誓》文。
〔二〕「王朝步自周，則至於豐」，顧氏《日知録·王朝步自周》原文分别引録《召誥》與《畢命》二篇之語：「《召誥》：『王朝步自周，則至于豐。』《畢命》：『王朝步自宗周，至于豐。』」

愚按：近世各國君主多有步行閭閻間者，意在親民，實即中國古制。顧氏之言，可爲世法。

方氏宗誠曰：「前記召公奉命營洛之事，後叙召公因周公進諫之詞，以『祈天永命』爲主。所以祈天永命之本，在諴小民；所以諴小民之本，在疾敬德……前兩『今休』，承『無疆惟休』；後『上下勤恤』，承『無疆惟恤』。蓋受天命〔一〕是休，『祈天永命』則在於恤也……是時洛邑既成，王室〔二〕根本已固，成王〔三〕將親政，故召公懼其有倚恃天命之心，特拈出『祈天永命』爲言。古之大臣，其憂深慮遠如此。」〔四〕

洛誥篇

政鑒　論《尚書》學通於《孝經》學

阮氏元曰：「周初滅紂之後，武王歸鎬……殷士未服者多……此時鎬京尚未以

〔一〕「天命」，方氏原文作「天之命」，載《柏堂讀書筆記·文章本原》「召誥」一章。
〔二〕「王室」，方氏原文後有「之」字。
〔三〕「成王」，方氏原文後有「既長」二字。
〔四〕方宗誠《柏堂讀書筆記·文章本原》文。

后稷配天、以文王配上帝〔一〕，各國諸侯，亦未全往鎬京侯服於周……成王又幼有家難〔二〕，於是周公監東國之五年，與召公謀〔三〕就洛營建新邑。洪大誥治，祀天與上帝，以后稷、文王配之。后稷、文王爲人心所服，庶幾各諸侯及商子孫、殷士皆來和會，爲臣助祭多遜，始可定爲紹上帝受天命也……但成王此時不敢來洛，基命定命，於是三月召公先來洛卜宅，十餘日攻位即成，惟位而已，各功工未成也。三月望後，周公來達觀所營之位，知殷民肯來攻位〔四〕，遂及此時洪大誥治……即用二牲于郊，以后稷配天且祭社矣。《召誥》之用牲于郊，即《孝經》之郊祀配天也。於是始定爲周基受天命矣……明堂功雖將成，尚未及配天，基命之後，行宗祀之禮，於是周公伻告成王，成王命周公行宗禮。《洛誥》宗禮，即《孝經》宗祀文王於明堂之禮也。周公宗祀，當在季秋，四海諸侯、殷士皆來助祭〔五〕。十二月，各工各禮迄用有成……人心大定……成王

〔一〕阮氏《揅經室集·孝經郊祀宗祀説》原文句末有「也」字。
〔二〕「成王又幼有家難」，阮氏原文句首有「況」字，句末有「哉」字。
〔三〕「謀」，阮氏原文作「相謀」。
〔四〕攻位，謂攻治城郭、宗廟、宮殿之役。
〔五〕「四海諸侯、殷士皆來助祭」，阮氏原文句首有「幸而」二字，句末有「矣」字。

始來洛邑相宅……復冬祭文王、武王於城内宗廟之中，入太室祼，王賓亦咸格〔一〕共見無疑，仍即歸鎬，命周公後於洛守其地，保其民。是成王但烝祭於廟，而本祀於郊與明堂〔二〕，此孔子所以舉配天專屬之周公其人也。」〔三〕

文治申論之曰：據阮氏之説，可知《尚書》學通於《孝經》學矣。然而廣其義，則又通於《中庸》學與《孟子》學。夫周公行郊祀宗祀之禮，豈以私其親耶？豈爲獨尊其親耶？蓋仁人之孝，必推而行之於天下。周公之意，無非爲民立極云爾。《孟子》曰：「養生送〔四〕死無憾，王道之始也。」又曰：「孝子之至，莫大乎尊親。」〔五〕周家以忠厚開基，考其養生之禮。文王制其田里，教之樹畜，導其妻子，使養其老。既各安其生，各遂其養矣。至於送死尊親之禮，周公成文、武之德，上祀先公以天子之禮樂。斯禮也，達乎諸侯大夫及士庶人，故孔子贊武王、周公爲達孝。達也者，言其達於天

〔一〕「咸格」，阮氏原文下有「使人」二字。
〔二〕阮氏原文句末有「也」字。
〔三〕阮氏原文句末無「也」字，載《揅經室集·孝經郊祀宗祀説》。按：唐先生所引，轉引自陳澧《東塾讀書記·尚書》，蓋所節取之文全相同也。
〔四〕「送」，《孟子·梁惠王上》原文作「喪」。
〔五〕《孟子·萬章上》文。

下立之極云爾。

或曰：「尊親至於郊祀配天，宗祀配上帝，無乃啓僭竊之端，而爲人子者亦將有所窮乎？」

曰：非也。讀書貴通大義。仁人之事天也如事親，事親也如事天，「昔者明王事父孝故事天明，事母孝故事地察」〔一〕，夫事天事地，豈獨天子爲然哉？「乾稱父，坤稱母」〔二〕，人人皆天之子。人人能敬其親，愛其親，非法不言，非道不行，使其親爲仁人君子之親，則雖在甽畝之中，而儼然有嚴父配天、慈母配地之意。「視於無形，聽於無聲」〔三〕，即明也，即察也，而神明彰矣。故《孝經·聖治章》推崇周公，其上文曰：「天地之性，人爲貴。」其下文曰：「父子之道，天性也，君臣之義也。」是即推行天下之義，曷嘗獨尊其親哉？《中庸》曰：「明乎郊社之禮、禘嘗之義，治國其如示諸掌乎？」言天下人子貴賤異而天性無異也，天性同而尊親之意無不同也。

〔一〕《孝經·感應章》文。
〔二〕張載《西銘》文。
〔三〕《禮記·曲禮上》文。

《孟子》曰：「天子不仁，不保四海；諸侯不仁，不保社稷；卿大夫不仁，不保宗廟；士庶人不仁，不保四體。」〔一〕夫天子、諸侯，豈必有私於四海社稷哉？惟能保其四海，保其社稷，而後卿大夫能保其宗廟，士庶人能保其四體。非然者，天下相殘殺，不忍言矣。是故吾嘗疑《洛誥》之文，所謂「汝其敬識百辟享，亦識其有不享」，即湯責葛伯，何爲不祀之義也。「凡民惟曰不享，惟事其爽侮」，爽，謂衆爽；侮，謂狎侮人民。此倒字法。亦率凡民以享祀之禮也。先儒解爲享獻者，非也，且凡民無享天子之禮也。《孟子》所引，蓋借言之爾。經文又曰：「彼裕我民，無遠用戾。」言率天下以追遠之道，無違戾其祖宗也。先儒解爲化導我民使無遠去者，亦非也。《孝經》曰：「身體髮膚〔二〕，不敢毀傷。」聖人以中國爲一人，使中國而有毀傷，即我身體髮膚之有毀傷也。然則聖人之尊親，豈有所私哉？是故古來惟大孝之士，乃能行大同之治。

〔一〕《孟子·離婁上》文。

〔二〕「身體髮膚」，《孝經·開宗明義》原文句後尚有「受之父母」一句。

附考

金氏履祥〔一〕曰：「《召誥》《洛誥》，相爲首尾〔二〕。惟《洛誥》所紀，若無倫次〔三〕，有周公至〔四〕洛，使告圖卜往復之詞；有周公歸周，迎王往洛對答之詞；有成王在洛，留周公於後而歸〔五〕之詞；有周公爲王留洛〔六〕，相勉叙述之詞。詞從其詞〔七〕，事從其事，各以類附，然〔八〕無往來先後之序，蓋其日月必〔九〕已具在繫年之史，故〔一〇〕

〔一〕金履祥（一二三二～一三〇三），字吉父、吉甫，號次農，謚號文安，蘭溪人；三十八歲以後，因築室於蘭溪仁山之下，故學者又尊稱仁山先生；著有《尚書注》《大學疏義》《論語集注考證》《孟子集注考證》《通鑑前編》《通鑑舉要》《仁山集》，編有《濂洛風雅》。

〔二〕「《召誥》《洛誥》，相爲首尾」，金氏《書經注・洛誥》作「《洛誥》《召誥》，相爲終始」。

〔三〕「惟《洛誥》所紀，若無倫次」，金氏原文「所紀」作「之紀」，「若無」作「散無」。

〔四〕「至」，金氏原文作「在」。

〔五〕「歸」，金氏原文作「歸周」。

〔六〕「留洛」後，金氏原文有「而」字。

〔七〕「詞從其詞」，金氏原文句首有「然」字。

〔八〕「然」，金氏原文作「而」。

〔九〕「必」字，金氏原文無。

〔一〇〕「故」，金氏原文後有「以」字。

此篇事詞，各以類附，不嫌於亂雜〔一〕，但其間亦必有闕文錯簡耳〔二〕。」

先師黃氏以周曰〔三〕：「《洛誥》『基命定命』之事，周公歸之於成王〔四〕。而成王謙讓如不能〔五〕及，歸之於周公〔六〕，故篇内述宅洛事謂之『公功』。一曰『公功棐迪篤，罔不若時』，一曰『公功迪將其後……誕保文、武受民』，一曰『公功肅將祗歡，公無困哉』，歷言作洛關繫之大，皆公功〔七〕，非沖人所敢及也〔八〕……又曰〔九〕：『記功宗，以功作元祀。』又曰〔一〇〕：『丕祀〔一一〕功載，乃汝其悉自教工。』王意欲以功之大者

〔一〕「不嫌於亂雜」，金氏原文句後有「也」字。

〔二〕「但其間亦必有闕文錯簡耳」，金氏原文作「然是篇當亦多有缺文錯簡」。

〔三〕按：唐先生此所録出黃式三《尚書講義》，乃黃以周《儆季雜著》中記録其父黃式三之講録。

〔四〕黃氏《尚書講義·洛誥一》原文無此二句。

〔五〕「能」，黃氏原文作「敢」；又句末尚有「天基定命定」五字。

〔六〕「歸之於周公」，黃氏原文作「悉委之周公」。

〔七〕自「一曰『公功棐迪』」至「皆公功」，黃氏原文無此數句，乃唐先生自添之文。

〔八〕「非沖人所敢及也」，黃氏原文句首有「明」字。

〔九〕「又曰」，黃氏原文作「而王即命曰」。

〔一〇〕「又曰」，黃氏原文作「又命曰」。

〔一一〕「祀」，黃氏原文作「視」，與《洛誥》同。

爲首祀，豫爲後日周公之地。說見〔一〕《啓幪》。故周公述王命以孺子爲朋比，誡其往新邑宜慎始，無若火燄灼叙之弗絶也〔二〕。」據此則先儒以「孺子其朋」節爲聱牙難解者，可以涣然冰釋，而成王謙讓之意，周公忠摯之忱，益以顯矣。

又曰：「『王肇稱殷禮』，謂舉行殷之祭典，冬烝配享功臣，用殷禮也。周禮先祼而後殺牲，《周官》《戴記》並有明文。『王賓殺禋咸格，王入太室祼。』先殺後祼，亦用殷禮也。鄭注云：『王者未制禮樂，恒用先王之禮樂……周公制禮樂〔三〕，不使成王即用周禮，仍〔四〕用殷禮者，欲待明年即政，告神受職，然後頒行周禮……故告神且用殷禮也。』鄭義甚精。舊解『殺禋賓格，王乃入祼』，循文立義〔五〕，不別異同，亦未諳『肇稱殷禮』之義也。」

〔一〕「見」，黄注原作「詳」。
〔二〕黄氏原文句末無「也」字。
〔三〕「周公制禮樂」，鄭注句末有「既成」二字，載《尚書正義・洛誥》「周公曰」至「汝永有辭」一節下。
〔四〕「仍」，黄氏《尚書講義・洛誥二》原文後有「令」字，與鄭注同。
〔五〕「義」，黄氏原文作「訓」。

無逸篇 政鑑 論聖人自强不息之學

余氏慶長〔一〕曰：「金氏《通鑑前編》：成王十一年，周公在豐，作《無逸》〔二〕；先成王四年，周公作《立政》；六年，作《周官》。《無逸》蓋公晚年之文也。通篇辭義，吕氏東萊〔三〕傳詮釋最精，蔡氏傳辨祖甲非太甲，亦確。考成王幼沖踐位，師保凝丞，教之有法。其初朝於廟也，《詩》曰：『惟予小子，夙夜敬止。於乎皇王，繼序思不忘。』〔四〕《訪落》詩曰：『率時昭考〔五〕，朕未有艾。將予就之，繼猶判渙。』又作《敬之》以自箴，《小毖》以自戒，情詞迫摯，非所謂不敢荒寧者耶？其祀成王詩云：『成王不

〔一〕余慶長（一七二四～一八〇〇）字庚耦，安陸人；著有《大樹山房文稿》《壬癸詩鈔》《登仕一紀録》《墨池紺珠》《習園叢談》等。下引文見其《無逸論》，收入王昶《湖海文傳》中。

〔二〕金履祥《資治通鑑前編》卷八。

〔三〕吕祖謙（一一三七～一一八一）字伯恭，南宋壽州人，世稱東萊先生；著有《書説》《左傳説》《東萊博議》《歷代制度詳説》，編有《宋文鑑》等，又與朱子合編《近思録》。

〔四〕《詩・周頌・閔予小子》句。

〔五〕「率時昭考」，《詩・周頌・訪落》原文後有「於乎悠哉」一句。

敢康，夙夜基命宥密。於緝熙，殫厥心。肆其靖之。』〔一〕非所謂嚴恭寅畏者耶？成王殫聖學之淵微，當治定功成之日，非太甲敗度敗禮者可比。周公之告成王，語多悚厲，即棐迪允篤，何至以耽樂迷亂，亂罰叢怨，成王所必無之事而聒聒上陳？此亦情事之甚可疑者矣。吕氏之傳曰：『《無逸》雖戒成王，實欲後世子孫共守此訓，故以「繼自今嗣王」言之也〔二〕。』《立政篇》曰：『繼自今文子文孫。』又曰：『繼自今後王立政。』周公《無逸》之訓，非爲成王一時之訓，而立萬世之訓也。夫周公一則曰：『其無淫于觀、于逸、于遊、于田。』後王猶有欲肆其心，車轍馬跡，以周行天下者矣；一則曰：『以萬民維正之供。』後王猶有徵斂數起，虐用其民者矣；一則曰：『人〔三〕或譸張爲幻，曰「小人怨汝詈汝」則信之……亂罰無罪，殺無辜。怨有同，是叢于厥身。』後王猶有設監謗以防民口，國人流王于彘者矣。周公艱難盡瘁，懷穆考陟降之靈，憶納册金縢之恫，丕基甫立，孺子初成，憂危盛明〔四〕，積而爲思深慮遠；

〔一〕《詩·周頌·昊天有成命》句。
〔二〕吕氏《增修東萊書説·無逸》原句無「也」字。
〔三〕「人」，余氏《無逸論》原文後有「乃」字，與《無逸》文同。
〔四〕「憂危盛明」，余氏《無逸論》原文作「憂盛危明」。

其情篤故其辭危，其心雖通於天命之微，其語實可範於中材以下。故《無逸》者，萬世之訓也。傳曰：『周公東征時，陳《豳風・七月》之詩，詳述農桑之事。在豐又陳《無逸》。』[一]知稼穡之艱難，《豳風》《無逸》，論世者恒並稱之。《無逸》『知小人之依』，自殷三宗至周文王四人迪哲，皆以憂勤恭敬而致壽考之福。『我周太王、王季，克自抑畏』，而立王業之基。吕氏柟[二]有曰：『齊民之起家者，皆自謙抑敬畏而始成[三]。』以至恭則壽，逸豫則夭，憂勤則興，侈肆則敗。《無逸》者乃治亂存亡之所繫，又豈獨爲帝王之龜鑑也哉！」

文治申言之曰：《無逸》一篇，周公述家法以戒後王也。蓋文王之學，自强不息而已。《易》乾卦之彖辭曰：「元，亨，利，貞。」是即文王之自道其心德也。周公釋其

[一]《毛詩正義・豳風序》云：「《七月》，陳王業也。周公遭變故，陳后稷先公風化之所由，致王業之艱難也。」孔疏云：「《無逸》亦云『不知稼穡之艱難』，與此同也。」

[二]吕柟（一四七九～一五四二），原字大棟，後改字仲木，號涇野，學者稱涇野先生，陝西高陵人；著有《周易説翼》《尚書説要》《毛詩説序》《禮問内外篇》《春秋説志》《四書因問》《史約》《小學釋》《宋四子鈔釋》《涇野詩文集》《涇野子内篇》《涇野集》等。

[三]吕氏《涇野先生尚書説要・無逸》原文「敬畏」作「謹畏」，又「而始成」作「始耳」。

義曰：「君子終日乾乾，夕惕若。」〔一〕乾惕即不息也；而泰、否、剥、復四卦，所以一消一息；《既濟》《未濟》二卦，所以憂危盛明之精義，胥括其中矣。《中庸》贊文王之德純亦不已，所以配天之於穆〔二〕，亦與「緝熙」「敬止」之義相通。是以《周頌》之戒成王，一則曰「夙夜基命宥密」〔三〕，再則曰「日就月將，學有緝熙于光明」〔四〕，皆爲自强不息之本。然惟無逸乃能自强，惟敬畏天命乃能不息，故曰此文王之家法也。

古之王者，天人感應，以發皇明。其事在訓告保惠之中，其幾在敬天勤民之隱，而溯其功則曰「君子所其無逸」。「所」者即召公所謂「王敬作所」〔五〕也，蓋惟心有安宅，然後能不外放而作所。是以《論語》言敬，則曰「居敬」〔六〕，「居」即所也；《大學》於忿懥、好樂、親愛、賤惡亦皆言所。此言不能敬天命，故心失其所

〔一〕《乾》九三爻辭。

〔二〕《中庸》云：「《詩》云：『維天之命，於穆不已。』蓋曰天之所以爲天也。『於乎不顯！文王之德之純！』蓋曰文王之所以爲文也，純亦不已。」

〔三〕《詩・周頌・昊天有成命》句。

〔四〕《詩・周頌・敬之》句。

〔五〕《召誥》文。

〔六〕《論語・雍也》仲弓曰：「居敬而行簡，以臨其民，不亦可乎？居簡而行簡，無乃大簡乎？」

也。而王氏夫之乃闢呂氏、蔡氏之説，以爲陷於佛老〔一〕；不知訓所爲處，漢宋學家無異説。若疑「所」爲空虛，則「寅畏天命」，亦可謂之涉於空虛矣。若夫「小人怨汝詈汝」，先儒謂即指三監而言；然此篇乃戒後嗣王，亦不必泥字句以訓之爾。

君奭篇

政鑑　論周公付託召公政事之重

魏氏源曰：「《書序》：『召公爲保，周公爲師……召公不説，周公作《君奭》。』……夫召公〔二〕何以不説，致馬融有疑其『苟位貪寵』〔三〕之語……曰：此《書》前人皆以『不説』爲『不説周公』，故妄啓疑竇，違經害義。《堯典》：『舜讓于德不台。』（魏氏原注：「《史記・自敘》、班固《典引》並引《書》作『不台』，此今、古文家所同，惟僞孔改爲『不嗣』。」）『台』

〔一〕王夫之辟呂、蔡之言，見《尚書引義・召誥無逸》一篇。

〔二〕「夫召公」，魏氏《書古微・周書・君奭篇發微》原文本作「畢竟」。

〔三〕馬融説見裴駰《史記集解》，載《史記・燕世家》「君奭不説周公」句下，文云：「召公以周公既攝政致太平，功配文、武，不宜復列在臣位，故不説，以爲周公苟貪寵也。」按：《史記集解》所引無「位」字。

即『怡』也，知舜之不台之誼，則知召公居位不説之誼矣。蓋舜深知爲君之難，惟恐德不稱，故皇然不敢樂受。召公深知爲臣之不易，自恐耄荒，萬幾有闕，且有周公任之，故睪然深思，謙讓引退，不敢安位也，豈其不説周公哉？周公留之，首以『天壽平格』爲言，蓋以召公齒德達尊，至親夾輔，在周公之上，何可一日去位？周公，武王之弟，武王克殷，年已六十，又七年而崩，年六十有七。周公攝政七年之後，三年而薨，共七十歲爾。而召公則康王時尚爲太保，計年百餘歲，周公知其稟賦之厚，可託後事，故於其求退，而歷述前代與國同休之老臣，以勸留之。保衡佐殷四世，尹子伊陟，逮至太戊，佐湯六世孫，則亦臻大耋；巫咸、巫賢掌天官，在武丁初年，則有傅説無甘盤，晚年則有甘盤無傅説，蓋一人異名，非僞孔舊學『甘盤』之謂也。是商代賢聖之君六七作，皆老臣夾輔之力。即我朝文武舊臣，如泰顛、閎夭、散宜生、虢叔、南宫适，近日並皆無存，太公更已久逝，惟餘我二人夾輔沖人。若涉大川，非老成誰與共濟？若耆耇之人復不降志，以造就成人小子，則英材不生，何由致鳴鳳之祥，成假天之業，使文王之德丕冒海隅乎？何以遠鑑天威，近迓天休，揚我俊民，登之在位，使目前同心襄助，將來繼武以保太平乎？故我念天命之艱，鞠躬盡瘁，死而後已，不敢耄倦，使後人迷誤效尤，動輒引退爲高也。《周頌》皆周、召二公所作，而有不顯成、康之頌，是召公更在康王之後，故《論衡·氣壽篇》有召公年百有八十〔一〕之語。是成康四十餘年刑措之治，皆召公『天壽平格』所致。《召誥》『祈天永命』之言於斯驗，周公留貽之深心於斯見矣。二公仁爲己任，志同道合之誼彰矣，此豈衆人所能測識者乎！」

文治斷之曰：《書序》不可信，外篇已詳言之。然即序論序，自當以「召公不説」絶句。若謂召公不説周公，則是召公作《君奭》，謬誤極矣！宋程子、朱子、吕氏、蔡氏，皆謂召公欲退老，周公留之。魏氏實本其説，可謂得事理之正矣。考篇中呼「君奭」者四，呼「君」者四，並無絲毫自解之辭，而其引古證今，殷勤付託之重，溢於意言之表。蓋古之大臣，不憚犧牲其身，矧當國家多難，國基初定之時，其於合志同方、營道同術之人，豈有聽其恝然退隱之理？

曰：「襄我二人。汝有合哉！言曰在時二人，天休滋至，惟時二人弗戡。其汝克敬德。」又曰：「篤棐汝〔二〕二人，我式克至于今日休。我咸成文王功于不怠。」其披肝瀝膽之誠，謀國承先之篤，不綦大哉！而後人乃以淺見測之，如《史記·燕世家》以爲

〔一〕《論衡》云：「召公百八十。」
〔二〕「汝」，《君奭》原文作「時」。

周公在踐阼之前，召公不悦其盛滿居攝；《後漢書・申屠剛傳》以爲在還政之後，疑其不退位；甚至《王莽傳》〔一〕羣臣上奏「有周公服天子之冕，南面而朝羣臣，發號施令，常稱王命。召公賢人，不知聖人之事」云云。魏氏以爲皆古文家説沿誤襲謬之所致，其説躧矣。嗚呼！説經可不慎耶？

董氏鼎〔二〕曰：「一書之中，首言憂國之心，非人所知；次言天命可畏，惟人是賴；又次言殷先王與我文、武得人之助，然文王時五人，至武王時四人，今又惟我二人而已。君若求去，豈我一人所能戡哉？憂之深是以留之切，留之切是以言之詳。召公同功一體之人，均有忠君愛國之心者也，安得不油然而感，皤然而留哉？」〔三〕

多方篇 政鑑 論君狂民頑所以亡國

王氏夫之曰：「忠臣孝子之事，與天爭逆順，與人爭存亡，其將以名爭之乎……

〔一〕謂《漢書・王莽傳》。
〔二〕董鼎字季亨，别號深山，宋元之際鄱陽人，著有《書傳輯録纂注》《孝經大義》。
〔三〕董氏之論載《書傳輯録纂注・君奭》「公曰」至「往敬用治」纂注。

君臣父子之大名，君子以信諸己，而不以爭諸天下，而後可以爭天爭人而全其忠孝。殷之遺多士，殷之臣子也。君父死，宗社夷，孑然以其族爭大名於周，然且其實不成而名亦不令，周公乃執言以加之罪，曰『不典』、曰『自速辜』、曰『不忌于凶德』。嗚呼！正其本，天下理。夫人必自侮而後人侮之。挾君父之大讎，冒白刃，以爭去留之天命，乃周人得聲其罪而無慚，殷士終戢其心而聽命，是豈忠臣孝子之大節，適足以當凶德之惡聲，而天終不可籲哉？夫誠有以致之也。故曰：君子以信諸己，而後可與人爭名實也。《誥》固曰：『惟聖罔念作狂，惟狂克念作聖。』念者識去聲。也。誠斯忱，誠斯信也〔一〕。

「《誥》又曰：『圖忱于正。』正者，周所可與殷爭之名，而忱者殷所不能與周爭之實也。周可有正，而殷不得有忱。故〔二〕勢將偏重於彼也。夫殷而不念牧野之事乎？元黃漿食，舉國如狂，而輕去其君父。流言風雨，復舉國如狂，而自詑以忠孝。十餘

〔一〕「誠斯忱，誠斯信也」，王氏《尚書引義・多方二》原文作「識斯忱，忱斯信也」。
〔二〕「故」後，王氏原文有「曰」字。

年之中，猶旦莫〔一〕爾。迎周之日，不圖其忱；叛周之日，不忱其圖；旦所爲而夕忘之，胡爲其不自念也？信乎其狂之未有瘳矣。狂之爲言易也，言易而不踐，行易而不恒也。言不踐，行不恒，則殷士順逆之名，倒授之周王久矣。使其念之，則如林之日，何惜此肝腦以爭湯孫之綫緒？無已，而西山片土，猶可埋餓夫之骨，乃匍伏請命之餘生，幸人家國之變，徼收復之功名，徒以腰領試東征之斨斧，而大命終傾，何其愚也……蓋昔之迎周者，『宅爾宅，畋爾田』，家室温飽之情重於節義；則向之『宅爾宅，畋爾田』，周已操爾來去之情以相制而責償焉。斯則蠢爾多方，欲辭頑民之名，而人其聽之，而天且予之哉？天且予之，是忠臣之名濫而不足以榮矣……今《誥》曰：『自作不和〔二〕』『爾室不睦』，則『小民方興，相爲敵讎』者〔三〕，猶昔日也。又曰：『爾〔四〕惟逸惟頗』，則『沈酗于酒』『師師非度』者〔五〕，猶昔日也。浮用其數遷之智，幸孤寡以弋

〔一〕「莫」，王氏原文作「暮」，同義。
〔二〕「和」，王夫之五世從孫嘉愷鈔本作「知」，載《尚書引義・多方二》。按：《多方篇》原文作「和」，蓋與後句「不睦」之意相應，當以「和」爲是。
〔三〕《微子》文。
〔四〕「爾」，《多方》原文後有「乃」字。
〔五〕二句乃《微子》文。

大命；假託於收復之名，樹風影以揺新邦；而噂沓背憎，夫不能得之於妻，父不能得之於子，朋友不能得之於鄉黨，訐短忌長，蠅聚鳥散，晨斯夕斯於酣酒〔一〕之中，以斯而立忠孝之壘，抗天而爭之於人也，有是理哉？藉令周公悉心以爲殷人謀，而教以興復之本可〔二〕，亦惟是和睦爾媚友，明勤爾邑事，以爲生聚教訓之忱圖。爾之不然，則不足有爲而祇以亂，不謂之狂，其可得乎？故斥正其匪忱，而加以凶德之名，多方雖悍，弗能反脣以相拒也必矣！《易》曰『困於金車』〔三〕，利所陷也，多方備此數者，而欲得大人之吉，洵哉其爲狂矣。」

文治申論之曰：《周書·多士篇》爲告殷民而作，《多方篇》爲告四國多方而作。説者曰：「四國，管、蔡、商、奄也。」然吾讀《多方》之文，更詳美於《多士》。嗚呼！不知當時四國之民聞之，當作何感念也！

綜本篇之要旨，厥有三端：

〔一〕「酒」，王氏原文作「湎」。
〔二〕「可」，王氏原文作「計」。
〔三〕《易·困》卦九四爻辭。

一曰判聖狂之界。經言：「惟聖罔念作狂，惟狂克念作聖。」考聖、狂之義，始見於《洪範》。而本篇「狂」字，指殷紂而言，其義較粗。狂者叫囂隳突之謂，蓋不識不知，不過爲蠢愚之士；若既厥心病狂，而猶怱烋不已，則人將束縛之而馳驟之矣。以生理言之，其致病之由，大都因意氣浮囂，浸而久之，遂致失魂而落魄，此不救之證也。上之人病狂，下民化之，乃益頑而横，哀哉！其罔念而至於亡也。

二曰安職位之分。經言：「爾尚不忌于凶德，亦則以穆穆在乃位。」忌，畏也，言多士尚不畏忌頑民凶德，亦惟穆穆和敬爾位而已。「爾乃自時洛邑，尚永力畋爾田。」言爾在洛邑勉力耕田，保有其業。又言：「爾邑克明，爾惟丕勤乃事。」[一]言治邑能盡其職，惟在勤乃事。論者謂周公有操縱殷民之意，何其謬哉！蓋政治原理，惟人人盡其性分之所固有、職分之所當爲，則天下自治。若人人有出位之思，則將侵人之權、掣人之肘、奪人之産，乃至無一事之可爲，而天下於以大亂。先民有言：「天下存亡，匹夫有責。」[二]此蓋責人各盡其職守，非教人以侵官亂法也。恂愗者誤會其義，權限不明，秩序淆亂，國事受其弊，乃

[一]「爾惟丕勤乃事」，《多方》原文「丕」作「克」。
[二]顧炎武《日知録·正始》云：「保天下者，匹夫之賤，與有責焉耳矣。」

如治絲而愈棼。哀哉！其陷於凶德也。

三曰宣敬和之道。經言：「自作不和，爾惟和哉！爾室不睦，爾惟和哉！」又言：「時惟爾初，不克敬于和，則無我怨。」蓋惟其不敬，所以自作不典；惟其不和，所以迪屢不靜。文治按：「迪，攸通長也。」於是爭門户，爭意氣，爭權利，爭土地，而敵讎殺奪，遂無已時。蓋民生於地上，愛惡相攻，情僞相感，惟在相孚以敬，相與以和。和氣充積於上下，庶幾惠迪以吉，不至從逆而凶。是以《禮記》曰：「夫敬以和，何事不行？」[一]反而言之，不敬不和，何事可行？哀哉！其不能熙天之命也。

古聖人治民之道，惟是濬民智、定民氣、通民情。判聖狂，濬民智也；安職位，定民氣也；宣敬和，通民情也。三者備而民化進、民德厚矣！

王氏[二]謂周公爲殷人謀，教以興復，識者疑焉。不知周公之心，亦惟曰「胥訓誥[三]、胥保惠、胥教誨」，遑論其爲殷民周民哉！道在勸之而已矣。故經言成湯「慎厥

[一]《禮記・樂記》文。
[二]前引之王夫之。
[三]「誥」，《無逸》原文作「告」。

麗乃勸，厥民刑用勸」。麗乃勸，謂慎所施行，乃所以勸勉其民；刑用勸，謂刑罰其有罪者，亦用勸勉其民也。又三言「亦克用勸」，皆用殷王之德以勸民，其大公至正、殷勤懇摯若是。嗚呼！不知當時四國之民聞之，其作何感念也？

附考

呂氏枏曰：「《多方》『洪維圖天之命』[一]二句，言商、奄也。自『維[二]帝降格于夏』至『劓割夏邑』，言桀之虐爲天所喪也。自『天維[三]時求民主』至『刑殄有夏』，言湯之賢爲天所命也。『惟天不畀純』以下，則言天之所以喪桀者，桀之虐非一端，其所恭多士大不開民之麗也。『乃惟成湯』以下，則言天之所以命湯者，湯之善非一世，其所慎之麗至於帝乙也。『今至于爾辟』以下，則言紂猶夫[四]桀也。『天惟求爾多方』以下，則言周猶夫湯也。『爾曷不忱裕之于爾多方』以下，勉也。『爾乃迪屢

[一] 呂氏《尚書説要・多方》文無「多方」二字，又「維」作「惟」，與《多方》文同。
[二] 「維」，呂氏原文作「惟」。
[三] 「維」，呂氏原文作「惟」。
[四] 「猶夫」，呂氏原文作「猶未」。

不靜』以下，戒也。『我惟時其教告之』以下，至『乃惟爾自速辜』以下，儆之也。自是以上，蓋皆使殷侯尹民以告多方之辭也。『有方多士』以下，則專言多士耳。多士者，多方民之本也……告多士之道，惟在和順〔一〕：和則足以處僚而克臬〔二〕，順則足以永圖而力田，多方民將自化矣！」

立政篇

政治學　論政治學本於九德，用人貴能灼見其心

《立政篇》爲周公晚年所作，以上承皋陶政治之學者也。皋陶陳謨曰：「在知人，在安民。」聖賢之學，修己以知人，知人而後能安民。《論語》亦最重知人之學。而知人之道，則宜考以九德之行，故曰：「翕受敷施，九德咸事，俊乂在官。百僚師師，百工維時。」〔三〕本篇曰：「古之人迪維有夏，乃有室大競，有室，卿大夫之家；競，彊也。多賢人，故曰大

〔一〕呂氏原文句末有「者何」二字。
〔二〕「和則足以處僚而克臬」，呂氏原文句首有「曰」字。
〔三〕《皋陶謨》文。

競。籲俊尊上帝。迪知忱恂于九德之行，乃敢告教厥后曰：拜手稽首后矣。曰：宅乃事，宅乃牧，宅乃準。」宅乃事者，常任也；宅乃牧者，常伯也；宅乃準者，準人也。周公以百僚之師師，統之以三宅三事；又以俊乂之在官，統之以三俊，皆《虞夏書》之精義也。

而握其樞要者，則曰知恤、曰知心。恤者，恤民也，憂民也。憂民之憂者，民亦憂其憂。惟有愛民之德者，而後能恤民，故曰「知恤鮮哉」，此憂民之大本也。聖人之用人也，不惟其面，惟其心；不重其耳目之視聽、手足之勤劬奔走，而惟心術之是重。本篇曰：「亦越文王、武王，克知三有宅心，灼見三有俊心。」三宅，已授位者；三俊，未任事者。蓋真知灼見其有恤民之心，而無病民虐民之心；有愛國之心，而無蠹國利己之心也。如是而知用人之道，要在於知覺之靈警。或以德進，或以事舉，或以言揚，知之在外者也。視其所以，觀其所由，察其所安〔一〕，知之在內者也。非然者，庸人而以爲善人，佞人而以爲正人；惟面之是從，惟言之是徇〔二〕，民於以不安，國於以大亂，可不

〔一〕三者乃《論語·爲政》所載孔子語。
〔二〕僞善之行。

戒哉！

若夫忱恂於九德之行，所以修己者，又有兩端：曰有常、曰無逸。《皋陶謨》曰：「彰厥有常，吉哉！」本篇曰：「文王惟克厥宅心，乃克立茲常事司牧人。」又曰：「庶常吉士。」常事、庶常，所謂有常也。行九德而有常，則先後有序，終始不懈，剛柔輕重，咸得其宜。《易》坎卦《大象傳》曰：「君子以常德行。」孔子告子張問政曰「居之無倦」〔一〕，告子路問政曰「先之，勞之」，「無倦」〔二〕，胥是道也。《皋陶謨》曰「無教逸欲有邦」，周公曰「君子所其無逸」，逸者僉壬〔三〕之所由進，而國基之所由隳也。

王氏夫之曰：「任人者逸，自任者勞，此人情之至順也。堯舜與天同體……因其至順，不必厚求己而薄責於人〔四〕，安其身而天下自定。文王與天同用……躬自厚而薄責於天下，勤其身而不求備於人。《詩》曰：『文王既勤止。』〔五〕以勤爲綱紀也……

〔一〕《論語·顏淵》文。
〔二〕《論語·子路》文。
〔三〕謂小人也。
〔四〕「不必厚求己而薄責於人」，王氏《尚書引義·立政·周官》原句首有「而」字。
〔五〕《詩·周頌·賚》句。

緣此而後世之以勤勞開國者，恃其精明剛健之才，師《周官》而一天下之權歸於人主……用是〔一〕虎賁、綴衣之不謹，而〔二〕寺人操政府之勞辱矣。三宅、三俊之不克灼知，而以資格爲黜陟矣……夫〔三〕周公之稱古也，曰『迪惟有夏，乃有室大競』，豈其以唐虞爲弱，而以家天下自私者爲强乎？非也〔四〕。堯舜以天下爲公〔五〕，公者〔六〕秩然於天理之别，使中國恒有明王而競中國也。三代〔七〕以世及爲競者，廓然於封建之義，使諸侯各勉於治，而公諸諸侯也……秦漢以降，封建易而郡縣壹，萬方統於一人，利害〔八〕定於一言，臣民之上達難矣……即以文王之勤，若將病諸，而概責之錦衣玉食之沖人、散無友紀之六卿，以虛文而理亂絲，彼此不相知，功罪不相一〔九〕，欲無日偷日

〔一〕「用是」，王氏《尚書引義》無此二字。
〔二〕「而」，王氏原文後有「且使」二字。
〔三〕「夫」，王氏原作「乃」。
〔四〕「非也」，王氏原作「而抑非也」。
〔五〕王氏原文句後有「者」字。
〔六〕「公者」二字，王氏原文所無。
〔七〕「三代」後，王氏原文有「之」字。
〔八〕「利害」，王氏原作「利病」。
〔九〕「彼此不相知，功罪不相一」，王氏原作「彼己不相知而功罪不相一」。

窳，以聽封豕長蛇之吞噬也，其可得耶〔一〕？以此而號曰師《周官》也，是羸病者奮拳以效賁、育也，速仆而已矣。」以上節録《尚書引義》。

嗚呼！王氏痛明室之不競，可謂至矣！吾讀斯言，默念世運升降之由，不禁爲之零涕也。

至於行政大綱，曰兵曰刑。簡氏朝亮曰：「立政者，能官人以立政，其兵遂强也。謀憸人之面，則政不立而兵不强；用吉士之心，則政必立而兵必强。故《立政》曰：『其克詰爾戎兵，以陟禹之跡。方行天下，至于海表，罔有不服。』言能官人以立政者，其兵能若此也，此非《堯典》之『柔遠能邇』〔二〕者乎？《臯陶謨》在〔三〕知人而安民，莫安於此矣。《顧命》之訓，其言柔遠能邇也，曰『張皇六師』〔四〕；皇，大也；六師，天子六軍。言其戒戎備也。其言昔君文、武也，曰『則亦有熊羆之士、不二心之臣，保乂王家』〔五〕，皆此

〔一〕「耶」，王氏原作「邪」。
〔二〕《詩·大雅·民勞》句。
〔三〕「在」，簡氏《尚書集注述疏·序》原文作「以」。
〔四〕《康王之誥》文。
〔五〕《康王之誥》文。

意也。」

允矣斯言。蓋兵者所以安民保民，非以戕民賊民。後世用兵如絲而棼，其究也乃弗戢而自焚矣。哀哉！

又《皋陶謨》曰：「天討有罪，五刑五用哉！」舜之命皋陶曰：「五刑有服，五服三就。」〔一〕「五刑，墨、劓、剕、宫、大辟。」蓋治蠻夷寇賊，用重典也，服治也。「三就，謂大罪陳諸原野，次罪於朝及市〔二〕。」本篇則曰：「文王罔攸兼于庶言、庶獄、庶慎。」又曰：「庶獄、庶慎，文王罔敢知于兹。」庶言，號令；庶獄，訟獄；庶慎，國之警戒儲備。罔攸兼、罔敢知，言不親細故也。蓋惟灼知其心，是以信之篤而任之專，所以協恭而和衷也。

至篇末特以司寇蘇公「兹式有慎，以列用中罰」，爲後世司獄之式。蘇公名忿生，武王時爲司寇者。兹式，謂蘇公之法此法，有加慎焉。以其時輕重條列，酌用其中罰也。嗚呼！古聖人之用兵刑，慎之又慎若此。後之有國家者，可不慎選清廉正直之吉士而用之乎？乃至軍

〔一〕《堯典》文。

〔二〕以上兩段引文出自《史記集解》所録馬融文，載《史記·五帝本紀》「五刑有服，五服三就」注文。又「次罪於朝及市」一句，原文無「及」字。

人則縱恣淫荒，法吏則貪賄黑暗，民不聊生，天下事尚堪問耶？

附考

董氏鼎曰：「王政莫大於用人，用人莫先於三宅。三宅得人，則百官皆得人，而王政立矣……一篇之中，宅事、牧、準，其綱領也；『休茲，知恤』，其血脈也。自『迪惟有夏』至『暴德罔後』，言夏先后知恤乎此，乃室大競，休何如哉！桀不知恤也，故罔有後而成湯陟焉。自『亦越成湯』至『奄甸萬姓』，言商先王知恤乎此，故用協用見德，休何如哉！紂不知恤也，故帝罰之，而我周式商受命焉。自『亦越文王、武王』至『並受此丕丕基』，言文、武亦由夏商先王之知恤也，是以並受丕丕基〔一〕，式克至今日休也。自『孺子王』以下〔二〕至終篇，拳拳以去憸人、用常吉、詰戎兵、謹刑獄爲王告〔三〕，蓋欲王以先王之知恤爲法，以夏商〔四〕不知恤爲鑑。忠愛之至，至今

〔一〕「丕丕基」，董氏原文作「丕基」，載《書傳輯録纂注・立政》「周公若曰」節纂注。
〔二〕「孺子王」，董氏原文作「孺子王矣」，又無「以下」二字。
〔三〕「告」，董氏原文作「言」。
〔四〕「夏商」，董氏原文後有「後王之」三字。

可挹也。」

吕刑篇

政鑑　論聖人精意在破迷信、除肉刑、去贖刑

《吕刑》一篇，衆義紛綸。或曰以德爲主，如所謂「德威惟畏，德明惟明」是也；或曰以中爲主，如所謂「士制百姓于刑之中」是也；或曰刑法必本乎禮，故引伯夷降典而不稱皋陶也；或曰此司寇蘇公之制，而史官紀述之者也；或曰此穆王末世之制，附會乎《周禮》者也。若此諸論，無足重輕。吾嘗謂孔子删《書》，自《吕刑》以下，皆别有深意存乎其間，今發其微，其大者約有三端。

一曰破迷信。

顧氏炎武曰：「經文『罔中于信，以覆詛盟』〔一〕。蓋〔二〕國亂無政，小民有情而不

〔一〕顧氏《日知録·罔中于信以覆詛盟》此句小題。
〔二〕「蓋」字，顧氏原文無。

得申，有冤而不見理，於是不得不愬之於神，而詛盟之事起矣。蘇公遇暴公之譖〔一〕，則『出此三物，以詛爾斯』〔二〕；屈原遭子蘭之讒，則告五帝以折中，命咎繇而聽直。至於里巷之人，亦莫不然。而鬼神之往來於人間者，亦或者其靈爽。於是賞罰之柄，乃移之冥漠之中，而蚩蚩之氓，其畏王鈇，常不如見其畏鬼責矣。乃世之君子猶有所取焉，以輔王政之窮。今日所傳地獄之説、感應之書，皆苗民詛盟之餘習也。『明明棐常，鰥寡無蓋』，則王政行於上，而人自不復有求於神。故曰：有道之世，其鬼不神。所謂絕地天通者，如此而已矣。」

文治斷之曰：哀哉！人之聽命於神也。政治之不修，人心之日壞，乃假託於鬼神以行其教，無亦不得已之事乎？狉榛之世，蠢愚之族，尚無足怪；乃以古人不得已之事而提倡之，如魏氏源謂：「古者以天治〔三〕，不盡以人治……『天與人，旦有語，夕

〔一〕「譖」，顧氏原文作「讒」。
〔二〕《詩·小雅·何人斯》句。
〔三〕「古者以天治」，魏氏《書古微·甫刑發微》原文作「開闢之初，聖而帝者，以天治」。

有語』〔一〕……以龍、鳥、雲紀官〔二〕，皆天所命〔三〕。」且謂：「釋氏之書，專談六合以外天治之説，因果報應〔四〕，通人治於天。」噫嘻！何其惑歟？然則重、黎之「絶地天通」〔五〕，孔子之「敬鬼神而遠之」〔六〕，孟子之斥諄諄天命〔七〕，皆爲窒塞風氣者歟？曷不奉教於亭林歟？

二曰除肉刑。

魏氏源曰：「聖人欲廢肉刑，先漢文而發其端也。劓、刖、椓、黥等五虐之刑，始於蚩尤之世，九黎之苗，顓頊興而革之，報虐以威，遏絶苗民，無世在下。唐虞又以流宥代之、金罰代之、象刑耻之、鞭扑佐之，惟怙終再犯者，始治以賊刑；蠻夷猾夏、寇賊奸宄者，始歸於大辟。是唐虞所謂五刑者，一畫象、二鞭扑、三放流、四罰金、五大

〔一〕龔自珍《壬癸之際胎觀》文，載《定庵續集》。
〔二〕「以龍、鳥、雲紀官」，魏氏《書古微》作「或以龍紀官，或以鳥紀官，或以雲紀官」。
〔三〕「皆天所命」，魏氏《書古微・甫刑發微》原文無此句，而作「皆由天地之通絶也」。
〔四〕「因果報應」，魏氏原文句首有「又以」二字。
〔五〕《吕刑》王曰：「乃命重、黎，絶地天通，罔有降格。」
〔六〕《論語・雍也》文。此孔子理性而包容之態度。
〔七〕《孟子・萬章上》載萬章問：「天與之者，諄諄然命之乎？」孟子答曰：「否。天不言，以行與事示之而已矣。」

辟，豈有罪至四凶，止聞放流竄殛，而庶民小罪，遽毀支體，刻肌膚？舜之五刑，必非三苗之五刑可知也。馬融注皋陶五常之刑，『但有其象』，『無犯』云者〔一〕；五常即《周禮》以鄉八刑糾萬民不孝、不弟、不睦、不婣、不任之刑也〔二〕。鄭注『司圜』亦信唐虞象刑之制，不知何以注《書》又指爲墨、劓、剕、宫、大辟之五刑〔三〕，與《荀子》《墨子》《慎子》所言象刑皆不合。《晉書·刑法志》言之尤詳。鄭知吉、凶、軍、賓、嘉五禮，周制不可以釋唐虞，而以公、侯、伯、子、男五禮代之，奈何又以墨、劓、剕、臏、宫釋唐虞之典乎？傳曰：『三辟之興，皆在叔世。』〔四〕《康誥》：『非汝封〔五〕劓、刵人，毋或劓、刵人。』是周公、成、康時尚無肉刑也。流及穆王，始變舊典，增入《周禮》，遂以『墨罪五

〔一〕《史記·五帝本紀》「象以典刑」句注引《史記集解》馬融語曰：「言咎繇制五常之刑，無犯之者，但有其象，無其人也。」

〔二〕《周禮·地官司徒》云：「以鄉八刑糾萬民：一曰不孝之刑，二曰不睦之刑，三曰不婣之刑，四曰不弟之刑，五曰不任之刑，六曰不恤之刑，七曰造言之刑，八曰亂民之刑。」

〔三〕《周禮正義·秋官司寇·司圜》「掌收教罷民，凡害人者，弗使冠飾而加明刑焉」鄭注云：「弗使冠飾者，著墨幪，若古之象刑與？」又云：「罷民，謂惡人不從化，爲百姓所患苦，而未入五刑者也。」

〔四〕《左傳·昭公六年》叔向使詒子産書曰：「三辟之興，皆叔世也。」

〔五〕「封」，《康誥》原文後有「又曰」二字。

百、劓罪五百、宫罪五百、刖罪五百、殺罪五百』〔一〕及『墨者守門，劓者守關，宫者守内，刖者守囿，髡者守積』〔二〕，列於司寇之職。春秋之世，踊貴屨賤，不讀穆王《甫刑》之書，孰知爲三苗之制？夫子録之於《書》，則知聖人用世，肉刑必當變也。」〔三〕

文治斷之曰：《王制》有言：「刑者，侀也；侀者，成也。一成而不可變，故君子盡心焉。」痛矣夫！肉刑之當除也久矣，然夫子明以五刑載之於《書》者，何也？曰：載之正所以爲戒，而欲除之也，故《書大傳》曰：「《甫刑》可以觀誡。」〔四〕按篇首曰：「惟吕命，王享國百年，耄荒，度作〔五〕刑以詰四方。」史臣大書之曰「耄荒」，夫子亦直述之曰「耄荒」〔六〕。夫耄荒時所作之刑，非先王之制明矣。既非先王之制，而沿用苗

〔一〕《周禮·秋官司寇·司刑》文。

〔二〕《周禮·秋官司寇·掌戮》文，又五句「者」後皆有「使」字。

〔三〕魏氏之論載於《書古微·甫刑發微》。

〔四〕孫星衍《孔子集語》所收《尚書大傳略説》。

〔五〕「作」後，《吕刑》原文有「詳」字。

〔六〕按：《尚書正義·吕刑》題下孔疏云：「經言陳罰贖之事，不言何代之禮，故序言『訓夏』，以明經是夏法……以其事合於當時，故孔子録之以爲法。」是唐先生以爲夫子直録之據。

民之刑，則其當除也，豈非决然無疑者哉？吾友曹氏元弼曰：「刑亂國用〔一〕重典，平國則較輕焉，新國則又較輕焉……穆王之世，天下皆平國……周公之世，有新國，有平國，有亂國……蒲姑、商奄，伐紂〔二〕之餘，皆亂國……當用重典。」然則穆王之時，尚用重典，其可乎？魏氏之論，仁人之言也。

三曰去贖刑。

王氏夫之曰：「刑罰之稱，連類並舉，言刑必言罰，有聞自古，未之或易也。而論者乃曰：罰非古也，奚得哉？《舜典》曰：『鞭作官刑，扑作教刑，金作贖刑』，鞭扑分有所屬，而贖統言之，義例明矣。乃抑爲之訓曰：『贖以施於官教之刑，而五刑不與。不勤道藝而罰以金，塾師不能行於里社，而況國子乎？』其言曰：『五刑而得贖，則富者生而貧者死，貧者刑而富者免，將使富人公於殺人而不忌。』〔三〕夫不揣其本以極其末，則其說伸矣。乃以此爲患，則以施於官教之刑也，將富者可亢玩公事，而弗勤弘誦矣乎？矧

〔一〕「用」，曹氏原文作「之」，載《復禮堂文集·吕刑周官刑典輕重論》。
〔二〕「紂」，曹氏原文作「滅」。
〔三〕王氏所引兩段文字蓋取《書經傳説彙纂》之大意，唐先生故詳爲録之。

《吕刑》固曰五刑疑赦，『閲實其罪』，則罰施于疑赦，而殺人及盜不與於贖，明矣。」〔一〕

《書經傳説彙纂》曰：「此篇專訓贖刑，蓋本《舜典》『金作贖刑』之語。今詳此書，今詳此書，實則不然。蓋《舜典》所謂『贖』者，官府、學校之刑爾，若五刑則固未嘗贖也。五刑之寬，惟處以流；鞭扑之寬，方許其贖。今穆王贖法，雖大辟亦與其贖免矣。漢張敞以討羌兵食不繼，建爲入穀贖罪之法，初亦未嘗及夫殺人及盜之罪，而蕭望之等猶以爲如此則富者得生，貧者獨死，恐開利路以傷治化，曾謂唐虞之世而有是贖法哉？穆王巡遊無度，財匱民勞，至其末年無以爲計，乃爲此一切權宜之術以斂民財，夫子録之，蓋亦示戒。然其一篇之書，哀矜惻怛，猶可以想見三代忠厚之遺意云爾。」〔二〕

文治斷之曰：王氏析刑、罰二字之義，似中於理矣，不知刑與罰特輕重之别爾。余氏慶長説與王氏同，見《湖海文傳》所選〔三〕。稱譽穆王，尤加詳焉，而《傳説彙纂》乃適與相反，何也？

夫聖人所以治天下，曰均，曰平。罰鍰之例，富者僥倖，貧者向隅，豈得謂之均平

〔一〕王氏《尚書引義·吕刑》文。
〔二〕此爲《欽定書經傳説彙纂·吕刑篇》題下按語。
〔三〕余氏《君牙、冏命、吕刑論》，收入王昶《湖海文傳》。

乎？唐虞之世，風氣醇樸，或可行之而無弊。至於尚忠尚質之遞嬗，已不得不改矣，而況於成周乎？

且不特此也。後代機變日出，飾僞萌生，罰鍰之例，能不以意爲輕重乎？罰鍰之費，其果入之於公家乎？抑入之於私橐乎？若意爲輕重，而入之私橐，是教天下以貪冒也，其尚成爲政體乎？

更不特此也。賞與罰殊塗而同歸，罰可納貲而得免，則賞可納貲而邀榮。於是後世有捐金而得官爵者矣，是導天下貨賄也。政以賄成，國尚可以爲治乎？然則罰鍰之律，夫子所以不删之者，亦將以示戒而欲去之者也。《傳説彙纂》之論，智者之言也。

附考

按：《書傳》引此篇爲《甫刑》〔一〕，孔氏穎達曰：「《崧高》篇爲宣王之詩〔二〕，云『生甫及申』；《揚之水》爲平王之詩，云『不與我戍甫』，明子孫改封爲甫侯……穆

〔一〕《尚書正義·呂刑》題下引曰：「傳曰：後爲甫侯，故或稱《甫刑》。」

〔二〕「《崧高》篇爲宣王之詩」，《尚書正義》作「以《詩·大雅·崧高》之篇宣王之詩」。

王時未有甫名，而稱爲《甫刑》者，後人以子孫之國號名之也。」又林氏之奇〔一〕曰：「吕與甫〔二〕，猶荆與楚〔三〕、殷與商也〔四〕。」

吕氏枏曰：「《吕刑》之序〔五〕，『若古有訓』至『惟腥』，言苗民承蚩尤之亂而淫刑也。『皇帝哀矜』以下，言舜之德威也；『乃命重、黎』以下，言舜之德明也，蓋皆因鰥寡有辭于苗也。『乃命三后』以下，言羣臣輔舜之德，威德明也，由是而始命皋陶制刑耳。『穆穆』以下，申制刑之故也。『典獄』以下，言用刑之善也。『四方司政』以下，則明當時諸侯以苗爲戒，以伯夷爲勉也。『伯父、伯兄』以下，言勉伯夷者在乎〔六〕勤敬也……曰叔父〔七〕兄弟子孫者，即四方典獄也，舉其親者而言之，欲其言之入也。『有邦有土』

〔一〕林之奇（一一一二～一一七六）字少穎，號拙齋，福州人，著有《尚書全解》《春秋、周禮論》《孟子講義》《論語注》《揚子解義》《道山紀聞》《拙齋集》等。
〔二〕「吕與甫」，林氏《尚書全解·吕刑》作「蓋甫與吕」。
〔三〕「與」，林氏原文作「之與」。
〔四〕林氏原文「與」作「之與」，句末無「也」字。
〔五〕《吕刑》之序」，吕氏原文句末有「云何」二字，載《涇野先生尚書説要·吕刑》。
〔六〕「在乎」，吕氏原文前有「惟」字。
〔七〕「叔父」，吕氏作「父叔」。

者，亦即四方典獄也，舉其責而言之，欲其言之行也；至擇人敬、刑度及，則舉其要也。『兩造具備』至『有并兩刑』，即其所謂事焉耳。然『兩造』以下，皆言從輕之意，恐其出罪也，則言『五過之疵』；『五刑之疑有赦』以下，復言重之意，恐其入罪也，則定刑罰之條。然此皆所謂經也，至『上刑適輕』以下，則又言刑罰之權耳。故『罰懲』以下，申擇人也；『察辭』以下，申敬刑也；『獄成』以下，申度及也。其『官伯族姓』以下，則又言其本也，本者明清而無私家耳……『嗣孫』以下，則告後世也〔一〕。然〔二〕曰『哲人』，曰『屬于五極』，則亦擇人、敬刑、度及之意也。」

費誓篇　政鑑　論軍紀之當整，軍法之當嚴

武王崩，三監叛，淮夷、徐戎，同時並興，伯禽征之，作《費誓》。此侯國之事也，而繫於帝王之書，何哉？

〔一〕「也」，吕氏作「耳」。
〔二〕「然」後，吕氏原文有「其」字。

呂氏祖謙曰：「禹之家學，見於《甘誓》；周公之家學，見於《費誓》。啓之〔一〕嗣位，騾當有扈之變〔二〕；伯禽〔三〕就封，騾當徐夷之變〔四〕。觀其〔五〕誓師……曲折纖悉，若老於行陣者……是以知禹〔六〕、周公之家學，蓋本末具也〔七〕。」斯言也，得孔子删《書》之旨矣！然吾謂孔子載兹篇之意，要在於整軍紀，嚴軍法，以立萬世之大防。

夫「馬牛其風，臣妾逋逃」，非真風與逋逃也，乃軍士藉口於風與逋逃而越逐之耳！浸至「踰垣牆，竊馬牛，誘臣妾」，則淫掠殺奪無所不至矣！嗚呼！天道人情，忠恕而已矣！凡人孰無身家？有身家則孰無牲畜？孰無臣妾？而乃狐假虎威，至於踰之、竊之、誘之，使他人而施之於我，其將何以爲情？《周禮·大司馬》九伐之法，「外内亂，鳥獸行，則滅之」，凡若此類，所謂鳥獸之行，以天道而論，當草薙而禽獮之者

〔一〕「之」，吕氏《增修東萊書説·費誓》作「初」。
〔二〕吕氏原文句首有「而」字。
〔三〕「伯禽」後，吕氏原文有「初」字。
〔四〕「騾當徐夷之變」，吕氏原文句首有「而」字。
〔五〕「觀其」，吕氏原文作「一旦」。
〔六〕「禹」，吕氏作「大禹」。
〔七〕「蓋本末具也」，吕氏原文作「蓋本末具舉而無所遺也」。

也。是故論《吕刑》之民法，則務取其寬；而論《費誓》之軍法，則務取其嚴。《甘誓》曰：「左不攻于左，汝不恭命；右不攻于右，攻，治也。鄭云：「左，車左。」「右，車右。」〔一〕汝不恭命；御非其馬之正，汝不恭命。用命賞于祖，弗用命，戮于社，予則孥戮汝。」此以行陣中之軍法而言也。本篇曰「有常刑」「有大刑」，此以行軍時之軍法而言也。曰「峙峙，儲備也。乃糗糧」「峙乃楨榦」楨榦，版築之木。「峙乃蒭〔二〕茭」，蓋糗糧、楨幹、蒭茭而有不儲備者，不至掠民食、奪民居、躪民具不止，故曰：「汝則有無餘刑，非殺。」而解之者曰：「非殺者，罪不至於殺。」友人曹氏元弼曰：「軍令尚嚴，言『非殺』，則非威衆之辭……『有無餘刑，非殺』係倒句法〔三〕……言〔四〕非殺即奴，重則殺之，輕亦並其身家奴之。《甘誓》『不用命戮于社』，謂殺也；『予則孥戮汝』，謂無餘刑也。」嗚呼！可謂嚴矣。《周易》師卦之《象傳》曰：「師，衆也；貞，正也。能以衆正，可以王矣。」大象傳曰：「師，君子以容民畜衆。」蓋行師以正，則能容民而畜衆；不能以正，則民

〔一〕鄭注載《尚書正義·甘誓》「左不攻于左，汝不恭命」及「右不攻于右，汝不恭命」句下。
〔二〕「蒭」，《費誓》作「芻」。
〔三〕曹氏原文作「竊謂此係倒句法」，無「有無餘刑，非殺」句，載《復禮堂文集·〈書〉〈周禮〉從坐法辨》。
〔四〕「言」字，曹氏文無。

不能容，衆不能畜，彼民衆且倒戈而向我矣。

綜覽古來歷史，凡縱兵淫掠，寇攘其民者，未有不反及其身與其子孫者也。《孟子》曰：「殺人之父，人亦殺其父；殺人之兄，人亦殺其兄。」〔一〕曾子曰：「出乎爾者反乎爾。」〔二〕易戈以殺，天道昭然，不爽毫髮。吁！可畏哉！可畏哉！

王氏夫之曰：「古者兵與農合，兵退猶得爲農。後代兵與農分，兵退不能復爲農，大軍一潰，即成寇盜。苟攜有一刀一矛，即可横行閭閻，殘民以逞，而況火器慘毒，日出而不窮乎！」〔三〕然則兵也者，造物生機之所係，而即殺機之所寓也。生民造福之基，而即作孽之府也。三世爲將，道家所忌。後世治兵者，得吾論而讀之，其亦有恫於厥心者乎？

〔一〕《孟子・盡心下》文。
〔二〕《孟子・梁惠王》載孟子引曾子之言曰：「戒之戒之！出乎爾者，反乎爾者也。」
〔三〕王氏《讀通鑑論・簡文帝》：「三代寓兵於農，封建之天下相承然也……漢一天下，分兵民爲兩途……故周迪、留異、熊曇朗、陳寶應奮臂以興；乃至十姓百家稍有心機膂力者，皆嘯聚其閭井之人，棄農桑、操耰鉏，以互相掠奪。於斯時也，彊者自投於鋒刃，弱者坐受其刀鈇，而天下之亂極矣。」

附考

吳氏汝綸曰：「《史記》伯禽即位之後，有管、蔡等反也，淮夷、徐戎亦並與反，於是伯禽率師，伐之於肸，作《肸誓》。裴駰曰〔一〕：『肸，一作鮮，一作獮〔二〕。《尚書》作粊。』司馬貞云粊『即魯卿季氏之費邑地也』〔三〕。鄭《曾子問》注云：『徐戎作難，喪卒，哭而征之……作《粊誓》。』〔四〕疏云伯禽所遭是母喪〔五〕。汝綸按：《堯典》疏云：『孔以《費誓》在《文侯之命》後，第九十九；鄭以爲在《吕刑》前，第九十七。』〔六〕蓋以時代相次，故繫此篇於成王事後。《肸誓》之作，與《大誥》同時。」

〔一〕「曰」，吳氏《尚書故·費誓》原文作「云」。

〔二〕「肸，一作鮮，一作獮」句，乃裴駰《史記集解》載徐廣之説，載《史記·魯世家》「於是伯禽率師伐之於肸，作肸誓」句注下。

〔三〕司馬氏之文載《史記·魯世家》「於是伯禽率師伐之於肸，作肸誓」句注文。

〔四〕鄭注載《禮記正義·曾子問》「孔子曰：『吾聞諸老聃曰：昔者魯公伯禽有爲爲之也。』」下。

〔五〕《禮記正義·曾子問》「子夏問曰」至「吾弗知也」下，孔疏云：「此云伯禽卒哭者，爲母喪也。」

〔六〕孔疏載《尚書正義·堯典篇》題下。

文侯之命、秦誓篇

政鑑　論周、秦二代，國祚盛衰强弱與存亡，所以久暫之理

嗚呼！盛衰强弱之理，豈不微哉！《文侯之命》，周有可以興之幾，而卒至於積弱而不能興者，天也，亦人也。《秦誓》，秦有大興之兆，而卒至於强暴終歸於滅亡者，人也，亦天也。此豈獨其幾然哉？即考其文章之聲音，與其志氣，可以察其强弱之故矣！

周公繫《易》至既濟卦，六爻發揮，剛柔當位，可謂正矣。而其爻辭曰：「繻有衣袽，終日戒。」至孔子，又發明思患預防之旨，憂危如不及者，何哉？禍福之糾紛，莫測其紀極。天下以相忍爲國者，敷衍因循，不過圖目前之安；以飾僞爲行者，口是心非，而或可取一時之霸。自春秋迄於戰國二百數十年，智力相鬥，風氣相仍，其所以一消而一息者，舉不外是二篇之書〔一〕。孔子删《書》至此，探原於天道人事之微，殆未嘗不太息流涕，而知周室之終衰，夏聲之將大也。吾故特抉其大義，俾後世之有國家

〔一〕謂《文侯之命》及《秦誓》。

者鑑焉。

王氏夫之曰：「繫《小弁》於《雅》，而不與《揚之水》同列於《國風》，旌孝子之志也。東周無傳書，而録《文侯之命》〔一〕，存周道之遺也。以平王猶有君人之道焉，故《春秋》不始於平王而始於桓王。周之下夷於列國而不可復興，自桓王始。宗周之亡，亡於幽王〔二〕，平王其何咎焉？入《春秋》之三年，經書『天王崩』，君子之所悼也……周之東遷，晉鄭焉依……安其身而後動，則鄭居虢檜之墟，以鎮撫東方，而固成周之左臂；定其交而後求，則晉臨汾絳，度〔三〕衣帶之河水，而即踐雍州之庭。故其後，晉之持秦者五百餘載。韓不亡，而雒邑之九鼎，秦雖暴不敢問也。則平王之授鄭政者，爲綢繆根本之遠圖；而其錫命義和也，乃控制關中之至計……賜之弓矢，假以專征，所以睦晉而制秦也。平王之志深矣。」〔四〕

文治斷之曰：嗚呼！王氏之言，於周室盛衰之際，可謂至矣。而顧氏炎武以爲

〔一〕「而録《文侯之命》」，王氏《尚書引義・文侯之命》句後有「繼《畢》《冏》」三字。
〔二〕「亡於幽王」，王氏原文作「則亡於幽王矣」。
〔三〕「度」，王氏原文作「渡」。
〔四〕王夫之《尚書引義・文侯之命》文。

平王與聞乎弒幽，其論頗爲刻覈。見《日知録》〔一〕。而後儒亦多責平王者，何哉？竊以爲平王不過孱弱之主耳，責以扶衰起弱，固非其人。蓋天之衰周也，非人之所能爲也。當厲王時，以惡聞其過，公卿懼誅而禍作，厲王遂奔於彘。止謗之害如此，可爲殷鑑矣。幸一傳而得宣王，稍復文、武之遺規，乃再傳而爲幽王，虐燄更甚，赫赫宗周，褒姒滅之，讀《苕華》《何草不黄》之詩，令人於邑不能置。平王痛我生之不辰，哀逢天之癉怒，《小弁》之詩曰：「行有死人，尚或墐之。」蓋其不死於幽王、褒姒之手，亦幾希矣。故《孟子》曰：「親親，仁也。」〔二〕平王固尚得親親之道焉。厥後倉皇東徙，收拾殘棋，其晉、鄭是依者，亦事急而相隨耳！唐柳宗元曰：「周之亡〔三〕久矣，徒見空名於公侯之上耳！」不幸而又得不肖子桓王，一啓祭足取禾之師，再開祝聃射肩之禍，而周室之積弱，從此不振矣，可不悲哉！以《周易》消息大義言之，幽王迷復〔四〕之凶也，平

〔一〕顧氏《日知録·文侯之命》。
〔二〕是句均見《孟子·告子下》及《盡心上》二篇。
〔三〕「亡」，柳氏《封建論》作「喪」。
〔四〕《易》復上六爻云：「迷復，凶。」《左傳·襄公二十八年》子大叔曰：「《周易》有之，在復之頤，曰：『迷復，凶。』其楚子之謂乎？欲復其願，而棄其本，復歸無所，是謂迷復。」是明迷復乃失本之象。

王剥果之不食也〔一〕。剥而不復於陽，則臣弑其君、子弑其父，而入於坤，履霜堅冰〔二〕，非一朝一夕之故〔三〕。孔子删《書》而載《文侯之命》，其感喟於盛衰之際，爲如何也？嗚呼！以孱弱之君主，值昏闇之嗣君，而猶得以守府也，則天之所以待周者爲不薄也。吾反覆王氏之言，爲之掩卷而流涕也。

王氏夫之曰：「《秦誓》之言，非穆公之心也。穆公所欲爭衡於晉，得志於東方者，夢寐〔四〕弗忘，則所昧昧以思者，終仡仡之勇夫也。故公孫枝得以終引孟明帥彭衙之師以拜賜。然而姑爲誓以鳴悔者，其是非交戰之頃，心尚有懲而言軌於正。夫子録之，録其言也。取其乍動之天懷，而勿問其隱情内怍〔五〕、終畔其言之隱〔六〕，聖人之

〔一〕《易》剥上九爻云：「碩果不食，君子得輿，小人剥廬。」

〔二〕《易·坤·文言》云：「臣弑其君，子弑其父，非一朝一夕之故，其所由來者漸矣，由辯之不早辯也。《易》曰『履霜，堅冰至』，蓋言順也。」

〔三〕剥初爻至五爻皆爲陰爻，獨上爻爲陽爻，剥不復於陽，則上爻便轉爲陰爻，全卦皆作陰爻，乃成坤卦。唐先生以此言周室積弱已久，早失其本，幽王至終皆違逆於道，遂至平王處下淩於上、唯晉、鄭是依之艱困局面。

〔四〕「寐」，王氏《尚書引義·秦誓》作「寢」。

〔五〕「怍」，王氏原文作「怙」。

〔六〕「隱」，王氏原文作「慝」。

宏也。夫豈穆公之心哉……夫秦乘周之東〔一〕，竊起而收岐豐之地；聞晉之亂，因釁而啓河東之土……天下不亂，則秦不能東向〔二〕而有爲；天下有憂，則秦以投閒而收利。有時坐睨，而持天下之長短；有持挑釁，而疲天下於奔命。始於秦仲，訖於始皇，并諸侯，滅宗周，一六合，皆是術也。乃既以陰謀秘計，徼利於孤寡惸獨〔三〕，以成其功……而〔四〕惟恐以其中心之蘊，暴著於世，而生人心之怨惡……故孟明、西乞、白乙之徒，成不能分功，而敗則爲之任過〔五〕……其始也，固相與屏衆密謀，以徼幸於一旦；事之僨裂，乃昌言以斥之〔六〕衆，曰：『仡仡勇夫……我尚不欲。』截截善諞言〔七〕……我皇多有之。』……是穆公之誓衆而移罪於三師者，外以間諸侯之口，内以謝寡妻孤子之痛怨，而非以情也……故夫子録《秦誓》於《書》，爲人君得失之衡」云。

〔一〕「夫秦乘周之東」，王氏原文作「夫秦則異是已，乘周之東」。
〔二〕「向」，王氏原文作「嚮」。
〔三〕「獨」，王氏原文作「弱」。
〔四〕「而」，王氏原文作「則又」。
〔五〕王氏原文句末有「也」字。
〔六〕「之」，原文作「之於」。
〔七〕「截截善諞言」，《秦誓》原文句首有「惟」字。

文治斷之曰：嗚呼！誠僞之界，一心生死之判，即一國生死之判也。自古迄今，口是心非之禍，豈不烈哉！讀《秦誓》之文，穆公固儼然聖賢人也，曰「責人無難，受責惟艱」〔一〕，所謂「躬自厚而薄責於人」也；曰「日月逾邁，若弗云來」，所謂「學如不及，猶恐失之」也；曰「古之謀人，未就予忌〔二〕」，（未，一本作來；忌，通作惎，謀也。）所謂「大有爲之君，欲有謀焉，則就之」〔三〕也；曰「詢兹黄髮，則罔所愆」，所謂「雖無老成人，尚有典型」〔四〕也；曰「仡仡勇夫……我尚不欲。截截善諞言〔五〕……我皇多有之」，所謂「尚德不尚力，尚行不尚言」也；至於昧昧思一介臣〔六〕，則明於君子小人之辨，「能好人，能惡人」〔七〕也。乃考其所爲，無一與之相合者〔八〕。觀於殽師之後，繼以彭衙；彭

〔一〕「責人無難，受責惟艱」，《秦誓》作：「責人斯無難，惟受責俾如流，是惟艱哉！」

〔二〕「未就予忌」，《秦誓》句首有「則曰」二字。

〔三〕《孟子·公孫丑下》：「故將大有爲之君，必有所不召之臣。欲有謀焉，則就之。」

〔四〕《詩·大雅·蕩》句。

〔五〕《秦誓》句首有「惟」字。

〔六〕《秦誓》云：「昧昧我思之。如有一介臣，斷斷猗無他技，其心休休焉，其如有容。」

〔七〕《論語·里仁》子曰：「唯仁者能好人，能惡人。」

〔八〕言秦穆公虚僞爲典型，故《尚書》録以終篇，與堯舜背道而馳也。

衙之後，繼以王官；濟河封尸，觀兵耀武，何尚有絲毫悔過之心哉？

詩人之美文王曰：「詒厥孫謀，以燕翼子。」〔一〕文王之所以詒子孫者，曰道德、曰至誠，故其享天下至八百載之久。穆公之所以詒其子孫者，雖有天下，至二世而滅，其故可知矣。彼其詐僞很戾，相習成風，如張儀、如范睢、如商鞅、李斯之徒，無非口是而心非者。吕不韋删拾《春秋》，儼然著作，其所紀《月令》曰：「不可以稱兵，稱兵必天殃……毋變天之道，毋絶地之理，毋亂人之紀。」及考秦之事實，亦無一與之相合者，詐僞之極，遂至以吕易嬴。始皇出，並舉穆公所謂誨過之書，一火而焚之，彼其心蓋以爲祖宗不足法，子黎民爲不足保，而榮懷之邦，必使之杌隉而底於亡也，豈不哀哉！是故《駟驖》《車鄰》，《小戎》〔二〕板屋，民氣非不勇也，「於我乎，夏屋渠渠」〔三〕；禮士非不至也，然而「所謂伊人，在水一方」〔四〕，蒹葭白露之中，未嘗無賢人君子，乃溯洄之而不肯出者，豈非知機械變詐、陰謀詭計之邦，國祚必不能久長哉？

〔一〕《詩・大雅・文王有聲》句。
〔二〕以上三詩皆在《秦風》。
〔三〕《詩・秦風・權輿》句。
〔四〕《詩・秦風・蒹葭》句。

然而《大學》亦採《秦誓》，何也？夫《大學》固以「誠意」爲本者也，其引《秦誓》，與《楚書》舅犯之言〔一〕並列，俱不以人廢言爾。

嗚呼！人心之漓也，世變之亟也，王霸之升降，如江河之日下也，孔子删《書》，至《文侯之命》《秦誓》二篇，其意蓋明示之曰：如是則盛，如是則衰；如是則强，如是則弱；如是則積弱者猶可以暫存，如是則暴强者必至於終滅。蓋至此而帝王授受之意，蕩焉已至於盡矣。《孟子》曰：「《詩》亡然後《春秋》作。」〔二〕至於《秦誓》，而《書》亦亡矣。嗚呼！其可痛也已！其可鑑也已！

附考

李氏謹思〔三〕曰：「《周書》終於《文侯之命》，而以《秦誓》附焉，蓋世變往來之會，王霸升降之機。周遷洛邑而周日弱，秦得鎬京而秦日强。平王之詩，下儕列

〔一〕《禮記·大學》引《楚書》舅犯之言云：「楚國無以爲寶，惟善以爲寶。」
〔二〕《孟子·離婁下》文。
〔三〕李謹思字明道，號養吾，宋元之際饒州人，著有《書經注》等。

國，而秦《車鄰》附見焉；平王之書，續以列國，而《秦誓》附見焉。《春秋》之筆，於秦每人之，以尊周也；而天下之勢駸駸趨於秦，夫子得不見其幾微於定《書》删《詩》作《春秋》之際乎？」〔一〕

吴氏汝綸据《史記》作「晉文侯命」，以爲係周襄王命晉文公事〔二〕，與先儒説異，似未可從。按：晉獻公滅虢，雖貪其土地，亦以遏秦而屏周。若《文侯之命》作於周襄王，豈有不追溯晉獻公之事？吴氏之説雖新穎，未免失考。

〔一〕李氏説載《欽定書經傳説彙纂·秦誓·總論》。

〔二〕吴氏説載《尚書故·文侯之命》，其引《史記·晉世家》載「周作晉文侯命」之語，以及《新序》載晉文侯納襄王誅大叔而受賜爲伯，以爲《文侯之命》即「晉文侯命」之事。

尚書應讀書目表

書名	作者時代、姓名	評語
尚書大傳	漢 伏勝	今文家之祖，古義最多。
尚書馬鄭注	後漢 馬融季長、鄭玄康成	是書宋王應麟輯，清孫星衍補，爲古文家所本。
尚書正義	唐 孔穎達沖遠	真僞雜疏，識者不取，可作備考。
尚書集傳	宋 蔡沈九峯	説義理疏通明顯，惟古義寖微。
書纂言	元 吴澄草廬	宗朱子説，分別今、古文真僞，燦然大明。
尚書考異	明 梅鷟致齋	辨僞古文極精闢，人心、道心説尤詳密。
尚書引義	清 王夫之船山	識見獨闢，惟意義或有晦澀之處。
古文尚書疏證	清 閻若璩百詩	考覈精詳，爲治古文家先河。

古文尚書撰異	清	段玉裁若膺	訓詁極精，勝於閻書。
古文尚書考	清	惠棟定宇	壁中古文賴以釐正。
尚書集注音疏	清	江聲艮庭	採集古注，廣大宏博。
尚書後案	清	王鳴盛西莊	述鄭氏學源流賅貫，辨僞書出處尤爲詳博。
欽定書經傳説彙纂	清	王頊齡、張廷玉等	樸實説理，每篇前後按語尤精。
尚書今古文注疏	清	孫星衍淵如	集段、江、王三家之長，古誼搜採無遺。
尚書既見	清	莊存與方耕	獨闢町畦，偶有偏見處。
書序述聞	清	劉逢禄申受	雖拘拘於《書序》，而源流亦備。
書古微	清	魏源默深	廣博宏通，能抉經之心，執聖之權。
尚書啓幪	清	黄式三薇香	實事求是，簡當無倫，最便初學門徑。
今文尚書經説考	清	陳喬樅樸園	於今文學家左右采獲，備極精詳。
尚書講義	清	黄以周元同	上下千古，獨見大義，訓詁亦多超越先儒。

尚書説〔一〕	清　吴汝綸摯甫	深得司馬子長之學，每有新穎之義，爲前人所未發。
尚書集注述疏	清　簡朝亮竹居	蒐羅宏富，兼長義理，序文及問答尤能提要鉤玄。
尚書誼略	清　姚永概叔節	精簡與《啓幪》相近，亦多古義。
尚書論略	近人陳柱柱尊	開示初學門徑，新而不腐。
以上專門書。		
禹貢錐指	清　胡渭朏明	地理最精詳，乃有實用之書。
禹貢鄭注釋	清　焦循禮堂	發明鄭注，多古義。
泰誓答問	清　龔自珍定盦	説極宏通。
洪範大義	清　唐文治蔚芝	「政鑑」最可採。
以上專篇書。		
日知録	清　顧炎武亭林	論盛衰存亡，獨有千古。

〔一〕此即《尚書故》。

經義考	清　朱彝尊竹垞	考據詳備。
望溪集	清　方苞望溪	説《書》亦有獨到處。
東原集	清　戴震東原	雖無專書，而考核特精確。
白田草堂存稿	清　王懋竑予中	精闢處與亭林相近。
經義述聞	清　王引之伯申	平實精當。
揅經室集	清　阮元芸臺	敷陳大義，足輔江、段諸君所未逮。
東塾讀書記	清　陳澧蘭甫	平正能見其大。
羣經平議	清　俞樾蔭甫	多新義。
經學文鈔	清　曹元弼叔彦	彙集諸家，開示門徑。

以上參考書。

詩經編

整理説明

本編收録唐先生《詩經大義》卷首並正文八卷凡九卷，並附録先生講義《詩經分類大綱（人心通於政理之本原）》，以見宗旨。

唐先生重視詩教，於《詩》學由衷關懷，並付諸實踐；倡導中和之德，培養君子人格，而關懷蒼生百姓，乃爲主導；興觀羣怨，視爲孔門家法，耳提面命，以端士習，養仁心。先生推行詩教，從培養性情與端正人格兩面切入，從「性情教育」而進至「君子教育」；詩教、禮教相輔相成，所以端正性情，培養善良心術；故説《詩經》所以教人與救世，故必以義理爲歸，由博歸約，啓發學子良知良能。其《詩經》學專著，唯一九三九年刊行之《詩經大義》九卷，乃先生《詩經》學大綱要目所在。

《詩經大義》特色在於分類，分類乃唐先生經學所至重視之門法。其書卷首綱要九節，通盤介紹《詩經》文獻學之内容，皆實事求是；卷一以下正文凡八卷，一卷一義類，開拓八目，建基於孔子教《詩》之基本原則。根據唐先生《自訂年譜》戊辰（一九二八)六十四歲譜六月載:「擬編《詩經大義》,分倫理、性情、政治學等,凡八類,因衆説浩繁,僅訂序目。」可見此書之序目,即其義類序言,乃草成於先生學術狀態最爲活躍時期,載在一九三八年刊出之《茹經堂文集》三編,而内文題下注明成文年份爲一九二九年。則此書之結撰自一九二九年始,此後歷十年時間,分選詩篇,以詩歌文本展示詩義。所録《詩》篇,倫理十六首、性情十六首、政治十六首、社會十二首、農事六首、軍事十五首、義理十首、修辭八首,共選九十九首。訓故注釋外,特爲每一首詩撰寫「詩旨」,乃唐先生邀請單鎮〔一〕與朱文熊〔二〕補充。單、朱兩先生皆是傳統學術精英,非初學生徒,因得此兩位學者協助,是書之學術水平,不下當時任何一家之作。其書正視詩人寫作用心與時代之間密切關係,知人論世,所以視《詩序》爲至要之綫索。先生編《十三經讀本》,採用明刊鄭玄《毛詩箋》,而《詩經大義》例必標出《詩序》,以此體現其堅持《詩經》學師法承傳與詮釋之純粹之特點。

〔一〕單鎮(一八七六~一九六五),字東笙,原名紹鎮,字叔蓀,吴縣人,光緒二十九年(一九〇三)進士;曾任商部部丞,乃唐先生任職商部時之下屬。

〔二〕朱文熊(一八六七~一九三四),字叔子,太倉人,副貢生,師從王祖畬,爲唐先生之同門摯友,去世後,唐先生撰《朱君叔子墓誌銘》,沉痛異常。

先生《自訂年譜》癸酉（一九三三）載：「余前編《詩經大義》，分倫理學、性情學等共八類。吴縣單君束笙、同鄉朱君叔子爲之注釋，每篇後並標詩旨，頗爲精覈。金山高君吹萬名燮來索閲，因寄去。高君大嘆賞，出貲爲印入《葩廬叢書》，極可感。葩廬者，高君書齋名也。」先生門人馮振先生按云「尚未刊」，是《詩經大義》匯集衆功，其出版實非易事。考究其實，《詩經大義》之完整書稿，至一九三九年方始印出，收入高燮《葩廬叢書》。此書成於苦難時代，刊刻不易，以故交通大學與無錫國專及門學子，多未及見。加以世變之亟，亦非意料之所及，以故其書未得行世，亦渺爲人知。而學界於唐先生《詩經》學上之意義與貢獻，多略而不談，而唐先生於《詩經》學之自信，其意義亦隱而不彰也。此書碩果僅存，能保存至今，豈非世運興復之有兆耶？

先生講學於國家多難之時，若其時在上海交通大學之演講稿，如《詩經分類大綱（人心通於政理之本原）》《讀詩經大綱》等，皆苦口婆心，循循善誘，不吝獨到心得，公開示人，皆足以體現學術之誠意。誠中而著外，合而觀之，性情風骨，讀者自深受熏陶而不自知，此非近世斤斤於文字之表所可比擬者也。《詩經分類大綱（人心通於政理之本原）》附録本書之後，而《讀詩經大綱》收在《唐文治文集》中，互參爲要。

整理《詩經大義》，乃據高燮所刊《葩廬叢書》本爲底本，一九八〇年先生門人謝鴻軒先生(一九一七～二〇一二)在臺北影印《十三經讀本》,收羅《詩經大義》於其中,乃碩果僅存之本也。《詩經大義》中之大義專題,自《詩經》「倫理學」以下至《詩經》「修辭學」諸大義,具載《茹經堂文集》中,今並取以參校。至於一九四七年上海交通大學刊出之《唐蔚芝先生演講集》,乃先生於抗戰初期一九三九至一九四一年間國學講座之講演辭,其中關於《詩經》者,成於《詩經大義》出版之後,其所修訂或補充者,多是文章作法之解讀,補充「詩旨」之所未及,皆以「編者謹按」附識。字句差異,出校注明,以見先生精詣與心得之變化。

《詩經大義》内容繁富,歐陽艷華博士與何潔瑩博士擔任初役並精心襄校,方克成編。本編不當之處,大雅指正爲盼。

歲次丁酉立秋　鄧國光　謹誌

詩經大義

詩經大義自叙

或問曰：「近代説《詩》家夥矣，子治《詩》以何家爲宗？」

答曰：吾治經，知「孔門家法」而已。近代諸家，僅供參考，非所宗也。觀《論語》子貢因論貧富而悟《詩》，子曰：「賜也，始可與言《詩》已矣。」子夏因論《詩》而悟禮，子曰：「起予者商也，始可與言《詩》已矣。」兩言始可與言《詩》，則知當時士夫不可與言《詩》者衆矣。孟子引《詩》「迨天之未陰雨」，孔子曰：「爲此詩者其知道乎！」〔一〕引《詩》「天生烝民」，孔子曰：「爲此詩者其知道乎！」兩言爲此詩者之知道，則知前代爲詩之人與後世説《詩》之人，其不知道者亦衆矣！《詩》可以拘墟穿鑿乎哉？《易傳》曰：「引而伸之，觸類而長之。」又曰：「惟變所適。」説《易》如此，説《詩》何獨不然？《論語》引《詩》「不忮不求」以次「不耻緼袍」之下，引《詩》「深則厲，淺則揭」以續

〔一〕孔子語見引於《孟子·公孫丑上》。

「有心擊磬」之詞，何其陳義之微遠也！

知家法者厥惟曾子，其釋《大學》止至善，引《詩》「邦畿千里，緜蠻黄鳥」，何其況譬之平易也！

知家法者厥惟子思子。《中庸》引《詩》「鳶飛魚躍」，曰「言其上下察也」；引《詩》「衣錦尚絅」，曰「闇然而日章」；引《詩》「潛雖伏矣」，曰「内省不疚」；何其見道之活潑也！

知家法者厥惟孟子，其引《詩》以證公劉之好貨、太王之好色，斷章取義，委曲以曉時君無論已。其引《詩》「自求多福」，一則戒般樂怠敖，一則勉反求諸己；引《詩》「誰能執熱」，以喻「欲無敵於天下，而不以仁」〔一〕，何其取義之警惕而深切也？至於「不以文害辭，不以辭害志，以意逆志，是爲得之」，卓然爲千古説《詩》之定論。

後代之知家法者，其惟韓嬰乎？如釋「不忮不求」，以爲福者禍之基、利者害之萌〔二〕；

〔一〕《孟子·離婁上》文；「誰能執熱」見《詩·大雅·桑柔》。

〔二〕韓嬰《韓詩外傳》卷一云：「利爲害本而福爲禍先，唯不求利者爲無害，不求福者爲無禍。《詩》曰：『不忮不求，何用不臧。』」

釋「子有衣裳，弗曳弗婁；子有車馬，弗馳弗驅」〔一〕，以爲「佚四肢，全耳目，平心氣而百官理」〔二〕之類是也。

漢唐以來治《詩》諸儒，如毛公、如鄭君、如朱子，各自深造，未敢輕議。其餘滯心章句、沈溺訓詁，皆不免局於一隅，豈能儕賜、商之列而可謂之知道乎哉？

或問曰：「古《詩》三千篇，孔子删之爲三百十一篇，亦云嚴矣。兹復從而整理之，何也？」

答曰：整理之云，則吾豈敢！雖然，吾所遵守者，孔子之家法也。孔子之教學《詩》曰興觀羣怨、事父事君、多識而已。竊爲之比其類焉，曰倫理學，所以事父事君者也；曰性情學，可以興、可以怨者也；曰政治學，可以觀者也；曰社會學，可以羣者也；曰農事學、曰軍事學，則政治學之支流，而亦可以觀者也；循是六者，天下國家盛衰興亡治亂之迹概可知矣。曰詞藻學，則多識之緒餘也；曰義理學，則根于「思無邪」之旨而深入于倫理、性情之精微者也。孔子之告子路曰：「知之爲知之，不知

〔一〕《詩·唐風·山有樞》。
〔二〕韓嬰《韓詩外傳》卷二第二十四章。

爲不知。」分類之學也；孟子斥人之「不知類」，而《禮記·學記篇》言大學之教貴乎「知類通達」，惟知類然後能通達；孔子歎誦《詩》者之不達，謂其「不知類」也。然若因吾之分類而泥焉，或廢全經而不讀，則貽誤後學之人矣。性情、修辭二類，貫徹全經，本書僅舉大綱，學者當心知其意，更未可拘泥。

或問曰：「家法、分類既得而聞之矣，敢問《詩》之爲道，本原安在？」

答曰：大哉問矣！夫《詩》也者本乎至性，發爲聲音，而流行於宙合之間，記曰：「大樂與天地同和。」天地之氣，中和而已矣。《周官·大司徒》「教六德」曰智、仁、聖、義、忠、和，惟智而後能仁，惟聖而後能義，惟忠而後能和也。鄭注：「忠，言以中心。」《中庸》曰：「致中和，天地位焉，萬物育焉。」惟立天下之大本，而後能行天下之達道也。喜怒哀樂之微，充之即貞淫正變之故。《易傳》曰：「聖人感人心而天下和平。」觀其所感，而天地萬物之情可見，《詩》之謂也。夫聖人所以感人心者，豈有他哉？聲音而已矣。昔在成湯，聖敬日躋，赫聲濯靈，粤惟阿衡，左右商王，其爲《頌》也，音廣而大。穆穆文王，純亦不已；濟濟多士，秉文之德，其爲《頌》也，音清而明。二《南》爲夫婦綱紀，萬福之原，故夫子于伯魚行昏禮，教以「女爲」〔一〕，「美哉！始基之矣」。〔二〕《小雅》首《鹿鳴》之三〔三〕，《大雅》首《文王》之三〔四〕，淵淵乎！熙熙乎！凡工師肄業所及，皆足感一世之人心矣。厲、幽而降，王澤既竭，頌聲遂寢。《匪風》思王，《下泉》思霸，「顧瞻周道」，民不聊生，於是「其哀心感者其聲噍以殺」，「其怒心感者其聲粗以厲」，勞人思婦，煢獨孤寡，怨咨愁歎之聲遍于閭閻，變風變雅，君子不忍卒讀焉。《孟子》曰：「王者之跡熄而《詩》亡，《詩》亡然後《春秋》作。」夫詩固未嘗亡也，彼五言七言之體，何嘗一日熄哉？惟夫太師陳詩之職廢，而人心好惡是非之公，不明于天下，此其所以爲亡耳。六朝五季以還，滿目干戈，殺機盈溢，「民今方殆，視天夢夢」，禮壞樂崩，而工歌之制非特不可得而聞，抑且不可得而考矣，惜哉！痛哉！記曰：「凡音之起，由人心生也。」又曰：「審音知樂，審樂知政。」竊觀于《詩》，默察夫商周以來二千餘年世運升降之原，不禁感慨係之。我亦欲正人心，

〔一〕「女爲」出《論語·陽貨》，孔子謂伯魚曰：「女爲《周南》《召南》矣乎？人而不爲《周南》《召南》，其猶正牆面而立也與？」

〔二〕《左傳·襄公二十九年》載吴公子札之言。

〔三〕《鹿鳴》之三即《鹿鳴》《四牡》《皇皇者華》三詩。

〔四〕《文王》之三即《文王》《大明》《緜》三詩。

詎詖行，不揣僭妄，私比于子輿氏矣〔一〕。

是書既成，爲注釋者，吴縣單君束笙、太倉朱君叔子；助余印成者，金山高君吹萬，並編入《葩廬叢書》云。

太倉唐文治自序

〔一〕子輿氏，孟子也。唐先生自任，師孟子也。

卷首

《詩經》綱要

孔子删《詩》

《史記·孔子世家》：「古者《詩》三千餘篇，及至孔子，去其重，取可施於禮義，上采契、后稷，中述殷、周之盛，至幽、厲之缺，始於衽席，故曰：『《關雎》之亂以爲《風》始，《鹿鳴》爲《小雅》始，《文王》爲《大雅》始，《清廟》爲《頌》始。』三百五篇，孔子皆弦歌之，以求合《韶》《武》《雅》《頌》之音，禮樂自此可得而述。」

《漢書·藝文志》：「古有采詩之官，王者所以觀風俗，知得失，自考正也。孔子純取周詩，上采殷，下取魯，凡三百五篇，遭秦而全者，以其諷誦，不獨在竹帛故也。」

鄭康成《六藝論》：「孔子録周衰之歌，及衆國賢聖之遺風，自文王創基，至於魯

僖，四百年間，凡取三百五篇，合爲《國風》《雅》《頌》。」〔一〕

漢時傳《詩》者四家

一、《魯詩》，出於魯申培公《史記·儒林傳》。申公之學，受諸浮丘伯《漢書·儒林傳》。而伯乃荀卿弟子劉向《荀子序》。荀卿爲子夏五傳弟子《釋文·叙録》，則源出於子夏也。楚元王交，少與申公俱受《詩》於浮丘伯，元王好《詩》，諸子皆讀《詩》，申公始爲《詩》傳，號《魯詩》《漢書·楚元王傳》。後居家教授，弟子自遠方至者千餘人，爲博士者十餘人，大夫、郎、掌故以百數《漢書·儒林傳》。蓋三家之學，魯最先出，其傳亦最盛。《漢志》有《魯故》二十五卷，《魯説》二十八卷，皆申公所傳也。

一、《齊詩》，出於齊轅固生，景帝時爲博士《史記·儒林傳》。作《詩傳》，號《齊詩》《釋文·叙録》。齊之言《詩》皆本固，諸齊人以《詩》貴顯，皆其弟子《史記·儒林傳》，而夏侯始昌最明，始昌授后蒼《漢書·儒林傳》。《漢志》有《齊后氏故》十卷，《齊后氏傳》三十九卷，皆蒼所述也。蒼授翼奉，奉上封事，稱述六情五際《漢書·本傳》，《詩緯·推度災》

〔一〕《毛詩注疏·詩譜序》疏引。

《汎曆樞》之説合。蓋始昌明於陰陽，善推災異《漢書·本傳》，引《詩》説陰陽災異，當自始昌始，至奉益暢言之也。

一、《韓詩》，出於燕韓嬰《漢書·儒林傳》。推詩人之意，作内、外傳數萬言，其説頗與齊、魯殊，然其歸一也。淮南賁生受之，燕趙間言《詩》者由韓生《史記·儒林傳》。《漢志》有《韓故》三十六卷，《韓内傳》四卷，《韓外傳》六卷，《韓説》四十一卷，皆韓生所傳也，今惟存《外傳》六卷。

一、《毛詩》，出於毛公，自謂子夏所傳《漢書·藝文志》。徐整云：「子夏授高行子，高行子授薛倉子，薛倉子授帛妙子，帛妙子授河間人大毛公，大毛公爲《詩故訓傳》於家，以授趙人小毛公，小毛公爲河間獻王博士，以不在漢朝，故不列於學。」《釋文·叙録》陸璣云：「孔子删《詩》，授卜商。商爲之序，授魯人曾申，申授魏人李克，克授魯人孟仲子，仲子授根牟子，根牟子授趙人荀卿，荀卿授魯國毛亨，亨作《訓詁傳》以授趙國毛萇，時人謂亨爲大毛公，萇爲小毛公。」《毛詩草木蟲魚疏》《漢志》有《毛詩故訓傳》三十卷，其書今存。

以上四家，齊、魯、韓三家，西漢皆列於學官《漢藝文志》。《毛詩》平帝時始立《漢書·儒林傳》，東漢光武仍立齊、魯、韓三家，《毛詩》雖未立，然肅宗嘗詔高才生受之范書《儒林傳》。班孟堅謂：「魯申公爲《詩訓故》，而齊轅固、燕韓生皆爲之傳，或取《春秋》，采雜説，咸非其本義，與不得已，《魯》最爲近之。」《漢・藝文志》。自鄭衆、賈逵傳《毛詩》，馬融作《毛詩注》，鄭玄作《毛詩箋》《後漢書・儒林傳》，申明毛義，難三家，於是三家遂廢《釋文・叙録》。至魏代《齊詩》已亡，《魯詩》亡於西晉，《韓詩》雖存，無傳之者，惟《毛詩鄭箋》立學官《隋書・經籍志》。然鄭君初從張恭祖學《韓詩》范書《本傳》，其作《箋》，間雜《魯詩》，並參己意，實不盡同毛義陳奂《毛詩傳疏・序》。魏王肅更述毛非鄭，王基則駁王申鄭，晉孫毓爲《詩評》，評毛、鄭、王三家同異，實朋於王，陳統復難孫申鄭《釋文・叙録》。祖分左右，垂數百年。至唐孔穎達因鄭《箋》爲《正義》，乃論歸一定，無復歧途《四庫提要》。

自宋鄭樵作《詩辨》，妄攻《小序》，朱子從之，著《集傳》，由是《朱傳》行而毛、鄭又衰。有清諸儒表章毛、鄭，其專申毛、鄭者，有陳奂《毛詩傳疏》；兼申毛、鄭者，有陳啓源《稽古編》、馬瑞辰《傳箋通釋》、胡承珙《毛詩後箋》。至齊、魯、韓遺説，自宋王應麟輯三家《詩考》，清陳壽祺父子、嚴可均、馮登府、馬國翰諸儒，益事搜采，三家遺説，亦藉存於世矣[一]。

[一] 陳壽祺著有《三家詩遺説考》，陳喬樅著有《詩經四家異文考》《詩緯集證》《齊詩翼氏學疏證》《毛詩鄭箋改字説》，嚴可均著有《唐石經校文》《韓詩輯編》，馮登府著有《三家詩遺説》《石經補考》，馬國翰著有《玉函山房輯佚書》。

《詩經》學派傳授之源流如是。

詩序

《詩序》之説，相傳不一。以爲《大序》子夏作，《小序》子夏、毛公合作者，鄭康成《詩譜》也[一]。以爲子夏所序詩，即今《毛詩序》者，王肅《家語注》也[二]。以爲衛敬仲從謝曼卿受學，因作《毛詩序》者，《後漢書・儒林傳》也。以爲子夏所創，毛公及衛敬仲又加潤益者，《隋書・經籍志》也。以爲子夏惟裁初句，以下出於毛公者，成伯璵也。以爲詩人所自製者，王安石也[三]。以《小序》爲國史之舊文，《大序》爲孔子作者，

[一]《經典釋文・毛詩音義》。

[二] 王肅《孔子家語・七十二弟子解》。

[三] 馬端臨《文獻通考・經籍考・毛詩故訓傳》引曰：「鼂氏曰：毛公《詩》，世謂其解經最密。其序，蕭統以爲卜子夏所作，韓愈嘗以三事疑其非，蓋本於東漢《儒林傳》及《隋志》所言。王介甫獨謂詩人所自製。《韓詩》序《芣苢》曰『傷夫也』，《漢廣》曰『悦人也』，序若詩人所自製，《毛詩》猶《韓詩》也，不應不同若是。况文意繁雜，其非出一人手明甚。不知介甫何以言之，殆臆論歟！」

程明道也〔一〕。以首句爲孔子所題，其下毛公發明之者，王得臣也〔二〕。以爲《毛傳》初行尚未有序，其後門人互相傳授，各記師説者，曹粹中也〔三〕。至以爲村野妄人所作，昌言排擊而不顧者，則倡之者鄭樵〔四〕、王質〔五〕，和之者朱子也〔六〕。《四庫提要》參考諸説，定序首二語，爲毛萇以前經師所傳；以下續申之詞，爲毛萇以下弟子所附。

孔門傳《六經》之學者惟子夏，《詩序》雖非子夏自作，必出自子夏無疑。馬貴與謂：「作序之人，無明文可考，然康成謂毛公始置諸詩之首，則自漢以前經師傳授，其去作詩之時，未甚遠也。」且「《鴟鴞》之序，見於《尚書》；《碩人》《載馳》《清人》之序，見於《左傳》，所紀皆與作詩者同時，非後人之臆説也。」「夫本之以孔孟説《詩》之旨，參之以《詩》中諸《序》之例，而後究極夫古今詩人所諷詠之意，則《詩序》之不可廢也

〔一〕程伊川《河南程氏經説·詩解》，卷三。
〔二〕王得臣《麈史》卷中。
〔三〕曹粹中《放齋詩説》，引自段昌武《毛詩集解》。
〔四〕鄭樵《詩辨妄·詩序辨》。
〔五〕王質《詩總聞》。
〔六〕朱子《詩序辨説》。

審矣。」〔一〕馬氏之論，專爲對於朱子而發，頗爲持平。大致《詩序》原出於子夏，而毛公及後經師，皆有所增益，漢人去古較近，其淵源自當可信焉。

陳啓源《稽古編》：「孟子論讀《詩》之法，其要不外二端：一曰『誦其詩，不知其人，可乎？是以論其世』。一曰『説《詩》者，不以文害詞，不以詞害意。』然則學《詩》者，必先知詩人生何時，事何君，且感何事而作詩，然後其詩可讀也。誠欲如此，舍《小序》奚由入哉？何則？凡記載之文，以詞紀世；議論之文，以詞達意；故觀其詞，而世與意顯然可知。獨《詩》則不然。除《文王》《清廟》《生民》數篇外，其世之見於詞者，寥乎罕聞矣。又寓意深遠，多微詞渺恉，或似美而實刺，或似刺而實美，其意不盡在詞中，尤難臆測而知。夫論世方可誦《詩》，而《詩》不自著其世；得意方可説《詩》，而《詩》又不自白其意。使後之學《詩》者，何自而入乎？古國史之官早慮及此，故《詩》所不載者，則載之於《序》，其曰某王、某公、某人者，是代詩人著其世也；其曰某之德、某之化、美何人、刺何人者，是代詩人白其意也。既知其世，又得其意，因執以

〔一〕馬端臨《文獻通考·經籍五》，卷一七八。

讀其詩，譬猶秉燭〔一〕而求物於暗室中，百不失一矣。故有《詩》不可以無《序》也，舍《序》而言《詩》，此孟子所謂『害意』者也，不知人不論世者也，不如不讀《詩》之愈也。」〔二〕陳君之言，深切詳明，足爲學者讀《詩序》參考之資焉。

詩譜

鄭康成據太史《年表》及《春秋》纂輯《詩譜》，旁行斜上，綱舉目張，頌美刺惡，法戒自著，列國風俗之厚薄，累代政教之盛衰，按世以求，得失自見。孟子誦其詩，必以「知其人」、「論其世」爲要義，《詩譜》與《詩》，實有密切之關係。自唐孔穎達《正義》，以《鄭譜》冠於各詩之首，而其旁行之《譜》，寖以失傳，即《正義》所載譜文，亦未完備。宋歐陽修得殘缺《鄭譜》而考訂之，補《譜》十有五，補文字二百有七，增損塗乙，改正者八百八十三，爲《詩譜補亡》。然其所得之譜，殘缺實甚，其增損塗乙，不盡爲鄭譜

〔一〕「燭」，原刻作「獨」。
〔二〕陳啓源《毛詩稽古編・總詁・舉要・小叙》。

之舊觀，舛駁殊多，不足爲據〔一〕。清休寧戴氏東原曾訂《詩譜》，亦沿其誤〔二〕。山陽丁氏儉卿重加補綴，尚未盡善〔三〕。湘潭胡氏子威因襲戴、丁二氏之書，更爲推闡，頗稱精審，其書首列《總譜》，世次可按《譜》而求，次編輯孔氏《正義》十六條，以明列詩先後之序，庶幾可復鄭君旁行之舊，足爲後世誦《詩》論世之助〔四〕。若夫鄭君序文，叙述列國地里沿革，風俗盛衰，古雅樸質，尤不可不熟讀也。

四始

四始之説，先儒言之各異。

《毛詩序》：「以一國之事，繫一人之本，謂之風。言天下之事，形四方之風，謂之雅。雅者，正也，言王政之所由廢興也。政有小大，故有小雅焉，有大雅焉。頌者，美盛德之形容，以其成功告於神明者也。是謂四始，《詩》之至也。」《鄭志》：「《風》也、

〔一〕歐陽修補亡《鄭氏詩譜》。
〔二〕戴震《毛鄭詩考正》。
〔三〕丁晏《鄭氏詩譜考正》。
〔四〕胡元儀《毛詩譜》，載《皇清經解續編》卷一四二六。

《小雅》也、《大雅》也、《頌》也，此四者，人君行之則興，廢之則衰。」是以始爲「王道興衰所由始」〔一〕，此《毛詩》四始相承之説也。

《詩緯·汎歷樞》云：「《大明》在亥爲水始，《四牡》在寅爲木始，《嘉魚》在巳爲火始，《鴻雁》在申爲金始。」〔二〕孔廣森云：「始際之義，蓋生於律，《大明》在亥者，應鍾爲均也，《四牡》則太簇爲均，《天保》夾鍾爲均，《嘉魚》仲吕爲均，《采芑》蕤賓爲均，《鴻雁》夷則爲均，《祈父》南宫爲均，漢初古樂未湮者如此。」〔三〕習詩者多通樂，此蓋以《詩》配律，三篇一始，亦樂章之古法，此《齊詩》四始相承之説也。

魏源《詩古微》云：「《韓詩》以《周南》十一篇爲《風》之始，不僅《關雎》也；《鹿鳴》以下十六篇爲《小雅》之始，《文王》以下十四篇爲《大雅》之始，不僅《鹿鳴》《文王》也；《周頌》亦以周公述文、武諸樂章爲《頌》之始，不僅《清廟》也。」〔四〕均以述文武之

〔一〕《毛詩正義》卷一之一引鄭答張逸云：「風也，小雅也，大雅也，頌也。人君行之則爲興，廢之則爲衰。」又箋云：「始者，王道興衰之所由。」

〔二〕《毛詩正義·關雎序》引。

〔三〕孔廣森《經學卮言·詩》卷三。

〔四〕唐先生概括魏源《詩古微·四始義例》之意，非原文。

德者爲始，此《韓詩》四始相承之説也。

司馬遷《史記》：「《關雎》之亂以爲《風》始，《鹿鳴》爲《小雅》始，《文王》爲《大雅》始，《清廟》爲《頌》始。」魏源《詩古微》云：「古樂章皆一詩爲一終，而奏必三終，從無專篇獨用之例。故《儀禮》歌《關雎》，則必連《葛覃》《卷耳》而歌之；《左傳》《國語》歌《鹿鳴》之三，則固兼《四牡》《皇皇者華》而舉之；歌《文王》之三，則固兼《大明》《緜》而舉之。《禮記》言升歌《清廟》，必言下管《象舞》，則亦連《維天之命》《維清》而舉之。他若金奏《肆夏》之三，工歌《蓼蕭》之三、《鵲巢》之三，笙奏《南陔》之三、《由庚》之三。此樂章之通例，而『四始』則又夫子反魯正樂、正《雅》《頌》，特取周公述文德者各三篇，冠于四部之首，固全《詩》之裘領，禮樂之綱紀焉。」此《魯詩》四始相承之説也。

以上四家之説，《毛詩》偏于政治，《齊詩》囿于律曆，《韓》《魯》相近，惟範圍大小不同耳。《韓詩》以文、武詩爲始之界，《風》之始十一篇，《小雅》之始十六篇，《大雅》之始十四篇，未免太廣，當從《史記》所引《魯詩》爲有根據，《漢書・藝文志》所謂《魯》最爲近之是也。

六義

《毛詩序》：「詩有六義焉：一曰風，二曰賦，三曰比，四曰興，五曰雅，六曰頌。」其説本於《周禮・春官》「太師教六詩」，孔穎達曰：「六義六詩，其實一也。風、雅、頌爲三經，乃《詩》之種類，賦、比、興爲三緯，乃《詩》之體例。」〔一〕

《風》者，出於里巷之歌謡，《周南》《召南》親被文王之化，得性情之中正，其言樂而不淫，哀而不傷，故爲正風。自《邶》以下，國之治亂不同，人之賢否亦異，其所感而發者，有邪正是非之不齊，是曰「變風」。陳啓源《稽古編》：「《詩》有六義，其首曰『風』，《大叙》論之，語最詳，復約之止三意焉。云『風天下而正夫婦』，又云『風以動之，教以化之』，又云『上以風化下』，此風教之風也。云『下以風刺上，主文而譎諫』，又云『吟咏性情，以風其上』，此風刺之風也。云『美教化，移風俗』，又云『以一國之事，繫一人之本，言天下之事，形四方之風』，此風俗之風也。」〔二〕蓋風教風刺，皆聖賢

〔一〕此唐先生概括孔穎達疏義，非原文。
〔二〕陳啓源《毛詩稽古編》卷二五。

治道遺化之所存，而風俗之成，實風教風刺之所養也。

雅者，正也，正樂之歌也。《詩序》：「言天下之事，形四方之風者，謂之雅。雅者，正也，言王政之所由興廢也。政有大小，故有大雅，有小雅。」純乎雅之體爲《大雅》，雜乎風之體爲《小雅》。《樂記》師乙曰：「廣大而靜，疏達而信者，宜歌《大雅》。恭儉而好禮者，宜歌《小雅》。」季札觀樂，爲之歌《小雅》，曰「美哉！思而不貳，怨而不言」，爲之歌《大雅》，曰「曠哉！熙熙乎！曲而有直體」。惠周惕《詩說》引此以爲：「大小二《雅》，當以音樂別之，不以政之大小論也，如律之有大小呂，《詩》之有《大》《小明》，義不存乎大小也。」[一]其說頗爲近之。《雅》有正變之不同，《正雅》成于成周盛時，天子諸侯會朝燕享之樂歌；《變雅》作于幽、厲之世，賢人君子憂時憫俗之所爲。然怨而不怒，哀而不思，仍不失温柔敦厚之旨也。

頌者，宗廟之樂歌，美盛德之形容，以其成功告于神明者也。《周禮》鄭注：「頌之言誦也，容也。」[二]《詩譜》曰：「頌之言容。天子之德，光被四表，格于上下，無不

[一] 惠周惕《詩説》卷上。
[二] 《周禮正義・春官・大師》卷二三。

覆幬，無不持載，此之謂容。於是和樂興焉，頌聲乃作。」《周頌》之後有《魯頌》《商頌》者，成王以周公有大勳勞于國家，封其長子伯禽于魯，賜以天子之禮樂，于是有《魯頌》；武王封微子啓于宋，修其禮樂以奉商後，于是有《商頌》。

賦者，敷陳其事而直言之者也。《周禮》鄭注：「賦之言鋪，直鋪陳今之政教善惡。」[一]其言通正變，兼美刺也。賦直而比微，比顯而興隱，此三者之別也。

比者，以彼物比此物，一正一喻，兩相比況，其詞決，其旨顯。焦循云：「比，當如《春秋》決事比之比。比，猶例也。」[二]陳啓源云：「比、興雖皆託喻，但興隱而比顯，興婉而比直，興廣而比狹。劉舍人論比體，以金錫、圭璋、澣衣、席卷之類當之，然則比者以彼況此，猶文譬喻，與興絶不相似也。」[三]

興者，先言他物以引起所詠之辭也。陳啓源云：「詩人興體，假象于物，寓意良深。凡託興在是，則或美或刺，皆見于興中。故必研窮物理，方可與言興，學《詩》所

[一]《周禮正義·春官·大師》卷二三。
[二] 焦循《毛詩補疏》卷一。
[三] 陳啓源《毛詩稽古編》卷二五。

以重多識也。」〔一〕「興會所至，非即非離，其詞微，其旨遠，言在此而意在彼也。」〔二〕李仲蒙之説曰：「叙物以言情謂之賦，情盡物也。索物以託情謂之比，情附物者也。觸物以起情謂之興，物動情者也。故物有剛柔、緩急、榮悴、得失之不齊，則詩人情性，亦各有所寓。非先辨乎物，則不足以考情性，情性可考，然後可以明禮義而觀乎《詩》矣！」〔三〕

詩有入樂不入樂之分

樂以詩爲本，詩以聲爲用，八音六律爲之羽翼耳。仲尼編詩，爲燕享祭祀之時用以歌，而非僅用以説義也鄭樵《通志》。顧氏炎武曰：「二《南》也，《豳》之《七月》也，《小雅》正十六篇，《大雅》正十八篇，《頌》也；《詩》之入樂者也。《邶》以下十二國之附於二《南》之後，而謂之《風》；《鴟鴞》以下六篇之附於《豳》，而亦謂之《豳》；《六月》以下五十八篇之附於《小雅》，《民勞》以下十三篇之附於《大雅》，而謂之《變雅》，詩之不

〔一〕陳啓源《毛詩稽古編》卷二五。
〔二〕此概述陳啓源《毛詩稽古編》卷二五，非原文。
〔三〕胡寅《斐然集》卷一八《致李叔易》引。又王應麟《困學紀聞》卷三引。

入樂者也。《樂記》子夏對魏文侯曰：『鄭音好濫淫志，宋音燕女溺志，衛音趨數煩志，齊音敖辟喬志。此四者，皆淫於色而害於德，是以祭祀弗用也。』朱子曰：『二《南》、正《風》，房中之樂也，鄉樂也。二《雅》之正《雅》，朝廷之樂也。商周之《頌》，宗廟之樂也。至變《雅》，則衰周卿士之作，以言時政之得失。而《邶》《鄘》以下，則太師所陳以觀民風者耳，非宗廟燕享之所用也。』但據程大昌之辯，則二《南》自謂之《南》，而別立正《風》之目者，非。大昌，字泰之，宋孝宗時人，著《詩論》一十七篇。朱子當日或未見。」[一]

笙詩

《毛詩序》：「《南陔》，孝子相戒以養也。《白華》，孝子之絜白也。《華黍》，時和歲豐，宜黍稷也。」「《由庚》，萬物得由其道也。《崇丘》，萬物得極其高大也。《由儀》，萬物之生各得其宜也。有其義而亡其辭。」

鄭康成箋：「孔子論《詩》，雅、頌各得其所，時俱在耳。篇第當在於此，遭戰國及秦之世而亡之，其義則與衆篇之義合編，故存。至毛公爲《詁訓傳》，乃分衆篇之義，

[一] 顧炎武《日知録·詩有入樂不入樂之分》。

各置於其篇端云。」

孔穎達正義：「孔子歸魯，論其《詩》，今，雅、頌各得其所。此三篇時俱在耳。篇之次第，當在於此。知者，以子夏得爲立序，則時未亡。以《六月》序知次在此處也。孔子之時尚在，漢氏之初已亡，故知戰國及秦之世而亡之也。戰國，謂六國韓、魏、燕、趙、齊、楚用兵力戰，故號戰國。六國之滅，皆秦并之。始皇三十四年而燔《詩》《書》，故以爲遭此而亡之。又解篇亡，而義得存者，其義與衆篇之序合編，故得存也。」〔一〕

錢氏大昕云：「六詩既有篇名，則必非無辭，或附於什外，或進之什中，皆無不可。至以奏樂之次移易《詩》之篇弟，則愚未敢以爲然。夫詩有詩之次，樂有樂之次，義各有取，不可强合。今依笙入三終、間歌三終，以改《小雅》之次，似矣；而間歌之後，即有合樂三終，其所奏者，《周南》之《關雎》《葛覃》《卷耳》，《召南》之《鵲巢》《采蘩》《采蘋》也，亦將移《二南》以入《小雅》乎？且《采蘩》之後，有《草蟲》一篇，又可移《采蘋》於《草蟲》之前乎？更以《春秋傳》考之，金奏《肆夏》之三，工歌《文王》之三，又

〔一〕《毛詩正義·小雅·鹿鳴之什》卷九之四。

歌《鹿鳴》之三，或《頌》或《雅》，隨時所用，豈皆依《詩》之序乎。」〔一〕

詩概論

《虞書》：「詩言志，歌永言，聲依永，律和聲。」此千古説詩之祖，以志字立本，緯以聲律，歸結至神人以和，詩之體用備矣。惜上古之詩散佚，無從證引，如虞廷賡歌，明良喜起〔二〕，此三百篇之權輿也。

《禮記》：「温柔敦厚，《詩》教也。」風人之旨，以温柔敦厚爲要義，古今詩體，千變萬化，必以此四字爲標準，古人立言簡要，足以賅括一切。

《論語》：「《詩》三百，一言以蔽之，曰『思無邪』。」此聖人教人讀詩之法。詩不能有正而無變，三百篇雖經删正，而意旨深長，或恐未能體會，爰特揭此言以示萬世，使學者一歸於性情之正。

《論語》：「誦《詩》三百，授之以政，不達；使于四方，不能專對，雖多，亦奚以

〔一〕錢大昕《潛研堂文集·答問三·詩》。

〔二〕《尚書·益稷》。

爲?」古者天子巡狩,命太師陳詩以觀民風,政之美惡,俗之淳薄,胥寓之於詩,其後列國士大夫出使,朝聘燕會,莫不賦詩贈答,競尚風雅,詩之有裨實用如是。

《論語》:「《詩》,可以興,可以觀,可以羣,可以怨。邇之事父,遠之事君。多識於鳥獸草木之名。」鳥獸草木,《詩》學之緒餘,其大義注重在事父事君。所謂興、觀、羣、怨,即從事父事君中來。聖人立言,早賅全經要義。

《孟子》:「説《詩》者不以文害辭,不以辭害志。以意逆志,是爲得之。」《詩》辭多隱約微婉,或寄託以寓意,或甚言以風世,皆非本志之所在,若徒泥辭以求,鮮有不害志者。孟子斯言,可謂善會詩人之意志矣。

《詩序》:「詩者,志之所之也,在心爲志,發言爲詩。情動於中而形於言,言之不足,故嗟歎之;嗟歎之不足,故永歌之;永歌之不足,不知手之舞之、足之蹈之也。情發於聲,聲成文謂之音。治世之音安以樂,其政和;亂世之音怨以怒,其政乖;亡國之音哀以思,其民困。故正得失、動天地、感鬼神,莫近於詩。先王以是經夫婦、成孝敬、厚人倫、美教化,移風俗。」此序所論詩旨,大都沿襲《樂記》語,自是詩之原則。

鄭康成《詩譜序》:「論功頌德,所以將順其美;刺過譏失,所以匡救其惡。各於其黨，則爲法者彰顯，爲戒者著明。」「欲知源流清濁之所處，則循其上下而省之；欲知風化芳臭氣澤之所及，則旁行而觀之，此《詩》之大綱也。」此論辨别《風》《雅》《頌》之性質，至爲明晰，而《風》《雅》正變之所分，亦於此可見。

孔穎達《正義》：「名爲詩者，《内則》注云：『詩之言承也。』《春秋説題辭》云：『詩之言志也。』《詩緯》云：『詩者持也。』詩有三訓，承也，志也，持也，作者承君政，述己志而爲詩，所以持人之行，故一名而三訓也。」此就詩之詁訓而一貫言之，其義大備矣。

朱晦菴《集傳》：「人生而静，天之性也；感於物而動，性之欲也。夫既有欲矣，則不能無思。既有思矣，則不能無言。既有言矣，則言之所不能盡，而發於咨嗟咏嘆之餘者，必有自然之音響節族而不能已焉。」人有意志情欲，即有言語，有言語即有詩。惟古時之人，意志情欲，大都簡單，必不能爲咨嗟咏嘆之詩。其能由單簡之言語，變爲咨嗟咏嘆之詩，必須經過若干時期，已由草昧而漸進于文明矣。

顧炎武《日知録》：「《虞書》『詩言志』，此詩之本也。《王制》『命太師陳詩以觀民風』，此詩之用也。」〔一〕言頗精覈。

〔一〕顧炎武《日知録·作詩之旨》。

卷一

《詩經》倫理學

《詩經》倫理學序

西國之倫理學實吾國所謂道德學，而吾國之倫理學則五倫之秩序，道德所由昉也。蓋倫者序也，無人倫則天下事無序而不和，故曰天叙、曰天秩，皆出于五典，五典即五倫也〔一〕。彝倫攸斁而辨事有秩序者，吾未之聞也。且倫者類也，《禮記·學記

〔一〕《尚書正義·泰誓下》孔穎達疏「狎侮五常」曰：「『五常』即五典，謂父義、母慈、兄友、弟恭、子孝，五者人之常行，法天明道爲之。」

篇》大成之學，貴乎「知類通達」〔一〕；《孟子》言放其良心者謂之不知類。先儒言「聲音之道與天地通」〔二〕，蓋聲音者所以宣喜怒哀樂之節，而喜怒哀樂，人性殊焉、地質異焉，善觀人倫者，移風易俗，達于類而已矣。

《易·序卦傳》曰：「有天地然後有萬物，有萬物然後有男女；有男女然後有夫婦，有夫婦然後有父子；有父子然後有君臣，有君臣然後有上下；有上下然後禮義有所措。」《左傳》所謂六順，君義臣行、父慈子孝、兄愛弟敬。《禮記·禮運篇》所謂「十義」，父慈子孝、兄良弟弟、夫義婦聽、長惠幼順、君仁臣忠。皆人事之綱紀，禮義所由始也。

虞舜之命夔曰：「詩言志，歌永言，聲依永，律和聲，八音克諧，無相奪倫。」夫音樂尚不可奪倫，而況政事乎？然惟政事無相奪倫，而後施于樂者無相奪倫也。昔孔子歎想大同之治，慨然曰：「故壞國喪家亡人，必先去其禮。」〔三〕吾謂自來亡國破家者必先奪其倫，未有倫理廢而政治能修明者也。春秋之世，君不君、臣不臣、父不父、子不子，至於兄弟夫婦人倫之際，無不大壞，孔子憫焉，故於《乾》《坤》

〔一〕《禮記·學記》文，孔穎達疏釋云：「言知義理事類，通達無疑。」
〔二〕《宋史·樂六》引張載言。
〔三〕《禮記·禮運》文。

兩卦獨著《文言》，而論《詩》則首《關雎》，誠痛乎婚姻之禮廢、夫婦之道苦，而自殺亡身者日益衆也。

故吾嘗謂倫理者，統性情、政治、社會、義理學之大綱，而尤以「中和」爲本。《中庸》言天下之達道五，曰君臣、父子、夫婦、昆弟、朋友之交。而其開宗明義，論「天命之謂性」，則曰「中也者，天下之大本；和也者，天下之達道」，蓋倫理敘，則中和之氣盛而天下以治。倫理廢，則中和之氣乖而天下以亂。稽諸歷史，毫髮不爽，豈獨治《詩》學者所當知哉？惟學《詩》必以是爲先焉耳。觀孔子詔伯魚爲《周南》《召南》〔一〕，可以知人倫之本矣。述《詩經》倫理學第一。

周南·關雎篇

關關雎鳩，在河之洲；，窈窕淑女，君子好逑。

參差荇菜，左右流之；，窈窕淑女，寤寐求之。求之不得，寤寐思服；，悠哉悠哉，輾轉

〔一〕《論語·陽貨》載：「子謂伯魚曰：『女爲《周南》《召南》矣乎？人而不爲《周南》《召南》，其猶正牆面而立也與？』」

反側。

參差荇菜，左右采之；窈窕淑女，琴瑟友之。參差荇菜，左右芼之；窈窕淑女，鍾鼓樂之。

《關雎》三章，一章四句，二章章八句。

《詩序》：「《關雎》，后妃之德也，風之始也，所以風天下而正夫婦也，故用之鄉人焉，用之邦國焉。風，風也，教也。風以動之，教以化之。（中略）然則《關雎》《麟趾》之化，王者之風，故繫之周公。南，言化自北而南也。《鵲巢》《騶虞》之德，諸侯之風也，先王之所以教，故繫之召公。《周南》《召南》，正始之道，王化之基，是以《關雎》樂得淑女以配君子，憂在進賢，不淫其色。哀窈窕，思賢才，而無傷善之心焉，是《關雎》之義也。」

【**注釋**】**關關**：雌雄相應之和聲。《爾雅·釋詁》：「關關，音聲和也。」**雎鳩**：水鳥，一名王雎，狀類鳧鷖，生有定偶而不相亂，偶常並游而不相狎。《毛傳》以爲「摯而有別」。鳥不再匹，立不移處，是有別也。**洲**：《爾雅·釋水》：「水中可居者曰洲。」**窈窕**：窈窕，幽閒也。善心曰窈，言婦德幽靜也。善容曰窕，言婦容閒雅也。**淑女**：

淑，善也。女者，未嫁之稱。**逑**：匹也。**參差**：長短不齊之貌。〔一〕**荇菜**：根生水底，莖白、葉紫、赤色，與蓴相類。**左右**：或左或右，言無定方也。**流**：順水之流而取之也。**寤寐**：寤，覺也。寐，寢也。**服**：猶懷也。**悠哉**：思之長也。**輾轉反側**：卧不安貌。**采**：捋取也。**芼**：熟而薦之也。

〔詩旨〕《序》曰：「關雎，后妃之德也。」太姒有是淑德，所以當寤寐求之也。君子，指文王也。《前漢·外戚傳》：「自古受命帝王及繼體守文之君，非獨内德茂也，蓋亦有外戚之助焉。夏之興也以塗山，而桀之放也用末喜；殷之興也以有娀及有㜪，而紂之滅也嬖妲己；周之興也以姜嫄及太任、太姒，而幽之禽也淫褒姒。故《易》基《乾》《坤》，《詩》首《關雎》，《書》美釐降，《春秋》譏不親迎。夫婦之際，人道之大倫也。禮之用，唯昏姻爲兢兢。夫樂調而四時和，陰陽之變，萬物之統也，可不慎歟！」〔二〕匡衡曰：「臣又聞之師曰：『妃匹之際，生民之始，萬福之原。』婚姻之禮正，然後品物遂而天命全。孔子論《詩》以《關雎》爲始，言太上者民

〔一〕「參差」條原混入「荇菜」條中，位於「荇菜」條下，今乙正之。

〔二〕《漢書·外戚傳》，卷九七上。

之父母，后夫人之行不侔乎天地，則無以奉神靈之統，而理萬物之宜。故《詩》曰：『窈窕淑女，君子好仇。』言能致其貞淑，不貳其操，情欲之感無介乎容儀，宴私之意不形乎動靜，夫然後可以配至尊而爲宗廟主。此綱紀之首，王教之端也，自上世以來，三代興廢，未有不由此者也。」〔一〕聖人取《關雎》以冠《三百篇》首，非獨以其爲夫婦之始，可以風天下而厚人倫也。蓋將見周家發祥之兆，自宮闈始耳。故讀是《詩》者，以爲詠文王、大姒也可，即以爲文王、大姒之德化及民，而因以成此翔洽之風也亦無不可。此中正和平之音，周邑以爲房中樂，用之鄉人，用之邦國，而無不宜焉。

編者謹按：唐先生講義末按語云：「又按：『關關』爲疊字起例，如喈喈、嘤嘤、呦呦、嚶嚶之類，天地人物皆有之，莫備於《詩》。『窈窕』爲疊韻字起例，『參差』爲雙聲字起例，末章爲長言詠嘆起例。」〔二〕

〔一〕《漢書·匡張孔馬傳》，卷八一。
〔二〕載陸遠《大家國學：唐文治·詩經倫理學》（天津：天津人民出版社，二〇〇八年），頁六。按：後引惟稱書名及頁碼。

葛之覃兮，施于中谷，維葉萋萋。黃鳥于飛，集于灌木，其鳴喈喈。

葛之覃兮，施于中谷，維葉莫莫。是刈是濩，爲絺爲綌，服之無斁。

言告師氏，言告言歸。薄汙我私，薄澣我衣。害澣害否，歸寧父母。

《葛覃》三章，章六句。

《詩序》：「《葛覃》，后妃之本也。后妃在父母家，則志在於女功之事，躬儉節用，服澣濯之衣，尊敬師傅，則可以歸安父母，化天下以婦道也。」

［注釋］**葛**：草名，蔓生，可以爲絺綌者。**覃**：延也。**施**：移也。**萋萋**：茂盛貌。**黃鳥**：黃鸝留，或謂黃栗留。黃鶯、倉庚、商庚、鵹黃、楚雀、摶黍，其名不一，當甚熟時來桑間，應節趨時之鳥也。**灌木**：叢木也。**喈喈**：和聲遠聞也。**莫莫**：茂密也。**刈**：芟草也。**濩**：煑之也。**絺綌**：精曰絺，粗曰綌。**斁**：厭也。**言**：《毛傳》：「我也。」《集傳》：「語辭也。」**師**：女師也。古者，女師教以婦德、婦言、婦容、婦功，祖廟未毀教於公宮三月，祖廟既毀教於宗室。**薄**：猶少也。**汙**：煩撋之以去其汙。治汙曰汙，猶治亂曰亂也。**私**：燕服也。**澣**：濯也。**衣**：表服也。**害**：何也。**歸寧**：

歸問父母安也。

〔詩旨〕 詩意重在后妃勤儉興周，故《序》曰「后妃之本」。本者，化本也〔一〕。人主躬行節儉，爲天下先，后妃親蠶績，志女工之勤，服澣濯之衣，所以化天下以婦道也。朱子《集傳》：「已貴而能勤，已富而能儉，已長而敬不弛於師傅，已嫁而孝不衰於父母，是皆德之厚而人所難也。」所謂本也。周家自后稷開基，以農爲務，歷世相傳，其君子則重稼穡之事，其室家則重織紝之勤，相與服習其艱難，詠歌其勤苦，此實王業之根本也。故誦「服之無斁」之章，知周之所以興；誦「休其蠶績」之章〔二〕，知周之所以衰矣。

編者謹按：先生講義末附按語，具體説「后妃之本」爲儉德，云：「又按：或訓父母爲舅姑者，非是。序言『后妃之本』，本者何？儉德也。後世閨閣專尚奢侈，宜讀此詩以爲法戒。」

〔一〕「化本也」，講義作「教導風化之本也」。
〔二〕《詩·大雅·瞻卬》句。

周南·卷耳篇

采采卷耳，不盈頃筐，嗟我懷人，寘彼周行。
陟彼崔嵬，我馬虺隤。我姑酌彼金罍，維以不永懷！
陟彼高岡，我馬玄黄。我姑酌彼兕觥，維以不永傷！
陟彼砠矣，我馬瘏矣，我僕痡矣，云何吁矣！

《卷耳》四章，章四句。

《詩序》：「《卷耳》，后妃之志也，又當輔佐君子，求賢審官，知臣下之勤勞。内有進賢之志，而無險詖私謁之心，朝夕思念，至於憂勤也。」

[**注釋**] **卷耳**：苓耳也，葉如鼠耳，叢生如盤，即今之蒼耳。**頃**：攲也。**筐**：竹器。**寘**：舍也。**周行**：大道也。**陟**：升也。**崔嵬**：土山之戴石者。**虺隤**：馬罷不能升高之病。**金罍**：酒器刻雲雷之形，以黄金飾之。**岡**：山脊曰岡。**玄黄**：馬病極則玄黄而變色。**兕觥**：以兕角爲爵也。**砠**：石山戴土曰砠。**瘏**：馬病不能進也。**痡**：人病不能行也。

[**詩旨**] 此詩當係叙文王既出羑里，得專征伐事。首章記當時慶幸之語；二三

四章追叙往情，爲悵望之詞； 末句「吁」字，昔以爲絶望，今乃事出望外。 蓋拘羑里，賜弓矢，出死入生，爲周室王業興廢絶續所由繫； 而「永懷」、「永傷」者，當羑里拘幽之日，爲社稷生民至計，固憂思之深，此所以爲后妃之志也。

編者謹按： 先生講義，「詩旨」部分有所修訂，定文王尚未脱險時作，並附按語云：「此詩當在文王拘囚羑里，尚未出險之時，意緒無聊，有精神恍惚之象，故云『不盈傾筐』； 二三四章陟高遠望，惟恐永懷永傷，故托於姑酌以自慰。《論語》所謂『哀而不傷』是也。 蓋三分有二，以服事殷，文王之苦心至矣。 倘拘而不出，誰救民於水火之中乎？ 故其憂思如此之深。 文王之心，即妃后之志，非僅夫婦之情，實爲一國、爲天下也。 小序自『又當輔佐君子』以下，係衛宏所續，與經文意義不合。 又按： 末章四『矣』字爲讚嘆例。《旄丘》詩『何其處也』用四『也』字，《蝃蝀》詩『乃如之人也』亦四用『也』字，均讚嘆例。《氓》詩『三歲爲婦』，間兩句用『矣』字。《卷阿》詩『泮奂爾游』，亦疊用『矣』字。 又《漸漸之石》，全章皆用『矣』字。 推之《論語》『十世希不失』，『禄之去公室』[一]，疊用『矣』字。 俱讚嘆例，豐神特遠。」[二]

[一]《論語・季氏》文。

[二] 載《大家國學： 唐文治・詩經倫理學》，頁七。

召南・鵲巢篇

維鵲有巢，維鳩居之。之子于歸，百兩御之。
維鵲有巢，維鳩方之。之子于歸，百兩將之。
維鵲有巢，維鳩盈之。之子于歸，百兩成之。

《鵲巢》三章，章四句。

《詩序》：「《鵲巢》，夫人之德也。國君積行累功，以致爵位，夫人起家而居有之，德如鳲鳩，乃可以配焉。」

［注釋］ **鵲**：鳥名，性善，營巢而預識吉凶。**鳩**：鳲鳩，不自爲巢，居鵲之成巢。**百兩**：百乘。一車兩輪，故謂之兩。諸侯之子嫁於諸侯，送御皆百乘。**方**：有之也。**將**：送也。**盈**：滿也。**成**：禮成也。

［詩旨］ 首章言親迎之禮，男先于女，剛柔之義也；次二章言同歸，女從男也。夫婦之道，由此始也。自親迎之禮廢，而夫婦之道苦矣。朱傳：「夫人被后妃之化，

有后妃之德。」〔一〕説與《序》合。按：《關雎》《鵲巢》列《二南》之首，並取于鳩，非無意也。一取有別，一取無爲。取有別者，所以杜荒淫之漸；取無爲者，所以杜預政之原。此篇以鳩起興，取其拙而安也。

召南・采蘩篇

于以采蘩？于沼于沚。于以用之？公侯之事。
于以采蘩？于澗之中。于以用之？公侯之宮。
被之僮僮，夙夜在公。被之祁祁，薄言還歸。

《采蘩》三章，章四句。

《詩序》：「《采蘩》，夫人不失職也。夫人可以奉祭祀，則不失職矣。」

【注釋】**蘩**：白蒿也，春始生，及秋香美，可生食，又可蒸，一名游胡。**沼**：池也。**沚**：渚也。**事**：祭事也。**澗**：山夾水曰澗。**宮**：廟也。《公羊》《穀梁傳》並云「羣公

〔一〕朱子《詩集傳》卷一曰：「南國諸侯被文王之化，能正心修身以齊其家，其女子亦被后妃之化，而有專靜純一之德。」

曰宮」，此羣公廟稱宫矣。**被**：首飾也，編髮爲之。**僮僮**：竦敬也。**夙夜**：夙，早也。夜，夕也。猶言朝夕也。**公**：公廟也。**祁祁**：舒遲也。去來有儀也。僮僮，來儀也。祁祁，去儀也。

【詩旨】《序》言「夫人不失職」，夫人盡誠敬以奉祭祀，詩人美之也。祭取備物，舉蘩以見其餘。《詩》言公侯之事，美夫人即美公侯也。言夫人誠敬而公侯之誠敬可知，非文王之雍宫肅廟，不能「刑于寡妻」[一]；非公侯能法「穆穆之文王」[二]，不能致夫人「夙夜在公」之敬，而一時卿大夫之「執事有恪」[三]，又可推矣。

召南・采蘋篇

于以采蘋？南澗之濱。于以采藻？于彼行潦。
于以盛之？維筐及筥。于以湘之？維錡及釜。

[一]《詩・大雅・思齊》句。
[二]《詩・大雅・文王》句。
[三]《詩・商頌・那》句。

于以奠之？宗室牖下。誰其尸之？有齊季女。

《采蘋》三章，章四句。

《詩序》：「《采蘋》，大夫妻能循法度也。能循法度，則可以承先祖，共祭祀矣。」

[注釋] **蘋**：萍之大者，可供祭祀。**濱**：崖也。**藻**：水草也。**行潦**：行，猶流也。行潦，山澗之流潦也。**筐筥**：方曰筐，圓曰筥，皆竹器也。**湘**：烹也，粗熟而淹以爲菹也。**錡釜**：錡，釜屬，有足曰錡，無足曰釜。**宗室**：大宗之廟也。大夫、士祭於宗室。**牖下**：室西南隅，所謂奧也。**尸**：主也。**齊**：敬也。**季女**：少女也。

[詩旨]《禮記》：「卿大夫以《采蘋》爲節。」[一]以其能循法度也，即本《詩序》之意。《昏義》云：「古者婦人先嫁三月，祖廟未毀，教于公宮。祖廟既毀，教于宗室。教以婦德、婦言、婦容、婦功；教成，祭之，牲用魚，芼之以蘋藻。」此詩季女主祭，湘蘋藻而奠于宗室，與《昏義》悉合，其爲教成之祭無疑，故不稱婦而稱季女。《序》言大夫妻能循法度，今舉教成之禮，循法爲言，異日可知矣。《葛覃》之詩，勤儉孝敬，《采蘋》

[一]《禮記·射義》文。

有焉。湘奠躬親，勤也；蘋藻是薦，儉也；奠于宗室，孝也；齊以尸之，敬也。季女所化，后妃之教也，相助丈夫，克盡厥職矣。

鄘風・柏舟篇

汎彼柏舟，在彼中河。髧彼兩髦，實維我儀，之死矢靡它。母也天只！不諒人只！

汎彼柏舟，在彼河側。髧彼兩髦，實維我特，之死矢靡慝。母也天只！不諒人只！

《柏舟》二章，章七句。

《詩序》："《柏舟》，共姜自誓也。衛世子共伯蚤死，其妻守義，父母欲奪而嫁之，誓而弗許，故作是詩以絕之。"

[注釋] **汎**：流貌。**髧**：徒坎切，髮垂貌。**兩髦**：翦髮垂兩眉之上，故曰兩髦，子事父母之飾。父死脱左髦，母死脱右髦，親並没乃去之。此指共伯也。**儀**：匹也。**之**：至也。**矢**：誓也。**特**：匹也。**慝**：邪也。

[詩旨] 衛國淫風流行，前二篇《靜女》《新臺》，後四篇《牆茨》《偕老》《桑中》《鶉奔》，中有《柏舟》一詩，寫共姜特立之節，遏人欲于橫流，作中流之砥柱，亦以見人心天理之未嘗泯滅也。詩可以興，其斯之謂歟！邶、鄘二國，不幸早亡，事實無可考證，

而《柏舟》二詩，一爲賢臣憂讒憫亂之作，一爲烈婦守貞不二之詞，皆可以爲後世法。聖人删詩，特取以冠於二《風》之首，足爲邶、鄘二國生色矣。

魏風・陟岵篇

陟彼岵兮，瞻望父兮。父曰嗟，予子行役，夙夜無已。上慎旃哉！猶來無止。

陟彼屺兮，瞻望母兮。母曰嗟，予季行役，夙夜無寐。上慎旃哉！猶來無棄。

陟彼岡兮，瞻望兄兮。兄曰嗟，予弟行役，夙夜必偕。上慎旃哉！猶來無死。

《陟岵》三章，章六句。

《詩序》：「《陟岵》，孝子行役，思念父母也。國迫而數侵削，役乎大國，父母兄弟離散，而作是詩也。」

〔注釋〕 **岵**：《爾雅・釋山》：「多草木，岵。」**上**：「尚」通，庶幾也。**旃**：之也。**無止**：謂無止於彼而不來也。**屺**：《爾雅・釋山》：「無草木，峐。」屺同。**無棄**：謂無棄我而不歸也。**岡**：《爾雅・釋山》：「山脊，岡。」**必偕**：言當與其儕同作止，無獨行犯難也。**無死**：較「無止」、「無棄」而加切也。

〔詩旨〕 人子行役，登高念親，人情之常，妙從對面設想，思親所以念己之心，與臨行勗己之言，則筆以曲而愈達，情以婉而愈深。千載下讀之，猶足令游子望白雲而起思親之念，況當日遠離父母者乎！痛父母者莫如《蓼莪》，念父母者莫如《陟岵》，均至情至性之作也。嗚乎！觀《陟岵》而魏之所以役其民者可知，觀《碩鼠》而魏之所以賦其民者可知，有國者盍鑑諸？

唐風・鴇羽篇

肅肅鴇羽，集于苞栩。王事靡盬，不能蓺稷黍，父母何怙？悠悠蒼天！曷其有所？

肅肅鴇翼，集于苞棘。王事靡盬，不能蓺黍稷，父母何食？悠悠蒼天！曷其有極？

肅肅鴇行，集于苞桑。王事靡盬，不能蓺稻粱，父母何嘗？悠悠蒼天！曷其有常？

《鴇羽》三章，章七句。

《詩序》：「《鴇羽》，刺時也。昭公之後，大亂五世，君子下從征役，不得養其父母，而作是詩也。」

［注釋］ **肅肅**：羽聲。**鴇**：鳥名，似鴈而大，無後趾。**集**：止也。**苞**：叢生也。**栩**：柞櫟也。**靡盬**：靡有止息也。**蓺**：種植也。**怙**：恃也。**悠悠**：遠貌。**有所**：猶言得所也。**極**：已也。**行**：列也。**嘗**：食也。**有常**：言復其常也。

〔詩旨〕《序》言大亂五世，時誠悠悠矣！天亦夢夢矣！民從征役，不得養親；呼天泣訴，傷心曷已！始則痛居處之無定，繼則念征役之何極，終則恨舊樂之難復，民情怨咨極矣！養生送死之無望，仰事俯畜之維艱，而詩但歸之於天，不敢有懈王事，詩人忠厚之至，于以見文武成康之遺澤尚存也。

編者謹按：唐先生講義末按語云：「又按：孝子因久從征役，不得養其父母，至於呼天而泣，其情大可悲矣！誰秉國鈞，而使人民痛苦若此？讀《小雅・四牡》《皇華》之詩，常以將父將母慰勞其臣下，後世爲人上者，亦思我有父母，人亦有父母，何絶知體恤耶？」〔一〕

小雅・常棣篇

常棣之華，鄂不韡韡。凡今之人，莫如兄弟。
死喪之威，兄弟孔懷。原隰裒矣，兄弟求矣。
脊令在原，兄弟急難。每有良朋，況也永歎。
兄弟鬩于牆，外禦其務。每有良朋，烝也無戎。

〔一〕 載《大家國學：唐文治・詩經倫理學》，頁八。

喪亂既平，既安且寧。雖有兄弟，不如友生。

儐爾籩豆，飲酒之飫。兄弟既具，和樂且孺。

妻子好合，如鼓瑟琴。兄弟既翕，和樂且湛。

宜爾室家，樂爾妻帑。是究是圖，亶其然乎。

《常棣》八章，章四句。

《詩序》：「《常棣》，燕兄弟也。閔管、蔡之失道，故作《常棣》焉。」

［注釋］ **常棣**：棣也，子如櫻桃，可食。**鄂**：承花者曰鄂。**韡韡**：光明貌。**威**：畏也。**懷**：思也。**原隰**：陵谷也。**裒**：《易》：「裒多益寡。」裒爲損少，以見陵谷變遷之意。**脊令**：水鳥也。《禽經》云：「脊令友悌。」**況**：發語詞。**鬩**：鬥狠也。**禦**：扞禦也。**烝**：發語辭。**戎**：相助也。**儐**：陳也。**飫**：饜也。**具**：俱也。**孺**：如小兒之慕父母也。**翕**：合也。**湛**：音耽，樂之久也。**帑**：子也。**究**：窮也。**圖**：謀也。**亶**：信也。

［詩旨］ 首章略言至親莫如兄弟之意；次章乃以意外不測之事言之，以明兄弟之情，其切如此；三章但言急難則淺於死喪矣；至於四章，則又以其情義之甚薄，而猶有所不能已者言之，其意若謂不待死喪，然後相收，但有急難，便當相助，言又不幸

而至於或有小忿，猶必共禦外侮，其所以言之者，雖若益輕以約，而所以著夫兄弟之義者，益深且切矣；至於五章言安寧之後，乃謂兄弟不如友生，是可與共患難，不可與共安樂，視骨肉如路人，人道或幾乎息矣；故下兩章乃復極言兄弟之恩，死生苦樂，無適而不相須之意；卒章又申告之，使反覆窮極而驗其信然，可謂委曲詳盡，愷切指陳矣！讀之令人友愛之心，油然而生。

編者謹按：唐先生《交通大學講義》末按語云：「又按：此篇章法，首二章相聯屬。『死喪』，喪禮也。『原隰裒』，葬禮也。三、四章相聯屬，急難與御侮相應。五章一轉筆，極爲痛心。六、七章相聯屬，末章詠嘆，然乎非乎，令人深思而自得之。此篇當與《尚書·金縢篇》並讀，周公深情若揭。迨《中庸》引孔子贊此詩曰：『父母其順矣乎！』尤見和順之氣洋溢於家庭矣。」〔一〕

又，《茹經堂文集》四編卷四載《〈詩·小雅·常棣篇〉講義》（一九四〇）〔二〕更爲詳盡，謹載録並參：

〔一〕載陸遠《大家國學：唐文治·詩經倫理學》，頁九。
〔二〕載《茹經堂文集》四編卷四。

此詩周公閔管、蔡失道而作〔一〕。首二章相聯屬。首章以常棣起興，曰「凡今之人，莫如兄弟」，至情至性之語，讀之可以下淚矣。「死喪」二句，喪禮也。「原隰」二句，葬禮也。凡人當喪親之時，兄弟有相抱而痛哭者矣。「孔懷」者，天性發現之時也；至於營葬，無論高原下隰，負土之事，豈能求他人，惟兄弟自求耳。

三、四章相聯屬。「脊令」性最急。曾文正《鳴原堂論文》謂：「脊令，載飛載鳴，人鑑於茲，當移其性於急難患難之中。惟兄弟互相救護，良朋或有心無力，是以永歎。」閲牆，暫時小忿。鬩字从門从兒，言若兒童偶爾角逐，旋即相忘，若外務（務與侮通）之來，惟賴兄弟悉力共禦之；設有良朋之助，將以爲外姓，而爲人屏黜矣。

五章一轉。言安寧之後，乃兄弟不如友生，是可與共患難，不可與共安樂，視骨肉如路人，天性乖戾，人道或幾乎息矣！

六、七章相聯屬。凡人兄弟，無故飲酒於家庭間，其情義親厚，無異於孺子相慕，故曰「和樂且孺」。兄弟以天合者也，妻子以人合者也；天合者既無乖暌，人合者可永保安寧矣！

末以咏歎作結。然乎否乎，令人深思而自得之。孔子誦此詩而贊之曰：「父母其順矣乎！」見悌弟之必出於孝子也。此周公之意也。

〔一〕《詩序》云：「《常棣》，燕兄弟也。閔管、蔡之失道，故作《常棣》焉。」故唐先生云周公作。

余誦此詩而重有感焉。《左氏・僖公二十四年傳》載富辰曰：「兄弟雖有小忿，不廢懿親。」引此詩首章及四章爲證。按：春秋二百四十年，干戈相尋，泰半起於兄弟之禍。故《伐木》之詩曰：「兄弟無遠〔一〕，民之失德，乾餱以愆。」《斯干》之詩曰：「兄及弟矣〔二〕，式相好矣，無相猶矣。」民生無乾餱之爭，兄弟自相好而無相尤矣。乃末世兄弟之間，始也爭意見、爭是非，繼也爭貨財、爭田產，骨肉之親，反眼不相識，視同陌路，甚至有白刃相仇者。嗚呼！曾亦思己之一身，爲祖考之所遺、父母之所賜，兄弟之身，亦爲祖考父母血統之所聯屬乎？父母切望子弟之和好，而兄弟乃互相尋仇，清夜捫心，其何以對父母乎？

夫兄弟手足也，手必護其足，足必衛其手。若以手繫足，以足踢手，豈非自斃之道乎？昔平湖陸清獻公〔三〕爲嘉定縣令時，有兄與弟纏訟不休，公令縛兄之左手足，縛弟之右手足，使掃地服役，旬日傳訊之，則皆言不勝苦楚，涕泣求出，不敢再訟，公曰：「汝輩始知手足之相連乎？倘再纏訟，當械汝手足矣。」二人感泣而去，復爲兄弟如初。清獻大賢也，宜其感人若此。《蓼蕭》之詩曰：「宜兄宜弟，令德壽豈。」（豈，愷字省文。）兄弟之令德維何？讓而已矣。故《大學》

〔一〕「遠」字，原作「怨」，據《詩》訂正。

〔二〕「矣」字，原作「兮」，據《詩》訂正。

〔三〕陸隴其（一六三〇～一六九二），字稼書，浙江平湖人；康熙九年（一六七〇）進士，清廉著稱；服膺朱子，著有《困勉録》《松陽講義》《讀書志疑》《三魚堂文集》等；謚清獻，從祀孔廟。

之文曰：「一家讓，一國興讓。」又曰：「宜兄宜弟，而后可以教國人。」

小雅・蓼莪篇

蓼蓼者莪，匪莪伊蒿。哀哀父母，生我劬勞。

蓼蓼者莪，匪莪伊蔚。哀哀父母，生我勞瘁。

缾之罄矣，維罍之恥。鮮民之生，不如死之久矣。無父何怙？無母何恃？出則銜恤，入則靡至。

父兮生我，母兮鞠我。拊我畜我，長我育我。顧我復我，出入腹我。欲報之德，昊天罔極。

南山烈烈，飄風發發。民莫不穀，我獨何害！

南山律律，飄風弗弗。民莫不穀，我獨不卒！

《蓼莪》六章，四章章四句，二章章八句。

《詩序》：「《蓼莪》，刺幽王也。民人勞苦，孝子不得終養爾。」

[注釋] **蓼蓼**：長大貌。**莪**、**蒿**：始生香美可食，至秋高大則麤惡不可食，喻子初生猶是美材，至長大乃無用，不得終養父母也。**蔚**：牡蒿也。**缾**、**罍**：皆酒器也，

缾小罍大。**罄**：盡也。**鮮**：寡也。**恤**：憂也。**鞠**：養也。**拊**：「撫」通「拊」，循也。**畜**：養也。**育**：覆育也。**顧**：旋視也。**復**：顧之又顧也。**腹**：懷抱也。**罔極**：無窮也。**烈烈**、**律律**：皆高大貌。**發發**、**弗弗**：皆疾貌。**穀**：善也。**不卒**：言不得終養也。

［詩旨］此詩爲千古孝思絶作。首尾各二章，前用比，後用興。前説父母劬勞，後説人子不幸，遥遥相對。中二章，一寫無親之苦，一寫育子之艱，備極沈痛，幾於一字一淚。而生我章尤爲沉摯，傳神全在數「我」字。我身，父母之身也。父母無所依賴以死，由於我不能養其親也，尚可以爲人乎[一]？《陟岵》《鴇羽》思念于父母尚全之日，《蓼莪》傷感于父母既没之後，罔極之恩，無可報矣！樹欲静而風不定，子欲養而親不待，終天之痛，何時已哉？晉王裒以父死非罪，每讀《詩》至「哀哀父母，生我劬勞」，未嘗不三復流涕，受業者爲廢此篇，詩之感人如此。

編者謹按：唐先生《茹經堂文集》四編卷四載《〈詩·小雅·蓼莪篇〉講義》（一九四

[一]「而生我章尤爲沉摯」至此六句，據載《大家國學：唐文治·詩經倫理學》《唐蔚芝先生演講集》補入。

(二)，内容加詳，備載互參：

此詩爲千古孝思絶作。首二章相聯屬。莪即《小雅·菁莪》之莪，係美草，常抱宿根而生，有子依母之象，俗云抱孃蒿。至蒿蔚則散生，非叢生也。詩人興[二]而兼比，見蓼莪本可依親膝下，而蒿蔚則遠散。讀「哀哀父母」四句，悽然欲絶矣。

三四章相聯屬。三章言無親之苦，四章言育子之艱。瓶罄罍恥，言勺水俱無，何以得養？鮮者，孤也。如此孤露之民，椎心泣血，曷若早死之爲愈乎？怙亦依賴之義。人之初生，怙父而恃母，至於長而行役，則父無怙而母無恃，此所以出門而銜恤。恤者，憂也。上堂不見親，入室不見親，家室全非，靡止息之地矣。

謝疊山先生謂：「生我如天之生物，鞠我如地之養物。拊者以手撫摩，察其肥瘠；畜者謹其出入，察其起居，惟恐其疾病；長者如南風長養萬物，調和其寒暖，滋養其血氣；育者如《易》云『育德』、《孟子》云『教育』，涵養其德性，開導其聰明；顧者，父母行而兒不隨，則回首以顧之，如有所遺也；復者，兒行而父母不隨，則追尋而呼之歸，如有所失也。腹者，懷抱之也，父母有所往，將出門，懷抱其子而未忍捨；父母自外歸，既入門，懷抱其子而不肯置。人能深

[一] 載《茹經堂文集》四編卷四。
[二] 「興」字原刻作「與」。朱熹《詩集傳》云「興」，唐先生則以莪常抱宿根之形態，而説之以「兼比」，此「實事求是」之解讀也。

思此義，必不忘父母之恩矣。」〔一〕

余謂：九「我」字如追魂攝魄。父母之魂魄繫於其子，則子之魂魄自當依於其親。尤要者在顧、復、腹三字。謝氏僅就平時、近別而言，若至喪亂遠離之時，則顧復頻頻，揮涕如綆矣。腹者非僅懷抱，若鍥之於心而不能舍也。嗚呼！父母之愛子若此，爲人子者亦有銘心刻骨之愛於其父母乎？夫家庭之際，非可以報施言也。然即以報施言之，報之寧有窮期乎？如「昊天之罔極」矣。

末二章相聯屬。烈烈、律律、發發、弗弗皆言行役之艱苦。山川悠遠，不遑出矣。凡民莫不善，我獨何害？害字協韻讀曷，仍作禍害字解，言獨受害也。不卒，不得終養也。悱惻纏綿，幾於一字一淚。

《陟岵》《鴇羽》思念於父母尚全之日，猶希冀可以補報也；《蓼莪》傷感於父母既没之後，罔極之恩，無可報矣。樹欲静而風不定，子欲養而親不待。終天之痛，何時已哉？晉王裒以父死非罪，每讀《詩》至「哀哀父母，生我劬勞」，爲之三復流涕，受業者爲廢此篇。然要知子淵〔二〕門人所以廢此篇者，欲抑子淵之哀，而吾輩所以不忍廢此篇者，人子當終身不忘其親。然而，

〔一〕元儒劉瑾《詩傳通釋》卷十二引。

〔二〕按：王裒字偉元，王褒字子淵，唐先生或誤記。

竟有至於忘親者，則不得不誦此詩，以警醒其良知也。司馬子長曰：「疾病慘怛，未嘗不呼父母也。」嗚呼！吾呼父母而父母不得聞矣！然則，人子當親在之時，春暉之報，其可須臾忽乎？曾子曰：「親既没，雖欲孝，誰爲孝乎？故曰孝有不及。」嗚呼！念之哉！〔一〕

小雅·角弓篇

騂騂角弓，翩其反矣。兄弟昏姻，無胥遠矣。爾之遠矣，民胥然矣。爾之教矣，民胥傚矣。此令兄弟，綽綽有裕。不令兄弟，交相爲瘉。民之無良，相怨一方。受爵不讓，至于已斯亡。老馬反爲駒，不顧其後。如食宜饇，如酌孔取。毋教猱升木，如塗塗附。君子有徽猷，小人與屬。雨雪瀌瀌，見晛曰消。莫肯下遺，式居婁驕。雨雪浮浮，見晛曰流。如蠻如髦，我是用憂。

〔一〕《〈詩·小雅·蓼莪〉篇講義》（一九四〇），載《茹經堂文集》四編卷四。

詩也。」

《角弓》八章，章四句。

《詩序》：「《角弓》，父兄刺幽王也。不親九族，而好讒佞，骨肉相怨，故作是詩也。」

[注釋] **騂騂**：弓調和貌。**角弓**：以角飾弓也。**翩**：反貌。弓之爲物，張之則内向而來，弛之則外反而去，有似兄弟昏姻親疏遠近之意。**胥**：相也。**爾**：幽王也。**令**：善也。**綽綽**：寬也。**裕**：饒也。**瘉**：病也。**饇**：飽也。**猱**：猨屬。**塗**：泥也。**屬**：附也。**瀌瀌**：盛貌。**晛**：日也。**浮浮**：猶瀌瀌也。**蠻**：南蠻也。**髦**：西夷之别名，《書》作髳。

[詩旨] 此詩刺幽王不親九族而好讒佞。前四章疏遠兄弟，難保不相怨而民且傚尤。後四章親近小人，以至不顧其後而相殘賊。中間以「民之無良」一句，綰合上下。唯無良故兄弟相瘉，唯無良故小人不讓，如老馬之不量力而思任載，如飲食之不自足而貪殘自縱；王又不知其惡，反飽其欲，是教猱以升木而以塗附塗，其可乎哉！雖然，小人之情，亦視君子爲轉移焉耳！君子而有徽猷，小人亦將效之而相連屬，譬彼雨雪，見日即消而流也。無如君子莫肯下遺以德，反自矜驕；小人得以逞志，滅棄禮義，敗壞王綱，則與蠻髦無異，其隱憂豈有極哉！

編者謹按：唐先生講義末按語云：「又按：此篇章法，首二章相聯屬，重在『教』字。三章與首章應，四章與二章應。全篇重『民之無良』句。民何以無良？上有以教之也。五、六章相聯屬，老馬爲駒，教猱升木，皆奇喻。以是爲教，民皆效之。末二章相聯屬，曰『我是用憂』，憂其亡也。」〔一〕

大雅・烝民篇

天生烝民，有物有則。民之秉彝，好是懿德。天監有周，昭假于下。保茲天子，生仲山甫。

仲山甫之德，柔嘉維則。令儀令色，小心翼翼。古訓是式，威儀是力。天子是若，明命使賦。

王命仲山甫，式是百辟。纘戎祖考，王躬是保。出納王命，王之喉舌。賦政于外，四方爰發。

肅肅王命，仲山甫將之。邦國若否，仲山甫明之。既明且哲，以保其身。夙夜匪解，

〔一〕載《大家國學：唐文治・詩經倫理學》，頁十。

以事一人。

人亦有言，柔則茹之，剛則吐之。維仲山甫，柔亦不茹，剛亦不吐。不侮矜寡，不畏彊禦。

人亦有言，德輶如毛。民鮮克舉之。我儀圖之，維仲山甫舉之，愛莫助之。衮職有闕，維仲山甫補之。

仲山甫出祖，四牡業業。征夫捷捷，每懷靡及。四牡彭彭，八鸞鏘鏘。王命仲山甫，城彼東方。

四牡騤騤，八鸞喈喈。仲山甫徂齊，式遄其歸。吉甫作誦，穆如清風。仲山甫永懷，以慰我心。

《烝民》八章，章八句。

《詩序》：「《烝民》，尹吉甫美宣王也。任賢使能，周室中興焉。」

[注釋] **烝**：衆也。**物**：事也。**則**：法也。**秉**：執也。**彝**：常也。**懿**：美也。**監**：視也。**昭**：明也。**假**：至也。**保**：佑也。**仲山甫**：樊侯字也。**嘉**：美也。**令**：善也。**色**：顏色也。**翼翼**：恭敬貌。**古訓**：先王之遺典也。**若**：順也。**賦**：布也。**戎**：汝也。**出**：承而布之也。**納**：行而復之也。**發**：發而應之也。**將**：奉

行也。**若否**：猶臧否也。**明**：明於理也。**哲**：察於事也。**茹**：納也。**輶**：輕也。**儀**：度也。**圖**：謀也。**出祖**：祭道神也。**業業**：高大也。**捷捷**：敏於事也。**彭彭**：行貌。**鏘鏘**：和鳴聲。**東方**：臨淄也。**遄**：疾也。**穆**：深長也。

[詩旨] 宣王命仲山甫築城于齊，尹吉甫作詩送之，備述其賢，見王之善任使也。首章探源立論，理精辭粹，以下備舉其德性、學行、事業，以及世系、官守，極意推美，而總歸之於德，且準以則焉而不過。不茹、不吐、不侮、不畏四項，正申言「柔嘉維則」之旨；至「城彼東方」，實寓懷柔東諸侯之意，故特命補衮重臣，出司其事，而天子任賢使能之意，於此可見。中興盛治，始基之已。

周頌・雝篇

有來雝雝，至止肅肅。相維辟公，天子穆穆。於薦廣牡，相予肆祀。假哉皇考！綏予孝子。宣哲維人，文武維后。燕及皇天，克昌厥後。綏我眉壽，介以繁祉。既右烈考，亦右文母。

《雝》一章，十六句。

《詩序》：「《雝》，禘大祖也。」

［注釋］**雝雝**：和也。**肅肅**：敬也。**相**：助祭也。**辟公**：諸侯也。**穆穆**：美也。天子深遠之容也。**於**：音烏，歎辭。**廣牡**：大牲也，碩大肥腯之謂也。**肆**：陳也。**假**：大也。**皇考**：文王也。**綏**：安也。**孝子**：武王自稱也。**宣**：通也。**哲**：知也。**燕**：安也。**昌**：大也。**繁祉**：多福也。**右**：尊也。**烈考**：猶皇考，亦謂文王也。**文母**：太姒也。

［詩旨］《序》言「禘太祖也」，鄭箋「禘，大祭也」。太祖謂文王。孔疏：「周公、成王禘文王之事也。」〔一〕朱傳：「武王祭文王之詩。言諸侯之來，皆和且敬，以助我之祭事，而天子有穆穆之容。」次言：「此和敬之諸侯，薦大牲以助我之祭事。而大哉之文王，庶其享之，以安我孝子之心。」次敬述：「文王之德，宣哲則盡人之道，文武則備君之德，故能安人以及于天，而克昌其後嗣。」於是綏以眉壽，介以繁祉，「使我得以右于烈考文母也」〔二〕。所謂合萬國之懽心，以祀其先王，乃「天子之孝」也。

〔一〕《毛詩正義・周頌・雝》疏云：「《雝》者，禘大祖之樂歌也。謂周公、成王太平之時，禘祭大祖之廟。詩人以今之太平，由此大祖，故因其祭，述其事，而爲此歌焉。經言祭祀文王，諸侯來助，神明安孝子，予之多福，皆是禘文王之事也。」

〔二〕朱子《詩集傳》卷一九。

周頌・閔予小子篇

閔予小子，遭家不造，嬛嬛在疚。於乎皇考，永世克孝！念茲皇祖，陟降庭止。維予小子，夙夜敬止。於乎皇王，繼序思不忘！

《閔予小子》一章，十一句。

《詩序》：「《閔予小子》，嗣王朝於廟也。」

［注釋］ **閔**：痛也，悼傷之言。**造**：成也。**嬛嬛**：與煢煢同，無所依怙之意。**疚**：哀病也。**皇考**：武王也。**皇祖**：文王也。**皇王**：兼指文、武也。

［詩旨］ 成王親政之初，朝於先王之廟而作此詩。思親而見其如在者，此人子終身慕親之孝，當親没而愈篤者也。夙夜之敬，即陟降之思。武王思念文王，常若陟降於庭，猶所謂見堯於牆、見舜於羹也〔一〕。惟武王之孝於文王者有此心，故成王之孝於

〔一〕《後漢書・李固傳》載李固語云：「臣聞君不稽古，無以承天；臣不述舊，無以奉君。昔堯殂之後，舜仰慕三年，坐則見堯於牆，食則睹堯於羹。斯所謂聿追來孝，不失臣子之節者。」

武王者，亦惟致敬以不忘乎此心。文王「緝熙敬止」，武王敬勝怠吉〔一〕，成王「夙夜敬止」，祖孫父子心傳之要，其在是歟？此成王所以纘承文武之統緒，而崇大化之本也。

商頌・那篇

猗與那與，置我鞉鼓。奏鼓簡簡，衎我烈祖。湯孫奏假，綏我思成。鞉鼓淵淵，嘒嘒管聲。既和且平，依我磬聲。於赫湯孫，穆穆厥聲。庸鼓有斁，《萬舞》有奕。我有嘉客，亦不夷懌。自古在昔，先民有作。温恭朝夕，執事有恪。顧予烝嘗，湯孫之將。

《那》一章，二十二句。

《詩序》：「《那》，祀成湯也。微子至于戴公，其間禮樂廢壞。有正考甫者，得《商頌》十二篇於周之太師，以《那》爲首。」

［注釋］ **猗**：歎辭。**那**：多也。**置**：陳也。**鞉鼓**：小鼓，兩旁有耳，持其柄而搖之，則旁耳還自擊。**簡簡**：和大也。**衎**：樂也。**烈祖**：湯也。**湯孫**：湯之孫，自太甲以下主祀之時王也。**假**：與「格」同，奏樂格神而神享之，所謂來格也。

〔一〕《大戴禮記・武王踐阼》。

綏：安也。**思成**：齊而思之，祭而如有見聞，則成此人矣。**淵淵**：深遠也。**嘒嘒**：清亮也。**磬**：聲之清者也。**庸**：「鏞」通，大鐘曰鏞。**斁**：盛也。**奕**：奕奕然有次序也。**嘉客**：先代之後來助祭者也。**夷懌**：悦懌也。**恪**：敬也。**烝嘗**：時祭也。**將**：奉也。

［**詩旨**］此祀成湯之樂歌也。美其樂舞，及其助祭諸侯，與其執事之臣，皆由湯孫之能將其事也。祖孫之間，精神相感，自能來格來享矣。商人尚聲，聲之盛，是德之盛也。湯之功德，自有《大濩》之樂，此所謂聲，即《大濩》之聲耳。審音以知樂，觀樂而知德，非湯盛德，孰克當此？故《商頌》以《那》爲首。

卷二

《詩經》性情學

《詩經》性情學序

有天地以來，人與人相交際，舍性情，其奚由聯屬哉？性者人所以生之理也，情者性之用，狀東方之色，悱惻纏綿而不可解者也。無情則無性，無性情則不可以爲人。

孔子論《詩》曰「興觀羣怨」、曰「温柔敦厚」，皆性情爲之也。《左傳》吴季札觀樂，贊《頌》曰：「五聲和，八風平，節有度，守有序，盛德之所同也。」《禮記》師乙論樂曰：「言之不足，故長言之；長言之不足，故嗟嘆之；嗟嘆之不足，故不知手之舞之、足之蹈之也。」皆性情爲之也。《孟子》論《北山》之詩曰：「勞於王事而不得養父母也。」論

《小弁》之詩曰：「《小弁》之怨，親親也。親親，仁也……親之過大而不怨，是愈疏也；親之過小而怨，是不可磯也。」〔一〕亦性情爲之也。

司馬子長之言曰：「夫天者人之始也，父母者人之本也。人窮則反本，故勞苦倦極，未嘗不呼天也；疾痛慘怛，未嘗不呼父母也。《國風》好色而不淫，《小雅》怨誹而不亂。」其能不淫而不亂者何也？蓋人受天地之中以生，惟仁爲五德之首。不善用之，一往情深而不可止，是爲「好仁不好學，其蔽也愚」〔二〕，故孔子曰「《詩》之失愚」也〔三〕。

然而「中和」之道，曲能有誠〔四〕。伊古以來，固有好仁而不害其爲愚，且有因愚而愈顯其天真者，忠孝節烈是也。而聖人必歸之於中庸，故曰：「發乎情，止乎禮義。」止之者本于所養，故曰養其性，又曰養其心。是故《詩》者性情之所發，即所以養性情之具也。

〔一〕《孟子·告子下》載孟子答公孫丑之言，以《小弁》之當怨與《凱風》之不怨，辨親親之義。
〔二〕《論語·陽貨第十七》。孔子所言「六言六蔽」。
〔三〕《禮記·經解》文。
〔四〕「誠」原作「成」。按：《中庸》云「曲能有誠」，故據《中庸》爲正。

孟子論四端曰惻隱、羞惡、辭讓、是非，四者皆情也。學者讀《詩》，苟能得「温柔敦厚」之旨，長言永歎，涵養其不忍之心，則夫宇宙間穿窬害人之事，或可以稍息矣乎！

昔者周家肇造，公旦多材，「剬《詩》輯《頌》，斧藻羣言」〔一〕，後之人讀《鴟鴞》《東山》《常棣》之詩，往往爲之掩卷徬徨、流涕太息不能已已。奮乎百世之上，百世之下莫不興起也，豈非性情之相感而然哉？唐李漢有言「周情孔思」〔二〕，然則千古文章之情，固未有深如周公者也。下此而變風、變雅，爲《民勞》、爲《板》《蕩》、爲《小宛》，亦皆得周公之情者也。由是推之，性情所發，無論其爲剛爲柔、爲過爲不及，皆可以是衷之者也。《三百篇》而外，《離騷》之所傳，蕭樓之所選〔三〕，唐宋元明人所作，亦皆可以是裁之者也。

〔一〕《文心雕龍·原道》文。
〔二〕李漢《唐吏部侍郎昌黎先生諱愈文集序》。李漢爲韓愈女婿。
〔三〕指《昭明文選》。

嗚呼！性情之爲用，豈不廣大而精微〔一〕哉？述《詩經》性情學第二。

邶風・柏舟篇

汎彼柏舟，亦汎其流。耿耿不寐，如有隱憂。微我無酒，以敖以遊。

我心匪鑑，不可以茹。亦有兄弟，不可以據。薄言往愬，逢彼之怒。

我心匪石，不可轉也。我心匪席，不可卷也。威儀棣棣，不可選也。

憂心悄悄，愠于羣小。覯閔既多，受侮不少。靜言思之，寤辟有摽。

日居月諸，胡迭而微。心之憂矣，如匪澣衣。靜言思之，不能奮飛。

《柏舟》五章，章六句。

《詩序》：「《柏舟》，言仁而不遇也。衛頃公之時，仁人不遇，小人在側。」

［注釋］**汎**：流貌。**耿耿**：警警不安也。**隱**：痛也。**鑑**：鏡也。鑑之於物，納景在内。**據**：依也。**選**：數也。**悄悄**：憂貌。**覯**：見也。**閔**：病也。**辟**：拊

〔一〕《禮記・中庸》云：「君子尊德性而道問學，致廣大而盡精微，極高明而道中庸。」唐先生以明「中和之道曲能有誠」之歸宗，即文以明道之謂也。

心也。**摽**：拊心貌。**居諸**：語助詞。**迭微**：更送虧蝕也。**匪澣衣**：有含垢忍辱意。

〔詩旨〕 此詩是賢臣憂讒憫亂而莫能自遠之辭。君昏臣瞶，僉壬滿朝，賢人君子，目擊時事之非，日進忠言而不見用，反遭讒譖，欲居危地而清濁無分，欲適他邦而宗國難舍，憂心如焚，耿耿不寐，作爲是詩，以寫其一腔忠憤，不忍棄君不能遠禍之心，《離騷》幽憤之作，殆權輿于此也。

編者謹按：唐先生講義末按語詳論云：「按：《列女傳》四，衛寡〔一〕夫人者，齊侯女，嫁於衛，至城門而衛君死。保母曰：『可以還矣。』女不聽，遂入。持三年喪畢，衛君弟立，請同庖，夫人不聽〔二〕。陳氏喬樅據此以爲魯詩〔三〕。愚按：齊、韓兩家及毛傳，皆以爲衛頃公之時，賢

〔一〕謹按：劉向《列女傳》「寡」作「宣」字。

〔二〕劉向《列女傳·貞順傳·衛宣夫人》卷四文。

〔三〕陳喬樅《三家詩遺説攷·魯詩遺説攷二》云：「喬樅謹按：『衛宣夫人』，《御覽》四百四十一引作『衛寡夫人』。顧千里云：『《列女傳》「寡」字誤作「宣」。』王安人補注亦云：『此與魯寡陶嬰，梁寡高行，陳寡孝婦，同作「宣」者，形之誤耳。《説卦》「宣髮」作「寡髮」，亦其例。』補注又云：『據魯詩説，女以不聽同庖之言，至於兄弟覯怒，羣小見侮，石席盟心，摽擗悲吟，觀其摛詞，終託奮飛，乃知此女遂終於衛而不復歸，良足悕已。』」

者仁而不遇，故作此詩，實與經文不合。朱子謂：『婦人不得於其夫，故以柏舟自比。』〔一〕意稍近之。然不若魯詩説爲長。《易・恒卦・象傳》曰：『婦人貞吉，從一而終。』此詩意義悱惻，足表未婚守節者之堅貞。人各有志，不能相强。明陸桴亭先生哀桂貞婦詩云：『夫婦義，生於禮，禮所不及爲至義。』〔二〕君子當哀其遇而嘉其義，未可輕加訾議也。又按：此篇章法，首章總冒，先出『憂』字，已抑鬱極矣。二、三章相聯屬，連言『我心』，幾於剖心相示。『不可選』，言不可巽順柔懦。拒絶同庖，心如鐵石矣。四、五兩章相聯屬，兩言『憂心』，兩言『靜思』，倍極沉痛，讀之隕涕。」〔三〕

邶風・緑衣篇

緑兮衣兮，緑衣黄裏。心之憂矣，曷維其已。

緑兮衣兮，緑衣黄裳。心之憂矣，曷維其亡。

緑兮絲兮，女所治兮。我思古人，俾無訧兮。

〔一〕朱熹《詩集傳》卷二文。

〔二〕陸世儀《桴亭先生詩集・貞婦歎》卷五。謹按：《貞婦歎》詩云：「夫婦恩，生於情，情所不及爲至恩。夫婦義，生於禮，禮所不及爲至義。」

〔三〕載《大家國學：唐文治・詩經性情學》，頁一一二。

絺兮綌兮，凄其以風。我思古人，實獲我心。

《緑衣》四章，章四句。

《詩序》：「《緑衣》，衛莊姜傷己也。妾上僭，夫人失位，而作是詩也。」

［注釋］緑：間色。黄：正色。衣：上曰衣。裳：下曰裳。治：理也。訧：過也。

［詩旨］此詩莊姜傷己之作。首二章言嬖妾奪嫡，尊卑不明，家不齊則國不治，莊姜之心，豈但憂一身哉！爲君憂，爲國憂，其憂何時止也。三章寓墨子悲絲之意，妾之僭嫡，由於君寵，古人能處嫡庶，使尊卑有序，而無尤過之舉。絺綌暑服，非時見棄，凄然有團扇秋風之感，思古人之善處，以求自全之道，非有冀於君之悔悟也，非有憾於羣小也。「詩可以怨」，仍是温柔敦厚之本旨也。

邶風・燕燕篇

燕燕于飛，差池其羽。之子于歸，遠送于野。瞻望弗及，泣涕如雨！

燕燕于飛，頡之頏之。之子于歸，遠于將之。瞻望弗及，佇立以泣！

燕燕于飛，下上其音。之子于歸，遠送于南。瞻望弗及，實勞我心。

仲氏任只，其心塞淵。終温且惠，淑慎其身。先君之思，以勗寡人！

《燕燕》四章，章六句。

《詩序》：「《燕燕》，衛莊姜送歸妾也。」

[注釋] **燕燕**：鳦也。**差池**：不齊貌。**歸**：大歸也。**頡頏**：飛而下曰頡，飛而上曰頏。**佇立**：久立也。**下上其音**：飛而上曰上音，飛而下曰下音。**南**：陳在衛南。**仲**：戴嬀字也。**塞**：實也。**淵**：深也。**寡人**：莊姜自稱。

[詩旨] 莊姜無子，以陳女戴嬀之子完爲己子。莊公卒，完即位，嬖人之子州吁弑之，故戴嬀大歸于陳，莊姜作詩送之。前三章歷叙送别之情，淒然興感。末章惓惓於戴嬀之賢德，而首列一任字，可見莊姜、戴嬀，密謀定亂，戴之歸陳，必有愬于陳侯者，石碏密贊其議，遂成討賊之功，則當日之臨歧握别，揮涕贈言，實關係國家大計，非僅尋常婦人女子離别之情所可比也。

邶風・谷風篇

習習谷風，以陰以雨。黽勉同心，不宜有怒。采葑采菲，無以下體。德音莫違，及爾同死。

行道遲遲，中心有違。不遠伊邇，薄送我畿。誰謂荼苦？其甘如薺。宴爾新昏，如兄如弟。

涇以渭濁，湜湜其沚。宴爾新昏，不我屑以。毋逝我梁，毋發我笱。我躬不閱，遑恤我後。

就其深矣，方之舟之。就其淺矣，泳之游之。何有何亡，黽勉求之。凡民有喪，匍匐救之。

不我能慉，反以我爲讎。既阻我德，賈用不售。昔育恐育鞫，及爾顛覆。既生既育，比予于毒。

我有旨蓄，亦以御冬。宴爾新昏，以我御窮。有洸有潰，既詒我肄。不念昔者，伊余來塈！

《谷風》六章，章八句。

《詩序》：「《谷風》，刺夫婦失道也。衛人化其上，淫於新昏而棄其舊室，夫婦離絶，國俗傷敗焉。」

[注釋] **習習**：和舒貌。**谷風**：東風謂之谷風，陰陽和而谷風至，夫婦和則室家成。**葑**：蔓菁也。**菲**：蔓類也。**下體**：根也。**畿**：郊畿也。**荼**：苦菜。**薺**：味甘，

可取其葉作菹及羹。**湜湜**：水清貌。**沚**：涇流之別出者，不與渭合，停之徐清。**屑**：潔也。**梁**：魚梁。**笱**：捕魚之器。**閱**：容也。**方**：併船也。**有**：富也。**亡**：貧也。**匍匐**：手足並行急遽之貌。**慉**：養也。**鞫**：窮也。**洸**：武也。**潰**：怒也。**肄**：勞也。**塈**：息也。

〔**詩旨**〕此詩通篇皆棄婦之辭，以顏色之衰、德音之善作主。首章先論夫婦之常理，見不當以色故棄之，乃遇人不淑，遽致乖異。二章遂有見棄之事。三章乃推言見棄之由於色衰，回念舊地舊物，黯然神傷。四章自道勤勞，以見其本無可棄之理。五章述夫之背德負義，可與共患難，不可與同安樂，叙述前情，令人難堪。末章於百無聊賴中，念及瑣事，見夫之忍心薄幸，追憶初來相待之厚，與首章「黽勉同心不宜有怒」之意相應，首尾完密，而治家之勤，睦鄰之善，安貧之志，周急之義，均於此見已。逮見棄後，而拳拳忠厚之意，猶藹然溢於言辭之表，其性情之真摯，千載下猶令人悲感已。

編者謹按：唐先生講義云：「此篇章法，以爾、我、子三字作骨。首章以『黽勉同心』四字作總攝，繼之曰『及爾同死，相誓弗渝』矣。二、三章相聯屬，忽連言『宴爾新昏』兩句，人心不可測如此。三章五『我』字極淒惋。四章作提筆，曰『凡民有喪，匍匐救之』，以婦人而能知民吾同胞之義。《禮記·孔子閑居篇》所以有取於其言也，乃救人而不能自救，痛哉！五、六章相聯屬，曰『賈用不售』，蓋夫欲售其婦也。曰『既生既育，比予于毒』，『不念昔者，伊余來塈』，慘怛之至。然怨而不怒，可謂賢矣。《禮記·經解篇》曰：『昏姻之禮廢，則夫婦之道苦……而偕倍死忘生者衆矣。』後世爲人夫者，輕於合而輕於離，倫紀之乖，民德之薄，皆起於此。天下多戀新棄舊薄幸之徒，至性至情，從此絶滅矣。讀此詩者，當知人倫之重，自夫婦始。吾友辜君鴻銘謂杜工部『絶代有佳人』一詩，脱胎於此：『幽居在空谷』，《谷風》之意也；『新人美如玉』，『宴爾新昏』也；『但見新人笑，那聞舊人哭』，『不我慉以』也；『在山泉水清，出山泉水濁』，『涇以渭濁，湜湜其沚』也；『侍婢賣珠回，牽蘿補茅屋』，『我有旨蓄，亦以御冬』也。蓋怨而不怒，彼此同情也。」

邶風·北門篇

出自北門，憂心殷殷。終窶且貧，莫知我艱。已焉哉！天實爲之，謂之何哉！

王事適我，政事一埤益我。我入自外，室人交徧讁我。已焉哉！天實爲之，謂之何哉！

王事敦我，政事一埤遺我。我入自外，室人交徧摧我。已焉哉！天實爲之，謂之

何哉！

《北門》三章，章七句。

《詩序》：「《北門》，刺仕不得志也。言衛之忠臣，不得其志爾。」

［注釋］ **殷殷**：憂也。**窶貧**：窶，謂無財可以爲禮。貧，謂無財可以自給。**王事**：王命使爲之事也。**適**：之也。**政事**：其國之政事也。**一**：猶皆也。**埤**：厚也。**讁**：責也。**敦**：迫也。**摧**：擠也。

［詩旨］ 衛大夫仕不得志，困於行役而作。王事之重，政務之煩，以一身肩之，其才可想。乃君上不能體恤周至，使其終窶且貧，内不足以畜妻子而有交讁之憂，外不足以謝勤勞而有敦迫之苦，乃隨遇而安，盡心職守，迨至無可奈何，則歸諸於天，絕無怨尤之語，處變而不失其道，可不謂賢乎？自古無道之世，無功者受禄，《伐檀》之詩是也；有功者不見知，《北門》之詩是也。

王風・黍離篇

彼黍離離，彼稷之苗。行邁靡靡，中心摇摇。知我者，謂我心憂。不知我者，謂我何求。悠悠蒼天，此何人哉！

彼黍離離，彼稷之穗。行邁靡靡，中心如醉。知我者，謂我心憂，不知我者，謂我何求。悠悠蒼天，此何人哉！

彼黍離離，彼稷之實。行邁靡靡，中心如噎。知我者，謂我心憂，不知我者，謂我何求。悠悠蒼天，此何人哉！

《黍離》三章，章十句。

《詩序》：「《黍離》，閔宗周也。周大夫行役至于宗周，過故宗廟宫室，盡爲禾黍。閔周室之顛覆，彷徨不忍去，而作是詩也。」

［注釋］ **黍**：穀名。**離離**：垂貌。**稷**：亦穀也，似黍而小。**邁**：行也。**靡靡**：猶遲遲也。**噎**：憂深不能喘息也。

［詩旨］ 詩人以黍秀時至，稷則尚苗，未得還歸，遂至於稷之穗、稷之實，而所感之心，始終如一，久而愈深。周轍即東，無復西幸，文武成康之舊，蕩然無存，有心者目擊神傷，形諸歌咏，以寄其悽愴無已之心，呼天上訴，再三反覆而咏嘆之，其情亦大可憫已。

鄭風·女曰雞鳴篇

女曰鷄鳴，士曰昧旦。子興視夜，明星有爛。將翱將翔，弋鳧與鴈。弋言加之，與子宜之。宜言飲酒，與子偕老。琴瑟在御，莫不靜好。知子之來之，雜佩以贈之！知子之順之，雜佩以問之！知子之好之，雜佩以報之！

《女曰雞鳴》三章，章六句。

《詩序》：「《女曰鷄鳴》，刺不説德也。陳古義以刺今，不説德而好色也。」

［注釋］**昧旦**：將旦昧爽之際。**明星**：啓明也。**爛**：光色。**鳧**：水鳥如鴨。**加**：弋中也。**雜佩**：右右玉也。**順**：志同道合也。**問**：遺也。

［詩旨］此詩人述賢夫婦相警戒之辭。首章勉夫以勤勞。次章宜家以和樂。三章則佐夫以親賢樂善而成其德，婦職於是乎盡矣。中正和樂之音，堪與《關雎》《葛覃》，鼎足而三。鄭風得此，可謂中流砥柱也已。

檜風・隰有萇楚篇

隰有萇楚，猗儺其枝。夭之沃沃，樂子之無知！
隰有萇楚，猗儺其華。夭之沃沃，樂子之無家！
隰有萇楚，猗儺其實。夭之沃沃，樂子之無室！

《隰有萇楚》三章，章四句。

《詩序》：「《隰有萇楚》，疾恣也。國人疾其君之淫恣，而思無情慾者也。」

[注釋] **萇楚**：今羊桃也。**猗儺**：柔順也。**夭**：少好貌。**沃沃**：光澤貌。

[詩旨] 檜國政煩賦重，凡有知之人，有家室之牽累，皆不堪其苦，而轉羨草木之無知無累，殆亦羨其搜括刻剝所不及耳！嗟乎！民不聊生，甘同草木，亡國之音，不忍卒讀。

檜風・匪風篇

匪風發兮，匪車偈兮。顧瞻周道，中心怛兮，
匪風飄兮，匪車嘌兮。顧瞻周道，中心弔兮。

誰能亨魚，溉之釜鬵。誰將西歸，懷之好音。

《匪風》三章，章四句。

《詩序》：「《匪風》，思周道也。國小政亂，憂及禍難，而思周道焉。」

［注釋］ **發**：飄揚貌。**偈**：疾驅貌。**怛**：傷也。**飄**：回風曰飄。**嘌**：飄搖不安之貌。**弔**：傷也。**溉**：滌也。**鬵**：釜屬。

［詩旨］ 檜當國破家亡，人民離散，欲住無家，欲逃何地，中心慘怛，妻孥相弔。發發飄風，匪有道之風；偈偈疾驅，匪有道之車。旋轉不定，飄搖難安，此何如景象乎？非周轍之東不至此。王綱不振，受迫强鄭，顧瞻周道，心傷曷已？搔首茫茫，睠懷周室之中興。治大國若烹小鮮，烹魚煩則碎，治民煩則散，西周舊政，其可復覩？曰誰能、曰誰將，期望之心彌切，寄慨之意彌深已。

曹風・下泉篇

冽彼下泉，浸彼苞稂。愾我寤嘆，念彼周京。

冽彼下泉，浸彼苞蕭。愾我寤嘆，念彼京周。

冽彼下泉，浸彼苞蓍。愾我寤嘆，念彼京師。

芃芃黍苗，陰雨膏之。四國有王，郇伯勞之。

《下泉》四章，章四句。

《詩序》：「《下泉》，思治也。曹人疾共公侵刻，下民不得其所，憂而思明王賢伯也。」

[**注釋**] **冽**：寒也。**下泉**：泉下流也。**苞**：草叢生也。**稂**：禾之秀而不實者。**愾**：歎息之聲也。**周京**：天子所居也。**蕭**：蒿也。**京周**：猶周京也。**蓍**：筮草也。**京師**：周天子所居也。**芃芃**：美貌。**有王**：謂朝聘於天子也。**郇伯**：郇侯也。

[**詩旨**] 王室陵遲，小國困敝，詩人遭亂思治，寄慨良深。曰冽，無溫潤之氣也；曰下、曰浸，無可禦之勢也；曰苞稂、苞蕭、苞蓍，蔑視之以爲不足惜也。晉文入曹，執其君、分其田，以釋私憾，能使曹人帖然乎？此詩之作，所以念周衰、傷晉霸也。亂極思治，剥極必復，末章高聲朗咏，有曲終奏雅之概。

豳風・鴟鴞篇

鴟鴞鴟鴞！既取我子，無毀我室。恩斯勤斯，鬻子之閔斯！

迨天之未陰雨，徹彼桑土，綢繆牖户。今女下民，或敢侮予！

予手拮据，予所捋荼，予所蓄租，予口卒瘏，曰予未有室家！

予羽譙譙，予尾翛翛，予室翹翹。風雨所漂摇，予維音嘵嘵！

《鴟鴞》四章，章五句。

《詩序》：「《鴟鴞》，周公救亂也。成王未知周公之志，公乃爲詩以遺王，名之曰《鴟鴞》焉。」

［注釋］ **鴟鴞**：鸋鴂也，蓋梟鳥之類。**恩**：情愛也。**勤**：篤厚也。**鬻**：養也。**閔**：病也。**徹**：取也。**桑土**：桑根也。**綢繆**：纏綿補葺也。**拮据**：以爪持草也。**捋**：取也。**荼**：萑苕可藉巢者也。**蓄**：積也。**租**：與租賦之租同，蓋鳥食也。**瘏**：病也。**譙譙**：殺也。**翛翛**：敝也。**翹翹**：危也。**嘵嘵**：懼也。

［詩旨］ 周公之誅管蔡，周公之不得已也，既傷且悔，引咎自責。首章追念文考文母恩勤養子之艱，不圖天倫搆變，無道善全。次章望成王于未毁之先，同心圖政，内疑既釋，外患自消。三、四兩章歷述己之勞瘁，以王室新造，多難迭乘，哀鳴自訴，以冀感動王心。嘵音瘏口，不忍卒讀，至性至情，感人者深已。

編者謹按：唐先生講義云：「此詩除首章指武庚外，下三章皆指經營洛邑言，故曰『綢繆牖户』，曰『予未有室家』，曰『予室翹翹』。蓋武王受命之後，若不建都洛邑，則中原潰亂，頑民得以乘之，周家將退無所歸；當時救民水火之心，全功盡棄矣。故周公兢兢焉，以經營洛邑爲亟，『室家』者，建都之喻詞也。魏氏源謂：『此詩爲太王遷岐時所作。曰「取子」，謂狄人有其人民；曰「毁室」，謂據其財貨；曰「予未有室家」，猶言「陶復陶穴，未有家室」。至周公則述先人之詩，以詔孺子王。若謂周公自作，則與《常棣》詩無異，何以入《豳風》？』[一]説極新穎，别備一解。又按：此詩首章重在『子』字。上『子』字指管、蔡，下『子』字指孺子成王。曰『閔斯』，憂勞之至，上繼文武之志也。次章提出『予』字，三章五『予』字，四章四『予』字，其苦心誰諒之乎？托於禽言，哀音滿紙。惟時成王冲幼，習於安逸，未能感悟，其後召風雷之變，始執書以泣。精誠之至，通於神明。參讀《尚書·金縢篇》，更可知周公之苦心矣。唐李漢謂『周情孔思』[二]，讀周公詩若文，當於至情至性中求之。百世而下，凡有良知，自然

[一] 魏源《詩古微·豳風三家詩發微上》上編之三曰：「《史記》言太王去豳遷岐之後，豳民舉國盡復歸古公。乃營築室屋，而邑别居之。民多歌樂之，而頌其德。（《魯詩》）《孔叢子》曰：『于《七月》，見豳公之所以造周也。』故《七月序》曰『陳王業』，蓋舊有此詩，而周公陳之也……蓋以鳥之愛巢自喻，以不能庇其子與室自責。『取子』，謂有其人民；『毁室』，謂據其財物；曰『予未有室家』者，猶言『陶復陶穴，未有室家』。周公之遇患難，猶太王之遇夷狄，不陳誨則傷其誼，自賦詩則傷其情。故志先公之志，詩先民之詩，以詔孺子王。亦猶召穆公作《常棣》，畢公作《關雎》之例；亦猶高叟爲詩之爲，皆述古而非造篇。名之曰《鴟鴞》者，舊有詩而公名之也。不然，成王何由而喻詩意？此詩何由而名《邠風》？豈非邠國舊詩，矇瞍所習誦耶？」

[二] 李漢《唐吏部侍郎昌黎先生諱愈文集序》。

呈露而奮興矣。」

豳風·東山篇

我徂東山，慆慆不歸。我來自東，零雨其濛。我東曰歸，我心西悲。制彼裳衣，勿士行枚。蜎蜎者蠋，烝在桑野。敦彼獨宿，亦在車下。我徂東山，慆慆不歸。我來自東，零雨其濛。果臝之實，亦施于宇。伊威在室，蠨蛸在户。町畽鹿場，熠燿宵行。不可畏也，伊可懷也。我徂東山，慆慆不歸。我來自東，零雨其濛。鸛鳴于垤，婦歎于室。洒埽穹窒，我征聿至。有敦瓜苦，烝在栗薪。自我不見，于今三年。我徂東山，慆慆不歸。我來自東，零雨其濛。倉庚于飛，熠燿其羽。之子于歸，皇駁其馬。親結其縭，九十其儀。其新孔嘉，其舊如之何？

《東山》四章，章十二句。

《詩序》：「《東山》，周公東征也。周公東征，三年而歸，勞歸士，大夫美之，故作是詩也。一章言其完也，二章言其思也，三章言其室家之望女也，四章樂男女之得及時也。君子之於人，序其情而閔其勞，所以説也。『説以使民，民忘其死』〔一〕，其唯《東山》乎？」

〔注釋〕**慆慆**：言久也。**零**：落也。**濛**：微雨貌。**裳衣**：治歸裝也。**士**：事也。**行**：陣也。**枚**：如箸，軍中銜之以止語。**蜎蜎**：動貌。**蠋**：桑蟲。**烝**：發語辭。**敦**：獨處不移之貌。**果臝**：栝樓也。**施**：延也。**伊威**：委黍也。**蠨蛸**：小蜘蛛也。**町畽**：廬傍畦隴也。**鹿場**：町畽無人，故鹿得以爲場。**熠燿**：明不定貌。**鸛**：水鳥也。**垤**：蟻塚也。**穹窒**：穹，窮。窒，塞也。廷内則洒埽之，向户則窮塞之。**熠燿**：鮮明也。**皇駁**：馬色黄白曰皇，騮白曰駁。騮者，赤色也。**縭**：婦人之褘也。**九十其儀**：言多儀也。

〔詩旨〕此詩周公慰勞歸士之作。公與士卒同甘苦有年，代述其歸思之切。其歸而未至也，則凡道途之遠，歲月之久，風雨之陵犯，飢渴之困頓，裳衣之久而垢敝，室廬之久而荒廢，室家之久而怨思，皆其心之所苦而不敢言者，我則有以慰勞之。及其歸而既至也，則覩天時之和暢，聽禽鳥之和鳴，而人情和悦，適與景會。舊有室家

〔一〕《易·兑·彖傳》文。

者，其既歸而相見，固可樂也；未有室家者，其既歸而新昏，尤可樂也，此皆其心中所欲言而不敢言者，我則有以發揚之。莫苦於歸而在途之時，而上之人能與之同其憂；莫喜於歸而相見之時，而上之人能與之同其樂。樂以天下，憂以天下，其斯之謂歟？

編者謹按：唐先生講義按語云：「東山即魯東山，與奄爲近。孔子登東山即是此山。毛序謂『二章言其思，四章樂男女之得及時』，似均未合。竊意二章亦係從軍時狀況，並非思故鄉，故曰『不可畏也』。至『伊可懷也』，方轉到三章懷念室家。四章亦非軍士歸而結婚，蓋從軍時見人民嫁娶，益增思家之念，故曰『其新孔嘉，其舊如之何』？周公慰勞軍士，體貼入微如此，其行軍時，百姓安堵絲毫不擾可知。魏氏源謂周公伐奄三年，此詩爲邠人子弟所作，故入《邠風》。且謂《狼跋》詩之公孫，指邠公之孫。《左傳》季札觀樂曰：『樂而不淫，其周公之東乎？』若謂周公誅管、蔡而作，何樂之有？何淫不淫之有乎？〔一〕其説亦極新穎，别備一解。」〔二〕

〔一〕魏源《詩古微・豳風三家詩發微上》上編之三曰：「豳人以碩膚戴周公，亦第謂豳公之孫……季札言『樂而不淫，其周公之東』，明謂豳民風俗，踴躍從戎，而不懷安戀土，是爲『樂而不淫』。若謂周公東征管、蔡，何樂之有？何淫不淫之有乎？蓋文王之風既有《二南》，而文王以前，文王以後之風，皆入《豳風》。」

〔二〕載《大家國學：唐文治・詩經性情學》，頁十六。

小雅·小弁篇

弁彼鸒斯，歸飛提提。民莫不穀，我獨于罹。何辜于天？我罪伊何？心之憂矣，云如之何。

踧踧周道，鞫爲茂草。我心憂傷，惄焉如擣。假寐永歎，維憂用老。心之憂矣，疢如疾首。

維桑與梓，必恭敬止。靡瞻匪父，靡依匪母。不屬于毛，不罹于裏。天之生我，我辰安在？

菀彼柳斯，鳴蜩嘒嘒。有漼者淵，萑葦淠淠。譬彼舟流，不知所届。心之憂矣，不遑假寐。

鹿斯之奔，維足伎伎。雉之朝雊，尚求其雌。譬彼壞木，疾用無枝。心之憂矣，寧莫之知。

相彼投兔，尚或先之。行有死人，尚或墐之。君子秉心，維其忍之。心之憂矣，涕既隕之。

君子信讒，如或醻之。君子不惠，不舒究之。伐木掎矣，析薪扡矣。舍彼有罪，予之

我躬不閱，遑恤我後。

佗矣。

莫高匪山，莫浚匪泉。君子無易由言，耳屬于垣。無逝我梁，無發我笱。我躬不閱，遑恤我後。

《小弁》八章，章八句。

《詩序》：「《小弁》，刺幽王也。大子之傅作焉。」

［**注釋**］**弁**：烏之將飛拊翼貌。**鸒**：雅烏也。**斯**：語詞也。**提提**：羣飛安閒之貌。**穀**：善也。**罹**：憂也。**踧踧**：平易也。**周道**：大道也。**鞫**：窮也。**惄**：思也。**擣**：心跳動也。**假寐**：不脱衣冠而寐。**疢**：熱病也。**瞻**：尊仰也。**依**：親倚也。**屬**：連也。**毛**：膚體之餘氣末屬也。**罹**：同離，附離也。**裏**：心腹也。**辰**：時也。**菀**：茂盛貌。**蜩**：蟬也。**嘒嘒**：聲也。**漼**：深貌。**淠淠**：衆也。**屆**：至也。**遑**：暇也。**伎伎**：舒貌。**雊**：雉鳴也。**壞**：傷病也。**墐**：道中死人，人所覆也。**君子**：謂幽王也。**秉**：執也。**隕**：墜也。**醻**：報也。**惠**：愛也。**舒**：緩也。**究**：察也。**掎**：伐木者掎其巓也。**扡**：析薪者隨其理也。**佗**：加也。

［**詩旨**］幽王太子宜臼被廢，其傅爲作是詩。首章呼天自訴總起。次章述去國景象，有觸目傷心之概。三章追慕父母，言極沈痛，筆亦鬱勃頓挫之至。四、五兩章

以舟流壞木作比，見逐子失親無所歸依之苦。六章以君王逐子，曾視投兔死人之不若也，其持心之忍可見，心憂涕隕，其何能已。七章以伐木析薪，反形君子信讒之深。末章於去國後，憂讒畏譏，猶慮其敗我家事，故以逝梁發笱爲喻。通篇或興或比，或反或正，或憂傷於前，或懼禍於後，無非望父母鑑察其誠，而怨昊天之降罪無辜，其哀痛迫切之意，可以憫已。

小雅・北山篇

陟彼北山，言采其杞。偕偕士子，朝夕從事。王事靡盬，憂我父母。
溥天之下，莫非王土。率土之濱，莫非王臣。大夫不均，我從事獨賢。
四牡彭彭，王事傍傍。嘉我未老，鮮我方將。旅力方剛，經營四方。
或燕燕居息，或盡瘁事國。或息偃在牀，或不已於行。
或不知叫號，或慘慘劬勞。或棲遲偃仰，或王事鞅掌。
或湛樂飲酒，或慘慘畏咎。或出入風議，或靡事不爲。

《北山》六章，三章章六句，三章章四句。

《詩序》：「《北山》，大夫刺幽王也。役使不均，已勞於從事，而不得養其父母焉。」

［注釋］**偕偕**：强壯貌。**靡盬**：言王事不可不勤也。**彭彭**：不得息貌。**傍傍**：不得已貌。**嘉**：善也。**鮮**：少也。**將**：壯也。**旅**：與膂同。**燕燕**：安息貌。**不知叫號**：深居安逸，不聞人聲也。**鞅掌**：失容也，言事煩勞，不暇爲儀容也。**出入風議**：閒暇從容議論時政也。

［詩旨］此詩刺不均也。膴仕者衆，而賢者獨勞瘁畏讒譏焉。前三章皆言一己獨勞之故，尚屬臣子分所應爲，故不敢怨。後三章兩兩相形，一直到底，彼以其逸，我以其勞；彼若是其相親，我若是其相遠；彼常享其安樂，我常任其憂患，懸殊若此，不言怨而怨自深矣。權禄不均，則患寡患分而爭奪起；役使不均，則此勞彼逸而怨謗生。二章末二句，實爲一篇綱領，不斥王而曰大夫，不言獨勞而曰獨賢，詩人之忠厚也。

小雅·采緑篇

終朝采緑，不盈一匊。予髮曲局，薄言歸沐。

終朝采藍，不盈一襜。五日爲期，六日不詹。

之子于狩，言韔其弓。之子于釣，言綸之繩。

其釣維何？維魴及鱮。維魴及鱮，薄言觀者。

《采緑》四章，章四句。

《詩序》：「《采緑》，刺怨曠也。幽王之時，多怨曠者也。」

［注釋］ **緑**：「菉」同。菉，王芻也。**匊**：兩手曰匊。**局**：卷也。**藍**：染草也。**襜**：衣蔽前謂之襜。**詹**：至也。**韔弓**：弢弓也。**綸繩**：糾繩也。

［詩旨］ 幽王之時，政煩賦重，征夫久勞於外，踰時不歸，其室家思之，而作此詩。首二章言思念之深，不專於事，不盈一匊一襜，歸沐以待君子之還，五日六日，盼望綦切。三、四章預擬歸後，或狩或釣，願爲之役，韔弓綸繩，薄言往觀，有旦夕相隨形影不離之景象。怨曠之思，躍然紙上，而王政之苛，自在言外已。

小雅・苕之華篇

苕之華，芸其黄矣。心之憂矣，維其傷矣。

苕之華，其葉青青。知我如此，不如無生。

牂羊墳首，三星在罶。人可以食，鮮可以飽。

《苕之華》三章，章四句。

《詩序》：「《苕之華》，大夫閔時也。幽王之時，西戎東夷，交侵中國，師旅並起，因之以饑饉。君子閔周室之將亡，傷己逢之，故作是詩也。」

［注釋］**苕**：陵苕也。**芸**：「抎」之假借。抎，落也。**牂羊**：牝羊也。**墳**：大也。**罶**：笱也。

［詩旨］周室衰微，四夷交侵，兵亂歲饑，民不聊生。此詩前二章比物託興，自傷身世。末章叙述實境，羊瘠則食大，喻民之枯瘠；星在罶則無魚，喻民之枵腹。饑饉之餘，百物凋耗，得食維艱，遑敢求飽。其詞簡、其情哀，沈痛之語，倍增悽惻已。

卷三

《詩經》政治學

《詩經》政治學序

《論語》子曰："爲政以德。"次章即繼之曰："《詩》三百，一言以蔽之，曰思無邪。"下章又繼之曰："道之以政，齊之以刑。""道之以德，齊之以禮。"夫《詩》學之與政治，如是其密切也。子曰："誦《詩》三百，授之以政，不達；使於四方，不能專對，雖多，亦奚以爲？"孟子論政治亦多引《詩》。《詩》學之與政治學又如是其通貫也。

蓋自兩儀闔闢，庶物混成，廣谷大川異制，民生其間者異俗；五方之民言語不通，嗜欲不同，剛柔輕重遲速異宜，修其教者，必有以齊其政〔一〕。爰立太史之官，陳詩以觀民風，察人心之美惡、考風俗之貞淫，於是政治之措施，先後緩急，各適其宜焉，故曰：「《詩》可以觀。」蓋國家興滅終始，郅治爲亂，「觀」于此而得其微矣。《雅》《頌》詩興，思皇多士，《棫樸》《菁莪》〔二〕，成人有德〔三〕；《天保》治内，《采薇》治外〔四〕，麟趾振振，鳳鳴喈喈。嗚呼！盛矣！

周公思兼三王，以施四事〔五〕，郊祀配天〔六〕，聿追來孝〔七〕；不顯成康〔八〕，守文繼體；降及夷王，害禮傷尊，迎覲下堂，王綱解紐，變風、變雅，權輿於此。厲王惡謗，公

〔一〕本《禮記・王制》「修其教，不易其俗；齊其政，不易其宜」之宗旨。

〔二〕《詩・大雅・棫樸序》云：「《棫樸》，文王能官人也。」《詩・小雅・菁菁者莪序》云：「《菁菁者莪》，樂育材也。」兩詩體現選賢舉能之王道精神。

〔三〕《詩・大雅・思齊》句，《詩序》云：「《思齊》，文王所以聖也。」

〔四〕《詩・小雅・魚麗序》云：「文、武以《天保》以上治内，《采薇》以下治外，始於憂勤，終於逸樂。」乃先難後獲之意也。

〔五〕《孟子・離婁下》云：「孟子曰：『禹惡旨酒而好善言。湯執中，立賢無方。文王視民如傷，望道而未之見。武王不泄邇，不忘遠。周公思兼三王，以施四事；其有不合者，仰而思之，夜以繼日；幸而得之，坐以待旦。』」

〔六〕《孝經・聖治章》云：「昔者，周公郊祀后稷以配天，宗祀文王於明堂，以配上帝。」

〔七〕《詩・大雅・文王有聲》云：「匪棘其欲，遹追來孝。」

〔八〕《詩・周頌・執競》云：「不顯成康，上帝是皇。」

卿懼誅而禍作，炰烋中國〔一〕，大命以傾。宣王中興，車攻馬同，經營四方，風會爲之一振；迄於幽王，性乃祖之遺傳，婦言是聽〔二〕，赫赫宗周，褒姒烕之〔三〕。平王東遷，王跡遂熄而《詩》亡。嗚呼！痛矣！雖然，吾夫子删《詩》之旨，豈獨鑑於有周哉？蓋詩者持也，政者正也，持之以正也。善者勸之，非專爲個人〔四〕勸也，所以勸今之人也；惡者懲之，非專爲個人懲也，所以懲今之人也。且美者未必其美也，刺者乃正所以爲刺也，亦非專爲個人美刺也，所以戒今之人也。

讀《鴻雁》而知民族之哀鳴嗷嗷也〔五〕，讀《碩鼠》而知民情之將適樂國也〔六〕，讀《大東》而知民生之杼軸其空也〔七〕，讀《正月》《雨無正》《萇楚》《苕華》而知民心之不樂其生也。嗚呼！政治至此，尚忍言哉！極目千里，「何草不黄」矣。多難萬方，「何

〔一〕《詩·大雅·蕩》文云：「咨女殷商，女炰烋于中國，斂怨以爲德。」「炰烋」謂怒吼也。

〔二〕用《書·牧誓》「今商王受，惟婦言是用」之意。

〔三〕《詩·小雅·祈父》文。

〔四〕此段三處「個人」，講義皆作「一人一事一代」。

〔五〕《詩·小雅·鴻雁》云：「鴻雁于飛，哀鳴嗷嗷。」

〔六〕《詩·魏風·碩鼠》云：「逝將去女，適彼樂國。」

〔七〕《詩·小雅·大東》云：「小東大東，杼柚其空。」

人不將」〔二〕矣。世變如斯，吾請與之讀《詩》。述《詩經》政治學第三。

小雅・鹿鳴篇

呦呦鹿鳴，食野之苹。我有嘉賓，鼓瑟吹笙。吹笙鼓簧，承筐是將。人之好我，示我周行。

呦呦鹿鳴，食野之蒿。我有嘉賓，德音孔昭。視民不恌，君子是則是傚。我有旨酒，嘉賓式燕以敖。

呦呦鹿鳴，食野之芩。我有嘉賓，鼓瑟鼓琴。鼓瑟鼓琴，和樂且湛。我有旨酒，以燕樂嘉賓之心。

《鹿鳴》三章，章八句。

《詩序》：「《鹿鳴》，燕羣臣嘉賓也。既飲食之，又實幣帛筐篚，以將其厚意，然後忠臣嘉賓得盡其心矣。」

[注釋] **呦呦**：鳴聲和也。**苹**：藾蕭也。**承**：奉也。**筐**：所以盛幣帛者。**周**

〔二〕「何草不黃」與「何人不將」乃《詩・小雅・何草不黃》句，《詩序》云：「《何草不黃》，下國刺幽王也。四夷交侵，中國背叛，用兵不息，視民如禽獸。君子憂之，故作是詩也。」此唐先生感時傷世者也。

行：大道也。蒿：菣也，即青蒿也。視民：即臨民之意。恌：偷薄也。敖：游也。芩：草名。湛：樂之久也。燕：安也。

［詩旨］《序》謂燕羣臣嘉賓，夫嘉賓即羣臣，以名分言曰君臣，以禮意言曰賓主。語云：「賓臣者帝，師臣者王。」〔一〕周之賓臣，周之所以成一時盛治也。首章言始作樂將幣帛以侑賓，而所以娛賓之意，在乎望嘉賓告我以大道。二章言旅酬之禮既行，又欲其遨游以盡懽，然所望於嘉賓者，不僅在言語之間，而威儀動作，可師可法，其德可以厚人倫，敦風俗，儀軌百僚者也。末章言和樂且湛，湛有過樂之義，然賓嘉德可師法，雖過於樂，而無沈湎之意，其親賢樂善，不拘形迹，洽上下之情，而忘君臣之分，穆然想見周家之盛治也。《風》以雎鳩關關起興，《雅》以鳴鹿呦呦起興，皆言聲之和。君臣和而國運昌，夫婦和而家道成，成周盛世之樂章也。至燕音上下而《風》變，雁鳴哀嗸而《雅》變矣。

編者謹按：唐先生講義按語云：「又按：司馬遷《十二諸侯年表序》、蔡邕《琴操》，皆以此

〔一〕《嚴氏詩經補義》卷五。

篇爲刺詩，蓋魯詩説。案《左氏・襄四年傳》魯叔孫穆子對晉韓宣子曰：『《鹿鳴》，君所以嘉君[一]也。』又《禮記・學記》『《宵雅》肄三』，謂肄《鹿鳴》之三[二]，其非刺詩明甚。而魯詩以爲刺者，蓋猶《關雎》美后妃，後人引以爲刺爾。」[三]

小雅・皇華篇

皇皇者華，于彼原隰。駪駪征夫，每懷靡及。

我馬維駒，六轡如濡。載馳載驅，周爰咨諏。

我馬維騏，六轡如絲。載馳載驅，周爰咨謀。

我馬維駱，六轡沃若。載馳載驅，周爰咨度。

我馬維駰，六轡既均。載馳載驅，周爰咨詢。

《皇華》五章，章四句。

《詩序》：「《皇皇者華》，君遣使臣也。送之以禮樂，言遠而有光華也。」

[一]《左傳・襄公四年》「嘉君」作「嘉寡君」。

[二]《禮記・學記》「《宵雅》肄三。」鄭康成注曰：「習《小雅》之三，謂《鹿鳴》《四牡》《皇皇者華》也。」

[三]載《大家國學：唐文治・詩經政治學》，頁一八～一九。

【注釋】**皇皇**：猶煌煌，光明貌。**華**：草木之華也。**原**：高平曰原。**隰**：下濕曰隰。**駪駪**：衆多疾行之貌。**征夫**：使臣與其屬也。**如濡**：鮮澤也。**周**：徧也。**咨諏**：訪問也。**如絲**：和柔也。**謀**：計畫也。**度**：謀也。**駰**：陰白雜毛曰駰，陰淺黑色也。**均**：調也。**詢**：究也。

【詩旨】此篇多告勉之詞，似訓誥體。王者遣使四方，以觀省風俗，考察政治之良否，訪問民間之疾苦，宣上德而通下情，皇華之光明於野，猶王澤之光被四表也。首章戒之以「每懷靡及」，是勉使臣以虚心受益。下四章歷舉咨諏、咨謀、咨度、咨詢。《左傳》曰「訪問於善爲咨，咨事爲諏」，問政事也；「咨難爲謀」，問患難也；「咨禮爲度」，問禮宜也；「咨親爲詢」，問親戚之義也〔一〕。使臣奉命以行，舉凡經過地方，一切應興應革事宜，暨遺逸耆舊所在處所，莫不殷殷致意，奉宣德意，優加存問，方爲克稱厥職。

小雅・天保篇

天保定爾，亦孔之固。俾爾單厚，何福不除。俾爾多益，以莫不庶。

〔一〕《左傳・襄公四年》文。

天保定爾，俾爾戩穀。罄無不宜，受天百祿。降爾遐福，維日不足。

天保定爾，以莫不興。如山如阜，如岡如陵。如川之方至，以莫不增。

吉蠲爲饎，是用孝享。禴祠烝嘗，于公先王。君曰卜爾，萬壽無疆。

神之弔矣，詒爾多福。民之質矣，日用飲食。羣黎百姓，徧爲爾德。

如月之恒，如日之升。如南山之壽，不騫不崩。如松柏之茂，無不爾或承。

《天保》六章，章六句。

《詩序》：「《天保》，下報上也。君能下下以成其政，臣能歸美以報其上焉。」

[注釋] **保**：安也。**爾**：指君也。詩人爾其君者，蓋稱天以爲言。**固**：堅也。**單**：同亶，信也。**除**：月益之義，言除舊更新也。**庶**：衆也。**戩**：古讀如晉，有進福之義。**穀**：祿也。**罄**：盡也。**遐**：遠也。**阜**：大陸曰阜。**陵**：大阜曰陵。**吉**：諏日也。**蠲**：齋戒也。**饎**：酒食也。**享**：獻也。宗廟之祭，春祠、夏禴、秋嘗、冬烝。**公**：先公，謂后稷以下至公叔祖類也。**先王**：太王以下也。**君**：通指先公先王而言。**卜**：予也。**弔**：至也。**詒**：遺也。**質**：實也。**恒**：弦也。月上弦之貌。**升**：出也。**騫**：虧也。**承**：繼也。言舊葉將落，新葉已生，相繼而長茂也。

[詩旨] 此詩人臣以福祿祝其君，不敢自爲之辭。稱天稱神，以見其受命之有

由，尊敬之至也。前三章言天之福君，以山阜岡陵喻其福之高大，以川之方至喻其福之盛長。後三章言神之福君，以日升月恒喻其福之進盛，以南山松柏喻其福之悠久。前三章祝天錫君以福，後三章祝祖宗錫君以福，前後九如字，筆歌墨舞，言之不足，又長言之，於以見臣子忠愛之忱，有加無已，而歸本於德徧羣黎，頌禱之中，仍寓責難之義焉。

編者謹按：唐先生講義按語云：「又按：此篇章法，『詩旨』已詳。《韓詩外傳》六，引《天保》首二句，謂天以〔一〕仁義禮智保定人之甚固。蓋五常之德，純固於內，即《易》所謂『凝命』〔二〕，《左氏傳》所謂『定命』〔三〕也。能凝而定，然後性命貞固，故大德必得其壽也。惟此詩精義，尤在『羣黎百姓』二句。『徧爲爾德』，《内則》所謂『降德於衆兆民』，《大學》所謂『明明德於

〔一〕謹按：《韓詩外傳》「以」前有「之所」二字，屈先生箋疏曰：「周（謹注：周爲新安周廷寀）云：『「所」字疑衍。』陳喬樅（謹注：見《韓詩遺説攷》卷七）云：『《毛詩叙》云：「天保，下報上也。」鄒忠允據《史記》武王克商，憂天保之未定，《逸周書》云「定天保」，依天保自洛遷於伊汭云云，遂疑此詩爲營洛後周召報命而致其祝頌之辭，何氏《古義》（何楷《毛詩世本古義》）即用其説。胡承珙曰：「案《史記》《周書》所云天保，不過謂天之保周，與《詩》篇名偶同耳。《詩》前三章皆稱天保者，如《召誥》所云：天迪從子保，天迪格保也。《韓詩外傳》言天之所以仁義禮智保定人之甚固也。其義自精。若《潛夫論・慎微篇》作天禄定爾，此乃轉寫字訛，何氏列爲異文，誤矣。」』」

〔二〕《易》鼎卦象傳文。

〔三〕《左傳・成公十三年》文。

天下』也。《卷阿》詩曰：『有孝有德……四方爲則。』以孝德治天下，《天保》之所以治内也。章末二句，寓承先啓後之意，當與《論語·歲寒松柏章》〔一〕及《魯頌·閟宮》《商頌·殷武》詩末章參讀。」〔二〕

小雅·菁莪篇

菁菁者莪，在彼中阿。既見君子，樂且有儀。
菁菁者莪，在彼中沚。既見君子，我心則喜。
菁菁者莪，在彼中陵。既見君子，錫我百朋。
汎汎楊舟，載沈載浮。既見君子，我心則休。

《菁菁者莪》四章，章四句。

《詩序》：「《菁菁者莪》，樂育材也。君子能長育人材，則天下喜樂之矣。」

［注釋］ **菁菁**：盛貌。**莪**：蒿也。**中阿**：阿中也。大陵曰阿。**君子**：主持教育

〔一〕《論語·子罕》文。
〔二〕載《大家國學：唐文治·詩經政治學》，頁一九～二〇。

人材之任者。**儀**：禮儀也。**沚**：小渚曰沚。**陵**：大阜曰陵。**百朋**：古者貨貝，五貝爲朋。**楊舟**：楊木爲舟。**休**：休休然心安定而舒泰也。

［詩旨］《序》言樂育材也，以菁莪之産於美地，如中阿、中沚、中陵，潤澤以養其材，雖微物亦能茂盛，如人材之在學校，有教化以培植之，雖質魯亦能成德達材。君子指主持教育之人，在鄉則鄉老、鄉大夫諸職，在國則大司成、大小樂正諸職。

首章言見君子，樂其教先禮儀也。次章言見君子，心喜育材之有地，而已有成材之望也。三章言見君子，貺我良多，切磋琢磨，儼如百朋之錫也。末章變菁莪言楊舟，喻成材也，舟楫爲濟川之具，要在乎用之之人。沈浮，不定之貌，士有材具而待世用，不無沈浮之懼，君子用當其材，其心休休然安定而舒泰矣。

前三章之見君子，因君子教誨之而得見也；末章之見君子，因君子任用之而得見也。非生材之難，而成材爲難，而用材爲尤難。造士在學校，用賢在朝廷。學校無材，朝廷不可得而用之也，故師儒之選，不可以不慎；教化之道，不可以不明。

小雅・鴻雁篇

鴻雁于飛，肅肅其羽。之子于征，劬勞于野。爰及矜人，哀此鰥寡。

鴻雁于飛，集於中澤。之子于垣，百堵皆作。雖則劬勞，其究安宅。

鴻雁于飛，哀鳴嗸嗸。維此哲人，謂我劬勞。維彼愚人，謂我宣驕。

《鴻雁》三章，章六句。

《詩序》：「《鴻雁》，美宣王也。萬民離散，不安其居，而能勞來還定安集之，至於矜寡，無不得其所焉。」

［注釋］ **鴻雁**：鳥名，大曰鴻，小曰雁。**肅肅**：羽聲也。**之子**：侯伯卿士也。**劬勞**：勞瘁也。**矜**：憐也。**鰥寡**：老而無妻曰鰥，老而無夫曰寡。**中澤**：澤中也。**堵**：一丈爲板，五板爲堵。**究**：終也。**宣**：示也。

［詩旨］ 宣王繼厲王之後，修明政治，王業中興，外而侯伯，内而卿士，均能奉宣德意，招撫流民。《詩序》以「勞來還定安集」美宣王，蓋謂萬民之離散者，上之人加以慰勞，招之使來，撫之使還，定其居處，安其田里，集合其家室。詩人託興鴻雁，首章追維在昔離散之苦。次章叙述今日還歸之樂。末章言流民痛定思痛，哀嗷訴苦，其

明理之人，深知之子之于征于垣，備極劬勞，至愚昧無識者流，猶謂王澤未能徧逮，之子示民以驕也，雖有毁譽，非所計已。

小雅・節南山篇

節彼南山，維石巖巖。赫赫師尹，民具爾瞻。憂心如惔，不敢戲談。國既卒斬，何用不監。

節彼南山，有實其猗。赫赫師尹，不平謂何！天方薦瘥，喪亂弘多。民言無嘉，憯莫懲嗟。

尹氏大師，維周之氐。秉國之均，四方是維。天子是毗，俾民不迷。不弔昊天，不宜空我師。

弗躬弗親，庶民弗信。弗問弗仕，勿罔君子。式夷式已，無小人殆。瑣瑣姻亞，則無膴仕。

昊天不傭，降此鞠訩。昊天不惠，降此大戾。君子如届，俾民心闋。君子如夷，惡怒是違。

不弔昊天，亂靡有定。式月斯生，俾民不寧。憂心如酲，誰秉國成。不自爲政，卒勞百姓。

駕彼四牡，四牡項領。我瞻四方，蹙蹙靡所騁。

方茂爾惡，相爾矛矣。既夷既懌，如相醻矣。

昊天不平，我王不寧。不懲其心，覆怨其正。

家父作誦，以究王訩。式訛爾心，以畜萬邦。

《節南山》十章，六章章八句，四章章四句。

《詩序》：「《節南山》，家父刺幽王也。」

[注釋] **節**：通作岊，高峻貌。**巖巖**：積石貌。**赫赫**：顯盛貌。**師尹**：太師尹氏。**具**：同俱。**瞻**：視也。**惔**：燔也。**斬**：斷絶也。**監**：視也。**有實其猗**：草木長茂猗猗然。**薦**：重也。**瘥**：病也。**弘**：大也。**憯**：曾也。**氐**：本也。**均**：平也。**毗**：輔也。**空**：窮也。**師**：衆也。**問**：咨詢之也。**仕**：任用之也。**式**：用也。**夷**：平也。**已**：廢退也。**殆**：危也。**瑣瑣**：小貌。**姻亞**：壻之父曰姻，兩壻相謂曰亞。**膴**：厚也。**傭**：均也。**鞫**：窮也。**訩**：亂也。**届**：至也。**闋**：息也。**夷**：平易也。**違**：遠去也。**酲**：病酒也。**成**：平也。**項**：大也。**蹙蹙**：偏促之貌。**茂**：盛也。**相**：視也。**懌**：悦也。**家父**：周大夫食采於家，以邑

爲氏。訛：化也。

［詩旨］ 此詩刺幽王用尹氏。前九章惟極言尹氏之罪，而卒章以一言歸之王心，則輕重自見，家父之善於措辭也。全詩以不平其心爲綱，用人行政爲目。首章言其所爲不善，而以國脈斬絶戒之。二章推其持心不平，而以天變人怒戒之。三章舉其責任之重，而深刺其心之不平。四章極言其用人行政之失，尊寵姻亞，植黨營私。五章言如能改行爲善，尚可靖亂圖治。六章痛尹氏不能已亂，禍患之來，與歲月增長，而百姓實受其勞苦。七章言己欲避亂，而出無所之，忠愛不忍去國之意。八章形容小人喜怒不測，忽而戈矛相害，忽而賓主酬酢。九章言厲階之生，實由尹氏不平其心所致，禍國誤君，尚不悔過，轉欲排擠正人。末章窮其亂本，而歸之王心，深期格君心之非，大本既正，萬邦皆理，家父惓惓愛君之心，於此可見，詩人忠厚之至也。

大雅・緜篇

緜緜瓜瓞。民之初生，自土沮漆。古公亶父，陶復陶穴，未有家室。古公亶父，來朝走馬。率西水滸，至于岐下。爰及姜女，聿來胥宇。

周原膴膴，堇荼如飴。爰始爰謀，爰契我龜。曰止曰時，築室于兹。廼慰廼止，廼左廼右。廼疆廼理，廼宣廼畝。自西徂東，周爰執事。乃召司空，乃召司徒，俾立室家。其繩則直，縮版以載，作廟翼翼。捄之陾陾，度之薨薨。築之登登，削屢馮馮。百堵皆興，鼛鼓弗勝。廼立臯門，臯門有伉。廼立應門，應門將將。廼立冢土，戎醜攸行。肆不殄厥慍，亦不隕厥問。柞棫拔矣，行道兑矣。混夷駾矣，維其喙矣。虞芮質厥成，文王蹶厥生。予曰有疏附，予曰有先後，予曰有奔奏，予曰有禦侮。

《緜》九章，章六句。

《詩序》：「《緜》，文王之興，本由大王也。」

[注釋] **緜緜**：不絶貌。**瓞**：一名瓝，小瓜也。**沮漆**：二水名，在豳地。**古公亶父**：古公，豳公也，亶父其字。**陶復陶穴**：陶者，焙土使堅實。復，平地累土爲之。穴，土室也。**滸**：水厓也。**岐下**：岐山之下。**姜女**：大姜也。**胥**：相也。**宇**：居也。**周**：地名，在岐山之南。**膴膴**：肥美貌。**堇**：美菜也。**荼**：苦菜也。**契**：然火灼龜也。**慰**：安也。**止**：居也。**周**：徧也。**司空**：掌營國邑。**司徒**：掌徒役之事。**捄**：盛土於器也。**陾陾**：衆也。**度**：投土於版也。**薨薨**：衆聲也。**登登**：相應聲

也。**削屢**：削牆鍛屢之聲。**馮馮**：牆堅實聲。**堵**：五版曰堵。**鼛**：大鼓也。**皋門**：王之郭門。**伉**：高貌。**應門**：王之正門。**將將**：嚴正也。**冢土**：大社也。**戎醜**：大衆也。**肆**：猶遂也，承上起下之辭。**殄**：絶也。**愠**：怒也。**隕**：墜也。**問**：令聞也。**拔**：剪除也。**兑**：通道也。**駾**：奔突也。**喙**：喘息也。**蹶**：動也，謂感動虞芮，生其讓畔之心也。

〔**詩旨**〕此詩周公戒成王以修德保命之意。周家王迹肇基于太王，受命于文王，由微而盛，以瓜瓞爲喻。首章推原世德，提出古公亶父，爲周室發祥之始。次章述遷岐以避狄難，相度營建之宜，「聿來胥宇」句，實爲下數章綱領。三章言相土。四章言定民居。五、六、七章詳叙營建宗廟宫室門社制度，開國規模，燦然大備，而太王之締造艱難，亦足以昭示後世。八章言内治既修，遠人自服。末章歸結文王，以虞芮質成，爲文王受命之徵，而佐命諸臣，亦有承流宣化之功焉。

編者謹按：唐先生講義按語云：「又按：此篇章法，與《皇矣篇》略同，尤多疊句法，如四章八『乃』字，六章三『之』字，七章三『乃立』，八章四『矣』字，九章四『予曰』，不覺繁複者，由其煉氣盛也。而其音節清明廣大，可與《商頌・長發》詩相埒。開國伊始，德音孔昭，德愈厚故音

愈長，八百載之鴻規，肇基於此矣。」〔一〕

大雅·棫樸篇

芃芃棫樸，薪之槱之。濟濟辟王，左右趣之。濟濟辟王，左右奉璋。奉璋峩峩，髦士攸宜。淠彼涇舟，烝徒楫之。周王于邁，六師及之。倬彼雲漢，爲章于天。周王壽考，遐不作人。追琢其章，金玉其相。勉勉我王，綱紀四方。

《棫樸》五章，章四句。

《詩序》：「《棫樸》，文王能官人也。」

［注釋］芃芃：盛貌。棫：白桵也。樸：枹木也。槱：積也。辟王：謂文王也。璋：半圭曰璋。峩峩：盛壯貌。髦：俊也。淠：舟行貌。涇：水名。烝：衆也。楫：櫂也。邁：行也。倬：大也。雲漢：天河也。遐：遠也。追琢：追，雕

〔一〕載《大家國學：唐文治·詩經政治學》，頁二〇～二一。

也。金曰雕，玉曰琢。相：質也。

［詩旨］詩人美文王能官人。十亂之才，皆文王所留遺，薪之以自任，使樵之以貽武王，右右胥疏附先後、奔走禦侮之臣，而文王之威儀濟濟，自足爲天下所歸附。首章言文王用才儲才，各得其宜。二、三兩章，分言承祭征伐，以見文德之臣，武勇之士，胥有以勷相我國家。四、五兩章，歸本於文王盛德，其能官人實由於能作人，主德清明，羣材奮興，四方之政，大綱小紀，釐然畢舉。而振興鼓舞，非一朝一夕之故，久道化成，詩人所以有「壽考」「作人」之詠也。

大雅·卷阿篇

有卷者阿，飄風自南。豈弟君子，來游來歌，以矢其音。

伴奐爾游矣，優游爾休矣。豈弟君子，俾爾彌爾性，似先公酋矣。

爾土宇昄章，亦孔之厚矣。豈弟君子，俾爾彌爾性，百神爾主矣。

爾受命長矣，茀祿爾康矣。豈弟君子，俾爾彌爾性，純嘏爾常矣。

有馮有翼，有孝有德，以引以翼。豈弟君子，四方爲則。

顒顒卬卬，如圭如璋，令聞令望。豈弟君子，四方爲綱。

鳳凰于飛，翽翽其羽，亦集爰止。藹藹王多吉士，維君子使，媚于天子。

鳳凰于飛，翽翽其羽，亦傅于天。藹藹王多吉人，維君子命，媚于庶人。

鳳凰鳴矣，于彼高岡。梧桐生矣，于彼朝陽。菶菶萋萋，雝雝喈喈。

君子之車，既庶且多。君子之馬，既閑且馳。矢詩不多，維以遂歌。

《卷阿》十章，六章章五句，四章章六句。

《詩序》：「《卷阿》，召康公戒成王也。言求賢用吉士也。」

［**注釋**］**卷**：曲也。**阿**：大陵曰阿。**飄風**：迴風也。**豈弟**：樂易也。**君子**：謂成王也。**矢**：陳也。**伴奐**：逍遥閒散之意。**優游**：從容閒暇之意。**休**：休息也。**彌**：滿也。**似**：嗣也。**酋**：終也。**昄**：大也。**章**：明也。**茀**、**嘏**：皆福也。**馮**：依也。**翼**：輔也。**顒顒**：温貌。**卬卬**：盛貌。**翽翽**：羽聲。**藹藹**：猶濟濟也。**媚**：順愛也。**菶菶萋萋**：梧桐生之盛也。**雝雝喈喈**：鳳凰鳴之和也。

［**詩旨**］召康公從成王游于卷阿之上而作此詩。首章總叙發端，悠然而起。二、三、四章極頌王壽考福禄之盛，承祖德、主百神、永天禄，王之所以能備此全福者，必自求賢始。有賢臣贊襄，乃能彌爾德性。五、六兩章述得賢自輔，主德清明，四方歸

附，「爲則」有師道意，「爲綱」有君道意。「豈弟君子」，作君作師，其德性自彌綸天地，而參贊化育矣。七、八兩章忽借鳳凰以頌賢臣，羣臣翩然戾止，上有以致君而君悦，下有以澤民而民悦，有不期然而然者。九章復借朝陽鳴鳳，以見賢臣之集于盛世，君臣遇合，與吉光瑞羽，互相輝映，迭咏「菶菶萋萋、雝雝喈喈」，興會所至，有筆歌墨舞之樂。末章略述從游車馬之盛，自陳作詩之意，以竊附于賡歌颺拜，深得大臣告君之體已。

編者謹按：唐先生講義云：「此篇音節，冠絶全經。上六章皆言『豈弟君子』，七、八、九章亦皆言『君子』，蓋召公以『豈弟君子』勉成王，亦即以任用君子勉成王也。彌性與《召誥》節性功夫相合。節者節制之義，彌者充滿之義，此性學之最古者。五章、七章，言輔翊以愛其君。六章、八章，言慈惠以愛其民。末章形容車馬，君子之多可知。然全篇要義，尤重在有孝有德。惟有孝德，以能爲四方之則也。又按：《詩》《書》所載，周公著作較多，而召公所作較少。《尚書》惟有《召誥》一篇，《詩經》惟有《洞酌》《公劉》《卷阿》三篇。而《洞酌》與本篇皆言『豈弟君子』。召公既有節性彌性之力，加以豈弟愛民之德，慈祥之意，溢於言表，所以歷輔文、武、成、康四君，壽至二百歲也。魏氏源謂：『「鳳凰」一章……與《書·君奭篇》「我則鳴鳥不聞」（《君奭篇》，周公作。）……《琴操》及《古今樂録》云成王時天下大治，鳳凰來於庭，成王乃援琴而歌，作《神鳳操》〔一〕合。《詩》所謂「豈弟君子，來游來歌」也。召公因鳴鳥之祥，薦諸宗廟，爲詩歌以勉成王，故末章云「矢詩不多，維以遂歌」也。』」〔二〕

大雅・板篇

上帝板板，下民卒癉。出話不然，爲猶不遠。靡聖管管，不實於亶。猶之未遠，是用大諫。

天之方難，無然憲憲。天之方蹶，無然泄泄。辭之輯矣，民之洽矣。辭之懌矣，民之莫矣。

我雖異事，及爾同寮。我即爾謀，聽我囂囂。我言維服，勿以爲笑。先民有言，詢于芻蕘。

天之方虐，無然謔謔。老夫灌灌，小子蹻蹻。匪我言耄，爾用憂謔。多將熇熇，不可救藥。

〔一〕謹按：平津館叢書本《琴操》「神鳳操」作「儀鳳歌」。

〔二〕魏源《詩古微・大雅召康公成王詩發微》上編之五文。載《大家國學：唐文治・詩經政治學》，頁二一一～二一二。

天之方懠，無爲夸毗。威儀卒迷，善人載尸。民之方殿屎，則莫我敢葵。喪亂蔑資，曾莫惠我師。

天之牖民，如壎如篪，如璋如圭，如取如攜。攜無曰益，牖民孔易，民之多辟，無自立辟。

价人維藩，大師維垣，大邦維屏，大宗維翰。懷德維寧，宗子維城。無俾城壞，無獨斯畏。

敬天之怒，無敢戲豫。敬天之渝，無敢馳驅。昊天曰明，及爾出王。昊天曰旦，及爾游衍。

《板》八章，章八句。

《詩序》：「《板》，凡伯刺厲王也。」

［注釋］**板板**：反也，言天反其常道。**卒**：盡也。**癉**：病也。**猶**：同猷，謀也。**管管**：無所依也。**亶**：誠也。**憲憲**：猶欣欣也。**蹶**：變動也。**泄泄**：弛緩之意。**輯**：和也。**洽**：合也。**懌**：悦也。**莫**：定也。**囂囂**：自得不肯受言之貌。**服**：事也。**謔謔**：戲侮也。**灌灌**：款款也。**蹻蹻**：驕貌。**熇熇**：熾盛也。**懠**：怒也。**夸毗**：體柔諂媚之人。**卒迷**：喪失常度。**尸**：不言不爲，飲食而已。**殿屎**：呻吟也。

葵：揆度也。**蔑**：無也。**資**：財也。**惠**：養也。**師**：衆也。**牖**：開明也。**壎篪**：相和也。**圭璋**：相合也。**取攜**：必從也。**辟**：邪也。**立辟**：立法也。**价**：善也。**藩**：籬也。**師**：衆也。**垣**：牆也。**大邦**：强國也。**屏**：蔽也。**大宗**：强族也。**宗子**：同姓也。**戲豫**：逸樂也。**渝**：變也。**馳驅**：恣肆也。**王**：往也。**旦**：明也。**游衍**：寬縱之意。

〔**詩旨**〕詩作于厲王三十四年。凡伯，周之同姓，爲王卿士，目覩朝政日非，愷切指陳，責僚友以警王。首章爲一篇綱領，言天怒人怨，非聖無法，恣意妄行，絶無遠慮，是以不得不疾言規諫，以達王聽。二、三、四章承「出話不然」意反覆言之。二章上四句戒其畏天，下四句期其慎言以安民；三、四章言我所謀者，實社稷安危至計，不可以爲迂闊而笑之，以爲老耄而戲謔之。五、六章承「爲猶不遠」意反覆言之。五章戒其喪失威儀妨賢病民。六章言天之牖民其易如此，以喻上之化下，自有其道，不可徒立法制以逼迫之也。七、八兩章歸重君上，言王道以得人爲盛，君心以敬天爲主。人可以爲藩爲垣爲屏爲翰爲城，而總視君德以爲之本，有德則安，無德則危，城壞則藩垣屏翰，胥無可恃，而王且獨居而有獨夫之懼矣！至於天變尤當敬畏，曰「板板」、曰「方難」「方蹶」、曰「方虐」「方懠」，天變甚矣！苟不之敬，而「戲豫」自荒，「馳驅」自恣，則天怒不愈甚乎？「天視自民視，天聽自民聽」〔一〕，王者敬天以勤民，「卒癉」「殿屎」之下民，庶幾可以和洽而安定也乎？凡伯之意，誠愷切已。

大雅・蕩篇

蕩蕩上帝，下民之辟。疾威上帝，其命多辟。天生烝民，其命匪諶。靡不有初，鮮克有終。

文王曰咨，咨女殷商！曾是彊禦，曾是掊克，曾是在位，曾是在服。天降滔德，女興是力。

文王曰咨，咨女殷商！而秉義類，彊禦多懟。流言以對，寇攘式內。侯作侯祝，靡届靡究。

文王曰咨，咨女殷商！女炰烋于中國，斂怨以爲德。不明爾德，時無背無側。爾德不明，以無陪無卿。

文王曰咨，咨女殷商！天不湎爾以酒，不義從式。既愆爾止，靡明靡晦。式號式呼，

〔一〕《尚書・泰誓中》：「天視自我民視，天聽自我民聽。」

俾晝作夜。

文王曰咨，咨女殷商！如蜩如螗，如沸如羹。小大近喪，人尚乎由行。内奰于中國，覃及鬼方。

文王曰咨，咨女殷商！匪上帝不時，殷不用舊。雖無老成人，尚有典刑。曾是莫聽，大命以傾。

文王曰咨，咨女殷商！人亦有言，顛沛之揭，枝葉未有害，本實先撥。殷鑑不遠，在夏后之世。

《蕩》八章，章八句。

《詩序》：「《蕩》，召穆公傷周室大壞也。厲王無道，天下蕩蕩，無綱紀文章，故作是詩也。」

［注釋］**蕩蕩**：廣大貌。**上帝**：以天喻君也。**辟**：君也。**疾威**：猶暴虐也。**多辟**：多邪僻也。**諶**：信也。**彊禦**：暴虐之臣。**掊克**：聚斂之臣。**服**：事也。**滔**：慢也。**而**：汝也。**義**：善也。**懟**：怨也。**流言**：浮浪不根之言。**作祝**：作同詛，祝同咒，言怨謗也。**炰烋**：猶咆哮，驕滿貌。**背側**：背無臣，側無人。**陪卿**：無陪貳，無卿士。**式**：用也。**止**：容止也。**蜩螗**：蟬也。**小大**：指政事言。**奰**：怒也。

覃：延也，言自近及遠也。**老成人**：舊臣也。**典刑**：舊法也。**顛**：仆也。**沛**：拔也。**揭**：見根貌。**撥**：絶也，言生機斷絶也。

〔**詩旨**〕此詩召穆公傷厲王失德，周室將亡。首章以天喻君，言天變世亂，皆人爲不善所致，以啓戒王之端。以下數章，皆託爲文王歎紂之辭，以諷厲王，寓陳古刺今之義。二、三兩章，歎其用人之失，以致貪暴之人在位用事，視寇盜攘竊者流，爲心膂之臣，民之怨謗，自無窮極。四、五兩章，歎其不修德，自無知人之明，前後左右，皆不稱其官，有朝無人焉之慨；君惟沈湎流連，喪失威儀，有廢時失事之愆。六章歎其致亂而不知戒，民怨沸騰，庶政廢弛，自近及遠，靡不怨怒，而大亂以起矣。七章歎其不用舊臣、不守舊法以致亂；紂之亂，非生不得時，乃毁棄先王成憲，任用暴虐聚斂之臣，政事乖戾，大命傾覆。末章歎其將亡而歸本君德，大木將傾，根本先受損害，賢才者國家之根本，道德者又君心之根本，根本既壞，不亡何待？殷之鑑夏，即周之鑑殷，歷述祖訓，詞嚴義正，陳古刺今，惓惓忠愛之意也。

編者謹按：唐先生講義云：「此篇首章總冒，以下皆以『文王曰咨』二句作起例，猶《尚書·無逸篇》每節以『周公曰嗚呼』作起例。七章『大命以傾』與首章『其命匪諶』相應，此厲王之不畏天命，以致傾國命也。不聽老成人言，道德淪亡，本實先撥。後世危亡之國，皆當有鑑於斯，其豈特殷鑑而已。哀哉！又按：此篇諸章陳刺，各有意義，而最可痛者在『如蜩如螗』二句，朝野横議，昏闇無識，是以庶政紊亂，外侮頻乘，國本焉得不動摇乎？國家至此，哽咽不忍言。當與《召旻篇》參讀。」〔一〕

大雅・召旻篇

旻天疾威，天篤降喪。瘨我饑饉，民卒流亡，我居圉卒荒。天降罪罟，蟊賊内訌。昏椓靡共，潰潰回遹，實靖夷我邦。臯臯訿訿，曾不知其玷。兢兢業業，孔填不寧，我位孔貶。如彼歲旱，草不潰茂。如彼棲苴。我相此邦，無不潰止。維昔之富不如時，維今之疚不如兹。彼疏斯粺，胡不自替，職兄斯引。池之竭矣，不云自頻。泉之竭矣，不云自中，溥斯害矣，職兄斯弘，不烖我躬。昔先王受命，有如召公。日辟國百里，今也日蹙國百里。於乎哀哉，維今之人，不尚有舊。

〔一〕載《大家國學：唐文治・詩經政治學》，頁二二一～二二三。

《召旻》七章，四章章五句，三章章七句。

《詩序》：「《召旻》，凡伯刺幽王大壞也。旻，閔也，閔天下無如召公之臣也。」

［**注釋**］**篤**：厚也。**瘨**：病也。**我居圉卒荒**：居，言國中。圉，言邊境。荒，空虛也。**訌**：潰也。**昏椓**：皆閹宦，被刑之人。**靡共**：無肯供其職事。**潰潰**：亂也。**回遹**：邪僻。**靖夷**：靖，謀也。夷，滅也。言謀夷滅王之邦國。**皋皋**：頑慢意。**訿訿**：謗毀也。**玷**：大道之缺。**填**：久也。**我位孔貶**：位，王位。孔，甚也。貶，墜也。**潰茂**：中遂而盛茂也。**棲苴**：水中浮草，棲於木上則枯矣。**相**：視也。**潰止**：潰亂也。**維昔之富**：言往者富仁賢，今也富讒佞，病賢也。**彼疏**：言君子食糲米。**斯粺**：言小人食精米。**替**：廢也。**職兄斯引**：職，專也。兄，同怳。言曷不自廢㠯避君子，而使我心專爲此，故愴怳。引，長而不能已也。**頻**：水涯。**中**：中心。言池之竭先自水涯，泉之竭先自中心，今不云然，言無是非。**弘**：大也。**烖**：害也。言專主大，此爲亂之事，豈不害及王躬乎？**不尚有舊**：不尊尚有舊德之臣，將㠯喪亡其國。

［**詩旨**］首章稱旻天，卒章稱召公，故謂之召旻，以別《小旻》。按《周南》繫於周公，《召南》繫於召公，見化之盛者，必有待乎二公也。《風》之終繫以《豳》，《雅》之終

繫以《召旻》，見化之衰者必有思乎二公也。此詩居《變雅》之終，而第七章又居此詩之終，尤可痛心。蓋自古亡國敗家者，皆由於廢舊道德也，豈非千古之殷鑑哉？

魯頌・泮水篇

思樂泮水，薄采其芹。魯侯戾止，言觀其旂。其旂茷茷，鸞聲噦噦。無小無大，從公于邁。

思樂泮水，薄采其藻。魯侯戾止，其馬蹻蹻。其馬蹻蹻，其音昭昭。載色載笑，匪怒伊教。

思樂泮水，薄采其茆。魯侯戾止，在泮飲酒。既飲旨酒，永錫難老。順彼長道，屈此羣醜。

穆穆魯侯，敬明其德，敬慎威儀，維民之則。允文允武，昭假烈祖。靡有不孝，自求伊祜。

明明魯侯，克明其德。既作泮宮，淮夷攸服。矯矯虎臣，在泮獻馘。淑問如皋陶，在泮獻囚。

濟濟多士，克廣德心。桓桓于征，狄彼東南。烝烝皇皇，不吳不揚。不告于訩，在泮獻功。

角弓其觩，束矢其搜。戎車孔博，徒御無斁。既克淮夷，孔淑不逆。式固爾猶，淮夷卒獲。

翩彼飛鴞，集于泮林。食我桑黮，懷我好音。憬彼淮夷，來獻其琛。元龜象齒，大賂南金。

《泮水》八章，章八句。

《詩序》：「《泮水》，頌僖公能修泮宮也。」

[注釋] **泮水**：泮宮之水也，諸侯之學曰泮宮。**茷茷**：飛揚也。**噦噦**：和也。**邁**：往也。**蹻蹻**：言强盛也。**色**：温潤也。**茆**：鳧葵也，江南人謂之蓴菜。**長道**：大道也。**屈**：服也。**醜**：衆也。**假**：同格。**馘**：殺敵人而獻其左耳曰馘。**桓桓**：威武貌。**狄**：同逖，遠也。**東南**：指淮夷。**烝烝**：厚也。**皇皇**：美也。**不吴**：不喧譁也。**不揚**：不輕浮也。**不告于訩**：不爭功也。**觩**：弓健貌。**束**：五十矢爲束。**搜**：矢疾聲。**博**：衆也。**無斁**：言競勸也。**猶**：謀也。**黮**：桑實也。**憬**：覺悟也。**琛**：寶也。**賂**：遺也。**南金**：荆揚之金也。

[詩旨] 春秋時，急攻戰而緩教化，魯僖公能修泮宮，以興學育才，詩人美之。

首二章言魯侯視學而人心樂從，鼓舞盡道。三章以下，俱爲頌禱之辭，福以壽爲先，故首頌難老，君爲衆所推戴以成其尊，故次言服衆。四章言化民必先敬德，法祖斯能集祜。五、六、七三章由文德以及武功，出兵受成，釋奠獻功，皆歸本於學校，蓋征伐之道，用武在下，發謀在上，必智勇兼濟，庶成功可期，亦詩人頌禱之辭。末章以惡聲之飛鴞，而化爲好音，以興起蠢然之淮夷，憬然覺悟，翕然歸服，而行獻琛之禮。言魯侯作君作師，化惡爲善，其機甚捷，詩人善頌善禱之辭，于是備已。

商頌・玄鳥篇

天命玄鳥，降而生商，宅殷土芒芒。古帝命武湯，正域彼四方。方命厥后，奄有九有。商之先后，受命不殆，在武丁孫子。武丁孫子，武王靡不勝。龍旂十乘，大糦是承。邦畿千里，維民所止，肇域彼四海。四海來假，來假祁祁，景員維河，殷受命咸宜，百禄是何。

《玄鳥》一章，二十二句。

《詩序》：「《玄鳥》，祀高宗也。」

〔**注釋**〕**玄鳥**：鳦也。高辛氏之妃有娀氏女簡狄，祈于郊禖，鳦遺卵，簡狄吞之而生契，爲商之始祖。**宅**：居也。**芒芒**：大貌。**武湯**：湯有武德，故稱武湯。**正**：治也。**域**：封境也。**九有**：九州也。**武丁**：高宗也。**勝**：任也。**龍旂十乘**：指諸侯來助祭者言。**大糦**：粢盛也。**承**：奉也。**肇**：始也。**假**：同格。**祁祁**：衆多也。**景員維河**：景，山名，商所都也。員，幅隕也。河，大河，言景山四周皆大河也。**何**：同荷，任也。

〔**詩旨**〕此祀高宗之樂歌。首節溯源，導河積石，如《生民》詩之推本姜嫄，述祖德以美高宗，高宗伐鬼方，厥功甚偉，繼武湯之緒，光復舊物，以啓中興之運。次節述高宗之纘承祖德。三節言武功昭著，四方諸侯，懷德畏威，咸來助祭。四節言宅中圖大，以千里邦畿，控制四海。末節言人心歸附者衆，河山鞏固，永受天命，長膺百禄。承先啓後，實維高宗之文德武功，聿著中興盛治。後世子孫，入廟對越，敬述功烈，播爲樂章。吁！盛已！

商頌・長發篇

濬哲維商，長發其祥。洪水芒芒，禹敷下土方。外大國是疆，幅隕既長。有娀方將，

帝立子生商。

玄王桓撥，受小國是達，受大國是達。率履不越，遂視既發。相土烈烈，海外有截。

帝命不違，至于湯齊。湯降不遲，聖敬日躋。昭假遲遲，上帝是祗，帝命式于九圍。

受小球大球，爲下國綴旒，何天之休。不競不絿，不剛不柔，敷政優優，百祿是遒。

受小共大共，爲下國駿厖，何天之龍。敷奏其勇，不震不動，不戁不竦，百祿是總。

武王載旆，有虔秉鉞，如火烈烈，則莫我敢曷。苞有三蘖，莫遂莫達，九有有截。韋顧既伐，昆吾夏桀。

昔在中葉，有震且業。允也天子，降予卿士。實維阿衡，實左右商王。

《長發》七章，一章八句，四章章七句，一章九句，一章六句。

《詩序》：「《長發》，大禘也。」

[注釋] **濬**：深也。**芒芒**：大貌。**敷**：布也。《尚書》：「禹敷土。」**方**：四方。**外大國**：京師外之大國。**幅隕**：幅，邊幅。隕，讀作員。自其直方言之曰幅，自其周圍言之曰員。**有娀**：契之母。**將**：大也。**帝立子生商**：子，姓也。契佐禹治水有功，帝立其國，錫姓曰子，胙土曰商。**玄王**：契也。**桓**：大也。**撥**：治也。**受小國大國**：契居二伯之職，總領小大之國。**履**：禮也。**視**：視於民。**發**：行也。**相土**：契

孫。**烈烈**：威赫貌。**截**：整齊也。言威武行於四海之外。**湯齊**：齊，讀爲濟，成也。言至於湯而成，故曰成湯。**降**：謙恭。**不遲**：言急也。**躋**：升也。謂上達天德。**昭假**：昭，光明也。假，感格也。《書》曰：「光被四表，格于上下。」**遲遲**：宏遠悠裕之義。**祇**：敬也。**式**：法也。**九圍**：九州。**小球大球**：小球，鎮圭，尺二寸。大球，大圭，三尺，皆天子所執。**下國**：諸侯。**綴**：猶結也。**旒**：旗之垂者。言爲諸侯所係屬。**何**：擔荷。**競**：强也。**絿**：緩也。**優優**：寬裕意。**遒**：聚也。**共**：珙省文，合珙之玉。**駿**：大也。**厖**：厚也。**龍**：寵也。**奏**：進也。言大進武功。**戁竦**：恐懼也。**總**：總聚而歸之。**武王**：湯也。**虔**：敬恭。**鉞**：斧也。**如火烈烈**：軍容之嚴赫。**曷**：通遏。**苞有三蘖**：苞，本也。蘖，旁生。本，謂夏桀。蘖，謂韋、顧、昆吾三國。**韋顧昆吾**：皆桀黨。湯既伐三國，乃伐桀，九州截然歸之。**葉**：世也。**業**：危也。**天子**：謂湯也。**降**：言天賜之。**阿衡**：伊尹官號。阿，倚。衡，平也。

[詩旨] 序以此爲大禘之詩。按：大禘之祭，所及者遠，故其詩歷言商之先后，又及其卿士伊尹，蓋與祭於禘者也。《商書》曰「茲予大享于先王，爾祖其從與享之」[一]是也。

[一]《尚書・盤庚上》。

是以歷陳祖德。其德惟何？聿惟聖敬〔一〕。湯之明德，在率履不越，而實根本於聖敬。商〔二〕行禘禮，贊湯聖敬之德，猶周行宗祀禮，贊文王敬止之德也。惟聖敬故能受球共，荷天寵，振武功，伐夏桀而有天下，而左右之者伊尹也。伊尹之告太甲曰：「顧諟天之明命。」〔三〕敬天命也。自古未有不敬而能有天下者也，未有不敬而能敷政治者也。

編者謹按：先生講義按語云：「此篇章法，首、二章頌契之率禮，三、四、五章頌湯之敬德，六、七章頌湯之武功，伊尹實佐成之，音節最爲響亮激越。曾子居武城時，讀《商頌》，淵然有金石聲。余嘗謂《詩經》音節之響亮者，多以陽、庚、青、蒸等韻，與入聲韻相同，是以其聲廣大而清明，如《天保》與本篇是也。後代如韓、歐諸賢，多能用此法，《張徹墓銘》《秋聲賦》，其顯焉者。又如文信國《正氣歌》，前半篇用青、蒸韻，後半篇用入聲韻，亦即此法。」〔四〕

〔一〕「是以歷陳祖德。其德惟何？聿惟聖敬」三句，原無，據講義補入。
〔二〕「商」字，原作「夏」，據《詩序》意及講義爲正。
〔三〕《尚書・太甲上》。
〔四〕載《大家國學：唐文治・詩經政治學》，頁二一三～二一四。

商頌・殷武篇

撻彼殷武，奮伐荆楚。罙入其阻，裒荆之旅。有截其所，湯孫之緒。

維女荆楚，居國南鄉。昔有成湯，自彼氐羌。莫敢不來享，莫敢不來王，曰商是常。

天命多辟，設都于禹之績。歲事來辟，勿予禍適。稼穡匪解。

天命降監，下民有嚴。不僭不濫，不敢怠遑。命于下國，封建厥福。

商邑翼翼，四方之極。赫赫厥聲，濯濯厥靈。壽考且寧，以保我後生。

陟彼景山，松柏丸丸。是斷是遷，方斲是虔。松桷有梴，旅楹有閑。寢成孔安。

《殷武》六章，三章章六句，二章章七句，一章五句。

《詩序》：「《殷武》，祀高宗也。」

［**注釋**］**撻**：疾貌。**荆楚**：荆州之楚國。**罙**：深也。言深入險阻。**裒**：聚也。言聚俘其衆。**湯孫**：謂高宗。**氐羌**：夷狄國，在西方。**享**：獻也。**王**：世覲見王也。**曰商是常**：言商王是吾常君。**多辟**：諸侯。**禹績**：禹域也。**來辟**：來王。**適**：通謫。**監**：視也。**嚴**：威也。《書》曰：「天明畏自我民明威。」**僭**：賞之差也。**濫**：刑之過也。**下國**：謂湯由七十里興也。**封**：大也。**商邑**：王都。**翼翼**：整敕

貌。**極**：表也。**赫赫濯濯**：顯盛光明也。**景山**：商舊都山名。《春秋傳》曰：「商湯有景亳之命。」**丸丸**：圓而直也。**斷**：伐也。**遷**：徙也。**方斲是虔**：謂正斲於椹上，椹謂之虔。**桷**：短柱。**梴**：長貌。**旅**：衆也。**閑**：大也。**寢**：寢廟。

〔詩旨〕高宗中興之功，以伐荆楚爲大，故作《頌》者言此，以見殷之中興者在是。蓋蠻夷猾夏，聖人所憂，四夷來王，盛德所及也。一章稱伐楚之功，二章述戒楚之詞，三章言諸侯來服，四、五章表盛德之軌，六章言作廟以祭。而三、四兩章疊言天命，尤爲人心歸附之本原。《尚書》載堯曰「欽若昊天」，舜曰「勑天之命」，禹曰「天其申命用休」，《泰誓》曰：「天視自我民視，天聽自我民聽。」惟畏天命，乃能勤民事，故曰「稼穡匪解」，又曰「下民有嚴」，蓋天人合一之理，治道基於是焉，其旨深哉！

卷四

《詩經》社會學

《詩經》社會學序

西儒言：「社會學者，在增進人類之知識，保障人權之發舒，研究各種社會情僞，彰往察來，窮之至乎其極，而求所以改良進化之方。」吾今研《詩經》社會學，則稍異於是。竊謂是非善惡、清濁賢姦，乃社會之大關鍵也。國家興廢存亡之故，由社會造成之；人心邪正良莠之幾，亦由社會造成之。社會中，是非明、善惡判、激濁而揚清、尚賢而黜姦，國未有不治者；社會中，是非闇、善惡昧、一清而百濁、進姦而退賢，國未有不亂者；此陰陽消長之原，毫髮不爽者也。

在昔周文，興學作人，濟濟多士，奔走後先；孔門弟子三千，人講文行忠信，是爲社會之極盛。孔子繫《易》飛龍之象曰：「同聲相應，同氣相求。本乎天者親上，本乎地者親下，各從其類也。」繫《易》鳴鶴之象曰：「君子居其室，出其言善，則千里之外應之；出其言不善，則千里之外違之。」而對魯哀公，《儒行》一篇則曰：「合志同方，營道同術。聞善相告，見善相示。爵位相先，患難相死。」此皆社會學之原理也。

迄乎後世，東漢名士之月旦評，宋代大儒之講學會，庶幾近之。若明代之東林、復社，雖樹立不同，然大都講明氣節、鼓舞羣倫，而士林風尚、運會變遷，實與之爲消息焉。孟子告萬章曰：「一鄉之善士斯友一鄉之善士，一國之善士斯友一國之善士，天下之善士斯友天下之善士。」夫鄉、國、天下有善士而衆皆化之，蓋德鄰仁里，即大道之所由行，而講信修睦，即大同之治所由肇也。反是而君子小人，流品糅雜，甚至「朋黨宗彊比周，設財役貧；豪暴侵陵孤弱，恣欲自快」〔一〕，見害則避，見利則趨〔二〕，入其中者，如履春冰，每陷愈下〔三〕。嗚呼！噫嘻！以可愛可敬之青年，而沈溺于不良

〔一〕司馬遷《史記·游俠列傳序》文。按：司馬遷强調如此敗行，「游俠亦醜之」。唐先生取此意也。
〔二〕賈誼《新書·階級》云：「見利則趨，見便則奪。」唐先生文本此。
〔三〕王守仁《謹齋説》「若抱赤子而履春冰，惟恐其或陷也」擬諸戒慎恐懼。唐先生取字面義。

之社會，終身不能自拔，豈不大可痛心哉！

孔子曰「可以羣」，《禮記·學記篇》曰「敬業樂羣」，人生不能無羣，而羣則必有宗旨在焉。吾取于《詩》，「好賢如《緇衣》，惡惡如《巷伯》」[一]，別黑白而守否亨[二]，出幽谷而遷喬木[三]，深有望於後之賢者。述《詩經》社會學第四。

邶風·簡兮篇

簡兮簡兮，方將萬舞。日之方中，在前上處。碩人俁俁，公庭萬舞。有力如虎，執轡如組。左手執籥，右手秉翟。赫如渥赭，公言錫爵。山有榛，隰有苓。云誰之思？西方美人。彼美人兮，西方之人兮。

《簡兮》三章，章六句。

《詩序》：「《簡兮》，刺不用賢也。衛之賢者，仕於伶官，皆可以承事王者也。」

[一]《禮記·緇衣》文。
[二]「否亨」出《易》否卦爻辭「大人否亨」，中正之謂。
[三]《孟子·滕文公上》文云：「吾聞出於幽谷，遷于喬木者；未聞下喬木而入幽谷者。」前者正常，後者自甘墮落。

［注釋］**簡**：擇地分别之也，謂將舞先分别舞人也。**萬**：舞之總名，武用干戚，文用羽籥。**在前上處**：在前列上頭也。**碩**：大也。**俣俣**：容儀魁偉貌。**轡**：韁也。**組**：織絲爲之，言其柔也。**籥**：如笛而小。**翟**：雉羽也。**赫**：赤貌。**渥**：厚漬也。**赭**：赤也。**榛**：似栗而小。**隰**：下濕曰隰。**苓**：甘草也。

［詩旨］賢者屈于伶官。首章從舞叙起，先簡舞人，次定舞日，再擇舞地，不意其中竟有碩人在也，其屈抑可想。次章叙舞分文武，其武舞也，力必如虎，轡必如組，方爲稱職；其文舞也，籥則左手，翟則右手，乃能如儀；及其既事，錫爵於公，無慢容，亦無怍色，顔如渥赭，裕如也。末章託興山榛隰苓，物産得宜，今碩人混迹樂工，處非其位，不得不緬想西周之聖王，慨然有高乎一世之志。

衛風·考槃篇

考槃在澗，碩人之寬。獨寐寤言，永矢弗諼。
考槃在阿，碩人之薖。獨寐寤歌，永矢弗過。
考槃在陸，碩人之軸。獨寐寤宿，永矢弗告。

《考槃》三章，章四句。

《詩序》：「《考槃》，刺莊公也。不能繼先公之業，使賢者退而窮處。」

[注釋] **考**：成也。**槃**：安樂盤桓之意，言成其隱居之室也。**碩人**：碩德之人。**寬**：寬裕自得之貌。**矢**：誓也。**諼**：忘也。**阿**：曲陵曰阿。**薖**：亦寬大之意。**陸**：平原曰陸。**軸**：取喻車軸，有與世推移，委心任運之意。

[詩旨] 此賢者退隱澗阿，悠然自得，老屋三間，風雨一牀，雖陋且隘，其中自有至樂，所養之充，所守之正，有以自尊而不慕乎人爵之貴，有以自重而不徇乎外物之誘，游心象外，息轍環中，總不出此在澗在阿在陸之際，故或獨寐而寤言而寤歌而寤宿，均有以樂其天也。所樂在是，所安即在是，始曰「弗諼」，不忘此樂也；繼曰「弗過」，不踰此樂也；終曰「弗告」，有只可自怡悦之意。淵明詩：「結廬在人境，而無車馬喧。問君何能爾？心遠地自偏。」其悠然自得之況，誦《考槃》詩而有會於心也。

鄭風·緇衣篇

緇衣之宜兮，敝，予又改爲兮。適子之館兮，還，予授子之粲兮。
緇衣之好兮，敝，予又改造兮。適子之館兮，還，予授子之粲兮。

緇衣之蓆兮，敝，予又改作兮。適子之館兮，還，予授子之粲兮。

《緇衣》三章，章四句。

《詩序》：「《緇衣》，美武公也。父子並爲周司徒，善於其職，國人宜之，故美其德，以明有國善善之功焉。」

【注釋】**緇衣**：緇，黑色。緇衣，卿士之服也。**宜**：稱也。**館**：舍也。**粲**：餐也。**蓆**：大也。有安舒之義。

【詩旨】此詩周人美鄭武公父子能稱其職也。舉朝皆緇衣，稱職者有幾，孰視伊人曼聲長吟，有悠然神往之致。予者，周人代王立言，所謂爲授造作，皆予一人操其權。適館，就見之也；授粲，重禄之也；曰予、曰子，君臣同德同心，儼如家人父子之情也；敝又改爲、改造、改作，父子襲職，世濟其美，喬木世臣之義也。記曰：「好賢如《緇衣》」〔一〕，又曰：「《緇衣》見好賢之至」〔二〕，周人之眷眷於武公父子者，可媲美於召伯《甘棠》之遺愛已。

〔一〕《禮記・緇衣》文。
〔二〕《孔叢子・記義》文。

鄭風·風雨篇

風雨淒淒，雞鳴喈喈。既見君子，云胡不夷？
風雨瀟瀟，雞鳴膠膠。既見君子，云胡不瘳？
風雨如晦，雞鳴不已。既見君子，云胡不喜？

《風雨》三章，章四句。

《詩序》：「《風雨》，思君子也。亂世則思君子不改其度焉。」

[注釋] **喈喈**：雞初鳴羣雞相和之聲。**夷**：平也。心悅則和平也。**膠膠**：雞再號，羣聲擾雜。**瘳**：疾愈也。**晦**：昏也。**不已**：雞三鳴相續不已也。

[詩旨]「疾風知勁草，《板》《蕩》識誠臣。」〔一〕風雨爲陰氣所凝，以比亂世，如「北風其涼」〔二〕之意，由淒淒而瀟瀟而如晦，世變日甚一日，懍然其晦蒙否塞矣。雄雞一鳴，伏陽震動而出，此剥極而復之機，君子身處亂世，不改常度，一旦得位乘時，轉亂

〔一〕唐太宗《賜蕭瑀》詩。
〔二〕《詩·邶風·北風》文。

爲治，而詩人憂亂之心已平，憂亂之疾已愈，漸有歡樂之氣象矣。

魏風・伐檀篇

坎坎伐檀兮，寘之河之干兮，河水清且漣猗。不稼不穡，胡取禾三百廛兮？不狩不獵，胡瞻爾庭有縣貆兮？彼君子兮，不素餐兮！坎坎伐輻兮，寘之河之側兮，河水清且直猗。不稼不穡，胡取禾三百億兮？不狩不獵，胡瞻爾庭有縣特兮？彼君子兮，不素食兮！坎坎伐輪兮，寘之河之漘兮，河水清且淪猗。不稼不穡，胡取禾三百囷兮？不狩不獵，胡瞻爾庭有縣鶉兮，彼君子兮，不素飧兮！

《伐檀》三章，章九句。

《詩序》：「《伐檀》，刺貪也。在位貪鄙，無功而受禄，君子不得進仕爾。」

【注釋】**坎坎**：伐木聲。**寘**：置同。**干**：厓也。**漣**：風行水成文也。**猗**：兮同。**稼穡**：種之曰稼，斂之曰穡。**廛**：一夫所居曰廛，謂田百畝也。**狩獵**：冬獵曰狩，宵田曰獵。**貆**：獸名。**素**：空也。**輻**：在車輪中湊轂者。《老子》：三十輻共一轂。**直**：水平則流直。**億**：十萬曰億。**特**：獸三歲曰特。**漘**：厓也。**淪**：小風，水成文相次有倫理也。**困**：圓倉也。**鶉**：鵪鳥。**飧**：熟食曰飧。

［**詩旨**］小人貪禄竊位，君子不得仕進，詩人刺之。伐檀宜爲車，乃寘之河干，其不得其所可知，喻君子仕於閒曹，所學非所用。「不稼」四句，借小人以形君子，亦借君子以罵小人。君子清操自矢，横受擠排，居閒散無爲之地，又耻無功受禄，將有志而他適，則國事愈不可問，詩人憂憤而作此也。

秦風·蒹葭篇

蒹葭蒼蒼，白露爲霜。所謂伊人，在水一方。遡洄從之，道阻且長。遡游從之，宛在水中央。

蒹葭淒淒，白露未晞。所謂伊人，在水之湄。遡洄從之，道阻且躋。遡游從之，宛在水中坻。

蒹葭采采，白露未已。所謂伊人，在水之涘。遡洄從之，道阻且右。遡游從之，宛在水中沚。

《蒹葭》三章，章八句。

《詩序》：「《蒹葭》，刺襄公也。未能用周禮，將無以固其國焉。」

[注釋] **蒹**：似萑而細。**葭**：蘆也。**蒼蒼**：盛貌。**遡洄**：逆流而上也。**遡游**：順流而下也。**淒淒**：猶蒼蒼也。**晞**：乾也。**湄**：岸旁水草交際之處。**躋**：升也。**坻**：小渚曰坻。**采采**：盛而可采也。**涘**：厓也。**右**：言其迂迴也。

[詩旨] 秦人以武功開國，無尊賢好德之風，周之賢臣遺老，隱處水濱，不肯出仕，詩人託爲招隱之作。蒹葭白露，景物荒涼；秋水遡洄，居止僻寂。曰伊人、曰從之、曰宛在，玩其詞雖若可望而不可即，味其意實求之而不遠，思之而即至者，特上之人無心以求之，則其人倜乎遠矣。

小雅・伐木篇

伐木丁丁，鳥鳴嚶嚶。出自幽谷，遷于喬木。嚶其鳴矣，求其友聲。相彼鳥矣，猶求友聲。矧伊人矣，不求友生。神之聽之，終和且平。

伐木許許，釃酒有藇。既有肥羜，以速諸父。寧適不來，微我弗顧。於粲洒埽，陳饋八簋。既有肥牡，以速諸舅。寧適不來，微我有咎。

伐木于阪，釃酒有衍。籩豆有踐，兄弟無遠。民之失德，乾餱以愆。有酒湑我，無酒酤我。坎坎鼓我，蹲蹲舞我。迨我暇矣，飲此湑矣。

《伐木》六章，章六句。

《詩序》：「《伐木》，燕朋友故舊也。自天子至于庶人，未有不須友以成者。親親以睦，友賢不棄，不遺故舊，則民德歸厚矣。」

[注釋] **丁丁**：伐木相應聲。**嚶嚶**：兩鳥鳴也。**幽**：深也。**喬**：高也。**相**：視也。**矧**：況也。**聽**：猶鑑也。**許許**：衆人共力之聲。《淮南子》曰：「舉大木者呼邪許。」**釃酒**：以筐曰釃。**藇**：美貌。**羜**：五月羔羊也。**速**：召也。**粲**：鮮明貌。**八簋**：天子待族人設食之禮。**咎**：過也。**衍**：多也。**踐**：陳列貌。**乾餱**：食之薄者。**愆**：過也。**湑**：亦釃也。**酤**：買也。**坎坎**：鼓聲。**蹲蹲**：舞貌。

[詩旨] 王者燕朋友故舊而作此詩。首章以伐木鳥鳴起興，有同聲相應之雅。次章由鳥及人，叙入本意，篤於友朋，神明可質。以下四章，歷述燕朋友故舊之禮。禮有享有食有燕，詩言肥羜肥牡，是用太牢，則同于享禮；詩言陳饋八簋，籩豆有踐，是有饌有殽，則同于食禮；詩言湑酒釃酒，是無算爵，言鼓我舞我，是無算樂，則同于燕禮。兼是三者而備之，蓋禮之盛也。《鹿鳴》以臣爲賓，《伐木》以臣爲友。設飲食之會，著禮樂之盛，《鹿鳴》之詞篤而敬，《伐木》之詞和而

親矣。

編者謹按：唐先生講義云：「此詩以『和平』二字作主，大義有五：一，『出自幽谷』二句，隨時徙義。即《易傳》『日新之謂盛德』〔一〕。二，神聽和平，謂在我之神明也，聽鳥鳴而動和平之念。太和元氣，洋溢寰區，無往而非和聲鳴盛矣。天下事愈激則愈烈，愈和則愈平，此社會安危之朕兆，寓於無形者也。三，『陳饋八簋』，言天子之儉德。四，諸父不來，『微我弗顧』；諸舅不來，『微我有咎』，敬恭尊長如此。自古未有去尊卑長幼之禮，而可以爲治者，蓋無序則不和也。五，『籩豆有踐，兄弟無怨』，無怨者，和平之本。當與《常棣篇》『儐爾籩豆，和樂且孺』參讀。《孝經》云『民用和睦，上下無怨』，此之謂也。『民之失德』二句，《易》所謂『飲食必有訟』。因爭乾餱而爭權利，爭土地，干戈於焉日起。若能無怨而和平，則《春秋》二百四十二年兄弟之禍可以不作。《易傳》曰：『聖人感人心而天下和平。』誦此詩而得之矣。」〔二〕

小雅・白駒篇

皎皎白駒，食我場苗。縶之維之，以永今朝。所謂伊人，於焉逍遥？

〔一〕《易・繫辭上》文。
〔二〕載《大家國學：唐文治・詩經社會學》，頁二六～二七。

皎皎白駒，食我場藿。縶之維之，以永今夕。所謂伊人，於焉嘉客？
皎皎白駒，賁然來思。爾公爾侯，逸豫無期。慎爾優游，勉爾遁思。
皎皎白駒，在彼空谷。生芻一束，其人如玉。毋金玉爾音，而有遐心。

《白駒》四章，章六句。

《詩序》：「《白駒》，大夫刺宣王也。」

［**注釋**］**皎皎**：潔白貌。**駒**：馬之未壯者。**場**：圃也。**縶**：絆其足也。**維**：繫其靷也。**逍遥**：游息也。**藿**：菽之少者。**賁然**：光采之貌。**思**：語助辭。**遁**：遯也。

［**詩旨**］《詩序》謂刺宣王不能留賢，詩人於賢者之去，致其眷戀之忱。首二章擬縶維白駒，挽留嘉客，以寄其永朝永夕之思，語所謂「與君一夕話，勝讀十年書」，投轄留賓，用情真摯。三章以好爵之縻，寓招隱之意，深期其許身稷契，爲國馳驅，毋以肥遯自甘，留賢之意，可謂殷矣！奈士各有志，不能相强。末章以賢者見幾而作，潔身遠去，有入山必深、入林必密之意。然緬想音徽，倍深繾綣，猶冀其相聞無絶，在遠不遺，藉以再親謦欬也。詩人之纏綿悱惻，亦云至矣。

小雅・黄鳥篇

黄鳥黄鳥，無集于穀，無啄我粟。此邦之人，不我肯穀。言旋言歸，復我邦族。

黄鳥黄鳥，無集于桑，無啄我粱。此邦之人，不可與明。言旋言歸，復我諸兄。

黄鳥黄鳥，無集于栩，無啄我黍。此邦之人，不可與處。言旋言歸，復我諸父。

《黄鳥》三章，章七句。

《詩序》：「《黄鳥》，刺宣王也，」

【注釋】 **穀**：木名。**穀**：善也，即遇有患難相賙相卹之道也。

【詩旨】 先王以「孝友睦婣任卹」六行教民〔一〕，民風以厚。宣王末年，世衰道微，官師失職，民風偷薄，詩人所詠，民適異國，不得其所。首章言此邦之人不以善道相與。次章言此邦之人昏昧無知，不足與論休戚相關、緩急相通之義。末章言此邦之人不以誠意待物，有强陵弱、衆暴寡之勢，而不能與之相安矣！於是思歸故國。首言復我邦族，中言復我諸兄，末言復我諸父。人情困苦之極，則愈益思其親者焉。人情

〔一〕《周禮・地官・大司徒》文。

澆薄，到處相同，走盡天涯，不如宗國，吁！可慨已。

小雅·巷伯篇

萋兮斐兮，成是貝錦。彼譖人者，亦已大甚！
哆兮侈兮，成是南箕。彼譖人者，誰適與謀？
緝緝翩翩，謀欲譖人。慎爾言也，謂爾不信。
捷捷幡幡，謀欲譖言。豈不爾受，既其女遷。
驕人好好，勞人草草。蒼天蒼天！視彼驕人，矜此勞人！
彼譖人者，誰適與謀？取彼譖人，投畀豺虎。豺虎不食，投畀有北。有北不受，投畀有昊。
楊園之道，猗于畝丘。寺人孟子，作爲此詩。凡百君子，敬而聽之。

《巷伯》七章，四章章四句，一章五句，一章八句，一章六句。

《詩序》：「《巷伯》，刺幽王也。寺人傷於讒，故作是詩也。」

［注釋］萋斐：文章相錯也。貝：水中介蟲，有文彩，似錦。哆侈：張口之貌。南箕：星名，主口舌，以喻讒者。適：主也，謂主謀也。緝緝：口舌聲。翩

翩：往來貌。**捷捷**：儇利貌。**幡幡**：反覆貌。**女遷**：謂好譖不已，禍亦將遷及於女矣。**驕**：同橋，小人得志僑蹇之貌。**好好**：喜樂也。**勞人**：憂讒畏譏之人。**草草**：勞心也。**有北**：北方寒涼不毛之地。**有昊**：昊天也。**楊園**：楊，近水之木。楊園，下隰卑濕之地。**猗**：加也。**畝丘**：丘如田壟高地也。**寺人**：内侍也。**孟子**：其字也。

[詩旨] 巷伯奄官，遭讒而被宫形，屈爲内小臣，幽憤而作此詩。首章言文致羅織以入人罪。次章言祕謀詭計搆成罪狀。三、四兩章代讒人設想而誥誡之，使女譖人之人，即能譖女之人，又即能使人譖女之人，天道好還，讒人當惕然自警。五、六兩章，幽憤無可發洩，呼天號泣，豺虎有北，欲得甘心，不食不受，惡之已甚，天網恢恢，何所逃罪？末章以小臣位卑猶楊園，大臣位高猶畝丘；欲陵畝丘，必借道于楊園；欲譖大臣，先嘗試于小臣，必然之勢也。結願君子敬聽，欲其因己之言，善保其身，以免於讒人之搆釁。通篇反覆哀傷，或怨或訴，其憂讒畏譏之意深矣！

編者謹按：唐先生講義云：「此詩首、二章相連屬。貝錦之喻，奇已。南箕之喻，更奇。張大其詞者，必畫地指天也。三、四章相連屬，責其反躬自省之意。五、六兩章相連屬，『驕人好好』一提，呼天而泣。《史記·屈原傳》所謂『勞苦倦極，未嘗不呼天也』。豺虎不食，猶言狗彘不食其餘。《大學》之放流屏逐，『不與同中國』[一]，亦此意。楊園之道，小徑也。畝丘，高阜也。大小臣工，皆不能言，而寺人言之，曰『凡百君子，敬而聽之』，其知道乎？幽王之世，黑白混淆，是非顛倒，倘能進勞人而黜驕人，何至召犬戎之禍乎？」[二]

小雅·頍弁篇

有頍者弁，實維伊何？爾酒既旨，爾殽既嘉，豈伊異人？兄弟匪他。蔦與女蘿，施于松柏。未見君子，憂心弈弈；既見君子，庶幾説懌。有頍者弁，實維何期？爾酒既旨，爾殽既時。豈伊異人？兄弟具來。蔦與女蘿，施于松上。未見君子，憂心怲怲；既見君子，庶幾有臧。有頍者弁，實維在首。爾酒既旨，爾殽既阜。豈伊異人？兄弟甥舅。如彼雨雪，先集維霰。死喪無日，無幾相見。樂酒今夕，君子維宴。

[一]《禮記·大學》曰：「唯仁人放流之，迸諸四夷，不與同中國。此謂唯仁人爲能愛人，能惡人。」

[二] 載《大家國學：唐文治·詩經社會學》，頁二一七。

《頍弁》三章，章十二句。

《詩序》：「《頍弁》，諸公刺幽王也。暴戾無親，不能宴樂同姓，親睦九族，孤危將亡，故作是詩也。」

［注釋］ **頍**：弁貌。**弁**：皮弁也。**蔦**：寄生樹也。**女蘿**：兔絲也。**弈弈**：憂心無所薄也。**何期**：猶伊何也。**怲怲**：憂盛滿也。**阜**：盛也。**霰**：雪之始凝者也。

［詩旨］ 此詩以幽王親親誼薄，雖有宴樂，未能親睦，故同姓諸公，借飲酒以諷刺之。曰豈伊異人、曰兄弟非他，皆言外見意，諷王不能視骨肉如路人也。曰死喪無日、曰無幾相見，汲汲顧景，有「對酒當歌，人生幾何」之慨，諷王之孤危將亡，亟宜援引親賢夾輔王室也。蔦蘿松柏之喻，以見同姓兄弟，聯支一氣，即異姓諸親，舅甥兄弟，亦與王室關係密切，庇護本根，以固皇家，如蔦蘿之施松柏，而松柏亦因以自蔭其根株。無如王暴戾無親，外視兄弟，疏遠舅甥，不無「本實先撥」〔一〕之懼矣！而詩人忠愛之心，溢于言表。

〔一〕《詩·大雅·蕩》句。

小雅·都人士篇

彼都人士，狐裘黄黄。其容不改，出言有章。行歸于周，萬民所望。

彼都人士，臺笠緇撮。彼君子女，綢直如髮。我不見兮，我心不説。

彼都人士，充耳琇實。彼君子女，謂之尹吉。我不見兮，我心苑結。

彼都人士，垂帶而厲。彼君子女，卷髮如蠆。我不見兮，言從之邁。

匪伊垂之，帶則有餘。匪伊卷之，髮則有旟。我不見兮，云何盱矣！

《都人士》五章，章六句。

《詩序》：「《都人士》，周人刺衣服無常也。古者長民，衣服不貳，從容有常，以齊其民，則民德歸壹。傷今不復見古人也。」

［注釋］**都**：王都也。**不改**：有常也。**周**：鎬京也。**臺笠**：臺所以禦暑，笠所以禦雨也。**緇撮**：緇布冠也。**綢直如髮**：密直如髮也。**琇**：美石也，以美石爲瑱，塞其耳也。**尹吉**：吉讀爲姞。尹氏、姞氏周室昏姻之舊姓也。**苑**：音韞，猶屈也，積也。**厲**：垂帶貌。**卷髮**：鬢旁短髮不可斂者，曲上以爲飾。**蠆**：螫蟲也。**邁**：行也。**旟**：揚也，如旟旗卷舒之狀。**盱**：憂傷之深也。

［詩旨］周室亂離之後，人不復見昔日都邑之盛，人物儀容之美，而作此詩以歎惜之。詩意重述都人士，而中三章乃舉君子女以爲言，言君子女之容，而都人士之容可想。全篇祇咏服飾之美，而其人之風度端凝、儀容秀美自見，即其人之品望優隆，與世族之華貴，亦因之而見。始曰「萬民所望」，以下迭言「我不見」，而終之以「云何盱矣」，撫今思古，慨然神往，有不復重覩漢官威儀之感，蓋東遷以後之作也。

編者謹按：唐先生講義云：「此篇斷爲平王東遷後之詩。亂離之世，人不復見昔日都邑之盛，人物儀容之美，故感嘆欷歔而有此作。首章追溯往昔士君子衣服容貌言語，皆足爲萬民法式，爲全篇總冒。二、三、四章，言服飾之改變，其事雖細，而風俗日下可知。兼言『彼君子女』者，見女子衣飾之妖冶變古，觸目痛心，尤可悲也。末章承四章而加以慨嘆，結曰『云何盱矣』。盱者望也，言舊時規模不能望見之也。『行邁靡靡，中心如醉』，當與《黍離》《麥秀》之歌，同涕泣而道之矣。」〔一〕

〔一〕 載《大家國學：唐文治·詩經社會學》，頁二一八。

卷五

《詩經》農事學

【釋】先生講義於「農事學」及下卷「軍事學」位置易轉，蓋講義講於國難之時，急先務也。

《詩經》農事學序

《孟子》曰：「民事不可緩也。《詩》云：『晝爾于茅，宵爾索綯；亟其乘屋，其始播百穀。』」《七月》之詩尚矣。顧吾大有感慨于心者，上古之農，日出而作，日入而息，擊壤謳謌，帝力何有〔一〕？何其樂也！中古之農，琴瑟擊鼓，千倉萬箱，爲此春酒，躋彼

〔一〕此唐堯時代之《擊壤歌》，《樂府詩集》卷八三引《帝王世紀》：「日出而作，日入而息，鑿井而飲，耕田而食。帝何力于我哉？」

公堂，又何其樂也！降及後世，「終歲勤動，不得養其父母」者，非農民乎？横征苛税，棄産賣妻，散而之四方者，非農民乎？「大兵之後必有凶年」〔一〕，鋌而走險，迫脅而爲盜賊者，非農民乎？中田有廬，饁彼南畝，以熙熙皥皥之天真，變而爲疾首蹙頞無告之窮民，又何其苦也！

不寧惟是，中國以農立國，食爲民天，五穀者生人之性命也。今者溝洫廢矣！水利湮矣！道路闢矣！工場夥矣！稻田日益少，農夫日益寡。唐韓子曰：「農之家一，而食粟之家六。」今則食粟之家何止二三十倍！邊陲僻地，偶遇粟荒，人且相食；數十年後，吾國民族有不餓莩載道者乎？

不寧惟是，中國所恃以爭勝於列國者，惟自然之天産。天産蹙削，國脈焉存？農夫將何所賴以立命於斯時也？且有爲神農之言者，以爲並耕可行〔二〕，破勞心勞力之界限，隳天叙天秩之等差，流弊所極，惰農日多，不昬作勞、不服田畝、不知稼穡之艱

〔一〕《老子》第三十章句。
〔二〕《孟子·滕文公上》載許行事。

難，自是而後，求其孝弟力田，正供無缺，享吹《豳》飲蜡之樂〔一〕，庸可復得乎？竊願後世之治農學者，深有味乎斯言。述《詩經》農事學第五。

豳風・七月篇

七月流火，九月授衣。一之日觱發，二之日栗烈，無衣無褐，何以卒歲？三之日于耜，四之日舉趾。同我婦子，饁彼南畝，田畯至喜。

七月流火，九月授衣。春日載陽，有鳴倉庚。女執懿筐，遵彼微行，爰求柔桑。春日遲遲，采蘩祁祁。女心傷悲，殆及公子同歸。

七月流火，八月萑葦。蠶月條桑，取彼斧斨，以伐遠揚，猗彼女桑。七月鳴鵙，八月載績。載玄載黄，我朱孔陽，爲公子裳。

四月秀葽，五月鳴蜩。八月其穫，十月隕蘀。一之日于貉，取彼狐貍，爲公子裘。二之日其同，載纘武功。言私其豵，獻豣于公。

五月斯螽動股，六月莎雞振羽。七月在野，八月在宇，九月在户，十月蟋蟀入我牀下。

〔一〕《周禮・春官・籥章》云："國祭蜡則吹《豳》《頌》，擊土鼓，以息老物。"

穹室熏鼠，塞向墐户。嗟我婦子，曰爲改歲，入此室處。

六月食鬱及薁，七月亨葵及菽，八月剥棗。十月穫稻，爲此春酒，以介眉壽。七月食瓜，八月斷壺，九月叔苴。采荼薪樗，食我農夫。

九月築場圃，十月納禾稼，黍稷重穋，禾麻菽麥。嗟我農夫！我稼既同，上入執宫功；晝爾于茅，宵爾索綯，亟其乘屋，其始播百穀。

二之日鑿冰沖沖，三之日納于淩陰。四之日其蚤，獻羔祭韭。九月肅霜，十月滌場。朋酒斯饗，曰殺羔羊。躋彼公堂，稱彼兕觥，萬壽無疆！

《豳風》八章，章十一句。

《詩序》：「《七月》，陳王業也。周公遭變故，陳后稷先公風化之所由，致王業之艱難也。」

[注釋] **七月**：斗建申之月，夏之七月也。《七月》之詩皆以夏正爲斷。**流**：下也。**火**：大火，東方心星也。**授衣**：九月霜降始寒，家長授家人以衣，使禦寒也。**一之日**：斗建子之月。**觱發**：風寒也。〔一〕**二之日**：斗建丑之月。**栗烈**：氣寒也。**三**

〔一〕「觱發」條原位於「二之日」條後，今乙之。

之日：斗建寅之月。**于耜**：始修耒耜也。〔一〕**四之日**：斗建卯之月。**舉趾**：舉足而耕也。**饁**：餉田也。**田畯**：田大夫勸農之官也。**載**：始也。**陽**：和暖也。**倉庚**：黄鸝也。**懿筐**：深筐也。**遵**：循也。**微行**：牆下小徑也。**遲遲**：日長而暄也。**蘩**：白蒿也，所以生蠶。**祁祁**：衆多也。**公子**：豳公之子也。**萑葦**：蒹葭也，可以爲曲也。**蠶月**：治蠶之月，斗建辰之月也。**條桑**：枝落之采其葉也。**斧斨**：斧，隋銎。斨，方銎。**遠揚**：遠枝揚起者也。**猗**：角而束之曰猗。**女桑**：荑桑也。**鶪**：伯勞也。**績**：緝麻也。絲事畢，麻事起矣。**玄**：黑而有赤之色。**朱**：深纁也。**陽**：色鮮明也。**葽**：草名，即遠志也。**蜩**：蟬也。**穫**：早禾可穫也。**隕蘀**：草木墜落也。**于貉**：貉似貍，毛深厚。于貉，往取貉也。**其同**：如「我馬既同」之同。會，齊往狩也。**纘**：繼也。**武功**：田獵之事。**豵**：一歲豕也。**豜**：三歲豕也。**斯螽**：蝗類，或謂之蚱蜢，以股鳴。**莎雞**：絡緯，以翅鳴。**宇**：簷下。**穹**：空隙也。**窒**：塞也。**向**：北出牖也。**墐**：塗也。**改歲**：謂歲事將更也。**鬱**：棣屬。**薁**：蘡薁也。**葵**：菜名。**菽**：豆也。**剥**：擊而取之也。**介**：助也。**眉壽**：豪眉也。年老之人，必有豪

〔一〕「于耜」條原位於「四之日」後，今乙之。

眉秀出者。**壺**：瓠也。**叔**：拾也。**苴**：麻子也。**荼**：苦菜也。**樗**：惡木也。**禾**：穀連藁秸之總名。**稼**：禾之秀實而在野者。**重穋**：先種後熟曰重，後種先熟曰穋。**既同**：言已聚也。**宫功**：治邑居也。**索**：繩索也。**綯**：絞也。**乘**：升也。〔一〕**乘屋**：治野廬也。**鑿冰**：取冰於山也。**納**：藏冰以備暑也。**淩陰**：冰室也。**饗**：鄉人飲酒也。**公堂**：學校也。

［詩旨］周以農治事開國，而豳者豐鎬之基也。此詩陳豳民農桑之事，以見王業艱難，積累十數世之久以底於成。後之人繼志述事，其何敢怠？民之大命，在温與飽。八章歷述衣服飲食，而首章提其綱，前段言衣，後段言食，餘章推而廣之。絲麻布帛，衣服之常，故蠶績爲女功之正，皮裘則其助也；黍稷菽麥，飲食之常，故禾稼爲男功之正，菜果則其助也。養蠶時節易過，恐失其時，殷勤言之，故二章、三章，皆言養蠶之事。耕稼者一年之事，非時月之功，民必趨時，不假督責。首章已言其始，七章略言其終，不復説芟耨耘耕之事，故男功之正少，女功之正多也。絲麻之外，唯有皮裘，可衣者少；黍稷之外，果瓜之屬，可食者多，故男

〔一〕「索」「綯」「乘」之條原位於「乘屋」條後，今乙之。

功之助多，女功之助少也。先公之教，急於衣食，四章之末説田獵習戎，卒章之初説藏冰禦暑，非衣食之事而言之者，廣述先公禮教具備也。閒於政事然後饗燕，卒章説飲酒之事得其次也。通篇大旨，仰觀星日霜露之變，俯察昆蟲草木之化，以知天時，以授民事，女服事乎内，男服事乎外，上以誠愛下，下以忠事上，父父子子，夫夫婦婦，養老而慈幼，食力而助弱，其祭祀也時，其燕饗也節，雍雍乎盛世之風也。

編者謹按：唐先生講義云：「按：此篇大義有三：一，斷爲夏正建寅之月。二，定爲公劉或太王時之時，周公陳之，故不入《雅》《頌》而入《豳風》。三，篇中『公子』，應依鄭箋爲『女公子』。蓋本篇於嫁娶、田獵、學校、養老之義無不備，故《詩序》不曰『陳農業』而曰『陳王業』。通篇大旨，仰觀星日霜露之變，俯察昆蟲草木之化，以知天時，以授民事；女服事乎内，男服事乎外；上以誠愛下，下以忠事上；父父子子，夫夫婦婦，養老而慈幼，食力而助弱，其祭祀也時，其燕饗也節，雍雍乎盛世之風也。又按：農民生業，以衣食住三者爲主。此詩『無衣無褐』二句，『采荼薪樗』二句，『穹窒熏鼠』五句，是農民於衣食住三者，困苦極矣，論者遂以上之人安樂，下之民困窮，係專制之流弊。不知周公之陳王業，正欲君人者知人民之艱苦，而使之得其所也。其大義當以《孟子》釋之。滕文公問爲國，孟子告以民事不可緩，引本篇『晝爾於茅』四句，下文即言制産之法。考《孟子》一書，言『五畝之宅』、民生經制之道凡三見，先儒謂係周文王之遺制。蓋文王制田里，教樹畜，導民妻子，使養老，無凍餒〔一〕，於是農民之衣食住，始各得其所。然則周公陳詩之本意，正在衛小民，可以知王業之大本矣。而後人乃以專制誣古詩，豈不誤哉？」〔二〕

小雅・信南山篇

信彼南山，維禹甸之。畇畇原隰，曾孫田之。我疆我理，南東其畝。上天同雲，雨雪雰雰。益之以霢霂，既優既渥，既霑既足，生我百穀。疆場翼翼，黍稷彧彧。曾孫之穡，以爲酒食。畀我尸賓，壽考萬年。中田有廬，疆場有瓜。是剥是菹，獻之皇祖。曾孫壽考，受天之祜。祭以清酒，從以騂牡，享于祖考。執其鸞刀，以啓其毛，取其血膋。是烝是享，苾苾芬芬，祀事孔明。先祖是皇，報以介福，萬壽無疆。

〔一〕《孟子・養心上》云：「所謂西伯善養老者，制其田里，教之樹畜，導其妻子，使養其老。五十非帛不煖，七十非肉不飽；不煖不飽，謂之凍餒。文王之民，無凍餒之老者，此之謂也。」此唐先生文義之本。

〔二〕載《大家國學：唐文治・詩經農事學》，頁三六。

《信南山》六章，章六句。

《詩序》：「《信南山》，刺幽王也。不能修成王之業，疆理天下，以奉禹功，故君子思古焉。」

［注釋］**南山**：終南山也。**甸**：治也。**畇畇**：墾辟貌。**曾孫**：主祭者之稱，謂成王也。**疆**：畫理界也。**理**：分地理也。**同雲**：雲一色也。有雨雪之象。**雰雰**：雪貌。**霢霂**：小雨貌。**埸**：畔也。**翼翼**：整飭貌。**彧彧**：茂盛貌。**畀**：與也。**剥菹**：剥瓜爲菹，使成酢菜也。**騂牡**：騂，赤色，周所尚也。**鸞刀**：鸞即鈴也，謂刀有鈴，其聲中節也。**啓毛**：以告純也。**血膋**：膋，脂膏也。取血以告殺，取膋以升臭。**烝**：進獻也。**苾芬**：香也。

［詩旨］此詩言力農奉祭以盡事神之道。天下郅治之成，其本出於倉廩之盈、原隰之治、田廬之修、雨雪之時，而後乃及於祭祀禮樂之事也。首章及二、三章，先從田功説起，地利既治，天時既洽，陰陽和而萬物茂，以奉宗廟，神降之福，頌以壽考萬年。四章舉瓜爲例，以見地無遺利，祭取備物，純孝所孚，受福孔多。五、六兩章專述祀事，以牲酒爲主，畀尸賓獻皇祖。前章既略引其緒，至烝享苾芬，祀事告成，其壽考福祜之錫，所謂祭則受福者，君子有焉。

小雅·甫田篇

倬彼甫田，歲取十千。我取其陳，食我農人，自古有年。今適南畝，或耘或耔，黍稷薿薿。攸介攸止，烝我髦士。以我齊明，與我犧羊，以社以方。我田既臧，農夫之慶。琴瑟擊鼓，以御田祖，以祈甘雨，以介我稷黍，以穀我士女。曾孫來止，以其婦子，饁彼南畝。田畯至喜，攘其左右，嘗其旨否。禾易長畝，終善且有。曾孫不怒，農夫克敏。曾孫之稼，如茨如梁。曾孫之庾，如坻如京。乃求千斯倉，乃求萬斯箱。黍稷稻粱，農夫之慶。報以介福，萬壽無疆！

《甫田》四章，章十句。

《詩序》：「《甫田》，刺幽王也。君子傷今而思古焉。」

［注釋］倬：疆界明確也。甫田：大田也。十千：言多也。陳：舊粟也。有年：豐年也。耘：除草也。耔：壅本也。薿：茂盛貌。介：大也。烝：進也。髦士：農人之俊秀者。齊明：齊與粢同，稷曰明粢。犧羊：純色之羊。社：后土也。

方：迎四方氣於郊也。**田祖**：先嗇也。**穀**：善也。**曾孫**：主祭者之稱。**饁**：餉也。**攘**：取也。**旨**：美也。**易**：治也。**長畝**：竟畝也。**敏**：疾也。**如茨**：言密比如屋茨。**如梁**：言穹窿如車梁。**坻**：水中高地。**京**：土中高丘。**箱**：車箱也。

[**詩旨**] 此詩緬懷周室盛時舉行勸農之典。首章概論農政大端。次章入祭事，於方社則詳禮物，於田祖則詳樂器，互文見義，以述祈年之祭。三章由祈年而省耕，至嘗其旨否，古王者愛民重農，隱然家人父子之親。田畯則喜，曾孫則不怒，而農夫益敏於其事，不待督促而自勸，上下之契洽者深矣！末章言秋成以後，稼穡豐盛，家給人足，福應備至，盛時景象，歷歷如繪，而深慨今世之陵夷也。

小雅・大田篇

大田多稼，既種既戒，既備乃事。以我覃耜，俶載南畝。播厥百穀。既庭且碩，曾孫是若。

既方既皁，既堅既好，不稂不莠。去其螟螣，及其蟊賊，無害我田穉。田祖有神，秉畀炎火。

有渰萋萋，興雨祁祁，雨我公田，遂及我私。彼有不穫穉，此有不斂穧；彼有遺秉，此

有滯穗，伊寡婦之利。曾孫來止，以其婦子，饁彼南畝，田畯至喜。來方禋祀，以其騂黑，與其黍稷。以享以祀，以介景福。

《大田》四章，二章章八句，二章章九句。

《詩序》：「《大田》，刺幽王也，言矜寡不能自存焉。」

［注釋］ **種**：選擇種子也。**戒**：修飭農具也。**覃**：利也。**俶**：始也。**載**：事也。**庭**：直也。**若**：順也，止力役以順民事，不奪其時。**方**：房也，謂孚甲始生而未合時也。**皁**：實未堅者曰皁。**稂**：童粱也。**莠**：似苗之草也。**螟螣蟊賊**：食心曰螟，食葉曰螣，食根曰蟊，食節曰賊。**穉**：幼禾也。**渰**：雲興貌。**萋萋**：雲行貌。**祁祁**：徐也。**公田**：方里而井，井九百畝，其中爲公田，八家皆私百畝，同養公田。**不穫穉**：未刈者也。**不斂穧**：刈而未斂者也。**遺秉**：謂連稾者。**滯穗**：謂去稾者。**禋**：精意以享謂之禋。

［詩旨］ 此詩亦追述王者省斂而作。首章追叙方春始種情狀，二、三句述初春之事，四、五、六句述仲春之事。次章歷叙夏耘，由發苗而結穟而芟草而驅蟲，終以禱神，次序井然。三章詳寫秋成收穫情形，先從雲霓慰望，點綴景物，先公後私，忠愛如

見，「彼有」「此有」四句，歷落有致，只從遺穗説起，而正穗之多自見，從旁描寫，而樂歲豐收，景象宛然。留有餘不盡之利以養鰥寡，此上好仁而下好義也。末章入省斂正文，禾稼被野，家給人足，禋祀報功，祈神受福，緬懷盛世，與《甫田》之詩相同也。

大雅・生民篇

厥初生民，時維姜嫄。生民如何？克禋克祀，以弗無子。履帝武敏歆，攸介攸止。載震載夙，載生載育，時維后稷。

誕彌厥月，先生如達。不坼不副，無菑無害，以赫厥靈，上帝不寧。不康禋祀，居然生子。

誕寘之隘巷，牛羊腓字之。誕寘之平林，會伐平林。誕寘之寒冰，鳥覆翼之。鳥乃去矣，后稷呱矣。

實覃實訏，厥聲載路。誕實匍匐，克岐克嶷，以就口食。蓺之荏菽，荏菽旆旆，禾役穟穟，麻麥幪幪，瓜瓞唪唪。

誕后稷之穡，有相之道。茀厥豐草，種之黄茂。實方實苞，實種實褎，實發實秀，實堅實好，實穎實栗，即有邰家室。

誕降嘉種，維秬維秠，維穈維芑。恒之秬秠，是穫是畝。恒之穈芑，是任是負，以歸肇祀。

誕我祀如何？或舂或揄，或簸或蹂。釋之叟叟，烝之浮浮。載謀載惟，取蕭祭脂。取羝以軷，載燔載烈，以興嗣歲。

卬盛于豆，于豆于登，其香始升。上帝居歆，胡臭亶時？后稷肇祀，庶無罪悔，以迄于今。

《生民》八章，四章章十句，四章章八句。

《詩序》：「《生民》，尊祖也。后稷生於姜嫄，文、武之功起於后稷，故推以配天焉。」

［注釋］**民**：周民也。**姜嫄**：姜姓有邰氏女名嫄，炎帝之後，配高辛氏。**弗**：弗之言祓也。祓，無子求有子也。**履**：踐也。**帝**：上帝也。**武**：迹也。**敏**：拇也。**歆**：動也。**介**：大也。**攸止**：福禄所止也。**震**：「娠」通。**夙**：肅也，夙戒也。**誕**：發語辭。**彌**：終也，終十月之期也。**達**：達生順遂也。**不坼副無菑害**：申言達生之意。**赫**：顯也。**不寧**：寧也。**不康**：康也。**寘**：置也。**腓**：以足庇覆之也。**字**：愛也。**覃**：長也。**訏**：大也。**岐嶷**：峻茂之貌。**荏菽**：大豆。**旆旆**：長盛貌。

役：列也。穟穟：美好貌。幪幪：茂密也。唪唪：多實也。相：助也。茀：治也。黄茂：嘉穀也。方：房也。苞：甲而未拆也。褎：漸長也。穎：垂穎也。栗：《左傳》「嘉栗旨酒」，服虔云：「穀之初熟爲栗。」邰：姜嫄故國，堯因以封后稷於邰。秬：黑黍也。秠：一稃二米也。穈：赤苗也。芑：白苗也。恒：徧也。任：肩任也。負：背負也。肇：始也。揄：抒臼也，謂取米出臼也。簸：簸以去其糠也。蹂：蹂以脱其穗也。釋：淅米也。叟叟：淅米聲也。浮浮：「浮」同「烰」，烝米氣也。謀：卜日擇士也。惟：齋戒具修也。蕭：蒿也。脂：膟膋也。宗廟之祭，取蕭合膟膋爇之，使氣上達。羝：牡羊也。軷：祭行道之神也。卬：我也。

［詩旨］此詩尊后稷以配天，故叙其始生之異、種植之慧，皆由天授，所以其道能相天而功足配天也。「有相之道」一句是全詩綱領。首章言受孕之奇，次章言誕生之易，三章言保護之異，均以天生神聖，有非常人意料所及者。四章言后稷之明農教稼出於天性。五章叙后稷爲農師，而教民稼穡，以功就封於有邰。六、七、八三章，歷述播種肇祀，報賽祈年，以逮尊祖配天，而周家發祥之基，具於此已。

周頌・載芟篇

載芟載柞，其耕澤澤。千耦其耘，徂隰徂畛。侯主侯伯，侯亞侯旅，侯彊侯以。有嗿其饁，思媚其婦，有依其士。有略其耜，俶載南畝。播厥百穀，實函斯活。驛驛其達，有厭其傑。厭厭其苗，緜緜其麃。載穫濟濟，有實其積，萬億及秭。爲酒爲醴，烝畀祖妣，以洽百禮。有飶其香，邦家之光。有椒其馨，胡考之寧。匪且有且，匪今斯今，振古如茲。

《載芟》一章，三十一句。

《詩序》：「《載芟》，春籍田而祈社稷也。」

[注釋] **芟**：除草曰芟。**柞**：除木曰柞。**澤澤**：土氣解散。**耘**：去草根也。**隰**：下濕曰隰。**畛**：田間陌也。**主**：家長也。**伯**：長子也。**亞**：仲叔也。**旅**：衆子弟也。**彊**：《曲禮》「二十曰弱」，是二十以前爲弱，二十以後爲彊，彊則授以餘夫之田。**以**：能左右之曰以，若今時傭力之人，隨主人所左右者也。**嗿**：衆飲食聲也。**媚**：順也。**依**：倚也，親近之意。**士**：夫也。**略**：利也。**函**：含也。**活**：生也。**驛驛**：苗生貌。**達**：出土也。**厭**：饜足也，受生氣足也。**傑**：苗之先長者也。**緜緜**：

詳密也。**麃**：耘也。**積**：蓄積也。**億秭**：十萬曰億，萬萬曰秭。**飶**：芬香也。**椒**：以椒釀酒，取其馨香遠聞也。**胡考**：猶壽考也。**且**：此也。**振**：自也。

［詩旨］王者藉田勸農而祈社稷，詩人作此以頌盛世。鋪叙農事極有次序，「載芟載柞」至「徂隰徂畛」，言其初至田畔，除去草木；「侯主侯伯」至「俶載南畝」，言其人心齊，器用利，故田畝墾治；「播厥百穀」至「萬億及秭」，言耕耘及時得所，是以有收成之利；「爲酒爲醴」至「胡考之寧」，言惟其收成之多，是以祭祀燕饗之禮無不足。末三句又總言稼穡豐穰，古今内外如一而無間也。自始至終，其序有條而不紊。前半摹寫田家景象，茅茨雞犬，歷歷在目，有讓畔爭席之意。後忽説向宗廟朝廷上去，作大氣象大文字，筆端變化如此，《豳風》亦然，特體裁不同耳。

卷六

《詩經》軍事學

《詩經》軍事學序

《詩》言軍事，惡乎始？「武王載旆，有虔秉鉞；如虎烈烈，則莫敢遏」〔一〕，商湯是也。然而聖敬日躋，式于九圍〔二〕，豈尚武哉！「文王受命，有此武功」，伐崇築豐，聲威遐暢，東西南北，「無思不服」。然而小心翼翼，萬邦作孚，豈尚武哉！武王肆伐大商，矢于牧野，無貳爾心，「維師尚父，時維鷹揚」。然而告成大武，歸馬華山，放牛桃林，

〔一〕《詩・商頌・長發》第六章。

〔二〕兩句出《詩・商頌・長發》第三章。

倒載干戈，包以虎皮，豈尚武哉！宣王中興，車攻馬同，軍容之盛，「如飛如翰，如江如漢，如山苞川流」〔一〕。然而「矢其文德，洽此四國」〔二〕，豈尚武哉！蓋「先王耀德不觀兵」，兵者不得已而用之者也。

若夫末世之用兵，則大異乎是。逍遥河上之師，不與戊申之怨〔三〕；念彼共人之涕零，猶其小焉者也。甚者空民杼柚，離民室家，擲千萬人之命，以快一己之欲；奇兵異于仁義，王道迂而莫爲〔四〕。如幽王之世，「山川悠遠，維其勞矣，武人東征，不遑朝矣」〔五〕。故《苕華》之詩曰：「知我如此，不如無生。」當是時也，百姓求生不能、求死不得，蓋有目不忍覩、耳不忍聞者矣。春秋時，五霸迭興，爭地爭城，殺人盈野，無義戰而《詩》遂亡，豈不痛哉！

《老子》曰：「戰勝以喪禮處之。」《孟子》曰：「善戰者服上刑。」「殃民不容于堯舜

〔一〕《詩·大雅·常武》文。
〔二〕《詩·大雅·江漢》句。
〔三〕「戊申之怨」指弑君之禍，出《春秋·隱公四年》經文：「戊申，衛州吁弑其君完。」
〔四〕化用李華《弔古戰場文》「奇兵有異於仁義，王道迂闊而莫爲。嗚呼噫嘻」句。
〔五〕《詩·小雅·漸漸之石》文。

之世。」嗚呼！彼其飲至策勳之酒，無非萬里朱殷之血；而其金鼓奏凱之音，無非萬民號哭之聲。天地之大德曰生，生人之大惡曰死。後世之頌武功者，當激發其惻隱之心也。「予懷明德，不大聲以色，不長夏以革。」〔一〕微周文〔二〕，吾誰與歸？述《詩經》軍事學第六。

鄭風·大叔于田篇

大叔于田，乘乘馬。執轡如組，兩驂如舞。叔在藪，火烈具舉。襢裼暴虎，獻于公所。「將叔無狃，戒其傷女。」

叔于田，乘乘黃。兩服上襄，兩驂雁行。叔在藪，火烈具揚。叔善射忌，又良御忌。抑磬控忌，抑縱送忌。

叔于田，乘乘鴇。兩服齊首，兩驂如手。叔在藪，火烈具阜。叔馬慢忌，叔發罕忌。

〔一〕《詩·大雅·皇矣》句。

〔二〕謂周文王。「文王受命，有此武功」，而唐先生身處軍閥混戰之際；各軍閥無命無德，徒殘害百姓；唐先生悲痛之切，但念幾運見寄文王之有在也。

抑釋掤忌，抑鬯弓忌。

《詩序》：「《大叔于田》，刺莊公也。叔多才而好勇，不義而得衆也。」《大叔于田》三章，章十句。

［注釋］**叔于田**：叔之從公田也。**兩驂**：車衡外兩馬曰兩驂。**如舞**：驂之與服和諧中節。**藪**：澤也，如鄭之圃田是。**襢裼**：肉袒也。**暴虎**：徒手搏虎也。**狃**：習也。**乘黄**：四馬皆黄，馬之上色。**兩服**：中央夾轅者曰服。**襄**：駕也。**雁行**：驂少次服後如雁行也。**忌**：語助辭。**抑**：語助辭。**磬控**：騁馬曰磬，止馬曰控。**縱送**：發矢曰縱，從禽曰送。**鴇**：驪白雜毛曰鴇。**阜**：盛也。**慢**：遲也。**發**：發矢也。**罕**：希也。**釋**：解也。**掤**：矢箭蓋也。**鬯**：同韔，弓囊也。

［詩旨］《詩序》以爲刺莊公而作。誠以叔段之材武，施之教訓，使就軌範，未始非國家干城之選；乃縱使生亂，陷於不義，莊公固不得辭其咎也。通篇叙其田事之始終以誇美之。首章叙叔之善御而好勇，國人愛之，戒其勿習暴虎之事，恐爲所傷。次章叙其車馬之良、從獵之盛、射御之善。末章叙田獵將畢，車馬安閑，弢弓箙矢，從容整暇。合而觀之，叔段之一藝一能、一行一止、一動一静，人皆喜爲稱述贊歎，其不義得衆，已釀成尾大不掉之禍，而莊公之故意縱放，使蹈危機，自在言外。所謂「將叔

無狃，戒其傷女」者，狃於才勇，以危厥身。詩人固苦口切言之，奈叔段之昏然罔覺何！

鄭風・清人篇

清人在彭，駟介旁旁。二矛重英，河上乎翱翔。
清人在消，駟介麃麃。二矛重喬，河上乎逍遥。
清人在軸，駟介陶陶。左旋右抽，中軍作好。

《清人》三章，章四句。

《詩序》：「《清人》，刺文公也。高克好利而不顧其君，文公惡而欲遠之不能。使高克將兵而禦狄于竟，陳其師旅，翱翔河上。久而不召，衆散而歸，高克奔陳。公子素惡高克進之不以禮，文公退之不以道，危國亡師之本，故作是詩也。」

［注釋］**清**：邑名，高克所將兵衆爲清邑之人也。**彭**：衛之河上，鄭之郊也。**駟介**：四馬而被甲也。**旁旁**：馳驅不息之貌。**二矛**：酋矛、夷矛也。酋矛長二丈，夷矛長二丈四尺，並建於車上。**英**：以朱羽爲矛飾重疊而見。**翱翔**：游戲緩行無所警備之意。**消**：河上地名。**麃麃**：武貌。**喬**：矛之上句曰喬。**軸**：亦河上地名。**陶**

陶：馳騁自適之貌。**左旋右抽**：御人在車左者，習適旋其車；勇士在車右者，習抽刀擊刺。**中軍**：居車之中，指高克也。**作好**：飾其軍容也。

［詩旨］《春秋》閔二年冬十二月，「狄入衛，鄭棄其師」，《左傳》：「鄭人惡高克，使帥師次于河上，久而弗召。師潰而歸，高克奔陳。鄭人爲之賦《清人》。」此詩歷述師衆無事游戲之狀。師之出處，當嚴其期，今乃翱翔日久，不得班師；師之屯次，當謹其備，今乃逍遥自適，同於兒戲；佳兵不祥之器，今乃左旋右抽，以軍作好，不敗何待？在彭在消在軸，有遷徙無常、「爰居爰處」之意〔一〕。旁旁、麃麃、陶陶，俱指乘駟介之人言，有無事不歸、馳驅自得之意；重英、重喬，有師久兵弊而虚備故事之意；曰翱翔、曰逍遥、曰中軍作好，隨在以玩忽處之，以戰必敗，以守必逃，不待智者而知之。危國亡師，文公不得辭其責也。《春秋》特書「鄭棄其師」，足以爲命將者鑑已。

唐風・揚之水篇

揚之水，白石鑿鑿。素衣朱襮，從子于沃。既見君子，云何不樂。

〔一〕《詩・小雅・斯干》文。

揚之水，白石皓皓。素衣朱繡，從子于鵠。既見君子，云何其憂。

揚之水，白石粼粼。我聞有命，不敢以告人！

《揚之水》三章，二章章六句，一章四句。

《詩序》：「《揚之水》，刺晉昭公也。昭公分國以封沃，沃盛彊，昭公微弱，國人將叛而歸沃焉。」

[注釋] **揚**：激揚也。**鑿鑿**：巉露貌。**朱襮**：黼領謂之襮，諸侯之服也。**沃**：曲沃也。**子**：指叛者。**君子**：指桓叔。**皓皓**：潔白也。**朱繡**：繡黼也。**鵠**：曲沃邑。**粼粼**：清澈也。**命**：曲沃有密謀也。

[詩旨] 曲沃有篡晉之謀，潘父陰主之，將爲内應，而昭公不知。詩人託言，藉發潘父之密謀，以警告昭公。首二章言激揚之水，力弱不能轉石，以石之顯露，喻桓叔逆跡漸著，非昭公所得制止；朱襮朱繡，均爲諸侯命服，有人具此以往沃邑，進奉桓叔，儼有黄袍加身之意。衆叛親離，内應外合，昭公昏然罔覺，詩人不忍坐視。末章以不敢告人爲言，是反辭以見意，故泄其謀，俾形諸歌詠，徧傳國中，冀有以阻逆謀於將發，詩人忠愛之意也。

秦風·小戎篇

小戎俴收，五楘梁輈。游環脅驅，陰靷鋈續。文茵暢轂，駕我騏馵。言念君子，温其如玉。在其板屋，亂我心曲。

四牡孔阜，六轡在手。騏駵是中，騧驪是驂。龍盾之合，鋈以觼軜。言念君子，温其在邑。方何爲期？胡然我念之。

俴駟孔羣，厹矛鋈錞。蒙伐有苑，虎韔鏤膺。交韔二弓，竹閉緄縢。言念君子，載寢載興。厭厭良人，秩秩德音。

《小戎》三章，章十句。

《詩序》：「《小戎》，美襄公也。備其兵甲以討西戎。西戎方彊，而征伐不休，國人則矜其車甲，婦人能閔其君子焉。」

[注釋] **小戎**：兵車也。**俴**：淺也。**收**：軫也。兵車軫深四尺四寸，取其便利，故收從淺。**五楘**：五束，上有歷録之文，是曰五楘。**梁輈**：車轅曰輈，輈形穹隆上曲，如屋梁然。**游環**：靷環也，以皮爲環，當兩服馬之背上。**脅驅**：以皮爲之，前繫於衡，後繫於軫，此物當服馬之脅以上驂馬之内，故曰脅驅。**陰**：揜軌也，軾前之版

揜軌上曰陰，訓爲蔭。**靷**：以皮二條前繫驂馬之頸，後繫陰板之上。**鋈續**：以白金飾續靷之環。**文茵**：以虎皮爲車褥，有文采可觀也。**暢轂**：長轂也。兵車之轂長三尺二寸。**騏馵**：騏，文也。左足白曰馵。**君子**：指征夫也。**板屋**：西戎之俗以板爲屋。**駵**：赤馬黑鬣曰駵。**騧**：黃馬黑喙曰騧。**驪**：深黑色也。**龍盾**：畫龍於盾。**觼**：環之有舌者。**軜**：驂內轡之環也。**俴駟**：四介馬以薄金爲介。**孔**：甚也。**羣**：調和也。**厹矛**：三隅矛也，刃有三角。**鋈錞**：矛底端平曰錞，以白金沃之也。**蒙**：討羽也。**伐**：中干也，盾之別名。**苑**：畫雜羽於盾之上也。**虎韔**：以虎皮爲弓室也。**鏤膺**：鏤金以飾馬當胸之帶也。**交韔**：交二弓於韔中以備壞也。**閉**：弓檠也。**緄**：繩也。**縢**：約也。**厭厭**：安靜也。**秩秩**：有序也。

［詩旨］秦襄公上承天子之命，備具兵甲，征討西戎，國人忘其軍旅之苦，反矜誇車甲之盛，婦人絶無怨曠之思，惟閔念君子之勞。首章詳述車制，文字典奧，絶似《考工記》，攻木之工三，收也、輈也、轂也；攻革之工四，游環也、脅驅也、陰靷也、文茵也；攻金之工一，鋈是也；一車而工聚如此。次章言馬之駕馭得宜，馬力有上駟中駟下駟之殊，而馬性又有宜中宜左宜右之別，秦不徒以天閑之駿甲天下，實以駕馭之略雄天下。是中是驂者，蓋幾經挑選，曰是宜爲中、是宜爲驂也。三章言戎器之整

齊，厹矛鋈錞，利擊刺也，以主進殺；蒙伐有苑，備矢石也，以主自衛；虎韔以昭其文，鏤膺以昭其度，交韔二弓以備損壞，竹閉緄縢，以正弓體。戎器之備具如是，固可以殺敵致果矣。而每章之下四句，胥惓惓於君子，念其居處之陋，念其歸期之遠，念德音之美，先公義後私情，民心如是，秦之所以强也。

小雅·采薇篇

采薇采薇，薇亦作止。曰歸曰歸，歲亦莫止。靡室靡家，玁狁之故。不遑啓居，玁狁之故。

采薇采薇，薇亦柔止。曰歸曰歸，心亦憂止。憂心烈烈，載飢載渴。我戍未定，靡使歸聘！

采薇采薇，薇亦剛止。曰歸曰歸，歲亦陽止。王事靡盬，不遑啓處。憂心孔疚，我行不來！

彼爾維何？維常之華。彼路斯何？君子之車，戎車既駕，四牡業業。豈敢定居？一月三捷。

駕彼四牡，四牡騤騤。君子所依，小人所腓。四牡翼翼，象弭魚服。豈不日〔一〕戒，玁狁孔棘。

昔我往矣，楊柳依依。今我來思，雨雪霏霏。行道遲遲，載渴載飢。我心傷悲，莫知我哀！

《采薇》六章，章八句。

《詩序》：「《采薇》，遣戍役也。文王之時，西有昆夷之患，北有玁狁之難。以天子之命，命將率，遣戍役，以守衛中國。故歌《采薇》以遣之，《出車》以勞還，《杕杜》以勤歸也。」

〔注釋〕**薇**：菜名。**作**：生也。**玁狁**：北狄也。**柔**：始生而弱也。**烈烈**：憂貌。**聘**：問也。**剛**：既成剛也。**陽**：陽月，謂十月也。**疚**：病也。**來**：歸也。**爾**：《說文》作薾，華盛貌。**常**：常棣也。**路**：戎車也。**君子**：將帥也。**業業**：壯也。**捷**：勝也。**騤騤**：强也。**依**：乘也。**腓**：猶芘也。**翼翼**：行列整齊之狀。**象弭**：以象骨飾弓弰也。**魚服**：以魚皮爲弓鞬矢服也。**戒**：警也。**棘**：急也。**霏霏**：雪

〔一〕《十三經注疏》本作「曰」。

甚貌。**遲遲**：道路之長，歸期之遠。

［詩旨］《詩序》以此詩爲遣戍之作，託爲戍役自計之詞。首章叙始出之時，適在春暮，預計歸期，明年仲冬當可受代而歸，其所以舍其室家、不暇啓居者，直以防玁狁侵陵之故，公而忘私，義不容辭。次、三兩章，承其意而申言之，飢渴之勞苦不敢辭，室家之安否未遑問，同仇敵愾，誓死不還，有「匈奴未滅，何以家爲」[一]之感。四章、五章言軍容之盛、軍令之肅、軍備之密，誠以玁狁出没無常，日相警戒，不敢稍有疏懈，庶幾師出萬全，奏凱可期，一月三捷，士氣歡騰。末章又託爲戍役預道歸時之事，柳往雪來，情景如繪，而行役之勞頓，戍期之淹久，憔悴憂傷之狀況，上之人能一一體念之，而代述其情，所謂「説以使民，民忘其勞」[二]者，於《采薇》之詩見之已。

編者謹按：唐先生講義云：「此篇章法，注重『憂』字。首、二、三章叙時期，一層進一層。首章總冒，二、三章專言憂，憂我戍之常不定也。四、五章叙景物車名，曰『一月三捷』，則勝不

[一]《史記・衛將軍驃騎列傳》載霍去病語。

[二]《易》兑《彖傳》曰：「兑，説也。剛中而柔外，説以利貞，是以順乎天而應乎人。説以先民，民忘其勞；説以犯難，民忘其死；説之大，民勸矣哉！」

可恃；曰『玁狁孔棘』，則憂更甚矣。末章憂極而爲哀，上之人體貼下情若此，恩澤之優渥可知。故曰《天保》治内，《采薇》治外。治内者遍爲爾德也，治外者憂民之憂也，而國防愈固矣。又按：《詩序》以此篇爲遣戍役，義與《東山》相近，惟《東山》以詞藻勝，此篇以白描勝。以句法論，首章兩言「玁狁之故」，言『不遑啓居』，三章則云『不遑啓處』。二章言『載饑載渴』，末章則言『載渴載飢』。二章言『我戍未定』，三章則言『我行不來』。四章言『豈敢定居』，五章則言『豈不日戒』。至末云『莫知我哀』，則直揚主軍事者之苦衷。《老子》曰：『兩軍相見，哀者勝矣。』[一]白描之作，葩經中當以此爲首。」[二]

小雅・杕杜篇

有杕之杜，有睆其實。王事靡盬，繼嗣我日。日月陽止，女心傷止，征夫遑止！

有杕之杜，其葉萋萋。王事靡盬，我心傷悲。卉木萋止，女心悲止，征夫歸止！

陟彼北山，言采其杞。王事靡盬，憂我父母。檀車幝幝，四牡痯痯，征夫不遠！

匪載匪來，憂心孔疚。期逝不至，而多爲恤。卜筮偕止，會言近止，征夫邇止！

[一]《老子》六十九章云：「禍莫大於輕敵，輕敵幾喪吾寶。故抗兵相加，則哀者勝。」

[二] 載《大家國學：唐文治・詩經軍事學》，頁二一九～二三〇。

《杕杜》四章，章七句。

《詩序》：「《杕杜》，勞還役也。」

［注釋］**杕**：特生貌。**杜**：赤棠也。**睆**：實貌。**靡盬**：不堅固也。**嗣**：續也。**陽**：十月也。**遑**：閒暇也。**萋萋**：盛貌。**檀車**：役車也。**幝幝**：敝貌。**痯痯**：疲貌。**載**：裝也。**疚**：病也。**逝**：往也。**恤**：憂也。**卜筮**：且卜且筮也。**會**：合也，蓍龜之辭合一。

［詩旨］此詩於勞還役之時，追述其室家思念之情，不言其已歸之樂，轉叙其未歸之思，曲體人情以慰勞之。首章感時物之變，而念及畢戍之期，征夫想閒暇而預作歸計也。次章由冬而春，戍期已踰，家人思念之心更切，而仍以王事靡盬，念及公義，歸止云者，預計征夫到家之期也。三章言征夫之勞於王事，貽憂父母，車敝馬疲，戍役已久，征夫之歸，當可在旦夕間矣。末章亟盼歸裝，遲遲未來，三、四兩句，情景更爲迫切，踰時不歸，則死生疾病，隨在可慮，深閨望遠，焦灼已極，於是龜卜蓍筮，多方禱告，合言於繇，歸期近矣，而征夫當即日可歸矣，其室家倉皇思念之情，歷歷如繪，詩人之曲體人情如是。

小雅・六月篇

六月棲棲，戎車既飭。四牡騤騤，載是常服。玁狁孔熾，我是用急。王于出征，以匡王國。

比物四驪，閑之維則。維此六月，既成我服。我服既成，于三十里。王于出征，以佐天子。

四牡修廣，其大有顒。薄伐玁狁，以奏膚公。有嚴有翼，共武之服。共武之服，以定王國。

玁狁匪茹，整居焦穫。侵鎬及方，至于涇陽。織文鳥章，白旆央央。元戎十乘，以先啓行。

戎車既安，如輊如軒。四牡既佶，既佶且閑。薄伐玁狁，至于大原。文武吉甫，萬邦爲憲。

吉甫燕喜，既多受祉。「來歸自鎬，我行永久。」飲御諸友，炰鱉膾鯉。侯誰在矣，張仲孝友。

《六月》六章，章八句。

《詩序》：「《六月》，宣王北伐也。」

[**注釋**] **六月**：盛夏出兵，明其急也。**棲棲**：簡閱車徒不遑休息之貌。**戎車**：兵車也。**飭**：整治也。**騤騤**：强貌。**常服**：常，旂常也。服，戎服也。**玁狁**：北狄也。**熾**：盛也。**匡**：正也。**比物**：齊其力也。**四驪**：其色又齊也。**閑**：習也。**則**：閑習之，使中法則也。**我服**：戎服也。**三十里**：師行日三十里爲一舍也。**修**：長也。**廣**：大也。**顒**：大貌。**膚公**：大功也。**翼**：敬也。**共**：與供同。**服**：事也。**匪茹**：茹，度也。言玁狁不度德量力來侵周境也。**整**：整旅也。**焦穫**：周地之接於玁狁者。**鎬**：北方地名，非鎬京也。**方**：朔方也。**涇陽**：水北曰陽，謂涇水之北也。**織**：同幟。**鳥**：鳥隼之章也。**白旆**：白同帛，以絳帛爲旆也。**央央**：鮮明貌。**元戎**：大將之車也。**如輊如軒**：言車之安適，從後視之則如輊，從前視之則如軒也。**佶**：强壯貌。**大原**：地名，在陝西平涼府鎮原縣。**吉甫**：尹吉甫也。**憲**：法也。**祉**：福也。**御**：進也。**侯**：維也。**張仲**：賢臣吉甫之友也。

[**詩旨**] 此詩叙宣王北伐之事。前三章記宣王盛暑出征，車馬旂服之盛，及軍行紀律之嚴。戎車既整治矣，四牡既調習矣，而爲將必嚴，不嚴則軍必不齊；爲帥必敬，不敬則軍事不肅。始曰「匡王國」，扶之正也，所以戢反側之心；次曰「定王國」，

鎮之靜也，所以靖張皇之衆。四、五兩章叙述戰事，先言玁狁之猖獗無忌，以爲新君即位，未能用兵，乘我不備，深入侵掠。乃廟算早定，命將出師，誦「元戎十乘，以先啓行」三語，想見堂堂之陣，正正之旗〔一〕，師直爲壯〔二〕，自有先聲奪人之概。大將沖鋒先行，一戰而捷。玁狁驚遁，驅之出境而止，不事窮追，不勤遠略，吉甫之老成持重，決非後世窮兵黷武者所可比也，宜乎文德武功，萬邦取法矣。末章奏凱還朝，策勳飲至，而同志諸友，特舉孝友之張仲，見取友必端，移孝以作忠，移友以順上，以孝友立文武之本源，宣王之選將任賢，得人稱盛，遂以啓中興之基已。

小雅・采芑篇

薄言采芑，于彼新田，于此菑畝。方叔涖止，其車三千，師干之試。方叔率止，乘其四騏，四騏翼翼。路車有奭，簟茀魚服，鉤膺鞗革。

薄言采芑，于彼新田，于此中鄉。方叔涖止，其車三千，旂旐央央。方叔率止，約軝錯

〔一〕《孫子・軍爭》云：「無邀正正之旗，勿擊堂堂之陳。」

〔二〕《左傳・宣公十二年》引述子犯之言曰：「師直爲壯，曲爲老。」

衡，八鸞瑲瑲。服其命服，朱芾斯皇，有瑲葱珩。鴥彼飛隼，其飛戾天，亦集爰止。方叔涖止，其車三千，師干之試。方叔率止，鉦人伐鼓，陳師鞠旅。顯允方叔，伐鼓淵淵，振旅闐闐。蠢爾蠻荆，大邦爲讎。方叔元老，克壯其猶。方叔率止，執訊獲醜。戎車嘽嘽，嘽嘽焞焞，如霆如雷。顯允方叔，征伐玁狁，蠻荆來威。

《采芑》四章，章十二句。

《詩序》：「《采芑》，宣王南征也。」

［注釋］**芑**：苦菜也，青白色，可生食，亦可蒸爲茹。**菑畝**：田一歲曰菑，二歲曰新，田三歲曰畬。**方叔**：宣王卿士受命而爲將也。**涖**：臨也。**師**：衆也。**干**：扞也。**試**：肄習也。**率**：總率之也。**翼翼**：順序貌。**路車**：戎路也。**奭**：赤貌。**簟茀**：以方文竹簟爲車蔽也。**魚服**：以魚獸之皮爲矢服。**鉤膺**：樊纓也，纓，馬鞅在胸者。鉤，即馬腹帶之飾。帶必有鉤，施之于膺，所謂樊也。樊與鞶同。**鞗革**：鞗，轡也。革乃轡首之垂者。**中鄉**：民居也。**旂旐**：交龍曰旂，龜蛇曰旐。**央央**：鮮明貌。**約軧**：軧，長轂也，以皮約束之，加以朱漆也。**錯衡**：衡上有文飾也。**瑲瑲**：鸞鈴之和聲也。**命服**：天子所命之服。**朱芾**：黄朱之芾。**皇**：猶煌煌也。**瑲**：玉聲。

葱：蒼色如葱。**珩**：佩首横玉也。**鴥**：疾飛貌。**隼**：鷂屬。**戾**：至也。**鉦**：鐃也，鐲也。**伐**：擊也。**鉦鼓**：鉦以靜之，鼓以動之，鉦鼓各有人，言鉦人伐鼓者，互文也。**顯允**：言有明達忠慤之德之人。**淵淵**：鼓聲平和也。**振旅**：出曰治兵，入曰振旅。**闐闐**：鼓聲也。**蠢**：動而無知之貌。**蠻荆**：荆州之蠻也。**元**：大也。**壯猶**：善謀而勇決也。**嘽嘽**：衆也。**焞焞**：盛也。**威**：畏服也。

［詩旨］ 此詩記宣王南征之事。以元老壯猶爲主，從采芑之人隴畝閒觀，目睹軍容之盛，賦詩贊歎入手。首、次兩章言車馬旂幟服佩之盛。「四騏翼翼」，馬之良也；「路車有奭」，車之澤也；「簟茀魚服，鉤膺鞗革」，車馬弓矢之飾之整齊也；「旂旐央央」，旗幟之鮮明也；「約軝錯衡，八鸞瑲瑲」，戎車之光耀，駕馬之調和也；「朱芾斯皇，有瑲葱珩」，命服之煇煌，君恩之隆重也。三章言戎機之捷、軍律之嚴；隼戾天而忽集止，喻方叔行師，有飛將軍從天而下之勢，大兵壓境，强敵破膽；蠻荆未服，則伐鼓以進；蠻荆既服，則振旅而還；堂堂之陣，正正之旗，卓然王者之師也。末章歸重元老壯猷，足以懾服蠻荆；述方叔之威望，叙征伐玁狁之事，見蠢爾蠻荆，非玁狁之比，一聞元老涖止，車徒甚盛，有疾霆震雷之威，相率畏服；不戰屈人，方叔之功，而亦宣王之善將將也。

小雅・車攻篇

我車既攻，我馬既同，四牡龐龐，駕言徂東。田車既好，四牡孔阜，東有甫草，駕言行狩。之子于苗，選徒囂囂。建旐設旄，搏獸于敖。駕彼四牡，四牡奕奕。赤芾金舄，會同有繹。決拾既佽，弓矢既調。射夫既同，助我舉柴。四黄既駕，兩驂不猗。不失其馳，舍矢如破。蕭蕭馬鳴，悠悠旆旌，徒御不驚，大庖不盈。之子于征，有聞無聲，允矣君子，展也大成。

《車攻》八章，章四句。

《詩序》：「《車攻》，宣王復古也。宣王能内修政事，外攘夷狄，復文武之竟土。修車馬，備器械，復會諸侯於東都，因田獵而選車徒焉。」

［注釋］**攻**：堅也。**同**：齊也。《爾雅・釋畜》：「宗廟齊毫尚純也，戎事齊力尚强也，田臘齊足尚疾也。」**龐龐**：充實也。**東**：洛邑也。**阜**：盛大也。**甫草**：甫同

圃。圃田在中牟縣，多豐草，可以行狩。**之子**：有司也。不敢斥言天子，故以有司言之。**苗**：夏獵曰苗。**選**：數也。**囂囂**：聲衆盛也。**敖**：地名。滎澤縣西北有敖山。**奕奕**：諸侯來會，車馬連絡布散之貌。**赤芾**：諸侯命服。**金舄**：舄，達屨也，加金爲飾。**會**：時見曰會，無常期也。**同**：殷見曰同。殷，衆也。**繹**：陳列聯屬之貌。**決**：以象骨爲之，著於右手大指，所以鉤弦開弓也。**拾**：以皮爲之，著於左臂以遂弦也。**佽**：比也。**調**：弓矢强弱相調也。**射夫**：指諸侯來會者。**同**：協也。**柴**：《説文》作𢪏，謂積禽也。**猗**：偏倚不正也。**馳**：馳驅之法也。**舍矢如破**：巧而力也。**蕭蕭悠悠**：皆閑暇之貌。**徒**：步卒。**御**：車御。**大庖**：君庖也。**不盈**：取之有度，不極欲也。**有聞無聲**：有善聞而無讙譁之聲。**允**：信也。**展**：誠也。**大成**：成其大功也。

[詩旨] 此詩言宣王中興，百度維新，因田獵以會諸侯於東都，修復古制，士民重覩周室威儀之盛。首章言車既鞏固，馬既齊力，車駕出發，巡幸東都。次、三兩章叙預備田獵之事，車既美善，可以歷險從禽；馬既壯實，可以任重致遠。於是選徒行狩，搏獸于圃田敖山之間。四章紀羣侯來會，車馬之盛，儀容之肅，尊卑貴賤之等差，蓋田獵未行，朝會之儀先舉焉。五、六兩章叙舉行田獵之事，以射御爲主，決拾佽而

弓矢調，射可命中矣；驂不猗而馳不失，御自合度矣；獲禽之衆，自可預決矣。七章言田獵既畢，軍旅旋歸，蕭蕭悠悠，閑適整暇，徒御無驚擾之狀，君庖無取盈之舉，肅然王者之政也。八章紀詩人詠歎之辭，首二句見紀律嚴明，師行靜肅，内修外攘之功，允矣中興盛治，克光先烈已。

編者謹按：唐先生講義按語云：「此篇章法，以宣王田獵會諸侯爲主。首二章言東狩，蓋西周之漸衰可見矣。三章宣王田獵正文。四、五兩章言諸侯會同田獵之盛。六、七兩章言田獵之事。末章美宣王爲君子，蓋君子能大成其德，則諸侯賓服而萬方治矣。全篇音節極響，足見中興盛事。又按：田獵以供祭祀賓客之用，然云『大庖不盈』，則非專以殺戮爲事矣。在田獵尚寓愛物之仁，況於行軍，其愛民當何如？夫能愛人，乃能成君子。」〔一〕

小雅・漸漸之石篇

漸漸之石，維其高矣。山川悠遠，維其勞矣。武人東征，不皇朝矣。

漸漸之石，維其卒矣。山川悠遠，曷其没矣？武人東征，不皇出矣。

〔一〕載《大家國學：唐文治・詩經軍事學》，頁三〇。

有豕白蹢，烝涉波矣。月離于畢，俾滂沱矣。武人東征，不皇他矣。

《漸漸之石》三章，章六句。

《詩序》：「《漸漸之石》，下國刺幽王也。戎狄叛之，荆舒不至，乃命將率東征。役久病於外，故作是詩也。」

［注釋］漸漸：山石高峻之貌。**不皇朝**：皇同遑，言無暇日也。**卒**：同崒，言崔嵬也。**没**：盡也。**出**：謂深入不暇謀出也。**蹢**：蹄也。**烝**：衆也。**離**：月所宿也。**畢**：星名。

［詩旨］此詩傷久役而作。首章言經歷險遠，不堪勞苦，困於征役，不遑朝夕。次章更進一層，曰卒矣、曰没矣，極寫險峻之狀，「蜀道之難難于上青天」[一]，「維其卒」之謂也；人道青山天盡頭，行人更在青山外[二]，「曷其没」之謂也；冒險深入，不遑謀出，其勞苦更可知矣。末章言既歷長途，又逢大雨，豕涉波，月離畢，景象如是，而武人霑體塗足，冒險東征，不遑他顧，其勞苦更非人情所堪矣；久役疲病，深堪憫

[一] 李白《蜀道難》文。

[二] 此用歐陽修《踏莎行·候館梅殘》句：「平蕪盡處是春山，行人更在春山外。」

惻，而上之人漠然置之。《豳風》詠周公東征，而初周之亂以靖；《小雅》詠武人東征，而西周之社以衰。

編者謹按：唐先生講義云：「此詩傷久役而作。首章言經歷險遠，困於征役，不遑朝夕。次章更進一層，曰卒矣、曰没矣，極寫險峻之狀，『蜀道之難難于上青天』，『維其卒』之謂也；人道青山天盡頭，行人更在青山外，『曷其没』之謂也；曰『不遑出』，《孫子·九地篇》云『死地』是也。將死於是，終不得出矣。豕涉波，月離畢，一種淒涼愁慘之幾，非人情所堪矣。上之人處安樂，而軍士倍極苦況，夫何使之至於斯極也？《豳風》詠周公東征，而初周之亂以靖；《小雅》詠武人東征，而西周之社以衰。軍事之繫於政治如此。又按：此篇用九『矣』字，滿紙嘆聲，追魂攝魄，與《論語·季氏篇》『天下有道』二章相類。末章以豕蹢涉波起，『月離於畢』二句，尤爲奇横，歐文悱惻之情，本於此類。」〔一〕

小雅·何草不黄篇

何草不黄，何日不行。何人不將，經營四方。

〔一〕 載《大家國學：唐文治·詩經軍事學》，頁三一。

何草不玄，何人不矜。哀我征夫，獨爲匪民。
匪兕匪虎，率彼曠野。哀我征夫，朝夕不暇。
有芃者狐，率彼幽草。有棧之車，行彼周道。

《何草不黄》四章，章四句。

《詩序》：「《何草不黄》，下國刺幽王也。四夷交侵，中國背叛，用兵不息，視民如禽獸，君子憂之，故作是詩也。」

［注釋］ **將**：相將以行，萬民無不從役也。**玄**：赤黑色。草衰而黄，既黄而黑也。**矜**：同鰥，言棄其家室也。**率**：循也。**曠**：空也。**芃**：尾長貌。**棧車**：役車也。

［詩旨］ 此詩傷征役不息，民生勞苦，上之人視征夫〔一〕之與禽獸無異，周室將亡之兆也。首、二兩章以草之由黄而玄，見歲月之淹久，征役之靡已；一種蕭索景象，人民相將行役，奔走四方，棄其室家，匪民之歎，見上之人不以人道使民也。三、四兩章，即以禽獸待民爲言，躑躅曠野，兕虎爲羣，睇彼芃狐，循行幽草，征夫且不如野獸之閒暇自

〔一〕「征夫」二字，據唐先生講義補入。

適也，棧車周道，終歲不息，可哀孰甚！《易・坤》之上六曰：「龍戰于野，其血玄黃。」陰盛陽消，世運告終，王澤已竭，西周亡而東周弱，此詩所以殿《小雅》之終也。

編者謹按：唐先生講義按語云：「此篇雖不逮《漸石篇》豐神，而困苦之狀則一。末章官止神行，君之待民如禽獸，則民視君如脯醢，千古有心人讀之，皆當零涕。」〔一〕

大雅・大明篇

明明在下，赫赫在上。天難忱斯，不易維王。天位殷適，使不挾四方。

摯仲氏任，自彼殷商，來嫁于周，曰嬪于京。乃及王季，維德之行。

大任有身，生此文王。維此文王，小心翼翼。昭事上帝，聿懷多福。厥德不回，以受方國。

天監在下，有命既集。文王初載，天作之合。在洽之陽，在渭之涘。

文王嘉止，大邦有子。大邦有子，俔天之妹。文定厥祥，親迎于渭。造舟爲梁，不顯其光。

〔一〕載《大家國學：唐文治・詩經軍事學》，頁三十二。

有命自天，命此文王，于周于京。纘女維莘，長子維行，篤生武王。保右命爾，燮伐大商。

殷商之旅，其會如林。矢于牧野，維予侯興。「上帝臨女，無貳爾心！」

牧野洋洋，檀車煌煌，駟騵彭彭。維師尚父，時維鷹揚，涼彼武王。肆伐大商，會朝清明！

《大明》八章，四章章六句，四章章八句。

《詩序》：「《大明》，文王有明德，故天復命武王也。」

［注釋］ **明明**：德之明。**赫赫**：命之顯。**忱**：信也。**天位**：天子之位。**殷適**：紂也。**不挾**：不達也，言教令不行於四方。**摯**：國名。**仲任**：摯國仲女曰太任。**殷商**：殷之諸侯。**嬪**：婦也。**京**：周京。**王季**：文王之父。**身**：懷孕也。**翼翼**：恭慎貌。**昭**：明也。**回**：邪也。**方國**：四方來附之國。**集**：聚也。**初載**：初年。**洽**、**渭**：皆水名。**嘉**：婚禮。**大邦**：莘國。**子**：太姒。**俔**：《説文》云：「譬也。」**文定厥祥**：文，禮也。祥，吉也。言卜得吉而以納幣之，禮定之。**造**：作也。**梁**：橋也，如今之浮橋。**不顯**：顯也。**纘**：繼也。**長子**：長女太姒也。**維行**：能行太姒之德。**右**：助也。**燮**：協和也，言和會諸侯。**如林**：言衆而不爲用。**矢**：陳也。**牧野**：在

朝歌南七十里。**俟**：語助辭。**無貳爾心**：貳，疑也。爾，指武王。言伐紂必克，無有疑心。**洋洋**：廣也。**檀車**：以堅木爲車。**煌煌**：鮮明貌。**駟**：四匹也。**騵**：騮馬白腹。**彭彭**：强盛貌。**師尚父**：太公望爲太師，號尚父。**鷹揚**：如鷹之飛揚。**涼**：佐也。**肆**：疾也，或云縱兵。**會朝清明**：言會戰之旦，不崇朝而天下清明。

〔詩旨〕此詩周公作以戒成王。前五章言周三王積德之盛，而天命之集，已非一日。後兩章言武王順天應人以伐紂而克之，非得已者。篇中言「天監在下」、「有命自天」，又言「昭事上帝」、「上帝臨女」，可見開國承家，用兵戡亂，係於夫婦父子君臣之盛德，而實本於天人相與之和，故《易傳》曰：「革之時義大矣哉！」〔一〕文中子曰：「讀此詩而知人之求配，不可不慎。」〔二〕詩稱文武之興，必各本其母而言，有旨哉！

編者謹按：唐先生講義云：「此詩周公作以戒成王，當與《思齊》《皇矣》兩篇並讀。《思齊》叙聖母之德，而不及先王。《皇矣》叙王季之發祥，而不及德配。此篇上溯王季，兼及太任，合而言之，可見開國承家，用兵戡亂，係於夫婦父子君臣之盛德，而實本於天人相與之和，文中子曰：

〔一〕《易·革·彖傳》曰：「天地革而四時成，湯武革命，順乎天而應乎人，革之時大矣哉！」
〔二〕文中子王通曰：「愚讀《大明》之詩，而知人之求配，不可不慎擇也。」見王鴻緒《欽定詩經傳説彙纂》引。

『讀此詩而知人之求配，不可不慎。』旨深哉！又按：周代郊廟之歌，用《文王》《大明》《綿》三篇。《文王》詩重言天命不易。此篇首章『天難忱斯』四句，見殷代天命之已去。以下言文王受命，則云『天監在下』，『有命自天』，『天作之合』，『俔天之妹』，俱歸本於天。又云『昭事上帝』，『上帝臨汝』，懍然有臨之在上、質之在旁之嚴，可見軍人之『無貳爾心』，皆文王之『小心翼翼』，有心感格而奮興之也。《樂記》曰：『發揚蹈厲，太公之象〔一〕。』末二章叙軍容之整齊，如見發揚蹈厲之精神。《書》曰：『如虎如貔，如熊如羆。』〔二〕『我武維揚』〔三〕，何其盛歟！」〔四〕

大雅・文王有聲篇

文王有聲，遹駿有聲。遹求厥寧，遹觀厥成。文王烝哉！

文王受命，有此武功。既伐于崇，作邑于豐。文王烝哉！

築城伊淢，作豐伊匹。匪棘其欲，遹追來孝。王后烝哉！

〔一〕謹按：《禮記・樂記》「太公之象」作「大公之志」。

〔二〕《尚書・牧誓》文。

〔三〕《尚書・泰誓中》文。

〔四〕載《大家國學：唐文治・詩經軍事學》，頁二三三。

王公伊濯，維豐之垣。四方攸同，王后維翰。王后烝哉！

豐水東注，維禹之績。四方攸同，皇王維辟。皇王烝哉！

鎬京辟廱，自西自東，自南自北，無思不服。皇王烝哉！

考卜維王，宅是鎬京。維龜正之，武王成之。武王烝哉！

豐水有芑，武王豈不仕？詒厥孫謀，以燕翼子。武王烝哉！

《文王有聲》八章，章五句。

《詩序》：「《文王有聲》，繼伐也。武王能廣文王之聲，卒其伐功也。」

[注釋] **聲**：聲聞也，令聞之聲也。**遹**：與曰、聿同，發語辭也。**駿**：大也。**烝**：君也。**伐崇**：在作西伯之六年也。**豐**：在陝西西安府東南，漢鄠縣地，舊崇國也。**淢**：成溝也，方十里爲成，成間有溝，廣深各八尺。**匹**：稱也。**棘**：急也。**王后**：追稱曰王，本稱曰君，后即君也，指文王也。**公**：功也。**濯**：大也。**翰**：楨榦也。**豐水**：豐水東北流經豐邑之東，入渭而注于河。**績**：功也。**皇王**：有天下之號，指武王也。**辟**：君也。**鎬京**：武王所營也，在豐水東，去豐邑二十五里。**辟廱**：武王立學曰辟廱，既得天下，爲天子之學。**思服**：心服也。**考**：稽也。**宅**：居也。**正**：決也。**成之**：作邑居也。**芑**：草名。**仕**：事也。**詒**：遺也。**燕**：安也。**翼**：

敬也。**子**：指成王也。

［詩旨］ 此詩以安民爲主，其遷豐遷鎬，定鼎宅京，均爲安民之急務也。民所歸往曰王，能羣其民曰君。周自后稷以來，積德累功，文始平之，武始成之。首、次兩章，述文王伐崇遷豐之事，令聞洋溢，神威遠振，奉天命以伐罪救民，克盡君道。三、四兩章，詳叙遷豐之事，築城也、維垣也，王業以定，曰伊淢、曰伊匹，因其舊規而不過勞民力，文王以繼述爲孝，而民心歸附日衆。五、六兩章，接叙武王遷鎬之事，以豐水東注，引起由豐及鎬，武王宅京，首重興學，武功耆定，昭宣文德，建首善于京師，而聲教四訖，王業以成。七、八兩章，述遷鎬及詒謀之事，武王之考卜宅京，首立辟廱，以爲樂育人材之地，創立久安長治之基，澤流後昆，百世不替，以文王之繼志述事，武王之創業垂統，承先啓後，宅中圖大，均以安民爲主，周家開國規模，具於此已。

大雅・江漢篇

江漢浮浮，武夫滔滔，匪安匪遊，淮夷來求。既出我車，既設我旗，匪安匪舒，淮夷來鋪。

江漢湯湯，武夫洸洸，經營四方，告成于王。四方既平，王國庶定，時靡有爭，王心

載寧。

江漢之滸，王命召虎，式辟四方，徹我疆土。匪疚匪棘，王國來極，于疆于理，至于南海。

王命召虎，來旬來宣，文武受命，召公維翰。無曰予小子，召公是似，肇敏戎公，用錫爾祉。

釐爾圭瓚，秬鬯一卣，告于文人，錫山土田。于周受命，自召祖命，虎拜稽首，天子萬年。

虎拜稽首，對揚王休，作召公考，天子萬壽。明明天子，令聞不已，矢其文德，洽此四國。

《江漢》六章，章八句。

《詩序》：「《江漢》，尹吉甫美宣王也。能興衰撥亂，命召公平淮夷。」

[**注釋**] **浮浮**：水盛貌。**滔滔**：順流貌，由江漢率師順流而下也。**淮夷**：夷之在淮上者。**鋪**：陳也，陳師以伐之也。**湯湯**：水大貌。**洸洸**：武貌。**滸**：水厓也。**虎**：召穆公名也。**辟**：開闢也。**徹**：井其田也。**疚**：病也。**棘**：急也。**極**：中之表也，居中而爲四方取正也。**旬**：偏也。**宣**：布也。**召公**：召康公奭，召虎之始祖

也。**翰**：榦也。**予小子**：王自稱也。**似**：嗣也。**肇**：謀也。**敏**：疾也。**戎**：大也。**公**：功也。**釐**：賜也。**秬**：黑黍也。**鬯**：香草也，與秬合而鬱之。**卣**：中尊也。**文人**：先人之有文德者，謂文王也。**周**：岐周也。**召祖**：穆公之祖康公也。**對**：答也。**揚**：稱也。**休**：美也。**考**：成也。作康公廟器，勒王策命之詞，以考其成也。**明明**：猶亹亹，言勉也。**矢**：陳也。

［詩旨］此詩作于平淮夷功成之後。前三章述召穆公平淮夷及經營疆理之事。首章言王師順流而下，軍容甚盛，有謀定後動、申罪致討之意。次章見大軍所至，淮夷望風而服，告成奏捷，王心安寧。三章叙戡亂以後，百度維新，興復井田，清釐賦税，以爲善後安民之計。後三章述宣王策勳頒賞、歸美祖德之事。四章追叙委任之初，眷念先世勳勞，勉其纘承祖德，以忠孝之道激勸之。五章即承用錫爾祉之意，頒以策命，釐爾圭瓚秬鬯以祀其先祖，錫之山川土田以廣其封邑，告廟策勳，以示寵異，召公恪承恩命，祝君壽考。末章銘功鐘鼎，藏諸祖廟，頌揚王休，昭示奕世，仍歸重文德，不以武功自矜；惓惓愛君之心，有加無已。君禮其臣，臣愛其君，誠中興之盛事矣！

編者謹按：唐先生講義云：「此篇章法，兩兩相比。首、二章以江漢引起武夫。首章言征淮夷，次章則言武功之成。三、四章兩言『王命召虎』，三章命辟疆土，四章勉其宣德意，上承祖功。『肇敏』二句，起下褒賞之意。五、六章兩言『虎拜』，一則拜受賜，一則對王休而頌文德也。音節特響越，具見中興氣象。又按：《孫子》言『兵形象水』〔一〕，《常武》詩言『王旅嘽嘽……如江如漢……如川之流』，亦即此意。李遐叔《弔古戰場文》『川回組練』是也。此篇首、二章，不徒以江漢起興，蓋象軍行流動不斷，兵法在其中也。〔二〕

大雅・常武篇

赫赫明明，王命卿士。南仲大祖，大師皇父。整我六師，以修我戎。既敬既戒，惠此南國。

王謂尹氏，命程伯休父。左右陳行，戒我師旅。率彼淮浦，省此徐土。不留不處，三事就緒。

赫赫業業，有嚴天子。王舒保作，匪紹匪遊。徐方繹騷，震驚徐方，如雷如霆，徐方震驚。

〔一〕《孫子兵法・實虛》文。
〔二〕載《大家國學：唐文治・詩經軍事學》，頁三四。

王奮厥武，如震如怒。進厥虎臣，闞如虓虎。鋪敦淮濆，仍執醜虜。截彼淮浦，王師之所。

王旅嘽嘽，如飛如翰，如江如漢，如山之苞，如川之流，緜緜翼翼，不測不克，濯征徐國。

王猶允塞，徐方既來。徐方既同，天子之功。四方既平，徐方來庭。徐方不回，王曰還歸。

《常武》六章，章八句。

《詩序》：「《常武》，召穆公美宣王也。有常德以立武事，因以爲戒然。」

［**注釋**］ **赫赫**：威嚴也。**明明**：光顯也。**南仲**：文王時武臣也。**皇父**：南仲之後，時官太師。**尹氏**：吉甫時爲内史掌策命者。**程伯休父**：周大夫命爲大司馬。**率**：循也。**三事**：三農之事也。**業業**：大也。**嚴**：威也。**舒**：徐也。**保**：安也。**作**：行也。**紹**：懈緩也。**游**：遨游也。**繹騷**：絡繹騷動也。**進**：鼓而進之也。**闞**：奮怒之貌。**虓**：虎之怒也。**鋪**：陳也，陳其師旅也。**敦**：厚也，厚集兵力也。**淮濆**：淮水之厓也。**仍**：就也。**截**：斷絶其出入之路也。**嘽嘽**：衆盛貌。**苞**：本也，不可動也。**翼翼**：整齊也。**不測**：謀祕而不可知。**不克**：鋒鋭而不可勝。**濯**：

大也。**猶**：謀也。**允**：信也。**塞**：實也。**庭**：朝于王庭也。**回**：違也。不回，不復叛也。**還歸**：班師而歸也。

[詩旨] 宣王親征徐方，武功告成，召穆公作詩美之。通篇以天子親征爲主。首章特命太師，大書先德世勳以重其事，整軍旅，修戎器，恭敬戒懼，以除暴安良，敷惠南國爲要義。次章策命司馬以副之，飭以省方伐衆，不久留，不停處，俾徐土三農，不致曠時廢業。三章述王師在道，堂堂正正，紀律嚴明，有先聲奪人之勢。四、五兩章叙述戰事，天子奮其威武，將士忠勇敵愾，赴敵如飛翰之疾，軍行如江漢之盛，屹守如山之固，動作如川之順，謀定而戰，攻心爲上，滌濯徐國舊染之污俗，而咸與維新之。末章歸重王猷，内修外攘，以誠信真實爲本，徐方畏威懷德，稽首王庭，四方戎狄，奔走偕來，同我太平，王命班師，武功于是乎告成矣！武王克商，樂曰《大武》，宣王中興，詩曰《常武》，煌煌乎後先濟美也已！

編者謹按：唐先生講義云：「此詩全篇一氣卷舒，有如火如荼之威，如潮如海之觀。『不留不處』二句，『歸市者不止，耕者不變』，其愛民爲何如？三章疊用三『徐方』，末章疊用四『徐方』，不嫌重復，尤爲奇崛。昌黎碑頌銘詞，專學《江漢》《常武》二篇，而後世莫逮者，以其用粗枝大葉，有大氣以包舉之也。《平淮西碑》文，終繹言蔡人，即脱胎此篇。」

卷七

《詩經》義理學

《詩經》義理學序

「人生而靜，天之性也；感於物而動，性之欲也。」〔一〕有欲當以理克之，故倫理根於性，義理亦出於性。然則倫理與義理，奚以别之哉？曰：倫理散見於倫常日用之際，義理體察於身心性命之微，一内而一外。本義理以度倫理，理雖一而分則殊也〔二〕。

〔一〕《禮記·樂記》文。
〔二〕程頤推衍張載《西銘》之説。

自其溯於天命者言之。《易傳》曰：「一陰一陽之謂道，繼之者善也，成之者性也。」《烝民》之詩則曰：「天生烝民，有物有則；民之秉彝，好是懿德。」「物」者屬於質而爲陰，「則」者屬于理而爲陽。孔子曰：「爲此詩者，其知道乎？」即一陰一陽之道也，故孟子引之爲性善之徵。

自其著于德本者言之，則爲孝。《卷阿》詩所謂「有孝有德」，必歸于「俾爾彌爾性」是也。

自其修于學問者言之，則爲敬。湯之「聖敬日躋」、文王之「緝熙敬止」、周公之戒成王「敬之敬之，天惟顯思」〔一〕是也。周公之言爲聖學之入門，而湯、文之德則爲聖功之大效。《文王》詩言「聿修厥德」、《大明》詩言「厥德不回」，而《皇矣》詩則暢言「明德」〔二〕。明明德者，《大學》之綱維，而明本心之要旨也。千古義理之學，萌柢于此矣。

〔一〕《詩·周頌·敬之》句。
〔二〕《詩·大雅·皇矣》二、四、七章言明德，四章言：「維此王季，帝度其心，貊其德音。其德克明，克明克類，克長克君。王此大邦，克順克比。」故唐先生云。

然《詩》學之精微，貴乎闊通，而無取乎拘泥。觀孔子《繫辭傳》釋《易》二十一爻，無一定之象，亦無一定之理。宇宙間形形色色，無非義理所積而成。《易》言其大德之敦化，而《詩》則綜其小德之川流〔一〕。如《論語》《大學》《中庸》所引，吾既于自序言之矣。《孝經·開宗明義章》引《詩》「無念爾祖」，《五孝章》亦均引《詩》以垂訓，《事君章》引《詩》「心乎愛矣」、「中心藏之，何日忘之」，此經也，實傳體也，傳者傳其義理也。孟子論政治，莫不引《詩》，如《仁則榮章》引《詩》「永言配命」，而《愛人不親章》亦引之；《離婁篇》引《詩》「率由舊章」，「逝不以濯」，「載胥及溺」〔二〕，亦皆傳體也。其義理之精湛爲何如夫？

《易》之道廣矣大矣！以言乎天地之間則備矣〔三〕。吾謂《詩》之旨微矣妙矣！以言乎天地間之義理亦悉矣！述《詩經》義理學第七。

〔一〕《禮記·中庸》云：「萬物並育而不相害，道並行而不相悖，小德川流，大德敦化。此天地之所以爲大也。」唐先生本此爲説。

〔二〕《詩·大雅·桑柔》云：「誰能執熱，逝不以濯。」「其何能淑，載胥及溺。」

〔三〕出《易·繫辭上傳》。

衛風・淇奧篇

瞻彼淇奧，綠竹猗猗。有匪君子，如切如磋，如琢如磨。瑟兮僩兮，赫兮咺兮。有匪君子，終不可諼兮。

瞻彼淇奧，綠竹青青。有匪君子，充耳琇瑩，會弁如星。瑟兮僩兮，赫兮咺兮。有匪君子，終不可諼兮。

瞻彼淇奧，綠竹如簀。有匪君子，如金如錫，如圭如璧。寬兮綽兮，猗重較兮。善戲謔兮，不爲虐兮。

《淇奧》三章，章九句。

《詩序》：「《淇奧》，美武公之德也。有文章，又能聽其規諫，以禮自防，故能入相於周，美而作是詩也。」

［注釋］ **奧**：隈也。《爾雅》：「厓内爲奧，外爲隈。」**匪**：斐通。《周禮・考工記》：「且其匪色。」匪者，有文章之謂也。**切磋琢磨**：《爾雅》曰：「骨謂之切，象謂之磋，玉謂之琢，石謂之磨。」**瑟**：矜莊貌。**僩**：威嚴貌。**咺**：宣著貌。**諼**：忘也。**金錫**：《集傳》：「言其鍛鍊之精純。」**圭璧**：《集傳》：「言其生質之温潤。」**猗**：歎辭也。

重較：卿士之車也。衛武入相天子而乘此車也。

［詩旨］此詩形容武公盛德。首章以緑竹興起斐然君子，言彼學問切磋以究其實，琢磨而致之精。次章言威儀冠弁，以表尊嚴之象，充耳而飾光昌之容。三章言成德，金錫則比其精純，圭璧而方兹温潤，均各帶其儀容以贊美之，蓋德容根乎心性，内美既充，外容必盛，未有德成睟然而不見面盎背者，故但即威儀動静間，已知其學之日進無疆也。始雖瑟僩赫咺，猶有矜嚴之心，終乃「寬兮綽兮」絶無勉强之迹，故篇末又言及善謔，以見容止語默，無不雍容中道。然則武公初年簒弑，晚成聖德，英雄聖賢，固一轉念哉！

小雅·小宛篇

宛彼鳴鳩，翰飛戾天。我心憂傷，念昔先人。明發不寐，有懷二人。

人之齊聖，飲酒温克。彼昏不知，壹醉日富。各敬爾儀，天命不又。

中原有菽，庶民采之。螟蛉有子，蜾蠃負之。教誨爾子，式穀似之。

題彼脊令，載飛載鳴。我日斯邁，而月斯征。夙興夜寐，毋忝爾所生！

交交桑扈，率場啄粟。哀我填寡，宜岸宜獄。握粟出卜，自何能穀？

温温恭人，如集于木。惴惴小心，如臨于谷。戰戰兢兢，如履薄冰。

《小宛》六章，章六句。

《詩序》：「《小宛》，大夫刺幽王也。」

［注釋］**宛**：小貌。**鳴鳩**：斑鳩。**翰**：高也。**戾**：至也。**先人**：文、武也。**明發**：天明平旦之時。**二人**：父母也。**齊聖**：正肅而通明也。《左氏傳》：「齊聖廣淵。」**温克**：温恭自持以勝也。**富**：猶甚也。**不又**：不復來也。**中原**：高原之中。**菽**：大豆。**螟蛉**：桑上小青蟲。**蜾蠃負之**：土蜂取桑蟲負於木空中，七日而化爲己子。**式**：用也。**穀**：善也。**題**：視也。**脊令**：水鳥，飛甚疾。**邁**：往也。**征**：行之速也。**忝**：辱也。**所生**：謂父母。**交交**：小也，或曰往來貌。**桑扈**：竊脂也。肉食不食粟。**填**：與癲同，病也。**岸獄**：岸，《韓詩》作「犴」。鄉亭之繫曰犴，朝廷曰獄。**握粟出卜**：持粟以卜吉凶，言貧窶之甚。**集木臨谷**：恐墜也。**履冰**：恐陷也。

［詩旨］此詩蓋遇亂世，相戒修德以免禍。前四章修德之事，後二章免禍之意。綜全篇大義，孝親、慈幼、敬天、勤學、愛民無所不該。「明發不寐」二句，《禮記・祭義

篇》引之，以爲文王祭祀之詩〔一〕，蓋明發者，即孟子所謂平旦之氣，良知乍發之時也；懷二人者，良知也；致良知之學，敬而已矣。

《雨無正》詩，責羣臣之離居，教之「各敬爾身」；此戒人子之「式穀」，教之「各敬爾儀」。敬者，持身之大本也。日邁月征，即《論語》「日知所亡，月無忘所能」之意〔二〕。「夙興夜寐」二句，《孝經》引之以勉士人之孝〔三〕。邦無道，危行言孫。凡人處亂世，慎毋誤入濁流，以致上辱其親也。

小雅・賓之初筵篇

賓之初筵，左右秩秩。籩豆有楚，殽核維旅。酒既和旨，飲酒孔偕。鐘鼓既設，舉醻逸逸。大侯既抗，弓矢斯張。射夫既同，獻爾發功。發彼有的，以祈爾爵。

〔一〕《禮記・祭義》，原不愆不忘，率由舊章。文曰：「文王之祭也，事死者如事生，思死者如不欲生。忌日必哀，稱諱如見親，祀之忠也。如見親之所愛，如欲色然，其文王與？《詩》云：『明發不寐，有懷二人。』文王之詩也。祭之明日，明發不寐，饗而致之，又從而思之。祭之日，樂與哀半；饗之必樂，已至必哀。」

〔二〕《論語・子張》云：「子夏曰：『日知其所亡，月無忘其所能，可謂好學也已矣。』」

〔三〕《孝經・士章》文。

籥舞笙鼓，樂既和奏。烝衎烈祖，以洽百禮。百禮既至，有壬有林。錫爾純嘏，子孫其湛。其湛曰樂，各奏爾能。賓載手仇，室人入又。酌彼康爵，以奏爾時。

賓之初筵，温温其恭。其未醉止，威儀反反。曰既醉止，威儀幡幡。舍其坐遷，屢舞僊僊。其未醉止，威儀抑抑。曰既醉止，威儀怭怭。是曰既醉，不知其秩。

賓既醉止，載號載呶。亂我籩豆，屢舞僛僛。是曰既醉，不知其郵。側弁之俄，屢舞傞傞。既醉而出，並受其福。醉而不出，是謂伐德。飲酒孔嘉，維其令儀。

凡此飲酒，或醉或否。既立之監，或佐之史。彼醉不臧，不醉反恥。式勿從謂，無俾大怠。匪言勿言，匪由勿語。由醉之言，俾出童羖。三爵不識，矧敢多又。

《賓之初筵》五章，章十四句。

《詩序》：「《賓之初筵》，衛武公刺時也。幽王荒廢，媟近小人，飲酒無度。天下化之，君臣上下，沈湎淫液。武公既入而作是詩也。」

[注釋] **初筵**：初，即席也。鋪陳曰筵，藉之曰席。**秩秩**：有次序也。**楚**：列貌。**殽**：葅醢豆實也。**核**：桃梅之屬，籩實也。**旅**：陳也。**偕**：齊一也。**設**：將射更整其樂也。**逸逸**：往來有序也。**大侯**：天子侯身一丈，其中三分居一，白質畫熊，其外則丹地，畫以雲氣。**抗**：張也。**射夫既同**：比其耦之射禮。**的**：質也，侯中所畫之地爲質。

爵：射不中者飲豐上之觶也。**籥舞**：秉籥而舞，與笙相應也。**烝**：進也。**衎**：樂也。**烈**：業也。**洽**：合也。**百禮**：言其備也。**壬**：大也。**林**：盛也。**各奏爾能**：《集傳》謂：「子孫各酌獻尸，尸酢而卒爵也。」**仇**：《集傳》：「仇，讀曰斢，斢音拘，挹取酒也。」**室人**：室中有事者，謂佐食也。**又**：復也。賓手挹酒，室人復酌，爲加爵也。**反反**：顧禮也。**幡幡**：輕數也。**僊僊**：軒舉之貌。**抑抑**：慎密也。**怭怭**：媟嫚也。**秩**：常也。**號**：呼也。**呶**：讙也。**僛**：傾側之貌。**郵**：與尤同，過也。**傞傞**：盤旋不休貌。**俄**：傾也。**伐**：害也。**令**：善也。**監史**：司正之屬。**謂**：告也。**由**：從也。**童羖**：無角之羖羊，必無之物也。**「三爵不識」二句**：謂三爵之禮不識，況又多飲乎。

[詩旨] 右《賓之初筵》五章章十四句。毛氏序曰「衛武公刺幽王也」；韓氏序曰「衛武公飲酒悔過也」[一]，詩意與《大雅・抑》戒相類，必武公自悔之作。當幽王時，國政荒廢，媟近小人，飲酒無度，沈湎淫泆，以成風俗。武公初入爲王卿士，難免不與其宴；既見其如此無禮，而又未敢直陳君失；詩本刺今，先陳古義，以見飲酒原未嘗廢，但須射祭而後飲；而飲又當有節，不至失儀，乃所以爲貴。若夫狂醉而屢舞傞

[一]《後漢書・孔融傳》李賢注引《韓詩》句。

傞，失儀而且將伐德，在當時自忘忸怩，縱令其醒後自思，亦當發笑。武公深知夫以言教人，不如以身教之爲貼切；況乎臣子事君，更何容徑行直遂？此詩意寓譎諫，不惟言可爲戒，文亦當法；非武公盛德，孰能爲之哉？

大雅・文王篇

文王在上，於昭于天。周雖舊邦，其命維新。有周不顯，帝命不時。文王陟降，在帝左右。

亹亹文王，令聞不已。陳錫哉周，侯文王孫子。文王孫子，本支百世。凡周之士，不顯亦世。

世之不顯，厥猶翼翼。思皇多士，生此王國。王國克生，維周之楨。濟濟多士，文王以寧。

穆穆文王，於緝熙敬止。假哉天命，有商孫子。商之孫子，其麗不億。上帝既命，侯于周服。

侯服于周，天命靡常。殷士膚敏，祼將于京，厥作祼將，常服黼冔。王之藎臣，無念爾祖！

無念爾祖，聿修厥德。永言配命，自求多福。殷之未喪師，克配上帝。宜鑑于殷，駿命不易。

命之不易，無遏爾躬。宣昭義問，有虞殷自天。上天之載，無聲無臭。儀刑文王，萬邦作孚。

《文王》七章，章八句。

《詩序》：「《文王》，文王受命作周也。」

【注釋】在上：在民上也。**於**：歎辭。**舊邦**：指岐周。**命**：天命。**不顯**：猶言「豈不顯」。**不時**：時，是也，猶言「豈不時」。**陟降**：言文王升接天，下接人。**在帝左右**：在，察也，能觀知天意，順其所爲。**亹亹**：勉也。**陳錫哉周**：陳，敷也。哉，始也。言天命敷錫周之始。**侯**：維也。**本**：宗子。**支**：庶子。**不顯亦世**：言世世修德光顯。**猶**：謀也。**思**：語辭。**皇**：美也。**楨**：榦也。**穆穆**：深遠意。**緝**：繼也。**熙**：明也。**假**：大也。**孫子**：兼子孫黎民。**麗**：數也。**不億**：十萬曰億，言其數不止十萬。**周服**：服于周也。**膚**：美也。**敏**：疾也。**祼**：灌鬯也。**將**：行也，酌而送之。**黼**：黼裳。**冔**：殷冠。**王**：成王。**藎**：進也，進用臣也。**無念**：念也。**永言配命**：言，我也，謂我長配天命而行也。**師**：衆也。**駿**：大也。**不易**：言難保也。**無**

遏爾躬：當使子孫長行之，無終汝身而止。**義**：善也。**問**：聞通，聲聞也。**有虞殷自天**：度殷之廢興而折衷於天命。**載**：事也。**儀**：象也。**刑**：法也。《周頌》曰：「儀式刑文王之典。」**孚**：信也。

〔詩旨〕《孝經》云：「宗祀文王於明堂以配上帝。」此詩之作，當在其時，蓋周公所作也。首章言天命之維新，孟子所謂「新國」。二章、三章述文王受天命而興，在於得人；四章、五章言商子孫黎民之誠服，《易》所謂「觀光利用賓」也〔一〕；六章、七章申儆成王，以敬天法祖。全篇以天命作主，而歸本於敬。湯之德曰「聖敬」〔二〕，文王之德曰「敬止」，此聖王之心法也。殷亦配天，何以至于喪師？由後世子孫之不敬爾，故又申言之曰「命之不易，無遏爾躬」，實與《敬之》詩所言「命不易哉，無曰高高在上」義相貫通。《書·召誥》一篇，反覆丁寧，惟一「敬」字。後世之有國家者，求福求禍之界，在敬與肆而已。

〔一〕《易》觀六四曰：「觀國之光，利用賓于王。」
〔二〕《詩·商頌·長發》文。

大雅·思齊篇

思齊大任，文王之母。思媚周姜，京室之婦。大姒嗣徽音，則百斯男。
惠于宗公，神罔時怨，神罔時恫。刑于寡妻，至于兄弟，以御于家邦。
雝雝在宫，肅肅在廟。不顯亦臨，無射亦保。肆戎疾不殄，烈假不瑕。
不聞亦式，不諫亦入。肆成人有德，小子有造。古之人無斁，譽髦斯士。

《思齊》四章，章六句。

《詩序》：「《思齊》，文王所以聖也。」

［**注釋**］**思**：語辭。**齊**：莊也。**媚**：愛也。**周姜**：大王之妃太姜也。**京**：周也。**太姒**：文王之妃也。**徽**：美也。**百男**：舉成數而言其多也。**惠**：順也。**宗公**：宗廟先公也。**恫**：痛也。**刑**：法也。**御**：音訝，治也。**雝雝**、**肅肅**：和而敬也。**不顯**：幽隱之處也。**射**：音亦，與斁同，厭也。**保**：守也。**肆**：故今也。**戎**：大也。**疾**：難也。**殄**：絶也。**烈**：光也。**假**：大也。**瑕**：過也。**式**：法也。**髦**：俊也。

［**詩旨**］此詩詠歌文王刑于化也。治化本於閨門，由寡妻而兄弟，由兄弟而家邦，乘其機而順以導之，勢甚便也。然非有所本，則其化亦不能如是之神且速。文王

治家，不獨以身爲率，又得聖母以爲之倡，故其宫闈寢廟間，肅肅雍雍，太和翔洽，莫可言喻。此蓋其母大任氏德性齊莊，而又能上媚先姑，以盡子婦之職，故其子婦亦有所式，化而成内助之功，此文王刑于之化，至神且速，而獨有異乎人者也。首章太任，逆溯其源。末二章戎疾造士，順徵其效。三章宫廟則虚寫其刑于氣象，所謂德修於内而化成乎天下者，非邪！

大雅・抑篇

抑抑威儀，維德之隅。人亦有言：靡哲不愚。庶人之愚，亦職維疾。哲人之愚，亦維斯戾。

無競維人，四方其訓之。有覺德行，四國順之。訏謨定命，遠猶辰告。敬慎威儀，維民之則。

其在于今，興迷亂于政。顛覆厥德，荒湛于酒。女雖湛樂從，弗念厥紹。罔敷求先王，克共明刑。

肆皇天弗尚，如彼泉流，無淪胥以亡。夙興夜寐，洒埽廷内，維民之章。修爾車馬，弓矢戎兵，用戒戎作，用逷蠻方。

質爾人民，謹爾侯度，用戒不虞。慎爾出話，敬爾威儀，無不柔嘉。白圭之玷，尚可磨也，斯言之玷，不可爲也！

無易由言，無曰苟矣，莫捫朕舌，言不可逝矣。無言不讎，無德不報。惠于朋友，庶民小子。子孫繩繩，萬民靡不承。

視爾友君子，輯柔爾顔，不遐有愆。相在爾室，尚不愧于屋漏。無曰不顯，莫予云覯。神之格思，不可度思，矧可射思。

辟爾爲德，俾臧俾嘉。淑慎爾止，不愆于儀。不僭不賊，鮮不爲則。投我以桃，報之以李。彼童而角，實虹小子。

荏染柔木，言緡之絲。温温恭人，維德之基。其維哲人，告之話言，順德之行。其維愚人，覆謂我僭。民各有心。

於乎小子，未知臧否！匪手攜之，言示之事。匪面命之，言提其耳。借曰未知，亦既抱子。民之靡盈，誰夙知而莫成？

昊天孔昭，我生靡樂。視爾夢夢，我心慘慘。誨爾諄諄，聽我藐藐。匪用爲教，覆用爲虐。借曰未知，亦聿既耄！

於乎小子，告爾舊止。聽用我謀，庶無大悔。天方艱難，曰喪厥國。取譬不遠，昊天

不忒。回遹其德，俾民大棘！

《抑》十二章，三章章八句，九章章十句。

《詩序》：「《抑》，衛武公刺厲王，亦以自警也。」

[注釋] **抑抑**：密也。**隅**：廉角也。**哲**：知也。**庶**：衆也。**職**：主也。**戾**：反也。**競**：强也。**覺**：直下也。**訏**：大也。**謨**：謀也。**定**：審定不易也。**命**：號令也。**猶**：圖也。**辰**：時也。**告**：戒也。**興**：尚也。**紹**：承也。**敷**：廣也。**共**：執也。**刑**：法也。**弗尚**：厭棄之也。**逷**：遠也。**質**：成也，定也。**侯度**：諸侯所守之法度也。**虞**：慮也。**玷**：缺也。**捫**：持也。**讎**：答也。**屋漏**：當室之白日光所漏入也。**辟**：君也。**止**：容止也。**僭**：差也。**童**：無角曰童。**荏染**：柔貌。**緡**：綸也，被之綸以爲弓也。**覆**：反也。**僭**：不信也。**慘慘**：憂貌。**耄**：八十九十曰耄。**舊**：舊章也。**止**：語辭。**忒**：差也。**遹**：僻也。**棘**：急也。

[詩旨] 右《抑》十二章，此一篇座右銘也。全詩頭緒甚多，意分四層。修德是第一層，功在謹獨，「不愧屋漏」是也；修德則威儀敬慎，是第二層，抑抑柔嘉，温温恭人是也；威儀如此，則聞善必受矣，是第三層。前一提辰告，順德之行是也；樂聞善則變亂舊章之言無自入，而教令必中理，此第四層，定命慎出話，惠朋友庶民是也；反

是則回遹其德，而不敬威儀，且以教我爲虐，忠直日退，諛諂日進，政令皆壞，而俾民大棘矣。詩雖錯綜言之，而條理之秩然不紊如此。

周頌·訪落篇

訪予落止，率時昭考。於乎悠哉，朕未有艾。將予就之，繼猶判渙。維予小子，未堪家多難。紹庭上下，陟降厥家。休矣皇考，以保明其身。

《訪落》一章，十二句。

《詩序》：「《訪落》，嗣王謀於廟也。」

［注釋］ **訪**：謀也。**落**：始也。**率**：循也。**時**：是也。**悠**：遠也。**艾**：數也。**猶**：道也，亦訓圖。**渙**：散失也。「**將予就之，繼猶判渙**」兩句：王告羣臣曰：「汝扶將我就其典法而行之，繼續圖我所放失者收斂之。」**紹**：繼也。「**紹庭上下，陟降厥家**」兩句：繼文王陟降庭止之道，上下羣臣以次序之也。**厥家**：羣臣也。

［詩旨］ 右《訪落》一章十二句，此蓋成王初即政而朝於廟，以延訪羣臣之詩。

「於乎」以下，一往情深，《禮記・檀弓篇》所謂「既葬則皇皇如有求而弗獲」是也〔二〕；至「維予小子」而下，忽覺君蒿悽愴，若或見之，則又孝思之感動，不能自已，此乃初告廟時景象；篇末寓意在明哲保身，仍歸重到學術上。然則聖君知爲君之難，學術與事功，交相惕厲，始見聖敬之日躋，而王業可成也歟？

周頌・敬之篇

敬之敬之，天維顯思，命不易哉！無曰高高在上，陟降厥士，日監在茲。維予小子，不聰敬止。日就月將，學有緝熙于光明。佛時仔肩，示我顯德行。

《敬之》一章，十二句。

《詩序》：「《敬之》，羣臣進戒嗣王也。」

〔注釋〕**顯**：明而易見也。**陟降**：上下也。**士**：事也。**監**：視也。「**陟降厥士**」兩句：謂天上下其事如日光之明，而監視在此也。**小子**：嗣王自謂也。**將**：行也。

〔二〕《禮記・檀弓上》曰：「始死，充充如有窮。既殯，瞿瞿如有求而弗得。既葬，皇皇如有望而弗至。練而慨然，祥而廓然。」

緝：相續不絕也。**熙**：光明也。**佛**：音弼，大也，又輔也。**時**：是也。**仔肩**：任也。**末三句**：成王謂羣臣中學行之美，有如光之昭明而相續不絕者，輔佛是任，示我以顯明之德行也。

［詩旨］右《敬之》一章十二句，此詩乃一呼一應，如自問自答之意。一起直呼「敬之敬之」，「日監在茲」，先立一案，見天道甚明，命不易保，無謂其高而不吾察，當知其聰明明畏，若陟降於吾之所爲而無日不臨監於此者，蓋一俯仰間，而如或見諸目前也。「惟予小子」，性既不聰，行又弗敬，不能體天命於無形，則惟有日就月將，勉强而行，庶幾積續以至於光明耳。然必賴羣臣輔我所擔荷之任，而示我以顯明之德行，乃可追吾所見而能及也，故「維予小子」以下，亦即緊承上文相應而下。

周頌・小毖篇

予其懲，而毖後患。莫予荓蜂，自求辛螫。肇允彼桃蟲，拚飛維鳥。未堪家多難，予又集于蓼。

《小毖》一章，八句。

《詩序》：「《小毖》，嗣王求助也。」

[注釋] **懲**：怨艾也。**毖**：慎也。**荓蜂**：摩曳也。**發端三句**：成王告羣臣曰：「我懲創往時矣，畏慎後復有禍患，羣臣小人，無敢我摩曳。」摩曳，謂爲譎詐誑欺也。**肇**：始也。**允**：信也。**桃蟲**：鷦也，小於黄雀，取荑爲巢，所棲不過一枝。桃蟲之雛化爲雕，此係鷙鳥。先儒以爲鴟鴞、鷚鳩亦此鳥。

[詩旨] 右《小毖》一章八句，乃懲後患而作也。《訪落》則欲紹前徽，用意各有所在，詞氣亦迥不相同。篇名雖曰《小毖》，然武庚之禍，亦非小者。向非周公，王室存亡，尚不可知，猶得謂之小耶？故開口即言懲患，不知如何自儆而後可免於禍，創鉅痛深之頃，仍含而不露，託物言懷。篇中所云，未必指定管、蔡，《疏》用王肅述毛言：「將來患難，當慎其小，非悔不誅管蔡。」[一] 詩意良然。鄭謂「成王悔不早誅管、蔡以致叛亂」[二]，此誤矣。管、蔡乃成王叔父，流言僅口語小罪，謂爲以此飲恨，而矢音告哀，

[一]《毛詩正義·周頌·小毖》疏曰：「箋言王意以管、蔡流言爲小罪，恨不登時誅之。毛不得有此意耳，是其必異於鄭。當謂將來之惡，宜慎其小耳。故王肅云『言患難宜慎其小』，是謂將來患難，非悔不誅管、蔡也。」

[二]《毛詩正義·周頌·小毖》鄭箋曰：「管、蔡初爲流言，成王信之。既信其言，自然不得誅之。今悔於不登時誅之者，此謂啓金縢後，既信周公之心，已知管、蔡之妄，宜即執而戮之，乃迎周公。」

豈其然哉？

魯頌·駉篇

駉駉牡馬，在坰之野。薄言駉者，有驈有皇，有驪有黄，以車彭彭。思無疆，思馬斯臧。

駉駉牡馬，在坰之野。薄言駉者，有騅有駓，有騂有騏，以車伾伾。思無期，思馬斯才。

駉駉牡馬，在坰之野。薄言駉者，有驒有駱，有駵有雒，以車繹繹。思無斁，思馬斯作。

駉駉牡馬，在坰之野。薄言駉者，有駰有騢，有驔有魚，以車祛祛。思無邪，思馬斯徂。

《駉》四章，章八句。

《詩序》：「《駉》，頌僖公也。僖公能遵伯禽之法，儉以足用，寬以愛民，務農重穀，牧于坰野，魯人尊之，於是季孫行父請命於周，而史克作是頌。」

［注釋］駉駉：良馬，腹幹肥張也。坰：遠野也。驈：驪馬白跨也。皇：黄白

也。**驪**：純黑也。**黃**：黃而騂也。**彭彭**：有力有容也。**臧**：善也。**騅**：蒼白雜毛也。**駓**：黃白雜毛也。**騂**：赤黃也。**騏**：蒼騏也。**伾伾**：有力也。**才**：多材也。**驒**：青驪驎也。**駱**：白馬黑鬣也。**駵**：赤身黑鬣也。**雒**：黑身白鬣也。**繹繹**：善走也。**斁**：厭也，厭倦也。**作**：始也。**駰**：陰白雜毛也。**騢**：彤白雜毛也。**驔**：豪骭也。**魚**：二目白也。**祛祛**：彊健也。**徂**：行也。

〔詩旨〕《駉》四章，分配良、戎、田、駑四馬。良馬以朝祀，故云斯臧；戎馬尚彊，故云斯才；臧言其德，才言其用也。田馬尚疾，故云斯作；駑馬給雜役，故云斯徂。作者習其動止之節，徂則足以行。國君之富在馬，魯僖攻牧，以誠心行之，篇中一則曰「思無疆」，再則曰「思無期」，三則曰「思無斁」，四則曰「思無邪」，其秉心塞淵，較諸衛文公之徙居楚丘，而騋牝致三千之盛〔一〕，過之無不及焉。噫！人心之奔逸，猶之馬也，以「無邪」二字爲之御勒，即此可以見道，牧馬云乎哉！

〔一〕《詩・鄘風・定之方中》句。

卷八

《詩經》修辭學

《詩經》修辭學序

伊昔《尚書》紀言，辭尚體要。鄭國爲命，裨諶草創，世叔討論，子羽修飾，子産潤色[一]，專對之才，彬彬然矣。若迺宣尼家法，修辭立誠，誠之爲義大矣哉！《詩》道性情，允矣誠之爲貴。故四始六義，無取紛華。是以瞻《雲漢》而「四方爲綱」，攬《菁莪》而「小子有造」，旁逮《閟宫》作頌，燕喜及于邦人[二]；彼都有章，

[一]《論語・憲問》載。

[二]《詩・魯頌・閟宫》末章云：「魯侯燕喜，令妻壽母。宜大夫庶士，邦國是有。既多受祉，黄髮兒齒。」故唐先生云云。

蠆卷〔一〕儗于君子，偶搴麗藻，盡屬名言，未嘗有貴乎聱帨者也。沿及後代，綺靡是崇；堆垛爲古，襞績爲工。抽黄鬥白，類草木之賁華；噞哢走飛，等嚶鳴之過耳。矧夫蛾眉螓首，假絢飾以窮形；膏沐飛蓬，襲餘芬而想象。佻闥纖穠，流蕩忘反，匪特詞章之害，抑亦心術之詖已。

湘鄉《四象》〔二〕，纂録葩經〔三〕，區類剛柔，折中比興。逆志則恢奇而不越，審音亦悱惻而不傷。然後知同和同節之爲經，無非一陰一陽之妙蘊，斯義蓋稍稍明焉。比時研辭，頗宗琱采，譬諸阜螽則狀趯趯，祥鳳則鳴喈喈，荇菜則務擷參差，蘋蘩則必于濱澗，勞心則悄乎月出，夙駕則取彼星言。其美也，郁郁乎文；其弊也，塗塗如附〔四〕。他如「終窶且貧」，繹其句例；「乃如之人」，推厥況詞。日月升恒〔五〕，乃借實運虛之

〔一〕形容圈髮蓬鬆如蠆尾，出《詩·小雅·都人士》「彼君子女，卷髮如蠆」鄭玄《箋》：「蠆尾末揵然，似婦人髮末曲上卷然。」

〔二〕曾國藩《古文四象》以「四象」類選古文。

〔三〕「葩經」即《詩經》。

〔四〕《詩·小雅·角弓》「毋教猱升木，如塗塗附」，毛傳云：「塗，泥；附，著也。」謂猿自會爬樹，勿需再教；比如污泥之上又著污泥，乃多此一舉也。此謂虛文無益，唐先生所稱「無關乎閎恉」者也。

〔五〕《詩·小雅·天保》云：「如月之恒，如日之升。」

法；金錫圭璧〔一〕，爲累規疊矩之文。斯蓋游藝之端，雕蟲之技，壯夫所以不爲者，無關乎閎恉也。

然而識大識小，義適所宜；見智見仁，性各相近。大雅之士，兼絡羣流；博學之家，不遺小物。有識者酌古以斟今，豈宜因此而廢彼也？惟夫「基命宥密，緝熙光明」〔二〕，德音孔昭〔三〕，古訓是式〔四〕。既有倫而有脊〔五〕，爰如琢而如磨。是則修辭之本原，必有其思無邪，而其風肆好〔六〕者。昔吾先正，言明且清〔七〕；後之君子，尚有典型〔八〕，亶其然乎？述《詩經》修辭學第八。

〔一〕《詩·衛風·淇奧》云：「有匪君子，如金如錫，如圭如璧。」
〔二〕《詩·周頌·昊天有成命》句。
〔三〕《詩·小雅·鹿鳴》云：「我有嘉賓，德音孔昭。」
〔四〕《詩·大雅·烝民》云：「古訓是式，威儀是力。」鄭玄《箋》云：「故訓，先王之遺典也。」
〔五〕《詩·小雅·正月》云：「維號斯言，有倫有脊。」
〔六〕《詩·大雅·崧高》云：「吉甫作誦，其詩孔碩，其風肆好，以贈申伯。」
〔七〕《禮記·緇衣》云：「《詩》云：昔吾有先正，其言明且清。」
〔八〕《詩·大雅·蕩》句。

小雅·斯干篇

秩秩斯干，幽幽南山。如竹苞矣，如松茂矣。兄及弟矣，式相好矣，無相猶矣。似續妣祖，築室百堵，西南其户。爰居爰處，爰笑爰語。約之閣閣，椓之橐橐。風雨攸除，鳥鼠攸去，君子攸芋。如跂斯翼，如矢斯棘，如鳥斯革。如翬斯飛，君子攸躋。殖殖其庭，有覺其楹。噲噲其正，噦噦其冥，君子攸寧。下莞上簟，乃安斯寢。乃寢乃興，乃占我夢。吉夢維何？維熊維羆，維虺維蛇。大人占之，維熊維羆，男子之祥；維虺維蛇，女子之祥。乃生男子，載寢之牀，載衣之裳，載弄之璋。其泣喤喤，朱芾斯皇，室家君王。乃生女子，載寢之地，載衣之裼，載弄之瓦。無非無儀，唯酒食是議，無父母詒罹。

《斯干》九章，四章章七句，五章章五句。

《詩序》：「《斯干》，宣王考室也。」

［注釋］**秩秩**：流行也。**干**：澗也。**苞**：本也。**猶**：當作癒，病也。**似**：嗣也。**築室**：謂築燕寢。**約**：束也。**閣閣**：猶歷歷也。**橐橐**：用力也。**芋**：大也。**棘**：

稜廉也。**革**：翼也。**翬**：伊洛而南，素質五色皆備，成章曰翬。**噲噲**：猶快快。**正**：晝也。**噦噦**：猶煟煟。**冥**：夜也。**莞**：小蒲席。**大人占之**：謂以聖人占夢法占之。**璋**：半珪。**芾**：佩也，天子純朱，諸侯黄。**皇**：猶熿熿。**裼**：褓也。**瓦**：紡塼也，婦人所用瓦惟紡塼。

［**詩旨**］時周德既衰而奢侈，宣王賢而中興，更爲儉宮室，小寢廟，而詩人美之。故首章總述其宮室之面勢，而願其親睦；二章、三章述其作室之意與營築之狀，至於風雨攸除，鳥鼠攸去，則宮室成矣；四章言望其外則雄壯軒翥如此；五章言觀其内則高明深廣如此。望其外則未入也，故曰「君子攸躋」，言其方升也；觀其内則已入也，故曰「君子攸寧」，言其既處也。六章以下，皆禱頌之辭。宣王之新宮，不失之陋，亦不失之侈。如所謂跂翼、矢棘、鳥革、翬飛，不失之陋矣；然其作室也，特以除風雨而去鳥鼠，不失之侈矣。禱頌亦無溢分之語，而中興之氣象具矣。

小雅・無羊篇〔一〕

誰謂爾無羊？三百維羣。誰謂爾無牛？九十其犉。爾羊來思，其角濈濈。爾牛來思，其耳濕濕。

或降于阿，或飲于池，或寢或訛。爾牧來思，何蓑何笠，或負其餱。三十維物，爾牲則具。

爾牧來思，以薪以蒸，以雌以雄。爾羊來思，矜矜兢兢，不騫不崩。麾之以肱，畢來既升。

牧人乃夢，衆維魚矣，旐維旟矣。大人占之，衆維魚矣，實維豐年。旐維旟矣，室家溱溱。

《無羊》四章，章八句。

《詩序》：「《無羊》，宣王考牧也。」

［注釋］犉：黄牛黑脣。濈濈：聚而息其角濈濈然。濕濕：呞而動其耳濕濕

〔一〕本篇載入《交通大學演講録》第三集（下）第五期之《文章繪形、繪影、繪聲法》。

然。訛：動也。三十：言每包之物皆有三十也〔一〕。薪蒸：麤曰薪，細曰蒸。

「兢兢」句：言堅强也。騫：虧也。崩：羣疾也。升：入牢也。衆維句：魚，庶人之所以養，故指豐年〔二〕。豐年：陰陽和則魚衆矣。旐旟：所以聚衆。溱溱：子孫衆多。

〔詩旨〕古人以生畜之多寡，而卜其國之興廢，故奉牲以告曰「博碩肥腯」〔三〕，謂民力之普存也，謂其備腯咸有也，於是民和而神降之福，故動則有成。此禱頌之辭，所以詳及於牛羊之衆多，牧人之安逸，以見其民物富庶之效也。或曰：「禮問庶人之富，數畜以對，國家何取於牧事哉？」不知當百物凋耗之餘，而能致此富盛，則凡事凡物可知矣！中興氣象，豈不偉歟？

編者謹按：唐先生《交通大學演講録》三集（下）第五期之《文章繪形、繪影、繪聲法》，説此詩云：「此畜牧圖也。繪人、繪物、繪形、繪態，曲盡其妙，末以牧人夢作結，與《斯干》篇同工異曲，惟《斯干篇》虛實相間，此篇則化實爲虛耳。」

〔一〕《交通大學演講録》之《文章繪形、繪影、繪聲法》釋三十曰：「言牛羊之色異，三十皆中犧牲之選。」
〔二〕兢兢、騫、崩、升、衆維等五詞句之釋，原無，據《交通大學演講録》之《文章繪形、繪影、繪聲法》補入。
〔三〕《左傳·桓公六年》載。

小雅・大東篇

有饛簋飧，有捄棘匕。周道如砥，其直如矢。君子所履，小人所視。睠言顧之，潸焉出涕。

小東大東，杼柚其空。糾糾葛屨，可以履霜。佻佻公子，行彼周行。既往既來，使我心疚。

有冽氿泉，無浸穫薪。契契寤歎，哀我憚人。薪是穫薪，尚可載也。哀我憚人，亦可息也。

東人之子，職勞不來。西人之子，粲粲衣服。舟人之子，熊羆是裘。私人之子，百僚是試。

或以其酒，不以其漿。鞙鞙佩璲，不以其長。維天有漢，監亦有光。跂彼織女，終日七襄。

雖則七襄，不成報章。睆彼牽牛，不以服箱。東有啓明，西有長庚。有捄天畢，載施之行。

維南有箕，不可以簸揚。維北有斗，不可以挹酒漿。維南有箕，載翕其舌。維北有

斗，西柄之揭。

《大東》七章，章八句。

《詩序》：「《大東》，刺亂也。東國困於役而傷於財，譚大夫作是詩以告病焉。」

［注釋］**饛**：滿簋貌。**捄**：長貌。**匕**：所以載鼎實。**睠**：反顧也。**潸**：涕下貌。**氿泉**：側出之泉。**穫**：艾也。**契契**：憂苦也。**東人**：譚人也。**西人**：京師人也。**舟人**：舟楫之人。**私人**：私家人也。**鞙鞙**：玉貌。**璲**：瑞也。**長**：才長也。**監**：視也。**七襄**：襄舍也，自卯至酉也。**睆**：明星貌。**箱**：大車之箱也。

［詩旨］此詩緣困於役而傷於財，故其所冀望而不足者，皆衣服飲食之事。蓋其俯觀周道，而傷今思古之懷，既有感於中；中察人事，而彼此不均之狀，又有激於目；仰觀天象，又若有不恤東人而反助西人之意。俯仰旁矚之間，何莫非見困之事！末言箕斗非徒不可用，箕反若有所噬，斗反若有所挹取於東，含怨深而託風之意迫矣。

大雅·皇矣篇

皇矣上帝，臨下有赫。監觀四方，求民之莫。維此二國，其政不獲。維彼四國，爰究

爰度。上帝耆之，憎其式廓。乃眷西顧，此維與宅。

作之屏之，其菑其翳。修之平之，其灌其栵。啓之辟之，其檉其椐。攘之剔之，其檿其柘。帝遷明德，串夷載路。天立厥配，受命既固。

帝省其山，柞棫斯拔，松柏斯兑。帝作邦作對，自大伯、王季。維此王季，因心則友。則友其兄，則篤其慶，載錫之光。受禄無喪，奄有四方。

維此王季，帝度其心。貊其德音，其德克明。克明克類，克長克君。王此大邦，克順克比。比于文王，其德靡悔。既受帝祉，施于孫子。

帝謂文王，無然畔援，無然歆羨，誕先登于岸。密人不恭，敢距大邦，侵阮徂共。王赫斯怒，爰整其旅，以按徂旅。以篤于周祜，以對于天下。

依其在京，侵自阮疆。陟我高岡，無矢我陵，我陵我阿。無飲我泉，我泉我池。度其鮮原，居岐之陽，在渭之將。萬邦之方，下民之王。

帝謂文王，予懷明德。不大聲以色，不長夏以革。不識不知，順帝之則。帝謂文王，詢爾仇方。同爾兄弟，以爾鉤援。與爾臨衝，以伐崇墉。

臨衝閑閑，崇墉言言。執訊連連，攸馘安安。是類是禡，是致是附，四方以無侮。臨衝茀茀，崇墉仡仡。是伐是肆，是絶是忽，四方以無拂。

《皇矣》八章，章十二句。

《詩序》：「《皇矣》，美周也。天監代殷，莫若周。周世世修德，莫若文王。」

[注釋] **皇**：大也。**莫**：定也。或云：通瘼，病也。**二國**：夏、商。**獲**：得也。不獲，謂失道。**四國**：四方之國。**究度**：謀也。**耆**：致也。《周頌》：「耆定爾功。」**憎**：當作「增」。**式廓**：猶言規模。**西顧**：顧視西土。**宅**：居也。**作**：拔起。**屏**：除去之。**菑、翳**：木立死曰菑，自斃曰翳。**灌**：叢生。**栵**：栭也。**檉**：河柳。**椐**：樻也，可爲杖。**攘、剔**：謂穿剔去其繁冗使成長也。**檿、柘**：檿，山桑，柘，亦桑類，皆美材。**遷**：徙也，言徙明德之君於西岐。**串夷**：即混夷。**路**：應也，言天意就周之德，文王伐混夷以應之。**配**：天生賢妃佐文王，謂太姒也。**柞棫**：木名。**拔**：挺生也。**兑**：易直也。**作對**：言擇可當此國者以君之也。**因心**：言非勉强也。**友**：善兄弟曰友。**載**：始也。**奄**：大也。**貊**：《春秋傳》《樂記》皆作莫，謂莫然清靜也。**克類**：謂分善惡。**順比**：慈和偏服曰順，上下相親曰比。**比于**：至于也。**無然**：言不可如此。**畔援**：猶跋扈也。**歆羨**：歆動貪羨。**誕**：大也。**岸**：道之極至處。**密**：密須氏國，姞姓。**阮**：國名。**徂**：往也。**共**：阮國地名。**旅**：五百人爲旅。**按**：止也。**徂旅**：密師之往共者。**對**：答也，答天下之仰望。**京**：周京。**阮疆**：從阮疆以

侵密。**陟岡**：登山脊以觀師。**矢**：陳也。**陵阿**：大陵曰阿，言無敢陳兵於我地。**鮮原**：善原。**將**：側也，謂文王擇善地徙都於豐。**方**：嚮也，謂人嚮望之也。**予**：設爲上帝自稱。**不大聲以色**：言不虛廣言語，外作容貌也。**不長夏以革**：言不崇尚夏楚兵革。**仇方**：讎國。**兄弟**〔一〕：與國。**鉤援**：鉤梯，所以鉤引上城也。**臨**：臨車，在上臨下者。**衝**：衝車，從旁衝突者。**崇**：崇侯虎，倡紂爲無道者。**閑閑**：整也。**言言**：高大也。**訊**：詢問。**連連**：屬續狀。**攸馘安安**：馘，割耳。軍法有不服者當割其耳，至於安安，則不輕暴用刑，言其仁也。**類禡**：師祭名。**致附**：言致之使來附。**無侮**：無敢侮慢。**茀茀**：强盛貌。**仡仡**：堅壯貌。**肆**：疾也。**忽**：滅也。**拂**：戾也。

〔詩旨〕一章、二章言天命大王，三章、四章言天命王季，五章、六章言天命文王伐密，七章、八章言天命文王伐崇。此詩與《緜》同類，《緜》言太王者詳，言文王者略，蓋詳其始而略其終也；此詩略於太王、太伯、王季，而詳於文王，蓋略其始而詳其終也，而其根本要歸於明德，贊王季曰「其德克明」，贊文王曰「予懷明德」。明德者，成

〔一〕「兄弟」原作「弟兄」，今乙之。

周之家法，即自古聖王之心法。故周初大學生徒，亦教以克明德之學。蓋以文統武則天下治，以武揜文則天下亂，惟能文武兼資，則萬邦爲憲矣！

大雅・公劉篇

篤公劉，匪居匪康。迺埸迺疆，迺積迺倉。迺裹餱糧，于橐于囊，思輯用光。弓矢斯張，干戈戚揚，爰方啓行。

篤公劉，于胥斯原，既庶既繁，既順迺宣，而無永歎。陟則在巘，復降在原。何以舟之？維玉及瑤，鞞琫容刀。

篤公劉，逝彼百泉，瞻彼溥原，迺陟南岡，乃覯于京。京師之野，于時處處，于時廬旅，于時言言，于時語語。

篤公劉，于京斯依。蹌蹌濟濟，俾筵俾几。既登乃依，乃造其曹。執豕于牢，酌之用匏。食之飲之，君之宗之。

篤公劉，既溥既長，既景迺岡，相其陰陽，觀其流泉。其軍三單，度其隰原，徹田爲糧。度其夕陽，豳居允荒。

篤公劉，于豳斯館。涉渭爲亂，取厲取鍛。止基迺理，爰衆爰有。夾其皇澗，遡其過

澗。止旅乃密，芮鞫之即。

《公劉》六章，章十句。

《詩序》：「《公劉》，召康公戒成王也。成王將涖政，戒以民事，美公劉之厚於民，而獻是詩也。」

[注釋] **橐**：無底。**囊**：有底。**巘**：大山之旁別有小山。**舟**：帶也。**鞞**：刀鞘。**琫**：鞞之上飾。**曹**：羣也。**三單**：三軍之數，無羨卒也。**荒**：大也。

[詩旨] 周之有公劉，言乎其時，則甚微也；言乎其事，則甚勤也。稱時之甚微，以戒其盈；稱事之甚勤，以懲其逸，蓋召公之志也。夫古之建國，相其陰陽之和，嘗其水泉之甘，審其土地之宜，觀其草木之饒，然後營邑立城，制里割宅。夫定軍賦也，取厲鍛也，爲政有三，取材有五，誰能去之？公劉始遷之時，爲治之備如此，此王業所由歟！詩與《七月》之詩相類，惟《七月》言先公之風化，而《公劉》則言建國君民之事，此《風》《雅》之不同也。

大雅·韓奕篇

奕奕梁山，維禹甸之。有倬其道，韓侯受命，王親命之：纘戎祖考，無廢朕命。夙夜

匪解，虔共爾位。朕命不易，榦不庭方，以佐戎辟。

四牡奕奕，孔修且張。韓侯入覲，以其介圭，入覲于王。王錫韓侯，淑旂綏章，簟茀錯衡，玄袞赤舄，鉤膺鏤錫，鞹鞃淺幭，鞗革金厄。

韓侯出祖，出宿于屠。顯父餞之，清酒百壺。其殽維何？炰鼈鮮魚。其蔌維何？維筍及蒲。其贈維何？乘馬路車。籩豆有且，侯氏燕胥。

韓侯取妻，汾王之甥，蹶父之子。韓侯迎止，于蹶之里。百兩彭彭，八鸞鏘鏘，不顯其光。諸娣從之，祁祁如雲。韓侯顧之，爛其盈門。

蹶父孔武，靡國不到。爲韓姞相攸，莫如韓樂。孔樂韓土，川澤訏訏。魴鱮甫甫，麀鹿噳噳。有熊有羆，有貓有虎。慶既令居，韓姞燕譽。

溥彼韓城，燕師所完。以先祖受命，因時百蠻。王錫韓侯，其追其貊，奄受北國，因以其伯。實墉實壑，實畝實藉。獻其貔皮，赤豹黃羆。

《韓奕》六章，章十二句。

《詩序》：「《韓奕》，尹吉甫美宣王也。能錫命諸侯。」

[注釋] **奕奕**：大也。**甸**：治也。**戎**：汝也。**庭**：直也。**淑**：善也。**綏**：大綏。**簟茀**：漆簟以爲車蔽。**錯衡**：文衡。**鉤膺**：樊纓也。**錫**：眉上曰錫。**鞃**：軾

中也。**淺**：虎皮淺毛也。**幭**：覆式也。**鞗革**：轡也。**金厄**：以金爲小環往往纏搤之。**屠**：地名。**且**：多貌。**汾王**：厲王也。流于彘，彘在汾水上。**蹶父**：卿士。**姞**：厥父姓也。**攸**：所也。**訏訏**：大也。**甫甫**：甫甫然大也。**噳噳**：噳噳然衆也。**慶**：善也。蹶父既善，韓土使姞嫁居之也。**燕師所完**：言平安時衆民之所築完。**追、貊**：戎狄之國。

〔詩旨〕韓侯之先祖，武王之子也。長是蠻服，實爲望國，諸侯之向背係焉。一章來朝而受天子之命，二章既朝而得天子之賜，三章祖送而歸，四章、五章親迎以歸，六章則因前人之封建，增今日之土宇，而使修國中之職貢，錫命之禮隆，而觀聽肅焉。封申伯，所以懷南方之諸侯；命樊侯城齊，所以懷東方之諸侯；錫命韓侯，所以懷北方之諸侯，中興之業備矣。

魯頌・有駜篇

有駜有駜，駜彼乘黃。夙夜在公，在公明明。振振鷺，鷺于下。鼓咽咽，醉言舞，于胥樂兮。

有駜有駜，駜彼乘牡。夙夜在公，在公飲酒。振振鷺，鷺于飛。鼓咽咽，醉言歸，于胥

樂兮。

有駜有駜，駜彼乘駽。夙夜在公，在公載燕。自今以始，歲其有。君子有穀，詒孫子，于胥樂兮。

《有駜》三章，章九句。

《詩序》：「《有駜》，頌僖公君臣之有道也。」

［注釋］駜：馬肥彊貌。明明：明義明德也。振振：羣飛貌。鷺：白鳥，以興絜白之士。咽咽：鼓節也。駽：青驪。

［詩旨］此詩本言燕飲，而章内都著「夙夜在公」句，首章更著「在公明明」句，見君臣之所先圖者，在國家之幾務，政有餘暇，然後燕樂。上二章醉而舞、醉而歸，一時之樂耳。未若卒章人臣稱願，歲歲有年，君子之穀，詒孫子，其樂無窮，不止於一時。此所謂德不足而求之於辭，而辭則得其體要者也。

魯頌·閟宫篇

閟宫有侐，實實枚枚。赫赫姜嫄，其德不回。上帝是依，無災無害，彌月不遲。是生后稷，降之百福：黍稷重穋，稙稺菽麥。奄有下國，俾民稼穡。有稷有黍，有稻有秬。

奄有下土，纘禹之緒。

后稷之孫，實維大王。居岐之陽，實始翦商。至于文武，纘大王之緒。致天之届，于牧之野。無貳無虞，上帝臨女！敦商之旅，克咸厥功。王曰叔父，建爾元子，俾侯于魯，大啓爾宇，爲周室輔。

乃命魯公，俾侯于東，錫之山川，土田附庸。周公之孫，莊公之子，龍旂承祀，六轡耳耳，春秋匪解，享祀不忒。皇皇后帝，皇祖后稷，享以騂犧，是饗是宜。降福既多，周公皇祖，亦其福女。

秋而載嘗，夏而楅衡。白牡騂剛，犧尊將將。毛炰胾羹，籩豆大房。萬舞洋洋，孝孫有慶。俾爾熾而昌，俾爾壽而臧。保彼東方，魯邦是常。不虧不崩，不震不騰，三壽作朋，如岡如陵。

公車千乘，朱英緑縢，二矛重弓。公徒三萬，貝胄朱綅，烝徒增增。戎狄是膺，荆舒是懲，則莫我敢承。俾爾昌而熾，俾爾壽而富。黄髮台背，壽胥與試。俾爾昌而大，俾爾耆而艾。萬有千歲，眉壽無有害。

泰山巖巖，魯邦所詹。奄有龜蒙，遂荒大東，至于海邦，淮夷來同。莫不率從，魯侯之功。

保有鳧繹，遂荒徐宅。至于海邦，淮夷蠻貊。及彼南夷，莫不率從。莫敢不諾，魯侯是若。

天錫公純嘏，眉壽保魯。居常與許，復周公之宇。魯侯燕喜，令妻壽母。宜大夫庶士，邦國是有。既多受祉，黃髮兒齒。

徂來之松，新甫之柏，是斷是度，是尋是尺。松桷有舄，路寢孔碩。新廟奕奕，奚斯所作。孔曼且碩，萬民是若。

《閟宮》九章，五章章十七句，二章章八句，二章章十句。

《詩序》：「《閟宮》，頌僖公能復周公之宇也。」

[注釋] **閟**：閉也。**侐**：清淨也。**實實**：廣大也。**枚枚**：礱密也。**秬**：黑黍。**屆**：極也。**敦**：治也。**咸**：同也。**耳耳**：耳耳然至盛也。**毛炰**：豚也。**大房**：半體之俎也。**三壽**：壽考之三卿也。**朱英**：矛飾也。**縢**：繩也。**二矛重弓**：備折壞也。**增增**：衆也。**承**：止也。**詹**：至也。**龜蒙**：二山名。**鳧繹**：二山名。**若**：順也。**常許**：魯南鄙西部。**徂來新甫**：俱山名。**舄**：大貌。**新廟**：閔公廟也。**奚斯**：大夫公子奚斯也。**曼**：修也。

[詩旨] 詩人之論，自源徂流，故雖頌魯僖，而上及乎后稷、太王、文、武、周公之

事，明其源本之所自出也。因成王賜周公以天子禮樂，故遂以夏正孟春郊祀上帝，而以后稷配之。然非禮矣，魯人據實頌之，夫子因舊存之，豈非春秋據事直書，而善惡自見之旨哉？至膺戎狄、懲荆舒、荒大東、荒徐宅，至于海邦，淮夷蠻貊，及彼南夷，莫不率從，在僖公俱無其事，而詩人言之，孔子取之，亦曰此出於民之歸美其君之義耳。此班揚盛業，韓柳瑰辭，其權輿於此乎？此非獨周禮在魯，將郁郁之文，亦在魯矣。此所以繫之修辭類之終也歟！

附録：詩經分類大綱

人心通於政理之本原[一]

【釋】唐先生提出《詩經》義理之分類，其本在人心，其功在治政，皆貫孔子「思無邪」之旨。此講義舉出四詩論倫理、性情、政治、義理，以爲舉一反三之資。其詳則參先生《詩經大義》也。

讀經之法，始於《孝經》《論》《孟》，前已略述之。《詩經》者，「性情教育」之大宗也。昔太師之職，採《詩》陳《詩》，以觀民風。古《詩》三千餘篇，孔子删之，得三百十一篇，於是有誦《詩》學《詩》之法。《論語・陽貨篇》孔子詔弟子學《詩》曰興、觀、羣、怨，事父、事君、多識。余爲之比其類凡八，曰倫理學，所以事父事君者也；曰性情學，可以興可以怨者也；曰政治學，可以觀者也；曰社會學，可以羣者也；曰農事學、曰軍事學，則政治學之支流，而亦可以觀者也。循是六者，天下國家盛衰、興亡、治亂之跡，概可知矣；曰修詞學，則多識之緒餘也；曰義理學，則本「思無邪」之旨而深入於倫理

[一] 載《交通大學演講録》第一集上卷「經學心學類」第七期。

性情之精微者也。《禮記・學記篇》言大學之教，貴乎知類通達。惟知類然後能通達，漢儒説經家法，權輿於此。

至學《詩》當以《毛傳》《鄭箋》爲主，而以朱子《集傳》，輔之孔氏穎達《疏》，亦極詳備。近世作者，以陳氏啓〔一〕源《毛詩稽古編》、陳氏奐《毛詩傳疏》爲最精純，魏氏源《詩古微》貫串三家《詩》，意義尤爲通博。（漢時説《詩》，《毛詩》外別有齊、魯、韓三家，近陳氏喬樅輯有《三家詩遺説考》，頗精詳。）余所編《詩經分類大義》，頗便初學，宜熟誦之。

《樂記》曰：「審音知樂，審樂知政。」《左氏傳》載吴季子觀樂，歷詳政治之得失，可知人心之通於政理也。蓋「大樂與天地同和」，天地之氣中和而已矣。《周禮》大司徒教六德曰：「智、仁、聖、義、中、和。」惟中而後能和。《中庸》曰：「致中和，天地位，萬物育。」喜怒哀樂之微，充之即貞淫正變之故。《易傳》曰：「聖人感人心而天下和平；觀其所感，而天地萬物之情可見。」《詩》之謂也。

夫聖人所以感人心者，聲音而已矣。商之興，惟湯與伊尹，其爲《頌》也，音廣而大。周之興，惟文、武、周公，其爲《頌》也，音清而明。《二南》爲夫婦綱紀萬福之原，故夫子於伯魚行昏禮，教以「女爲」，「美哉，始基之矣」。《小雅》首《鹿鳴》之三，《大雅》首《文王》之三。淵淵乎，熙熙乎，皆足感一

〔一〕「啓」，原作長。

世之人心矣。厲、幽而降，王澤既竭，《頌》聲遂寢，顧瞻周道，民不聊生。於是其哀心感者，其聲噍以殺；其怒心感者，其聲粗以厲；勞人思婦，煢獨孤寡，怨諮愁嘆之聲遍於閭閻，變風、變雅，君子不忍卒讀焉。茲略舉倫理、性情、政治、義理學數篇，學者讀之，可見世風之升降，正人心之本原，無古今，一也。

小雅・常棣篇（倫理學）

《詩序》：「《常棣》，燕兄弟也。閔管、蔡之失道，故作《常棣》焉。」

常棣之華，鄂不韡韡。凡今之人，莫如兄弟。
死喪之威，兄弟孔懷。原隰裒矣，兄弟求矣。
脊令在原，兄弟急難。每有良朋，況也永歎。
兄弟鬩于牆，外禦其務。每有良朋，烝也無戎。
喪亂既平，既安且寧。雖有兄弟，不如友生。
儐爾籩豆，飲酒之飫。兄弟既具，和樂且孺。
妻子好合，如鼓瑟琴。兄弟既翕，和樂且湛。
宜爾室家，樂爾妻帑。是究是圖，亶其然乎。

《詩經》倫理學關係父子君臣夫婦者，有《蓼莪》《鴇羽》《黍離》《谷風》諸篇，然悽惋之情，皆不忍卒讀也。此詩爲周公所作。（《左氏・僖公二十四年傳》載富辰謂「召穆公作《常棣》」，非也。蓋周公所作，而召穆公述之耳。）

其章法，首、二章相聯屬。「凡今之人」二句，喚醒有兄弟者之良知；「死喪」，喪禮也；「原隰裒」，兄弟負土，葬禮也。三、四章相聯屬，「急難」與「禦侮」相應。五章一轉筆，至爲痛心，「雖有兄弟」二句，與「莫如兄弟」句針鋒相對。六、七章相聯屬，極人倫之樂事。末章永歎，「然乎」非乎！令人深思而自得之。全篇八用「兄弟」字，讀之友愛之心油然自生。

豳風·鴟鴞篇（性情學）

《詩序》：「《鴟鴞》，周公救亂也。成王未知周公之志，公乃爲詩以遺王，名之曰《鴟鴞》焉。」

鴟鴞鴟鴞，既取我子，無毁我室。恩斯勤斯，鬻子之閔斯。

迨天之未陰雨，徹彼桑土，綢繆牖户。今女下民，或敢侮予。

予手拮据，予所捋荼，予所蓄租，予口卒瘏，曰予未有室家。

予羽譙譙，予尾翛翛，予室翹翹，風雨所漂摇，予維音嘵嘵。

唐李漢序《韓集》云「周情孔思」，千古文情之深，莫如周公此篇。先儒謂誅管、蔡而作，非也，蓋周公欲經營洛邑爾。周初非營洛邑，則頑民蠢動，退無所歸，故曰「我室」、曰「牖户」、曰「未有室家」、曰「予室翹翹」，皆慮根本動摇之意。

首章用二「我」字，次章引起一「予」字，三、四章連用九「予」字，至誠惻怛，宜乎感動天心而致風雷之兆也。

魏氏源以爲太王遷岐時所作，（太王有《岐山操》。）立説雖新，未足爲據。

大雅・卷阿篇（政治學）〔一〕

《詩序》：「《卷阿》，召康公戒成王也，言求賢用吉士也。」

有卷者阿，飄風自南。豈弟君子，來游來歌，以矢其音。

伴奂爾游矣，優游爾休矣。豈弟君子，俾爾彌爾性，似先公酋矣。

爾土宇昄章，亦孔之厚矣。豈弟君子，俾爾彌爾性，百神爾主矣。

爾受命長矣，茀禄爾康矣。豈弟君子，俾爾彌爾性，純嘏爾常矣。

有馮有翼，有孝有德，以引以翼。豈弟君子，四方爲則。

顒顒卬卬，如圭如璋，令聞令望。豈弟君子，四方爲綱。

鳳凰于飛，翽翽其羽，亦集爰止。藹藹王多吉士，維君子使，媚于天子。

鳳凰于飛，翽翽其羽，亦傅于天。藹藹王多吉人，維君子命，媚于庶人。

鳳凰鳴矣，于彼高岡，梧桐生矣，于彼朝陽。菶菶萋萋，雝雝喈喈。

君子之車，既庶且多，君子之馬，既閑且馳。矢詩不多，維以遂歌。

《詩經》所載召康公詩，《公劉》《泂酌》《卷阿》凡三篇，而《卷阿》音節和雅，冠絶全經。

〔一〕小標題「政治學」原闕，謹按内文及全文體列補入。

上六章皆言「豈弟君子」，蓋召公以任用君子勉成王也。「彌性」與《召誥》「節性」工夫相合。節者節制之義，彌者擴充之義，召公精於性學，其壽二百餘歲。（召公歷文、武、成、康四朝，見《尚書》。）「似先公酋」，承先也；「百神爾主」，敬神也，故能「純嘏爾常」。五章、七章言輔翊，以愛其君。六章、八章言慈惠，以愛其民。末章與首章相應，形容車馬，而君子之多可知。所謂「君子教育」，蓋周文王之家法也。然則，政治家可不學爲君子乎？

小雅・小宛篇（義理學）

《詩序》：「《小宛》，大夫刺幽王也。」

宛彼鳴鳩，翰飛戾天。我心憂傷，念昔先人。明發不寐，有懷二人。

人之齊聖，飲酒温克。彼昏不知，壹醉日富。各敬爾儀，天命不又。

中原有菽，庶民采之。螟蛉有子，蜾蠃負之。教誨爾子，式穀似之。

題彼脊令，載飛載鳴。我日斯邁，而月斯征。夙興夜寐，毋忝爾所生。

交交桑扈，率場啄粟。哀我填寡，宜岸宜獄。握粟出卜，自何能穀？

温温恭人，如集于木。惴惴小心，如臨于谷。戰戰兢兢，如履薄冰。

《詩經》義理學，以《抑》與《敬之篇》爲最，初學或未易領會。此篇曾文正選入《經史百家簡編》及《鳴原堂論文》，謂：「生平最喜讀此，以篇中孝親、慈幼、敬天、勤學、愛民，意義甚廣，無所不備也。」

余嘗細繹之。「明發不寐」二句，平旦時之孝思也，良知也。「各敬爾儀」二句，敬畏天命也。「螟蛉有子」四句，以不類之物，尚負之以爲己子，況我同胞之百姓乎？可以人而不如蜾蠃乎？「我日斯邁」四句，《易・乾》卦所謂「終日乾乾，夕惕若」，自强不息之學也。「哀我填寡」四句，《書・召誥》所謂「夫知保抱攜持厥婦子，以哀籲天，徂厥亡出執」也。「温温恭人」六句，《禮・儒行》所謂：「雖危起居，竟信其志，猶將不忘百姓之病也。其憂思有如此者。」君子處亂世，憂危若此，在上者何以挽回而救濟之？曰：《大學》治國之道，孝慈而已矣。